SOUVENIRS
DE
SOIXANTE ANNÉES

PAR

ÉTIENNE-JEAN DELÉCLUZE

AUTEUR DE DAVID, SON ÉCOLE ET SON TEMPS

Dulces ante omnia musæ.

PARIS

MICHEL LÉVY FRÈRES, LIBRAIRES-ÉDITEURS
RUE VIVIENNE, 2 BIS, ET BOULEVARD DES ITALIENS, 15
A LA LIBRAIRIE NOUVELLE
—
1862

Tous droits réservés

SOUVENIRS

DE

SOIXANTE ANNÉES

Paris. — Imprimerie A. Wittersheim, 8, rue Montmorency.

AVERTISSEMENT

La vie d'Étienne a été divisée en deux parts : la première consacrée à la culture des arts, l'autre à celle des lettres. Dans un premier ouvrage sur Louis David, ont été recueillis les souvenirs relatifs à cet artiste, à son école et à son temps ; dans ce livre nouveau offert au public, Étienne s'est proposé de faire un retour analogue sur ce qui touche à la littérature. Cette dernière tâche a été plus difficile à remplir que la première. Dans les arts, les principes émis par L. David, généralement adoptés en Europe, et ayant exercé une influence égale sur toutes les branches des arts et même sur l'industrie, ces principes ont établi une unité de doctrine qui a rendu l'exposé de ses résultats assez facile. Mais il n'en a plus été ainsi lorsqu'il s'est agi des lettres. Depuis la mort de Voltaire et de J.-J. Rousseau jusqu'à nos jours, bien que des écrivains d'un mérite incontestable aient entretenu le feu sacré, il n'est cependant aucun d'eux qui ait émis des opinions formant un corps de doctrine dont la force de cohésion ait été assez puissante pour faire tendre le plus grand nombre des esprits vers un centre intellectuel commun.

Ce qui caractérise au contraire cette époque littéraire, c'est la diversité des opinions, des systèmes et des goûts qui se sont succédé et toujours combattus ; c'est surtout l'indomptable esprit de critique qui a remis et remet encore sans cesse tout en question.

La période de temps à laquelle se rattachent ces derniers souvenirs commençant vers 1789, se termine vers 1849. Étienne n'ayant occupé aucun emploi public, et étant resté toujours étranger à la pratique des affaires, ne parle que des faits qui sont parvenus à sa connaissance et des personnes lettrées dont il a pu apprécier le caractère personnel et le talent. Ces pages laisseront nécessairement bien des lacunes dans l'histoire littéraire de ces soixante années ; mais quelques-uns des traits principaux qui la caractérisent, y seront fidèlement indiqués.

Partant donc de la rude atteinte portée aux lettres par l'interruption des études universitaires en 1793, on aura pour grandes divisions : les efforts tentés sous le Directoire pour renouveler la littérature française par l'imitation de celles des Grecs, des Anglais et des Italiens ; le refroidissement à l'égard de la philosophie du xviiie siècle préparant le retour aux sentiments religieux vers 1800, et le déclin rapide d'un républicanisme devenu théâtral auquel succède un système monarchique plus absolu que celui que l'on avait détruit peu d'années avant. Puis viennent les quinze années du premier Empire et celles des deux Restaurations.

Ici, quittant le rôle de simple observateur, Étienne prend part au mouvement littéraire si animé à cette dernière époque. Il est admis au nombre des rédacteurs du *Journal des Débats* et se trouve bientôt en relation habituelle avec une bonne partie de cette jeunesse ardente et distinguée qui suivit alors le drapeau du romantisme.

En 1830, le plus grand nombre de ces jeunes écrivains entourés d'une certaine célébrité, sont tout à coup employés au gouvernement des affaires publiques ; l'ardeur essentiellement littéraire qui s'était maintenue telle sous la Restauration, se modifie pendant le règne de Louis-Philippe; la politique domine impérieusement la littérature, et le chemin de la tribune devient aussi celui de l'Académie.

Dans l'ensemble de ces souvenirs, apparaît sous mille formes différentes, le défaut d'unité dans les institutions sociales, causé par le choc incessant de systèmes opposés en politique, en philosophie et même en religion. Quant à la littérature qui est le miroir où les opinions des hommes viennent se réfléchir, elle a nécessairement reproduit la confusion excessive des idées émises depuis 1789 jusqu'à nos jours; or c'est ce conflit de systèmes dont Étienne, dans ce dernier ouvrage, s'est efforcé de donner une idée.

Dans ces derniers souvenirs comme dans ses premiers, publiés il y a cinq ans, Étienne n'apparaîtra que lorsque son intervention sera indispensable pour donner plus de vérité au récit des événements dont il a été témoin et de vie aux personnages avec lesquels il a été en relation.

SOUVENIRS
DE
SOIXANTE ANNÉES

I

Au mois de mai 1789, Étienne, âgé de huit ans, était confié aux soins de Savouré dont la pension relevait du collége de Lizieux où le jeune enfant devait achever ses études. Les grands événements de la Révolution rendirent l'exécution de ce dernier projet impossible. Au commencement de 1793, les colléges ayant été supprimés, les idées révolutionnaires s'étant même introduites jusque dans le sein des institutions particulières, Étienne rentra sous le toit paternel, n'ayant fait que sa sixième au collége, mais ayant achevé sa quatrième chez Savouré.

Les fureurs révolutionnaires croissaient de jour en jour, lorsque Étienne rentra chez son père. La maison, comme celle de presque tous les habitants de Paris, était triste; et les parents d'Étienne ne voyaient pas sans inquiétude leur jeune fils privé tout à coup d'instruction, passant ses jours sans la surveillance incessante d'un maître. Étienne, quoique vif et ardent, ne donna cependant pas à ses parents de graves sujets de plaintes en ces tristes jours ; il leur portait une tendresse pleine de respect, et la société de ses deux sœurs qu'il a toujours chéries tant qu'elles ont vécu, adoucissait déjà ce qu'il avait d'emporté et de capricieux dans le caractère.

Pendant la durée de la Terreur, Étienne, quant à ce qui touchait à ses occupations, fut totalement livré à lui-même. Il satisfaisait sa passion dominante alors, en copiant indifféremment les dessins et les gravures de toute espèce qui lui tombaient sous la main. Toute étude sérieuse d'ailleurs était mise de côté ; et non-seulement il ne pensait plus au latin, mais il ne s'occupait pas régulièrement du français.

Le père d'Étienne, architecte, avait, même en 1793, d'importants travaux à surveiller, conséquemment peu de loisirs. Quoique son éducation eût été négligée, un instinct naturel le portait à se rapprocher des personnes qui, par leur conversation, pouvaient le mettre au courant des connaissances qu'il n'avait pu acquérir dans sa jeunesse. Né en 1733, enfant du XVIIIe siècle, il avait quelques-uns des goûts généralement répandus à cette époque. Il aimait la géométrie, parlait de physique qu'il avait étudiée sous l'abbé Nollet, et d'histoire naturelle à laquelle son ami Valmont de Bomare l'avait initié. Quant à la littérature proprement dite, il ne s'en occupait guère et avait presque du mépris pour la poésie.

Dans son cabinet était un petit corps de bibliothèque toujours ouvert, d'où ses enfants pouvaient prendre des livres à leur choix. Or voici le catalogue de ceux qui se trouvèrent à la disposition du jeune Étienne : c'était d'abord l'*Encyclopédie*, les Œuvres de J.-J. Rousseau et de Montesquieu ; puis la *Recherche de la Vérité* du père

Mallebranche, la *Physique* de l'abbé Nollet, le *Dictionnaire d'histoire naturelle* de Valmont de Bomare, une traduction des *Métamorphoses* d'Ovide, les *Caractères* de Labruyère, un seul poëme, la traduction du *Paradis perdu* de Milton, et enfin les Œuvres de J. Racine qui appartenaient à la mère d'Étienne.

Pendant cette triste époque, la famille d'Étienne ne résidait pas constamment à Paris. A la fin de l'année 1791, le père d'Étienne et l'un de ses amis avaient réuni les fonds dont ils pouvaient disposer, pour acheter en commun une maison de campagne à Meudon. Ce fut là où les deux familles, qui voyaient l'orage révolutionnaire grossir incessamment, se proposaient de se retirer pour vivre ignorées s'il était possible, ou au moins dans l'idée peu prudente de se soustraire, si près de Paris, aux persécutions déjà menaçantes du gouvernement républicain. On faisait donc de temps en temps des voyages à la campagne, et ordinairement on s'éloignait de Paris lorsque l'agitation de la ville faisait pressentir quelque catastrophe terrible. Peu de jours avant les massacres du 2 septembre, le 24 août 1792, toute la famille occupant une voiture de place, se dirigeait vers la barrière de Sèvres pour gagner Meudon, lorsque arrivée sur la place du Carrousel, la voiture fut obligée d'aller au petit pas afin de ne fendre qu'avec précaution la foule du peuple qui y était rassemblée.

L'échafaud était dressé devant le palais des Tuileries, et l'on attendait le condamné qui devait être exécuté, M. Delaporte, intendant de la liste civile du roi Louis XVI. Le père d'Étienne voulant éviter à sa famille le spectacle d'un supplice sanglant, sollicita le cocher pour qu'il marchât plus vite ; mais l'épaisseur et l'immobilité de la foule s'y opposait. Cependant le bonheur voulut que le cortège funèbre tardât assez pour que l'on pût atteindre le guichet du Louvre et le quai d'où la voiture put s'avancer plus librement et sauver aux voyageurs la vue du spectacle que la foule attendait impatiemment.

La maison de Meudon, qui existe encore, est d'une belle apparence, et dans le parc il y avait, à l'époque de la première révolution, un immense groupe de chênes séculaires dont les ombrages rappelaient ceux des plus majestueuses forêts. En arrivant dans ce lieu où régnait le silence solennel de la fin d'une soirée d'été, il semblait en se reportant aux horreurs dont on venait d'être témoin et à celles plus affreuses encore que l'on prévoyait, que l'on était transporté à mille lieues de Paris, tant le contraste du calme de la nature et des affreux désordres de la ville était frappant.

Mais cette illusion dura peu, et si l'on évita les massacres de Paris, le petit village de Meudon eut sa part de ceux de Versailles. Comme la famille d'Étienne était rassemblée sur l'une des terrasses de la maison donnant sur la grande rue [1], on vit s'avancer vers le village une vingtaine d'hommes et de femmes, la lie du pays. Tous, ivres de vin et de carnage, revenaient triomphants de Versailles où ils avaient été prêter la main aux assassins des prisonniers d'Orléans, au nombre desquels était M. de Brissac. Les uns portaient les lambeaux d'habits de leurs victimes, d'autres élevaient des piques aux fers desquelles étaient fixées des mains, des oreilles ensanglantées. En passant sous la terrasse de la maison, ils brandirent leurs affreux trophées avec des ricanements mêlés de menaces, et cette troupe de cannibales alla compléter ses orgies dans les cabarets du lieu.

Ces détails sont affreux; mais il fallait les faire connaître afin que l'on pût juger de la position cruelle de presque tous les parents qui, à cette époque, outre leurs

---

Le 8 septembre 1792.

inquiétudes personnelles causées par la crainte de perdre la liberté et même la vie, avaient encore la douleur de se sentir dans l'impossibilité de donner une éducation suivie et une instruction suffisante à leurs enfants. Point d'églises, point d'écoles, point de voisinage ni de société possible; le pain mauvais et cher, toutes les choses nécessaires à la vie matérielle hors de prix; telles furent les circonstances au milieu desquelles presque tous les contemporains d'Étienne ont vécu jusqu'à l'âge de douze ou treize ans, et d'où il a fallu se tirer pour devenir, plus tard, un homme acceptable.

Quoique les deux années qui suivirent le règne de la Terreur aient encore été bien agitées et fort tristes, quand on les comparait à la précédente on se trouvait presque heureux. La vie des citoyens n'étant plus continuellement menacée, on pouvait vaquer, sans trop d'inquiétudes, aux affaires du dehors; le calme commençait à renaître dans le sein des familles, et l'on pensait à s'occuper avec plus de suite des soins de tous genres que réclamait la jeunesse. Toutefois le désordre avait pénétré si profondément dans toutes les habitudes de la vie, qu'il fallut bien du temps pour que l'on y rétablît de la régularité. Il faut l'avouer, parmi les causes de la prolongation de ce trouble, le bien-être comparatif où se retrouva subitement la société après la chute de Robespierre, ne fut pas la moins puissante. La certitude, en quelque sorte nouvelle alors, de ne pas avoir la tête tranchée le jour même, ou le lendemain; la faculté que l'on avait recouvrée de faire un projet qui ne pouvait être réalisé qu'à huit ou quinze jours de distance, et enfin le repos du corps et de l'esprit devenu indispensable après les inquiétudes et les insommies continuelles éprouvées pendant plus d'une année, avaient plongé presque tout le monde dans une espèce de somnolence qui avait son charme. On n'en était pas encore à manifester, comme sous le Directoire, cette passion effrénée pour les distractions et les plaisirs; mais on jouissait avec délices de l'existence, qui n'était plus incessamment menacée.

C'est même à cette époque que se rattache le développement du goût de la vie de campagne, parmi les personnes de la classe moyenne en France. Les émeutes, les massacres, les supplices journaliers, le retentissement des discussions orageuses qui avaient lieu dans les clubs, à la Convention et jusque dans les rues; toutes les tempêtes révolutionnaires dont Paris était particulièrement le théâtre, en avaient rendu le séjour tellement intolérable, que pour peu que l'on eût quelques fonds disponibles, on cherchait à s'assurer un asile, une retraite où l'on pût goûter en paix quelque repos au milieu des champs et des bois.

La famille d'Étienne habitait donc la maison de Meudon le plus souvent qu'il était possible. Elle y demeura pendant presque toute l'année 1794 et une grande partie de 1795. Alors, les vivres étaient encore rares et fort chers. On avait surtout une peine extrême à se procurer de la farine qui ne fût pas avariée; et parmi les souvenirs de ce temps, Étienne se rappelle un voyage qu'il fit avec son père jusqu'à Meaux, pour obtenir d'un fermier de ce pays un sac de bonne farine du poids de 325 livres, au prix de *dix louis d'or*, qui représentaient une somme énorme en assignats. Ce trésor acquis, il s'agissait de le transporter heureusement jusqu'à Meudon. Or le père et le fils, après avoir fait recouvrir de foin et d'herbes la charrette au fond de laquelle était placé le précieux sac, suivirent à pied, toujours à quelque distance, l'équipage conduit par un paysan. Ces précautions, dont on aura peut-être de la peine à se rendre compte aujourd'hui, étaient commandées par la crainte d'être pris pour des *accapa-*

reurs auxquels on prêtait l'intention d'affamer le peuple.

Par ce fait qui se rapporte à une famille jouissant d'une honnête aisance, on peut se figurer la détresse des personnes pauvres. Comment auraient-elles pu s'occuper de l'éducation, de l'instruction de leurs enfants, lorsque tout leur temps, toutes leurs ressources étaient employés à les faire vivre matériellement. Les jeunes gens pourvus d'assez de forces physiques et morales pour résister à ces dures épreuves, en ont sans doute tiré quelque avantage ; ils sont devenus robustes, et leur âme s'est accoutumée à supporter courageusement les orages de la vie ; mais combien en est-il qui ont succombé !

Pour l'apprentissage de la vie, Étienne était à bonne école. Dans ces temps difficiles, son père, déjà infirme, persistait cependant à continuer ses travaux, et sa mère, remarquable quelques années avant, par sa beauté et l'élégance de ses manières, transformée alors en grave ménagère, ne reculait devant aucun des plus rudes travaux. A Meudon, lorsque la vie était devenue si pesante, aucun domestique ne sachant faire le pain, ce fut elle, pour éviter d'introduire des étrangers dans la maison, qui se chargea de ce soin pénible.

Le temps de la moisson venu, Étienne fit encore un autre apprentissage. Au commencement de 1793, le gouvernement républicain avait ordonné que l'on ensemençât toutes les grandes allées et les gazons des jardins publics et particuliers ; quelques contemporains d'Étienne doivent même se souvenir d'avoir vu les parterres et la grande allée des orangers des Tuileries, plantés de pommes de terre et couverts de blé. Sur l'ordre du maire de Meudon, on fit donc ensemencer le vaste gazon situé au nord de la maison. Quand le grain fut mûr, on fit venir un moissonneur avec lequel Étienne, qui ne demandait qu'à employer son activité dévorante, partagea la besogne. Là, il apprit à scier, à botteler le blé; et faute de voiture dont on ne pouvait faire usage à cause des terrasses et des escaliers disséminés dans le parc, lui, ses sœurs et l'ouvrier transportèrent la moisson dans la grange. Ce travail ne fut pas, comme on pourrait le croire, un simple jeu pour Étienne; le soleil l'avait brûlé, la sueur avait abondamment coulé de son corps : le voyage à Meaux, auquel il repensa, lui avait appris la valeur du blé, et tout en travaillant, le moissonneur l'avait assuré que la récolte qu'ils faisaient produirait deux sacs semblables à celui qu'il avait été chercher avec son père. Pour la première fois le jeune Étienne éprouva la satisfaction intérieure d'avoir commencé son rôle d'homme, d'avoir été bon à quelque chose.

Mais cette bonne fortune ne se renouvela pas, et les premières années de son adolescence furent employés à des passe-temps assez puérils qui fortifièrent son corps, il est vrai, mais sans profit pour son esprit. Il allait, venait au soleil, au vent, à la pluie, sans sortir toutefois de l'enceinte du parc, faisant impitoyablement la guerre aux merles, aux bouvreuils, le seul gibier qui lui fournît l'occasion d'apprendre à se servir d'un fusil. En somme, l'existence retirée que l'on menait à la maison de Meudon, où aucun voisin n'était encore admis, avait donné quelque chose de sauvage aux habitudes et aux jeux d'Étienne et de ses sœurs.

L'automne et bientôt l'hiver adoucirent l'âpreté de ces mœurs. Le décroissement des jours rendant les veillées plus longues, il fallut trouver une occupation pour remplir les soirées des trois enfants, et pendant la mauvaise saison, entre le dîner et le souper, on leur accorda deux ou trois heures qu'ils pouvaient consacrer à la lecture.

Le premier livre que l'on mit entre leurs mains fut *Don Quichotte*. Il serait difficile d'exprimer le plaisir et la vivacité des émotions que causa aux trois jeunes lecteurs l'histoire du chevalier de la Triste-Figure. Étienne, dont le caractère était expansif et l'esprit assez romanesque, s'aperçut alors que son âme avait été jusque-là à l'étroit dans cette belle solitude de Meudon. En suivant don Quichotte, son écuyer et les personnages qui figurent dans ce roman, la vie se présenta sous un tout autre aspect à sa jeune imagination, et, quoique d'une manière confuse, il avait entrevu un monde nouveau.

A cette lecture succéda celle de *Gil-Blas*. Celle-ci fut goûtée avec un peu plus de réflexion ; cependant, le mélange de profondeur et de finesse des observations que renferme cet ouvrage, le mettant souvent hors de la portée de la jeunesse, il ne fit qu'effleurer l'esprit d'Étienne, tandis que les peintures vives et parfois passionnées qui brillent dans le chef-d'œuvre de Cervantès, demeurèrent imprimées d'une manière ineffaçable dans son imagination.

C'est là où en était Étienne lorsqu'il venait d'atteindre sa quatorzième année, pendant laquelle, s'il eût pu suivre le cours de ses études au collége de Lizieux, il aurait fait sa rhétorique.

En 1795 le désordre était bien grand encore dans le gouvernement de la République ; cependant les douloureux souvenirs de la Terreur commençaient à s'affaiblir. On sentait surtout le besoin de les écarter de sa mémoire pour rentrer dans une vie plus paisible. Les esprits sérieux avaient repris le cours de leurs études, et dans l'ensemble de la société, le besoin d'en renouer des liens si longtemps rompus avait ranimé le goût des divertissements publics et particuliers. Au lieu de se fuir, comme sous le règne de Robespierre, les familles tendaient à se rapprocher. Cette dernière influence se fit sentir dans la solitude de Meudon, et quelques citadins habitant ce village, après s'être salués plusieurs fois avec un sourire qui témoignait du bonheur que l'on éprouvait de n'être plus journellement menacés du supplice et des confiscations, finirent par se faire des visites, pour échapper à la vie claustrale qu'ils menaient depuis deux ans.

La maison de Meudon avait une belle apparence et le jardin a été planté, dit-on, d'après les dessins de Lenôtre ; aussi dans des temps plus tranquilles cette habitation excitait la curiosité des amateurs [1].

Dès que la politique n'entretint plus des inquiétudes incessantes, que le besoin de distractions se fit sentir, que cette défiance qui tenait chacun cloué chez soi, eut cessé entre voisins, les habitants du village se firent des visites et la maison de Meudon ne fut plus si solitaire.

C'était au printemps de 1795, les lilas étaient en pleines fleurs, et près de la grande pièce d'eau un massif énorme de ces arbrisseaux répandait un parfum enivrant dans l'air. Les trois enfants se promenaient près de leur mère, lorsqu'elle leur dit : « Nous recevrons ce soir la visite de monsieur et de madame B... et de leurs deux demoiselles. Quant à vous, ajouta-t-elle en s'adressant à ses filles, vous aurez soin de vous tenir prêtes à m'aider à faire les honneurs de la maison. Pour toi, Étienne, ajouta-t-elle, j'espère que tu ne te conduiras pas en petit sauvage ainsi que cela t'arrive si souvent, et je te recommande surtout de mettre un peu d'ordre à ta toilette. » L'idée d'une grande visite et cette dernière recommandation donnèrent de l'humeur à Étienne, et en véritable sauvage qu'il était encore à cette heure de cette journée, il hocha la tête et fit la grimace.

Vers quatre heures après-midi, car on dînait encore communément à deux heures à cette époque, la fa-

---

[1] Cette maison appartient aujourd'hui à M. le général Jacqueminot.

mille B... arriva. Elle se composait du père, de la mère et de leurs deux filles. Madame B... était une très-belle personne, et quelque chose de noble et de gracieux rendait son expression charmante. Quant à ses filles, dont l'aînée était âgée de quinze ans et la cadette de treize, elles étaient inférieures en beauté à leur mère.

La mère d'Étienne, assistée de ses filles, avait déjà fait parcourir à ses hôtes une bonne partie du parc sans que son fils se fût encore montré. Par politesse, Madame B... le demanda, et l'une des sœurs de l'absent, qui l'avait vu se faufiler dans l'épaisseur d'un taillis, lui transmit les ordres de leur mère. Il fallut obéir. Sans trop regarder les personnes auxquelles il s'adressait, il leur fit un salut gauche et se retira derrière la société, qu'il suivit en poussant les cailloux avec ses pieds. « Étienne, lui dit sa mère, va donc cueillir des fleurs pour les offrir à ces dames. » Comme l'enfant hésitait, d'un coup d'œil on lui confirma l'ordre. Le futur Cardenio, enchanté d'être délivré, ne fût-ce que pour un moment, de la contrainte où le mettait un monde auquel il était encore si étranger, partit comme un éclair, arracha en véritable furieux des branches de lilas et de chèvrefeuilles, et sans prendre aucun soin pour en faire des bouquets, mit entre les mains de madame B... et de ses filles un paquet énorme de ces fleurs dont elles ne purent conserver qu'une ou deux branches. Étienne s'était imaginé que dès qu'il aurait obéi à sa mère en faisant rigoureusement ses politesses, il pourrait retrouver sa liberté; mais il en advint tout autrement, et voici ce qui arriva pendant la distribution qu'il fit des bouquets. A peine avait-il présenté ses fleurs à madame B..., que cette dame, lui passant la main sous le menton, lui dit : « Mon petit ami, lorsque madame votre mère et vos chères sœurs viendront nous voir, je compte bien que vous les accompagnerez. J'y compte, entendez-vous ? » Le farouche Étienne, se trouvant pris, devint furieux intérieurement.

La fille aînée, en prenant les fleurs, remercia gracieusement Étienne, mais avec ce sentiment de supériorité extrême, qu'a une fille de quinze ans sur un garçon de quatorze.

Quant à la sœur cadette, la dernière à laquelle Étienne s'adressa, elle prit les fleurs sans rien dire. Un mal de gorge passager lui faisait tenir son mouchoir sur la bouche, en sorte que le bas de son visage étant caché, son remercîment ne fut exprimé que par le sourire de ses yeux ; mais ce sourire si gracieux, lancé par des yeux d'un beau bleu de mer et scintillants comme des étoiles, produisit à l'instant même une révolution dans la jeune âme d'Étienne. Le contre-coup de cette impression si vive fut le souvenir de l'invitation de madame B..., dont il avait été révolté quelques secondes avant, et qui lui devint tout à coup si doux, puisqu'elle lui donnait la certitude de revoir ces yeux qui l'avaient charmé.

C'est ainsi qu'un coup d'œil purement bienveillant de la plus jeune sœur, adoucit tout à coup les habitudes farouches d'Étienne. En effet, au grand étonnement de sa mère, il fut le premier à faire observer, un ou deux jours après la visite, qu'il était de la politesse de la rendre. Ses sœurs ne remarquèrent pas, sans lui lancer des épigrammes, qu'il soignait sa toilette plus que de coutume, et que dans leurs conversations il ne manquait guère de rappeler le souvenir des jeunes voisines. Enfin on se décida à se rendre chez la famille B..., et, en cette occasion, la mère d'Étienne n'eut aucun effort à faire pour décider son fils à être de la partie.

On fut très-amicalement reçu ; et, dès cette première entrevue, Étienne parla assez librement aux deux jeunes sœurs avec lesquelles il devait contracter une amitié si durable. Seulement, comme il arrive aux amoureux de quatorze ou quinze ans, Étienne était bien plus à son aise et causait librement avec la sœur aînée, tandis que près de la plus jeune, c'est à peine s'il osait lui adresser la parole.

Les caractères des deux sœurs étaient plus différents encore que leur apparence extérieure. L'aînée, mademoiselle Augustine, était une petite blonde assez grasse, bien prise dans sa taille, ayant les mouvements agiles, mais habituellement tempérés par une gravité qui était aussi l'un des caractères de sa physionomie et de son esprit. Par une exception rare en ce temps, elle avait été élevée par une femme de chambre de sa mère, dans des sentiments profondément religieux qui l'ont animée jusqu'à son dernier jour. Quant à son instruction proprement dite, elle se ressentait des malheurs du temps; et sauf la musique qu'elle aimait et que sa mère lui avait enseignée de très-bonne heure, puis quelques lectures qu'on lui avait fait faire de Boileau, de Don Quichotte, de Gil-Blas et de Lazarille de Tormès, elle ignorait à peu près tout ce qu'à d'autres époques, on savait ordinairement à son âge. Mais son esprit était droit et ferme, son âme forte.

Sa sœur, Sophie, sans être une beauté, avait plus de charme. Un peu maigrette, comme les jeunes filles le sont à treize ans, sa taille était souple, élégante, et ses mouvements très-gracieux. Mais ce qui lui donnait un charme particulier était l'expression vive de sa physionomie et en particulier celle de son regard, que tout autre qu'Étienne même, avait peine à supporter tant il était pénétrant. Moins dévote et plus inégalement instruite encore que sa sœur, elle parlait peu, mais lançait des traits spirituels qui résumaient les questions d'une manière originale. Ce qui caractérisait le plus nettement la nature de son esprit et de ses goûts, est l'aversion qu'elle montrait pour le séjour de la campagne, ce qui, au contraire, plaisait tant à sa sœur et à Étienne.

Déjà les fêtes publiques, les bals, les réunions brillantes qui ont imprimé un cachet particulier au temps du Directoire avaient répandu dans la plupart des esprits le goût de la dissipation. Quoique à peine sortie de l'enfance, mademoiselle Sophie, douée d'une imagination vive, regardait Paris des hauteurs de Meudon, en maudissant la belle saison qui retenait sa famille à la campagne. Cette idée était toujours présente à son esprit. Pour se livrer aux conversations du soir, les trois jeunes amis affectionnaient une allée située à la limite de la propriété de madame B..., d'où l'on apercevait le charmant coteau où le village de Fleury est enfoncé dans un nid de verdure. Là, et tandis qu'Augustine et Étienne traitaient les matières les plus sérieuses, ce qui arrivait assez fréquemment à ces deux pauvres petits ignorants, qui se questionnaient même sur Dieu et sur l'âme, Sophie tenait son regard attaché vers Paris, ne s'occupant guère de ce qui l'entourait que quand elle arrivait près d'un vieil arbre tortu et malade, aux branches duquel elle suspendait des fleurs, par reconnaissance de ce que, le premier dans le jardin, il se dépouillait de ses feuilles, et donnait le signal du retour à la ville.

On pardonnera sans doute à Étienne d'avoir insisté sur quelques détails relatifs à ces amitiés et même à cet amour enfantin, lorsque l'on reconnaîtra que, grâce au ciel, cette vie douce et charmante, au lieu de plonger son âme dans les habitudes d'une paresse enivrante, fit sortir au contraire ce jeune adolescent de l'espèce d'engourdissement d'esprit où l'avaient conduit l'interruption de ses études classiques et les occupations purement matérielles auxquelles les dures années précédentes l'avaient forcé de se livrer.

Quoique à une année près les trois amis fussent du même âge, les deux demoiselles avaient sur Étienne la supériorité qui venait de leur sexe. Non-seulement le jeune homme reconnaissait cet avantage, mais dans son imagination, il l'exagérait beaucoup. Mademoiselle Augustine, avec ses idées élevées et sa parole grave et douce, lui semblait une sainte qu'il était disposé à admirer. Quant à mademoiselle Sophie, elle agissait tout autrement sur lui : vive, spirituelle et sachant déjà contrefaire les airs d'une dame élégante, elle intimidait presque toujours son respectueux et muet adorateur.

Les deux jeunes personnes, éminemment douées de ce tact fin que presque toutes les femmes apportent en naissant, n'avaient pas tardé à s'apercevoir de l'influence parfois un peu tyrannique, qu'elles exerçaient sur leur innocent ami; mais Étienne était loin de s'en plaindre, et, comme tous les amoureux, il baisait sa chaîne. Parmi les perfections incomparables qu'il attribuait à ses deux petits tyrans, il les regardait comme de véritables savantes. Son défaut d'instruction dont il avait intérieurement la conscience, en le rendant défiant et timide, augmentait d'autant plus chez ses deux amies leur aplomb féminin. Étienne fut d'abord mâté, puis honteux, non, comme on pourrait le croire, d'une infériorité d'où il ne supposait pas un instant qu'il pût sortir, mais de l'état d'ignorance où il se sentait encore, et qui, à ses yeux, le rendait indigne de la faveur que ses *savantes* amies lui accordaient en l'admettant dans leur société. Pour l'exactitude des faits, il faut avouer que les deux jeunes demoiselles étaient pour le moins aussi ignorantes que leur admirateur. Mais là n'est pas la question, car il s'agit maintenant de suivre la route que cette innocente erreur fit prendre tout à coup à Étienne.

Un soir, qu'après avoir été écrasé par l'éloquence de l'aînée et fascinée par l'esprit et l'élégance de la plus jeune de ses amies, Étienne s'était retiré dans sa chambre, le sommeil ne venant pas, il employa sa veille à faire un retour sur lui-même. « Dans sept mois, se dit-il, j'aurai atteint ma quinzième année!!! A quinze ans, on doit déjà être un homme. Cependant qu'ai-je appris? que sais-je? et que doivent penser de moi ces deux demoiselles devant lesquelles je m'abstiens souvent de parler, dans la crainte de laisser percer mon ignorance? Aux sourires qui s'échappent parfois de leurs lèvres, je m'aperçois bien qu'elles me ménagent, mais qu'au fond je leur fais pitié. » Toujours plus agité, Étienne broda sur ce thème pendant la nuit, et au petit jour il se leva, monta dans un grenier où il se souvint que l'on avait jeté le paquet de ses livres de classe, pour les en tirer. On sait comment se compose la bibliothèque d'un écolier de troisième; outre les rudiments et les dictionnaires, s'y trouvait dans celle d'Étienne une vieille grammaire italienne de Veneroni, dans laquelle, dès sa sixième, il avait appris les conjugaisons comparativement à celles des latins. Quelques anecdotes et des poésies suivies d'un glossaire avaient donné à l'écolier le goût et un certain usage de la langue italienne, qui ne tarda pas à lui devenir familière. Mais ce ne fut pas le livre qui fixa d'abord son attention. A peine eut-il dénoué le paquet poudreux, qu'il mit la main avec empressement sur son vieux Virgile qu'il n'avait pas ouvert depuis l'époque, assez éloignée déjà, où il avait traduit la première églogue. Le souvenir de ce travail lui fit impression, et, dans la journée, il retraduisit avec grande peine cette pièce de poésie qui l'avait tant préoccupé autrefois. A compter de ce jour, Étienne entra dans une vie nouvelle. L'emploi de son temps fut réglé, et la plus grande partie consacrée à repasser les morceaux des auteurs grecs et latins qui lui avaient été expliqués en classe.

Les deux jeunes amies d'Étienne, sans s'en douter, concoururent puissamment à l'affermir dans cette bonne résolution, et l'écolier devenu un peu plus confiant en lui-même, donna un cours nouveau aux entretiens du soir qu'il avait avec les deux sœurs. Tantôt il leur racontait l'histoire du *Cordonnier Mycile* et de son coq, puis il leur faisait de son mieux le récit du *Songe de Scipion;* une autre fois il leur lisait des traductions en vers de sa façon. Le fond de ces récits et de ces lectures était respecté en raison de leur grave origine; mais l'auditoire en cornettes ne se faisait aucun scrupule de critiquer les expressions françaises du pauvre translateur qui avait souvent à essuyer les gorges chaudes de ses amies au sujet d'une phrase ou d'un mot mal sonnant à leurs oreilles. Mademoiselle Sophie surtout, bonne au fond, mais assez railleuse, disposée d'ailleurs à tenir son petit voisin sous le joug, lui répétait quelquefois pendant plusieurs jours de suite une phrase ou une expression, qu'à tort ou à raison, elle avait blâmée. Les sentences de ce petit tribunal eurent cela de bon pour Étienne, que le faisant tenir sur ses gardes, à peine rentré chez lui et plein de confiance en la critique de ses deux sévères auditeurs, il revoyait soigneusement son travail, s'efforçant de l'améliorer pour le soumettre de nouveau à ses juges.

Mais une occasion nouvelle dont les résultats furent plus sérieux, vint bientôt offrir à Étienne les moyens de mettre à profit, sous un maître bon, savant et habile, le retour à l'étude que les deux sœurs de Meudon avaient provoqué. Une famille, liée anciennement avec celle d'Étienne, s'était aussi retirée pendant la Terreur, dans le village de Ville-d'Avray, voisin de celui de Meudon. Au sein de cette famille composée du père, de la mère et de leur fils, âgé de quinze ans ainsi qu'Étienne, s'était réfugié à la fin de 1792, l'oncle maternel de ce jeune garçon.

Cet homme, M. Bintot, qui concourut, vers 1800, au rétablissement des anciennes études universitaires dans une institution qu'il fonda alors, était un ecclésiastique, ancien diacre à Saint-Étienne-du-Mont, lorsque les lois révolutionnaires et proscrivirent les prêtres les forcèrent à se cacher pour se soustraire à la prison et à la mort. A la faveur d'un costume laïque, M. Bintot se réfugia et vécut à Ville-d'Avray chez sa sœur, où saisissant l'occasion de reconnaître les soins que l'on prenait de lui, et enchanté d'ailleurs d'employer utilement sa noble intelligence, il prit la résolution de présider à l'éducation et à l'instruction de son jeune neveu. Outre sa qualité d'excellent humaniste, cet homme avait pour les lettres en général un goût vif, soutenu par une érudition très-variée ; et chose assez rare parmi les ecclésiastiques, il était fort bon mathématicien. Son neveu, dont l'intelligence était tant soit peu paresseuse, avait été promptement rebuté par l'étude de la langue latine, ce qui avait fait prendre à son oncle la résolution de diriger les efforts de son intelligence d'un autre côté. L'École polytechnique, qui venait d'être fondée [1], ouvrait une carrière nouvelle à la jeunesse. M. Bintot saisit cette occasion pour éprouver les facultés de son élève, et s'assurer de l'aptitude qu'il pouvait avoir aux sciences exactes. En effet le jeune homme eut assez de succès en ce genre d'études, et son oncle le poussa assez avant en algèbre pour qu'on se décidât à lui faire donner des répétitions par Francœur, alors jeune professeur de mathématiques dont le mérite était déjà fort apprécié. Mais M. Bintot, tout en éprouvant une certaine satisfaction à voir son neveu prendre quelque goût aux sciences, ne put toutefois renoncer entièrement à l'espoir de dépo-

---

[1] 9 brumaire an IV (5 octobre 1795).

ser dans son esprit quelques semences de littérature qui pourraient germer plus tard.

Tel était l'état où se trouvaient les habitants de Ville-d'Avray lorsque le chef de cette famille et le père d'Étienne, s'étant rencontrés après les trois grandes années de tourmentes révolutionnaires, convinrent de rétablir entre eux des relations trop longtemps interrompues, et de se revoir à la campagne pendant la belle saison. M. Bintot, prompt à saisir toutes les occasions qui lui semblaient devoir être utiles et agréables à son neveu, souscrivit avec d'autant plus d'empressement à ce projet de réunion, que d'après ce qu'il avait entendu dire de la vivacité d'imagination d'Étienne, et de l'ardeur avec laquelle il avait repris ses études, il put concevoir l'espérance de donner un camarade à son neveu qui exciterait sans doute son émulation pour le travail et le dégourdirait dans les récréations.

Des visites réciproques eurent lieu en effet entre les deux familles, et M. Bintot qui, bien que mathématicien, avait un faible très-prononcé pour les lettres, accueillit avec autant de bonté que de grâce, le jeune Étienne qui lui parla de Virgile, de Cicéron, lui avouant même qu'il se hasardait à faire des vers français, mais témoignant surtout le désir ardent de réparer le temps perdu, et laissant deviner combien il se trouverait heureux si quelqu'un voulait bien soutenir sa bonne volonté et le guider dans ses études.

La sincérité, l'effusion avec lesquelles ces espérances et ces aveux furent exprimés, firent sans doute impression sur le digne M. Bintot, car il dit aussitôt à Étienne : « Hé bien ! nous travaillerons ensemble. » La joie du jeune écolier fut si vive qu'il se jeta dans les bras de son nouveau maître en pleurant. On convint, et il fut arrêté qu'Étienne viendrait trois fois par semaine de Meudon à

Ville-d'Avray, pour recevoir les leçons qu'on voulait bien lui donner. Ordinairement elles étaient consacrées à l'explication de fragments choisis des ouvrages de Virgile, de Cicéron, de Tite-Live et de Térence; et plus tard, lorsque Étienne eut affermi ses connaissances en latin on lui fit aborder les odes d'Horace.

Il serait superflu d'entrer dans les détails de ces études auxquelles le maître et l'élève attachaient un intérêt différent, mais également vif. Cependant, il n'est peut-être pas inutile de dire quel fut le mode d'enseignement que choisit M. Bintot pour faire regagner autant qu'il était possible, à son nouvel élève, plus de deux précieuses années qu'il avait perdues, et lui indiquer surtout les différentes voies qu'il aurait à parcourir pour satisfaire le désir immense qu'il manifestait déjà d'étudier, de s'instruire. Un des soins que prenait cet excellent maître, lorsqu'il avait fait étudier à fond le fragment d'un auteur latin, était de lire à son élève pendant les instants de récréation, les imitations qui en avaient été faites par les meilleurs écrivains français. Parmi les exercices de ce genre, Étienne n'a point oublié le rapprochement que lui fit faire son maître du discours que Tite-Live prête au père Horace défendant son fils, et des beaux vers où le grand Corneille a si heureusement reproduit cet éloquent plaidoyer. C'était ordinairement pendant le cours des promenades que M. Bintot faisait faire à son neveu et à Étienne dans les bois de Ville-d'Avray et de Saint-Cloud, que l'ingénieux professeur, après une marche d'une ou deux heures, faisait asseoir ses deux élèves, tirait de sa poche un volume soit des œuvres de Racine, de Bossuet, de Racan, de Malherbe et même de Rabelais, pour leur en lire des passages choisis, se proposant de leur donner le goût, non-seulement des plus excellents auteurs français de la grande époque, mais désirant éveiller leur attention sur les précieux essais des écrivains antérieurs.

Lorsque M. Bintot consentit à donner des leçons à Étienne, les parents du jeune homme avaient pris le soin de faire connaître ses côtés faibles. On avait avoué au maître combien l'imagination de cet enfant était vagabonde ; que son caractère indépendant l'entraînait souvent jusqu'à l'insubordination ; qu'on ne pouvait fixer son attention que sur les occupations de son goût ; qu'il ne se passait qu'avec peine de la liberté qu'il se plaisait à goûter dans les champs et en plein air ; et, que de toutes les causes qui avaient contribué à lui rendre pendant longtemps les études classiques odieuses, la plus persistante avait été le souvenir pénible qu'il conservait du collège de Lizieux dont effectivement l'intérieur présentait plutôt l'aspect d'une affreuse prison que celui d'un gymnase destiné à la jeunesse. Ces renseignements soigneusement recueillis par M. Bintot l'aidèrent à tempérer les accès de fougue d'Étienne. Obéissant avec tact aux fantaisies de son élève, quand elles étaient innocentes, en guide habile il profita de la vivacité de ses goûts littéraires pour concentrer son attention sur ce point et lui faire prendre l'habitude d'étudier à fond ce qu'il avait l'intention d'apprendre.

En somme, les conversations encore enfantines de Meudon, avaient éveillé le goût de l'étude chez Étienne ; les leçons de Ville-d'Avray lui apprirent comment on étudie. Il lui restait sans doute bien des efforts à faire ; mais on l'avait mis dans la bonne voie et il s'est toujours appliqué à s'y maintenir.

II

Les inquiétudes, les souffrances avaient été telles pendant le régime de la Terreur, que malgré l'aspect encore fort nébuleux de l'avenir pendant les années 1795-96, on se laissait aller à l'espérance. On se livra même bientôt à la gaieté, comme il arrive aux malades dès les premières lueurs de la convalescence. Chacun étant à peu près rentré dans les habitudes de la vie ordinaire, les parents d'Étienne de retour à Paris, pensèrent à donner à leurs enfants des maîtres qui essayassent de perfectionner leur éducation si souvent interrompue. On les confia donc aux soins de trois professeurs. L'un, B....., fut chargé d'enseigner le latin et les mathématiques à Étienne, le français et l'arithmétique à ses sœurs. Un jeune élève de l'école de David, Godefroy, guida les premiers essais que fit Étienne dans l'art du dessin, et un coryphée des chœurs de l'Opéra, Lécuyer, basse-taille puissante, enseigna la musique aux trois enfants.

Les souvenirs que l'on retrace ici, se rapportant surtout aux lettres, on glissera sur les détails relatifs aux arts dont il a été traité déjà[2]. On rappellera seulement qu'à cette époque, Étienne toujours poussé par le désir d'entrer à l'école de David, avait déjà fait d'assez grands progrès dans l'art du dessin. Cependant le goût des études littéraires fit faire de grands efforts à ce jeune écolier.

---

[1] Voyez *Louis David, son école et son temps.*

Pour se familiariser avec la langue latine, en dehors des lectures de Cicéron et de Virgile que lui faisait faire B....., il entreprit et acheva, non sans beaucoup de peine, la traduction de deux comédies de Plaute, l'*Aularia* et l'*Épidicus*, ce qui contribua à lui applanir les difficultés de Térence. Car Étienne, poussé déjà par un vif instinct de curiosité, désirait savoir quelle devait être la langue parlée familièrement, dans cette Rome dont les écrivains classiques ne nous ont laissé que des ouvrages d'apparat, longtemps élaborés.

Malgré les soins pris par les parents d'Étienne pour l'instruction de leurs enfants, l'irrégularité des habitudes d'une maison particulière se faisait souvent sentir dans le cours de leurs études. Déjà, en cette année 1796, le goût des réunions, des bals, des fêtes publiques et privées, était dégénéré en une manie tellement générale que les personnes les plus sages avaient peine à s'y soustraire; or, ces distractions assez fréquentes, jointes encore à l'irrégularité des leçons, amenaient des veilles, des repos forcés, et enfin un relâchement inévitable dans les travaux de la semaine. Cependant, au fond de l'âme d'Étienne et de celle de sa sœur cadette, Eugénie, un certain besoin impérieux d'apprendre et de s'instruire, leur faisait mener de front le travail et les récréations. Comme dans son enfance, Étienne, adolescent, pouvait veiller longtemps sans que sa santé en souffrît, et cette faculté, qu'il a conservée pendant toute sa vie, a en quelque sorte doublé son existence.

En février 1796, Étienne avait atteint sa quinzième année. La salutaire influence des deux sœurs de Meudon, avait donné du nerf à son esprit, ses connaissances avaient été raffermies par les bons soins de M. Bintot, et les leçons des trois maîtres de Paris n'étaient pas restées sans fruit. Le temps était donc venu pour le jeune homme de redoubler d'ardeur et d'application afin de se livrer à un ensemble de travaux qui exigeraient l'emploi de tout ce qu'il avait reçu d'intelligence et d'énergie.

Dans le livre des souvenirs relatifs à David, on a omis volontairement quelques circonstances qui se rattachent à l'adolescence d'Étienne, parce qu'elles doivent prendre place ici, pour servir de lien entre la vie d'artiste de notre jeune écolier, et celle d'homme de lettres dans laquelle il ne s'est trouvé engagé qu'à l'âge de quarante ans.

Étienne n'avait pas cessé de fréquenter à Paris la maison de madame B..., et l'amitié des trois fidèles de Meudon s'était accrue avec le temps. Mademoiselle Augustine avait atteint sa dix-septième année, on pensa à la marier et il ne tarda pas à se présenter un prétendant; c'était Bertin-Devaux. Lorsque les arrangements furent pris, madame B..., qui avait toujours témoigné une tendresse maternelle à Étienne, lui en fit part. Quoi qu'il en soit, pendant tout le temps où Bertin-Devaux vint faire sa cour, les conversations qui avaient commencé à Meudon, se continuèrent à Paris. Quant à la jeune fiancée, soumise à la volonté de ses parents, ne parlant jamais de son changement futur d'état, elle attendit le jour de la célébration de son mariage avec un calme qui ne se démentit pas un seul instant.

Bertin-Devaux, âgé alors de vingt-six à vingt-sept ans, avait une assez belle figure, dont l'expression fort spirituelle n'était cependant agréable et gracieuse que quand il lui convenait de plaire aux gens. Il régnait presque toujours un air de fierté dans son regard; et le dédain se dessinait fréquemment sur ses lèvres. Pendant les deux ou trois mois qui précédèrent son mariage, toutes les personnes de sa famille fréquentèrent la maison de madame B... et ce fut là qu'Étienne vit aussi pour la première fois Bertin l'aîné qui, avec son frère, allait fonder le *Journal des Débats*.

Bertin l'aîné, non moins spirituel et intelligent que son frère, avait sur lui le double avantage de la beauté de ses traits et d'une physionomie où rayonnaient sans cesse la bienveillance et la bonté ; aussi par allusion aux deux Tarquins, appelait-on celui-ci dans le monde Bertin l'Ancien et son frère Bertin le Superbe. Quoi qu'il en soit de la différence que l'on remarquait entre les deux frères, le jeune Étienne fut toujours très-favorablement accueilli par ces deux hommes remarquables, qui n'ont pas cessé de lui donner les témoignages de l'intérêt le plus vif et le plus constant.

L'introduction de la famille Bertin dans celle de la jeune fiancée, avait donné à la société de madame B... une physionomie nouvelle. De calme et silencieuse, elle devint animée et parfois assez bruyante. Les trois frères Bertin, car La Touche, le plus jeune, accompagnait ses frères, étaient doués de voix de stentor, et comme ils se livraient fréquemment à des discussions politiques ou littéraires, pendant lesquelles ils se laissaient aller à toute l'effervescence de leurs passions, il arrivait que le bruit de leurs voix éclatantes attirait l'attention des passants de la rue. A cette époque les Bertin défendaient avec autant de verve que de courage la cause royaliste. Habitués à braver le pouvoir républicain par leurs actes et leurs écrits, il n'étaient pas d'humeur, au sortir d'un bon repas, à garder des ménagements en parlant de la république et de ceux qui la gouvernaient. Comme madame B... avait acquis l'expérience qu'il était impossible de tempérer la vivacité impétueuse de ses convives, elle avait soin de recommander, avant la fin du repas, que l'on baissât les jalousies, que l'on fermât les volets et que les rideaux fussent croisés pour étouffer les éclats de voix de ses fougueux convives.

Cependant durant ce vacarme, les trois jeunes amis relégués dans un coin du salon, n'assistaient pas à ces scènes inaccoutumées, sans qu'il leur vînt à l'esprit des appréhensions vagues. Ces explosions bruyantes dont les motifs leur échappaient la plupart du temps, contrastaient tellement avec l'harmonie et le calme habituel de leurs conversations, qu'à les voir gardant d'autant plus le silence, que l'on était plus animé autour d'eux, on aurait pu les comparer à de pauvres petits oiseaux qui, l'œil inquiet et tremblants, cessent de gazouiller lorsque des voyageurs bruyants passent près de leur nid. En effet tout annonçait un changement dans la famille B... et le pur et charmant drame de Meudon allait finir.

Le mariage de mademoiselle Augustine B... avec Bertin-Devaux célébré, le trio des amis, réduit à deux, n'était plus admissible; mademoiselle Sophie avait seize ans, Étienne dix-sept. Toujours affectueuse pour le jeune ami de ses filles, madame B... continua de le recevoir avec une égale bonté. Seulement sa fille n'ayant plus sa sœur pour campagne, ne quittait pas sa mère, et chaque jour les habitudes de la primitive intimité allaient s'évanouissant.

Deux années s'écoulèrent ainsi, et bientôt la santé de mademoiselle Sophie commença à donner de graves inquiétudes. Menacée d'une maladie de poitrine à laquelle elle a effectivement succombé jeune encore[1], les médecins donnèrent à ses parents l'étrange conseil de la marier sans délai. Quoiqu'on eût évité de parler de ces craintes et de ce projet, Étienne qui fréquentait encore la maison eut le pressentiment de ce qui allait arriver. De ce moment l'attachement déjà fort que Sophie lui avait inspiré, se présenta à son esprit sous un jour plus net, qui l'éclaira

---

[1] En 1816.

sur le présent et l'avenir, et donna à ses résolutions quelque chose de plus viril.

Étienne devenait grave, silencieux. Peu à peu il se sentit moins à l'aise dans cette maison, où il avait passé des instants si calmes et si doux.

Bientôt rien ne pouvant plus entretenir ses illusions, il s'arma de courage et prit la résolution de ne plus retourner dans la maison de M. B...

Cet exil volontaire, qui dura près de dix ans, fut la première grande épreuve que subit Étienne à son entrée définitive dans la vie.

III

Ce ne fut pas sans éprouver d'amers chagrins et des découragements fréquents, qu'Étienne persista dans sa résolution. Indépendamment de la douleur réelle que ces séparations font naître, la cessation subite d'habitudes fortement entrées dans la vie, nous jette dans une espèce d'insensibilité qui peut devenir aussi fatale à l'âme qu'au corps. Il fallait remplir ce vide affreux dans lequel l'imagination d'Étienne s'égarait pendant le jour et dans les longues veilles des nuits. Il eut recours au seul remède, le travail, qui alors et dans d'autres épreuves, l'a aidé à supporter le chagrin.

Admis au nombre des élèves de L. David, ses premiers essais avaient donné une idée assez avantageuse de son aptitude à l'art de la peinture; et autant dans l'intention de s'y perfectionner que poussé par l'idée de ne pas laisser son esprit oisif se repaître de vains regrets, Étienne employa ses soirées à étudier la perspective et à traduire les passages de Pline l'Ancien, que cet auteur a consacrés à l'histoire de l'art. Les détails techniques et les difficultés que présente le texte de cet auteur, eurent pour effet de fixer son attention sur des idées complétement étrangères à celles vers lesquelles son esprit tendait à retomber toujours. La lutte entre ses travaux et ses souvenirs fut longue; mais en somme elle retrempa son âme et lui donna ce genre de satisfaction qu'éprouve tout homme quand il sent qu'il ne s'est pas laissé abattre. Telles étaient les études d'Étienne et la disposition d'esprit où il se trouvait lorsqu'un nouvel élève fut admis à l'atelier de L. David : c'était Adolphe Lullin. Plus âgé d'un an qu'Étienne, Lullin, né au sein d'une famille patricienne de Genève, était pourvu des avantages du corps et de l'esprit. Grand, bien fait, les traits purs et élégants de sa figure exprimaient une noble fierté tempérée par une douceur angélique. Deux jours étaient à peine écoulés depuis son entrée à l'école, qu'Étienne et lui avaient contracté une de ces amitiés rares qui ne doivent être interrompues que par la mort. Quelques jours suffirent pour qu'il s'établît entre eux une intimité que l'on peut appeler fraternelle, et dans une de leurs premières conversations ils se firent l'aveu réciproque des chagrins d'amour que chacun d'eux venait d'éprouver. Leurs souvenirs les plus doux comme leurs regrets furent, pendant un mois, le sujet inépuisable de conversations auxquelles ils se livraient le soir, après l'étude, sous les allées alors ombragées et solitaires des Champs-Élysées. Ces épanchements produisirent d'excellents effets sur l'âme et l'esprit des deux jeunes amis. Leur intelligence en devint plus libre et, par cela même, plus propre à s'appliquer à des travaux sérieux.

Les études classiques n'avaient pas été interrompues à Genève comme à Paris; aussi Lullin avait une connaissance des langues anciennes supérieure à celle de son ami. Toutefois l'amour et le zèle qu'ils avaient pour l'étude des lettres anciennes, étant également vifs, ils décidèrent d'employer les matinées à l'étude de la peinture et les soirées à revoir les auteurs de l'antiquité grecque et latine.

Ce fut dans les années 1797, 98 et 99 qu'ils réalisèrent ce projet avec une constance qui ne s'est pas démentie un seul instant. Ils s'appliquèrent particulièrement à l'étude de la langue grecque, et pour mener de front celle des Romains, ils traduisirent plusieurs chants d'Homère en latin. Théocrite fut encore un de leurs écrivains favoris, car ils étudiaient de préférence les poëtes. Ces travaux étaient entremêlés de la lecture en commun de Virgile, d'Horace et de Tibulle. En 1799, lorsqu'ils se sentirent de force à aborder certaines difficultés de la langue grecque, ils étudièrent soigneusement, sous la direction d'un professeur, les Olynthiennes de Démosthènes, l'Œdipe roi de Sophocle et plusieurs chants de l'Odyssée d'Homère.

L'air ambiant, bon ou mauvais, exerce une influence à peu près inévitable sur les corps vivants. Il en est de même des goûts régnants à l'égard de l'intelligence; le plus ordinairement ils s'imprègnent dans notre esprit sans que nous nous en apercevions. Tandis que Lullin et Étienne se livraient avec tant d'ardeur à l'étude des arts et des lettres antiques, ils obéissaient, sans s'en douter, à une impulsion donnée par les savants d'Allemagne et d'Italie qui, eux-mêmes avaient été poussés par la découverte encore assez récente des antiquités de toute espèce trouvées parmi les cendres d'Herculanum et de Pompéia. L'étude des richesses fournies par ces deux villes latines; celle que l'on fit, bientôt après, des temples de

Pestum et des ruines d'Athènes, avaient produit une véritable révolution dans les esprits, et passant sans intermédiaire, du goût efféminé et de faux aloi qui régnait depuis près d'un siècle en Europe, on s'éprit d'un goût passionné pour les ouvrages des écrivains et des artistes de l'antiquité, de ceux surtout dont le style était le plus sévère, avec la ferme conviction que c'était le seul moyen de réformer subitement et complètement le goût.

En 1796, cette disposition des esprits était déjà devenue générale en Europe; et parmi les exemples curieux de ce retour tant soit peu fanatique vers ce que l'antiquité a produit de plus grave, on peut citer celui du poète Vittorio Alfieri, âgé alors de quarante-sept ans, qui conçut et réalisa le projet d'apprendre la langue grecque dont il ne s'était jamais occupé jusque-là.

Bien d'autres hommes moins célèbres, et même inconnus aujourd'hui, ont participé à cet élan littéraire; mais on ne peut passer sous silence le nom d'un savant qui s'est formé seul, à cette même époque, où l'antiquité était étudiée avec tant d'ardeur. A.-J. Letronne, né à Paris en 1787, de parents pauvres et qui se trouva dépourvu de toutes les ressources que l'on peut tirer d'une éducation régulière, dès l'âge de quatorze à quinze ans, étudiait le grec, le latin, la cosmographie, et fréquentait le musée des antiques pour affermir ses études et pénétrer plus à fond dans la connaissance de l'antiquité en étudiant comparativement les œuvres des écrivains et celles des artistes de la Grèce et de Rome. Ceux qui, comme Étienne, ont été les amis, les camarades de jeunesse de Letronne, savent avec quelle heureuse facilité il faisait face aux nombreux travaux auxquels il se livrait. Entraîné, comme on l'était alors, à imiter la gymnastique des anciens, il aimait à s'exercer aux jeux de la balle et de la course; puis à la suite de ces récréations, le soir, en revenant de ces Champs-Élysées si animés alors, le jeune savant, tout couvert de sueur et de poussière, entouré de ses jeunes amis, prenait tout à coup le rôle de professeur et leur transmettait avec autant de lucidité que d'esprit les connaissances variées qu'il possédait déjà. Au goût vif qu'il eut toujours pour la musique, il joignait celui des belles-lettres et des beaux-arts; aussi ses travaux comme antiquaire n'ont-ils rien de la sécheresse si commune à ceux qui se livrent à ce genre d'études.

A cette recrudescence, malheureusement trop passagère, du goût pour les lettres grecques, se rattache le nom d'un de nos plus respectables savants, J.-L. Burnouf, traducteur de Tacite, mais qui doit être mentionné ici en mémoire de ses excellents travaux sur la grammaire comparée et particulièrement sur la grammaire grecque. Ce dernier ouvrage, publié seulement en 1813, mais dont les principes avaient été répandus avant par l'auteur, dans des cours publics, semblait destiné à rendre désormais l'étude de la langue d'Homère et de Démosthène plus facile et plus familière dans les classes; mais le mérite de ce livre fit grand honneur à Burnouf le père, sans que la branche de l'enseignement qu'il favorisait reprît une véritable importance, car elle est demeurée spéciale et presque aussi isolée que l'étude de l'arabe, du persan et du chinois.

En 1827, lorsque l'Occident se prit d'une noble passion pour la délivrance des Grecs, et qu'une armée française passa en Grèce, on pouvait supposer que les relations qui s'établiraient entre Paris et Athènes, faciliteraient l'étude de la langue grecque; mais il n'en fut pas ainsi, et elle resta toujours exceptionnelle.

A quoi tient l'espèce de répulsion que l'on témoigne en France pour l'étude du grec? Cette question, qui préoccupait Étienne pendant son adolescence, s'est présentée plus d'une fois à son esprit depuis ce temps, et dans un ouvrage qu'il publia en 1844[1], il résumait ainsi ses idées sur cet important sujet : « Dans le livre d'Henry Étienne sur la conformité de la langue française à la langue grecque, ce savant, emporté par son zèle, dit que pour bien savoir la langue grecque, le seul moyen est de l'apprendre avant le latin, ce qui est très-vrai. Mais si l'illustre grammairien eût voulu donner à sa proposition une formule plus étendue et plus philosophique, il fallait alors qu'il osât dire qu'avant tout on ferait réciter aux enfants en bas âge, l'*Oraison dominicale* et l'*Ave Maria* en grec. Or c'était une hérésie. » Et en effet, c'est parce que nous faisons partie de l'église latine que nous restons instinctivement étrangers à la langue grecque.

Cependant malgré cette ardeur passagère pour tout ce qui se rattachait à la connaissance de l'antiquité, un goût nouveau ne tarda pas à solliciter la curiosité des jeunes gens studieux de cette époque. L'esprit belliqueux qui avait fait parcourir victorieusement aux armées françaises une bonne partie de l'Europe, eut entre autres résultats, celui de rendre le goût littéraire des Français un peu moins absolu et surtout moins dédaigneux à l'égard des productions de nos voisins. Non-seulement on accorda qu'il put y avoir de grands écrivains chez eux, mais on se sentit piqué de la curiosité de les connaître ; et ce fut particulièrement parmi les contemporains de Lullin et d'Étienne que ce revirement d'idées se manifesta : ils recherchèrent avec empressement les traductions que l'on fit paraître alors, des théâtres allemand, espagnol, danois, italien et anglais. Ce fut aussi vers ce temps que le roman de Werther et celui d'Herman et Dorothée de Gœthe, contribuèrent à modifier le caractère naturel des

---

[1] Rabelais.

Français, en leur donnant une teinte de tristesse qui domina longtemps dans les productions de notre littérature, sous la forme vague et insaisissable, de ce que l'on appela alors la *mélancolie*. Étienne, qui ne resta étranger à aucune de ces lectures nouvelles, reçut de celle des drames de Shakespeare une impression si vive, qu'après avoir dévoré les vingt volumes de la traduction de Le Tourneur, il forma, à part lui, le projet qu'il ne réalisa que vingt ans plus tard, d'apprendre la langue anglaise.

Lullin l'avait étudiée dès l'enfance à Genève ; mais la rigidité de ses goûts classiques lui faisait appliquer à peu près exclusivement son admiration, sur les trois ou quatre grands poëtes de l'antiquité grecque, ce qui le rendait presque insensible aux beautés de Shakespeare. Il fit même une espèce de querelle à son ami qu'il surprit plusieurs fois acharné à la lecture du poëte anglais. Or ces nuances entre les goûts des deux amis leur fournirent bientôt le thème d'une discussion dont la jeunesse de ce temps était fortement préoccupée. Il s'agissait alors de savoir si, dans les arts, on dût s'en tenir non-seulement aux principes établis par les anciens, mais pratiquer l'art en préférant les formes et les sujets employés par eux ; ou bien s'il était préférable, en se conformant à leurs principes, d'en faire seulement l'application en traitant des sujets modernes et même contemporains. Ces idées, ces questions autour desquelles couvait la réaction que devait naturellement produire le culte exagéré de l'art grec, voltigeaient dans l'air, et étaient entrées par les mansardes du réduit où philosophaient les deux amis. La vérité est que ces doutes exprimés par les deux jeunes artistes étaient devenus l'objet d'une question et d'efforts littéraires assez importants pour que leur histoire, à peu près oubliée aujourd'hui, soit consignée ici.

De tous les auteurs dramatiques étrangers, dont les

ouvrages avaient éveillé la curiosité publique, Alfieri était celui qui, s'éloignant le moins des goûts littéraires de la France, se prêtait d'abord le mieux à ce que l'on imitât ses tragédies. Au fond, les drames de ce poëte sont de la même famille que ceux de Racine, et toute l'originalité d'Alfieri, à part le mérite de son style, consiste à avoir réduit ses personnages à la nudité, sous prétexte de les dépouiller des accessoires factices sous lesquels plus d'un tragique français les a effectivement déguisés.

Sous la double influence des études que l'on faisait alors de la littérature et de la statuaire grecques, on prétendit reproduire les personnages anciens sur la scène, dans toute l'intégrité de leurs mœurs et de leurs costumes. Cette espèce d'innovation avait en effet été tentée par Alfieri, et bientôt on voulut la reporter sur le théâtre français. Un jeune poëte, heureusement doué et élevé sous les yeux d'une mère spirituelle; imbu d'ailleurs des idées de la sévérité du style pittoresque, puisées à l'école de L. David qu'il avait fréquentée, Népomucène Lemercier, forma le projet d'imprimer à la scène tragique la gravité austère et l'exactitude de costume que l'artiste apportait dans ses tableaux. Poussé d'ailleurs dans cette voie par les ouvrages d'Alfieri, N. Lemercier fit représenter sa première et sa meilleure tragédie, celle d'*Agamemnon* [1]. Le succès fut brillant et mérité, surtout en considérant la jeunesse de l'auteur, sur l'avenir duquel on conçut les plus belles espérances.

Toutefois les seules véritables innovations apportées dans ce drame se bornaient au tutoiement des personnages et à l'observation rigoureuse de leurs vêtements sur la forme desquels Talma, chargé du rôle d'Egyste, avait exercé sa critique savante, mais un peu minutieuse. D'ail-

---

[1] 5 floréal an V, 24 avril 1797.

leurs, les rôles parasites reprochés aux anciens tragiques français n'avaient pas été supprimés; et Agamemnon, Égyste et Oreste avaient chacun son *confident*. Quoi qu'il en soit, dans le premier étonnement que causèrent ces nouveautés, on s'imagina qu'il s'était opéré une grande révolution dans notre système théâtral.

La seconde tragédie que N. Lemercier fit représenter deux ans après [1], *Ophis*, ne répondit pas aux espérances que son *Agamemnon* avait fait naître. Le sujet du drame nouveau, inventé par l'auteur, avait pour objet de rendre hommage au vainqueur de l'Égypte, au général Bonaparte, alors ami de Lemercier. Étienne, qui avait assisté au succès d'*Agamemnon* et comptait comme le public sur le talent du jeune poëte, se trouvait aussi à la première représentation d'*Ophis*. Tout ce qu'il y avait alors de personnages éminents parmi les hommes de guerre, les hommes politiques, les gens de lettres et les femmes à la mode, assistaient à cette représentation; et le général Bonaparte lui-même, placé modestement aux secondes loges, était venu, croyant concourir au triomphe de son ami. Mais malgré la bienveillance de l'auditoire et la présence du héros du jour, et malgré les efforts que fit Talma, déjà célèbre, pour soutenir cet ouvrage, *Ophis* n'eut que quelques froides représentations.

Quelques lignes placées par l'auteur en tête de cette tragédie lorsqu'elle fut imprimée, donneront une juste idée de l'âpreté plus que classique, qu'affectaient les écrivains à cette époque.

Les voici : « Le sujet de cette tragédie n'est emprunté ni de la fable, ni de l'histoire : il est imaginé. Si l'on me demande quels modèles je me suis efforcé encore d'imi-

---

[1] 2 nivose an VII, 24 décembre 1799.

ter, les Grecs ; quelle terreur j'ai voulu inspirer, celle du meurtre. »

Par une de ces contradictions assez communes chez les poëtes, N... Lemercier qui se cramponnait obstinément, comme on voit, au style classique, composa son meilleur ouvrage dans un mode tout opposé. Dans la préface placée en tête de l'édition de ses *Comédies historiques*, donnée en 1828 [1], il raconte « qu'étant au milieu d'un cercle de personnes parmi lesquelles on distinguait l'aimable duchesse d'Aiguillon, les dames de Lameth et Dumas, et madame De la Rue, fille de l'ingénieux Beaumarchais, il entendit affirmer que le *Mariage de Figaro* était la dernière invention théâtrale possible. Quoique jeune encore, ajoute-t-il, mais ayant déjà donné au théâtre plusieurs pièces soumises aux formes classiques, j'osai m'élever contre le sentiment général, et soutenir que l'imitation de la nature dans tous les modes était inépuisable. On me défia de prouver la vérité de mon système par une composition entièrement neuve ; poussé à bout, j'acceptai la gageure et je composai la comédie de *Pinto* en vingt-deux jours. »

Or, cette comédie de *Pinto*, représentée deux ans après *Ophis*, est charmante [2]. Son allure est aussi vive et son développement aussi naturel, que la tragédie égyptienne marche péniblement. Le sujet de cette comédie historique est la conspiration qu'ourdit Pinto pour faire remonter son maître, le duc de Bragance, sur le trône de Portugal [3]. Elle fut écrite rapidement, comme le dit l'au-

---

[1] Ces comédies sont : *Pinto*, *Richelieu*, *l'Ostracisme ou la Comédie grecque* et *Plaute ou la comédie latine*. Les comédies de *Pinto* et de *Plaute* seulement on été représentées.

[2] Représentée sur le Théâtre de la République, le 5 floréal an VIII (25 avril 1800).

[3] Ce sujet est tiré des *Révolutions de Portugal*, de Vertot.

teur, et en prose, ce qui dissimule l'incorrection et l'obscurité trop habituelle des vers de N. Lemercier. Cet ouvrage fut monté avec un soin particulier au Théâtre-Français : Monvel, Grandménil, mesdemoiselles Contat, Mars et Devienne y figuraient, et Talma, chargé du rôle de Pinto, fit admirer les ressources nouvelles de son talent, en remplissant avec éclat le rôle tantôt sérieux, tantôt comique, du conspirateur portugais.

De toutes les comédies historiques de N. Lemercier, celle de *Pinto* est de beaucoup la meilleure, parce qu'il l'a composée de verve, instinctivement. Mais le succès, quoique assez contesté de cet ouvrage, fit naître dans l'esprit de l'auteur l'idée systématique d'un genre dont il prétendait être l'inventeur : la *comédie historique* ; aussi ses autres compositions en ce genre se sentent-elles du travail d'érudition auquel se laissa entraîner l'auteur.

Les préfaces de N. Lemercier ne témoigneraient pas ouvertement de sa prétention à ne marcher que dans des voies nouvelles, que la lecture de ses ouvrages en fournirait des preuves éclatantes. Il serait trop long de s'arrêter sur les nombreuses et parfois immenses compositions de ce laborieux écrivain ; on omettra donc son *Atlantiade*[1], trop souvent difficile à comprendre, pour dire quelques mots d'un autre poëme en seize chants, la *Panhypocrisiade*, auquel l'auteur travailla pendant une bonne partie de sa vie. Il ne le publia qu'en 1819, lorsque, ne pouvant plus supporter patiemment les prétentions de la nouvelle école dite romantique, il voulut prouver par la publication d'un ouvrage auquel il travaillait depuis plus de trente ans, qu'en fait d'inventions

---

[1] Le sujet de ce poëme fort long, est une nouvelle théogonie au moyen de laquelle l'auteur a prétendu développer la philosophie newtonniene.

étranges et bizarres, il était le premier en date. Dans la *Panhypocrisiade*[1], l'auteur suppose que dans une suite de scènes, les principaux faits de l'histoire de l'Europe au XVIe siècle, servent de spectacle aux démons dans l'enfer lorsque les rigueurs de leurs supplices sont momentanément suspendues. L'épître dédicatoire est adressée à Dante; et en effet, dans toutes les parties de la comédie infernale, on y reconnaît l'influence de la lecture du poëte florentin. D'ailleurs l'ordonnance de la *Panhypocrisiade* est des plus fantasques; on change de lieu, de pays même, à chaque scène; l'inattendu des transitions va jusqu'à la brusquerie, et une foule de personnifications telles que l'Honneur, la Conscience, la Politique, la Ville de Paris, les Parlements, l'Espace, la Peur, et jusqu'à l'Église et l'Esprit des conciles, jouent leur rôle et parlent dans cette étrange composition. Toutefois les idées fourmillent dans ce poëme petillant d'esprit; mais c'est évidemment l'ouvrage d'un cerveau qui n'est pas sain, et ce qui est peut-être plus fâcheux encore, les vers du poëte sont durs, souvent incorrects, défauts impardonnables dans un ouvrage écrit en français.

Lemercier fut affligé de très-bonne heure d'une hémiplégie, et l'on prétendit que ce funeste accident avait pu être cause de l'inégalité de ses facultés intellectuelles. Ce qui frappe, en effet, dans l'ensemble des productions de ce spirituel écrivain, est le contraste qu'offrent ses principes rigoureusement classiques si minutieusement exposés dans le cours de littérature qu'il professa à Paris en 1810 et 1811, comparés à ses pièces historiques et particulièrement à celle de *Christophe Colomb*. A la première représentation de ce drame[2], où l'auteur viola si ouver-

---

[1] Tout est hypocrisie.
[2] Le 7 mars 1809, au théâtre de l'Impératrice (Odéon).

tement la loi de l'unité de lieu, il s'éleva un tel orage au parterre et dans toutes les parties de la salle, que la police, soutenue par la garde, intervint pour la faire évacuer. Ce tumulte eut pour origine, d'une part, la mauvaise humeur des écrivains et des amateurs des lettres, exclusivement voués aux doctrines classiques, de l'autre celle du souverain, l'empereur Napoléon. Malgré des éclairs lumineux et une multitude de traits spirituels, le drame de *Christophe Colomb* ne prêtait malheureusement que trop le flanc à la critique. En outre, N. Lemercier avait blessé les susceptibilités d'un homme bien autrement dangereux pour lui que le public. Il avait été l'ami du général Bonaparte, et avait célébré son retour d'Égypte dans sa tragédie d'*Ophis*. Alors, le poëte, sincère mais sage ami de la liberté, s'était bercé de l'espoir que son ami devenu un héros, ne manquerait pas de profiter de sa puissance et de la confiance que l'on mettait alors en lui, pour réaliser et établir sur des fondements solides un système de gouvernement libre, où tout ce qui avait été conçu et fait trop à la hâte en 1789 serait régularisé et définitivement établi. On sait ce que sont devenus ces rêves, et comment le moderne César reconstruisit une nouvelle monarchie beaucoup plus absolue que celle que l'on avait détruite. Pendant son consulat, Bonaparte avait eu l'idée de distribuer des *armes d'honneur* à ceux de ses soldats qui s'étaient distingués par des actions d'éclat. Devenu empereur, il résolut de donner à ces récompenses le caractère d'une institution plus large et qui ne s'appliquerait pas exclusivement au mérite militaire. La Légion d'honneur avait été créée d'abord [1] pour comprendre en différentes cohortes, les braves, les savants et tous les hommes qui se seraient distingués par des vertus ou des

---

[1] 20 floréal an X (10 juin 1802).

talents, mais sans qu'il fût encore question d'un signe extérieur qui fît reconnaître les légionnaires. Les idées d'égalité et le ridicule encore attaché aux croix et aux rubans de l'ancien régime, étaient trop fortement imprimés dans les esprits pour que l'on se décidât à ressusciter tout à coup des usages que l'on regardait généralement comme tombés en désuétude. Bonaparte lui-même, malgré le vif désir qu'il avait de rétablir ces insignes monarchiques, sentit la nécessité de temporiser, et ce ne fut que le 11 juillet 1804, que la *décoration* fut décrétée par le nouvel empereur. La croix de la Légion d'honneur fut envoyée d'abord à tous les hommes qui s'étaient distingués comme militaires et magistrats, puis dans les lettres et les arts. N. Lemercier fut naturellement compris dans cette distribution, mais l'ancien ami de Bonaparte, fidèle à ses principes politiques, refusa ce qui était alors bien moins une faveur qu'une adhésion imposée par le nouveau monarque; et les deux anciens amis cessèrent de l'être.

En retraçant les souvenirs qui se rattachent aux longs et opiniâtres efforts que N. Lemercier n'a pas cessé de faire dans l'intention de renouveler et d'élargir la carrière des lettres en France, on a dépassé de beaucoup l'époque où Lullin et Étienne agitaient humblement les questions que cet écrivain courageux, et après tout fort remarquable, cherchait à résoudre. Mais les travaux, les innovations de l'auteur d'*Agamemnon*, de *Pinto*, de *Plaute* et de la *Panhypocrisiade*, ont, en raison de leur priorité, une telle importance à l'égard de la révolution romantique qui éclata vers 1820, qu'il était indispensable d'en donner dès à présent une idée à peu près complète.

Étienne a connu N. Lemercier et prenait l'intérêt le plus vif aux efforts que cet homme a faits pour réaliser ses idées. Malheureusement, quoique profond penseur, doué d'une imagination riche, variée, et pourvu de l'esprit le plus pénétrant et le plus agréable, Lemercier n'avait pas reçu du ciel le don d'écrire. Ceux qui faisaient le plus de cas de son génie, regrettaient cette fâcheuse lacune dans ses talents; et Étienne n'a pas oublié l'impression de tristesse indéfinissable qu'il éprouva à une représentation de *Plaute*, lorsque ce personnage, exprimant les doutes qu'avait également N. Lemercier, sur la durée de ses ouvrages, l'auteur français faisait dire au vieux poëte latin :

> Quel bien ici-bas est certain ?
> De chutes, de succès, la gloire est un mélange :
> La fortune, l'esprit, les goûts, les mœurs, tout change ;
> Si même de nos Dieux et de marbre et d'airain,
> L'image par le temps en poudre est dispersée,
> Ah ! que d'heureux hasards me faut-il obtenir
> Pour qu'un mince feuillet, chargé de ma pensée,
> L'aille porter à l'avenir !

Il est facile maintenant de prendre une idée du double courant d'idées auquel la jeunesse, de 1796 à 1801, fut continuellement exposée. N. Lemercier avait produit *Agamemnon*, imitation de la tragédie grecque, et *Pinto* tiré l'histoire moderne, tandis que dans les arts L. David, après avoir abordé des sujets contemporains, le *Serment du jeu de Paume* et *la Mort de Marat*, terminait *les Sabines*, tableau dans lequel il s'était efforcé de se conformer au style des plus anciens artistes de la Grèce.

IV

Lorsque Étienne repasse en son esprit les travaux, les préoccupations si variées auxquelles Ludlin et lui se sont livrés de 1797 à 1800, il a peine à comprendre aujourd'hui comment les journées et même une partie des nuits pouvaient suffire à leurs études. Pendant ces trois années, outre l'entretien journalier des connaissances littéraires qu'ils étaient parvenus à acquérir, la matinée était employée à peindre d'après nature à l'école de David. A la suite de cette séance qui se terminait à deux heures après midi, ils allaient prendre quelque repos dans les galeries du Louvre, tout en étudiant les ouvrages des artistes anciens et modernes ; puis le soir, ils repassaient les leçons de perspective, feuilletaient les gravures d'après les grands maîtres et s'exerçaient à la composition. Pendant trois hivers il y eut surcroît de travail ; il fallait être rendu à cinq heures du matin, à un amphithéâtre où un professeur enseignait l'anatomie, jusqu'à huit heures. Au retour on déjeunait en route avec un morceau de pain pour se trouver à neuf heures à l'atelier des élèves, où le modèle commençait à poser. Tel était l'ordre de leurs travaux réguliers ; mais il y avait encore ceux vers lesquels la fantaisie, la curiosité et un insatiable besoin d'apprendre les poussaient.

Le goût de Lullin pour les poëtes grecs circonscrivit pendant longtemps ses lectures. Étienne, dont l'esprit inquiet et curieux, était moins constant, se sentit de bonne heure enclin à varier et à étendre les siennes. Outre un choix d'auteurs classiques français il possédait l'encyclopédie par ordre alphabétique et les œuvres *complètes* d'Aristote en grec et en latin, à la fin desquelles se trouvait une ample table des matières, en sorte qu'avec le secours de ces deux grands ouvrages, il pouvait savoir facilement de quelle manière les questions les plus importantes de tout genre avaient été traitées trois cents ans avant notre ère, et pendant le cours du xviiie siècle.

Poussé par l'envie de savoir, Étienne s'était abonné à

une librairie comme on n'en trouve plus depuis longtemps. Composé de trente mille volumes, ce cabinet de lecture était tenu par un ancien prêtre marié qui défrayait son ménage en louant ses livres. Le vieux libraire, fort instruit, dirigeait Étienne dans le choix des meilleurs ouvrages sur les matières qu'il voulait étudier, et quoique les conditions de la location bornassent le nombre des volumes dont on pût disposer à quatre, Étienne en avait quelquefois jusqu'à vingt à sa disposition. Le fond solide du commerce de ce pauvre homme, que sa femme battait, disait on, était la location des romans anciens et nouveaux; et quoique l'esprit d'Étienne fût naturellement porté à l'étude des choses graves, cependant la jeunesse parlait impérieusement en lui; il était avide d'ouvrages d'imagination, et Dieu sait le nombre de romans qu'il lut à cette époque et même beaucoup plus tard.

Son ami Lullin était beaucoup plus sobre, relativement à la quantité au moins, car le malheur voulut pour cet aimable jeune homme que, malgré son goût sévère qui restreignit longtemps ses lectures aux classiques grecs et latins, le roman de *Werther*, de Gœthe, qui produisit de si fâcheux effets sur la jeunesse de ce temps, étant tombé entre ses mains, il le lut et le relut avec une passion toujours croissante.

Tout en reconnaissant le mérite littéraire de cette composition, Étienne, loin de partager l'enthousiasme de son ami, trouvait au contraire ce livre empreint d'une tristesse maladive, d'une misanthropie affectée qui le repoussait. Déjà les symptômes de l'affection de poitrine qui devait enlever Lullin, bien jeune encore se faisaient sentir, et Étienne ne voyait pas sans de vives inquiétudes la passion sourde avec laquelle son ami relisait sans cesse et récitait parfois de mémoire les passages les plus navrants du roman de *Werther*. A cette désolante lecture s'en joignit bientôt une autre qui contribua encore à augmenter la teinte de tristesse vague qui commençait à altérer la lucidité naturelle de l'intelligence de Lullin. Bonaparte, à son retour d'Égypte, s'étant pris de passion pour les prétendues *poésies d'Ossian*, en avait répandu le goût en France. Ce goût devint un engouement ; et les chants vagues et monotones du barde séduisirent précisément par l'étrangeté des mœurs qui y sont peintes, par les formes inusitées du langage. Bien que la *grécomanie* fût alors poussée à l'extrême, Ossian balança la gloire d'Homère, et les poëtes ainsi que les peintres rivalisèrent d'efforts pour célébrer les hauts faits de Fingal, la beauté et les tendresses mélancoliques de Malvina [1].

Un ami et condisciple de Lullin et d'Étienne, Maurice Quay, celui qui se promenait dans les rues de Paris vêtu en Agamemnon, malgré son admiration effrénée pour les ouvrages grecs, avait fini par préférer le chantre de Fingal à celui d'Achille, et par avancer que la lune est plus poétique que le soleil. Ces idées singulières ne furent pas sans exercer de l'influence sur l'imagination de Lullin que sa maladie disposait à accueillir toutes les idées tristes et sombres ; aussi les poésies d'Ossian devinrent-elles avec le roman de *Werther* la pâture habituelle de son imagination.

Étienne, par pur instinct, car personne alors n'avait l'idée de contester l'authenticité des poésies du vieux barde écossais, a toujours cru, ce qui a été prouvé depuis, que Macpherson, l'éditeur et le prétendu traducteur des poésies galliques d'Ossian, avait très-habilement tendu un piége auquel toute l'Europe s'est laissé prendre. En effet, ces poëmes obtinrent un succès de vogue dans la

---

[1] Gérard et Girodet furent chargés alors de faire des tableaux tirés de la mythologie scandinave, pour la Malmaison.

Grande-Bretagne; l'Allemagne les a admirés, l'italien Cesarotti en a fait une très-belle traduction en vers, et en France, Baour-Lormian et quelques poëtes inférieurs à lui, les ont reproduites dans des imitations versifiées que personne ne connaît aujourd'hui.

L'engouement que l'on eut pour ces poésies, se développa simultanément avec celui que firent naître les romans de madame Radcliffe, dont les moins faibles sont *le Confessionnal des Pénitents Noirs* et *les Mystères d'Udolphe*. Dans ces singulières compositions, l'auteur, après avoir surexcité la curiosité du lecteur, par le récit d'événements merveilleux, le conduit jusqu'à un dénoûment qui réduit toutes ces scènes, en apparence surnaturelles, à de vulgaires réalités. *Le Moine*, de Lewis, écrivain anglais mort à la fleur de l'âge, parut dans le même temps. Défiguré par des détails puérils comme ceux de madame Radcliffe, le roman du jeune Anglais est toutefois fortement conçu et écrit avec énergie et élégance. Son succès fut très-grand aussi; mais il le dut moins à ses qualités littéraires qu'à l'appareil des scènes extraordinaires et horribles que l'auteur y a prodiguées [1].

Au surplus, rien n'explique mieux la facilité avec laquelle on abuse de la crédulité du public le plus spirituel, que l'origine de ces romans à effet exagéré dont la vogue a été si grande vers 1800. A la fin du siècle dernier, en 1766, Horace Walpole avait écrit en badinant un petit roman, *le château d'Otrante*, où il s'était appliqué à mettre en relief toutes les superstitions du moyen âge. Le bon public européen prit cette plaisanterie tellement au sérieux que, quelques années après, madame Radcliffe, Lewis et d'autres encore, profitant de la singulière bon-

---

[1] *Le Moine*, de Lewis, est composé sur le même fond que *le Diable amoureux* de Cazotte.

homie du public, inondèrent l'Europe de ces romans dont l'intérêt repose sur les terreurs ridicules qu'inspirent les spectres et les revenants.

L'influence de ces romans, de celui de *Werther* et des poésies d'Ossian sur le goût et les idées du public en France a été forte, et assez durable. En effet, c'est du moment où ces deux branches bâtardes de littérature se sont étendues, qu'il a été du bel air de contrefaire le misanthrope et de se donner pour triste, pour malheureux et mélancolique. La *mélancolie* devint non-seulement un élément indispensable pour intéresser et plaire dans le monde, mais elle s'introduisit dans la littérature, surtout dans la poésie. Delille en a fait une peinture coquette dans son poëme de *l'Imagination;* et l'honnête et grave Ducis dit dans une note très-sérieuse placée à la fin de sa tragédie d'*Otello* : « qu'il a étendu la *Romance du Saule* » en douze couplets, dans l'espoir qu'elle sera agréable à » quelques personnes, et surtout *aux femmes tendres et* » *mélancoliques* qui se plairont à la chanter en s'ac- » compagnant de la guitare ou de la harpe. » C'était une complaisance du poëte en faveur des Malvina du Directoire qui, après un copieux dîner, allaient dans un jardin à l'anglaise, chanter des romances plaintives auprès d'un rocher taillé à la main sur les bords d'un ruisseau factice.

Malgré le ridicule et la futilité de ces grimaces, les habitudes du corps et de l'esprit en ont longtemps conservé l'empreinte en France ; les écrivains, même les plus distingués de cette époque, n'ont pu s'en garantir, et il n'est pas indifférent que l'on sache quelles étaient les impressions disparates que l'on recevait alors, depuis celles que causaient les glorieuses campagnes d'Italie et de l'Égypte, jusqu'aux influences exercées sur le goût et les mœurs par les poésies, les romans et les plaisirs dont on s'était engoué à cette époque.

Par le nombre et la nature de leurs occupations, les deux jeunes artistes se garantissaient bien, en partie, de l'empire de la mode ; mais en France surtout, il est impossible de s'en affranchir complétement ; et si on s'en éloigne par des habitudes et des goûts personnels, on est ramené sous son joug par les relations inévitables de famille et de société. Les parents de Lullin étaient en rapport avec le monde élégant de cette époque, celui du Directoire, où les assemblées, les fêtes, les bals se succédaient sans interruption. Malgré les refus fréquents des deux amis d'y prendre part, leur jeunesse faisait rejeter leurs excuses ; et pour être sincère, quand ils étaient une fois lancés au milieu de ces foules élégantes et animées, ils se livraient à la distraction avec autant d'ardeur qu'à l'étude.

Ce fut dans la maison Lullin qu'Étienne fit décidément son entrée dans le monde. Ce fut dans la famille de son ami qu'il vit une de ces réunions brillantes où se trouvaient rassemblées mesdames Récamier, Talien, Carvalho, Chabot de la Tour, ainsi que madame Joubertout, qui devait bientôt devenir la femme de Lucien Bonaparte, puis enfin princesse de Canino. Dans cette société, la partie masculine n'avait pas l'avantage ; les hommes pour la plupart étaient des gens d'affaires, des banquiers ; le plus aimable et le plus spirituel d'entre eux, était Chabot la Tour. Madame Joubertout, par son esprit, par la grâce enchanteresse de sa personne et par son assiduité à ces réunions en était véritablement l'âme, et il est difficile de rencontrer une personne qui à une beauté aussi gracieuse que la sienne réunît les agréments d'une conversation plus animée et plus spirituelle.

A cette époque singulière, l'aristocratie pour les hommes était le talent, pour les femmes la beauté ; et en effet, les salons de Paris n'ont jamais compris un si grand nombre de belles personnes qu'en ce temps, où la beauté équivalait à une dot.

Madame Lullin, quoique sur le retour, avait les traits les plus purs; et sa physionomie, empreinte d'une noblesse et d'une sérénité que rien n'altérait, exprimait fidèlement les qualités naturelles de son âme. Outre un fils aîné établi en Angleterre, et Adolphe l'ami d'Étienne, elle était habituellement entourée de ses trois filles sur lesquelles la nature s'était plu à imprimer les types variés de la beauté. L'aînée, d'un caractère grave et enclin à la tristesse, mais tempéré par une piété profonde et une douceur angélique, commandait le respect; la seconde, non moins modeste et distinguée que sa sœur, était gaie, vive et petillante d'esprit; quant à la plus jeune, elle avait alors six ou sept ans, c'était une charmante enfant, bien espiègle, qui répondait à sa mère lorsqu'elle lui reprochait de ne pas travailler à ses devoirs, « qu'elle ne serait qu'une aimable ignorante, » promesse dont elle n'a tenu rigoureusement que la première moitié [1].

Malgré des revers de fortune qui ne tardèrent pas à fondre sur cette famille, il ne cessa pas d'y régner une sérénité qui semblait se communiquer à ceux qui étaient admis dans son sein. Mais la position fâcheuse où elle se trouvait contribua à assombrir l'esprit de Lullin et à donner plus d'activité au mal qui le dévorait déjà. Ardemment livré, jusque-là, à ses études de peinture, et ayant même essayé d'en appliquer les résultats en achevant quelques compositions, il fut forcé tout à coup de renoncer à l'exercice de l'art qui lui était si cher. Le mal fit des progrès si alarmants que la mère et les sœurs de

---

[1] Mlle Amélie Lullin a épousé M. le comte de Budé; Mlle Caroline, M. Beaumont (Jacob); Mlle Anna, M. Heynard, qui a pris un intérêt si vif aux Grecs.

Lullin qui l'adoraient, furent obligées de se soumettre aux conseils des médecins et de le laisser partir pour l'Italie. Jusqu'à cette époque, Étienne n'avait encore éprouvé aucun de ces chagrins profonds causés par la perte irréparable d'êtres qui nous sont chers. Ce départ lui en donna le pressentiment; et ce ne fut pas sans la plus vive inquiétude qu'il se représenta son ami malade, s'éloignant de sa famille pour aller habiter Rome où, comme dit le Poussin dans l'une de ses lettres, il n'y a pas d'amis. Étienne était tout disposé à accampagner Lullin à Rome où il aurait pu l'assister, tout en profitant de son séjour en cette ville, pour se perfectionner dans l'art de la peinture; mais il lui était impossible de s'arrêter un seul instant à l'idée d'un pareil projet. Dans ce même moment, son père, depuis longtemps valétudinaire, sentait son mal s'accroître. A l'idée qui parvint jusqu'à lui, du projet de départ de son fils, il le prit entre ses bras et le conjura de ne le pas quitter, comme s'il eût prévu, ainsi que cela arriva, que sa présence lui deviendrait indispensable à ses derniers moments. Étienne resta donc avec sa famille, et Lullin partit pour l'Italie[1].

Dans la jeunesse, quelque profonds que soient les chagrins, l'impétuosité du sang laisse toujours prise aux distractions passagères. La maladie du père d'Étienne rendait bien la maison habituellement sérieuse; mais ce bon père exigeait que ses enfants prissent de temps en temps des récréations. Les plus habituelles consistaient en réunions où ses deux filles et plusieurs de leurs amies ainsi qu'Étienne et quelques-uns de ses camarades se livraient au plaisir de la danse. Ce genre de récréation avait été provoqué par la complaisance d'un ami de la maison, homme aimable et spirituel, juge à la cour de cassation, et qui,

---

[1] Vers l'automne de 1804.

pour talent de société, jouait du violon tout juste assez bien pour entretenir la gaieté d'une jeunesse ardente. Lorsque ces petites fêtes devaient avoir lieu, Étienne était chargé d'aller inviter le voisin à dîner et à passer la soirée. Ce convive, fort sobre, proposait toujours à la mère d'Étienne, près de laquelle il était placé, de trancher les mets, ce dont il s'acquittait avec une dextérité remarquable, et qu'il distribuait avec un tact parfait en raison de l'importance et de l'âge de chaque convive. Au choix de ses paroles et des anecdotes qu'il racontait, il eût été difficile de ne pas reconnaître en lui un homme fort spirituel; mais rien, dans ses discours, ne pouvait faire soupçonner qu'il se mêlât d'écrire sur quelque sujet que ce soit.

Une consultation à propos d'un procès avait déterminé la liaison du magistrat avec les parents d'Étienne, et pendant tout le temps où il fréquenta leur maison, il n'y était connu que comme un homme très-spirituel et le plus gai et le plus complaisant des ménétriers.

Comme il arrive dans les familles, les morts, les mariages et mille accidents imprévus changèrent les habitudes de celle d'Étienne, et le gai magistrat cessa d'y venir. On le perdit même de vue pendant plusieurs années, car ne fut qu'en 1825, lorsque fut publiée *la Physiologie du goût, ou Méditation de gastronomie transcendante*, qu'Étienne et ses sœurs surent que Brillat-Savarin, l'auteur de ce spirituel ouvrage, était celui qui avait si souvent égayé les jours de leur adolescence.

Il n'y a que dans les temps de révolutions où il se développe des existences telles que celle de cet homme. En 1788, Brillat-Savarin avait été nommé, par le tiers-état du Bugey, député aux états généraux. Opposé aux excès révolutionnaires, il fut proscrit, parvint à sortir de France et se réfugia en Amérique. Arrivé là sans aucune ressource, force lui fut d'avoir recours, comme il l'a raconté plus d'une fois dans la famille d'Étienne, à son violon pour ne pas mourir de faim, en faisant danser les Américains et les Américaines. Après la chute de Robespierre, rentré en France, il obtint en 1798 la place de commissaire du Directoire près le tribunal criminel de Versailles, et peu de temps après fut appelé à la Cour de cassation dont il a fait partie jusqu'à sa mort, en 18.... Malgré un exil long et assez dur, malgré les graves fonctions que cet homme a exercées et quelques brochures qu'il a écrites sur l'administration de la justice, tout ce qu'il y a eu de sérieux dans sa vie a été complétement effacé par les saillies spirituelles du gastronome.

Pendant l'absence de son ami Lullin, qui dura un an à peu près, Étienne se livra tout entier à l'art de la peinture, et fit plusieurs tableaux. Son ardeur était grande, constante, soutenue d'ailleurs par les encouragements de son maître L. David et ceux de ses condisciples. Mais cette année de travail sérieux était à peine écoulée, que des chagrins d'autant plus navrants qu'ils étaient prévus, forcèrent Étienne d'abandonner ses pinceaux pendant quatre ou cinq mois. Les lettres que Lullin écrivait de Rome à son ami, n'étaient rien moins que rassurantes, et en effet à son retour à Paris il fut obligé de renoncer à toute espèce de travail, à la lecture même, et de passer ses pénibles journées entre sa mère et ses sœurs pour lesquelles sa tendresse semblait augmenter à mesure que les forces l'abandonnaient.

Pendant ce reste d'existence qui allait en s'éteignant chaque jour, Étienne donnait à son ami tous les instants dont il pouvait disposer ; mais son cœur et son devoir le retenaient impérieusement près de son père, dont le mal, se portant tout à coup au cerveau, l'avait complétement privé de sa raison. Dans cette terrible circonstance, Étienne était le seul de la famille, dont son père voulût accepter les soins. Pendant trois mois ses jours et ses nuits furent employés à assister son père et son ami qui tous deux moururent à un mois de distance, à la fin de janvier et de février 1806.

Après le coup porté par cette double perte, l'âme et le corps d'Étienne, épuisés de douleurs et de fatigues, restèrent inertes pendant quelque temps ; puis à ce relâchement succéda cette espèce d'inquiétude fébrile qui s'empare de l'âme lorsqu'elle se sent tout à coup vide d'affections, de tourments mêmes, qui lui étaient devenus chers.

Ce ne fut pas sans de grands efforts de volonté qu'Étienne parvint à se remettre de l'ébranlement que lui avait causé ce double malheur. L'état de son âme, le deuil qu'il portait lui interdisant toute distraction extérieure, il fallait combler le vide de sa nouvelle existence par un emploi inaccoutumé et presque violent de ses facultés. Les travaux à son atelier de peinture repris avec ardeur, employaient une bonne partie de ses journées ; mais il fallait une occupation sérieuse et fixe pour les soirées, et la culture des lettres vint alors à son aide, comme elle le soutint toujours dans toutes les circonstances pénibles de sa vie. Sa sœur cadette, Eugénie, douée de beaucoup d'esprit et de goût, aimait aussi à s'instruire, et comme passe-temps, son frère lui avait enseigné de bonne heure, la langue italienne et le latin. Dans ce moment de tristesse et de deuil, ces études furent reprises avec plus de suite par le frère et la sœur, et Étienne conserve comme un doux souvenir de cette époque, la traduction du premier livre des *Fables de Phèdre,* faite par Eugénie, et écrite de sa main.

Une occupation littéraire analogue, mais dont les résultats concoururent plus puissamment à donner à l'esprit d'Étienne une de ces fortes distractions qui lui étaient si nécessaires, se présenta bientôt. Pendant une promenade qu'il avait faite, quelques années avant, avec un jeune homme à peu près de son âge, celui-ci, qui avait eu l'esprit exclusivement imbibé des opinions philosophiques du XVIIIe siècle, en vantait l'excellence au point de prétendre que la lecture des ouvrages où elles sont exposées, dispense de celle des auteurs de l'antiquité ; et qu'en réalité l'étude des langues anciennes n'aboutit qu'à une grande perte de temps. Le dissentiment des deux jeunes gens donna lieu à une longue conversation, à la fin de laquelle Étienne n'exigea qu'une chose de son adversaire, la promesse de lire la traduction des plus grands poëtes et écrivains de l'antiquité grecque et latine. Cette espèce de plaidoyer pour et contre les anciens avait eu lieu en 1803, et Étienne n'y pensait guère en 1806, lorsque l'ancien élève de Diderot et de Condillac, venant le voir pour lui donner un témoignage d'affection à propos de la perte qu'il venait de faire de son père et de son ami, lui rappela leur ancienne conversation et avoua qu'après avoir lu attentivement, selon son conseil, les chefs-d'œuvre de l'antiquité, il avait été tellement frappé de la sagesse et de la profondeur des pensées qu'ils renferment, qu'entraîné malgré lui, il s'était adonné à l'étude de la langue latine. En effet, quoique ayant atteint l'âge de vingt et un ans, mais travaillant nuit et jour, il était parvenu à en posséder passablement l'intelligence.

Étienne ne pouvait être que flatté de l'espèce de conversion qu'il avait provoquée, et lorsque le jeune homme lui témoigna le désir de faire ensemble quelques lectures des auteurs latins, il y consentit d'autant plus volontiers qu'il pressentit que ces conférences deviendraient pour lui une distraction salutaire. Les deux jeunes gens convinrent donc des jours et des heures où elles auraient lieu, et dans l'espace de vingt à vingt-deux mois, ils lurent en les expliquant avec soin, Cornélius Népos, Salluste, plusieurs livres de Tite-Live et de Virgile, les satires d'Horace et les petits traités de Cicéron.

Un fait curieux qui se rattache au changement de goût du jeune latiniste retardataire, est la révolution que les études nouvelles auxquelles il venait de se livrer produisirent dans les opinions qu'il avait professées jusque-là en morale et relativement à la religion. L'air ambiant dans lequel les esprits s'agitaient en France depuis trois ou quatre années était complètement renouvelé. Bonaparte avait rétabli le culte catholique, les églises étaient rouvertes, et le roman d'*Atala*, extrait du *Génie du christianisme*, de Chateaubriand, obtenait alors un de ces succès de vogue qui, chez nous, font tourner subitement les esprits du blanc au noir ou du noir au blanc. Outre l'effet produit vraisemblablement par ces deux événements sur l'imagination du jeune compagnon d'Étienne, on peut croire que la gravité et l'élévation des idées morales répandues dans les *Tusculanes*, et le *Songe de Scipion* de l'orateur romain, avaient préparé son âme à recevoir des inspirations d'une portée plus haute encore ; car, sans qu'aucune discussion ait jamais fait dévier les deux lecteurs du but spécial qu'ils se proposaient, l'étude de la langue latine, quelque temps après leur interruption, Étienne apprit que l'ancien admirateur de la philosophie du XVIIIe siècle s'était décidément converti à la religion catholique et qu'il la pratiquait même dans toute sa rigueur. Ce fut l'avantage le plus réel que ce jeune homme tira des efforts vraiment courageux qu'il fit pour recommencer son instruction, car dans la pratique ordinaire de la vie son avancement se borna à devenir précepteur des enfants d'un prince russe dont il obtint une pension.

Ce fut donc par un travail constant et opiniâtre à l'art de la peinture, et le soir et la nuit, par les lectures les plus graves faites en conscience, qu'Étienne parvint à remplir l'année de deuil qui s'écoula après la mort de son père et de son ami. Ces dures épreuves et l'habitude constante qu'il avait prise d'occuper sérieusement et sans cesse son esprit, avaient contribué à régler son imagination et à donner quelque gravité à son caractère naturellement porté à l'inconstance et à la légèreté.

V

Au nombre des personnes qui ont contribué à maintenir Étienne dans le droit chemin de la vie, il faut distinguer ses deux sœurs avec lesquelles il n'a pas cessé de vivre dans la plus douce intimité depuis l'enfance jusqu'à leur mort. En se mariant, elles étendirent naturellement le cercle de la famille, mais sans en affaiblir les liens. Grâce à une circonstance assez rare, Étienne, ses sœurs, leurs maris et par conséquent leurs enfants, habitaient la même maison. Un fond d'indépendance dans le caractère qu'Étienne n'a jamais pu vaincre, l'a sans doute éloigné du mariage; cependant il est certain que la sûreté et la douceur d'une vie de famille qu'aucun nuage n'a troublée pendant plus de trente années, ont dû lui faire craindre de ne pas trouver un bonheur analogue en changeant d'état.

Les chagrins donnèrent naturellement à l'esprit d'Étienne une teinte de gravité dont le choix de ses lectures se ressentit. Pendant l'année 1806, Homère et la Bible fixèrent presque exclusivement son attention. Le premier de ces livres lui était familier depuis longtemps, mais les

Écritures Saintes dont il n'avait pris qu'une connaissance imparfaite dans les abrégés que l'on met entre les mains des enfants, devinrent pour lui l'objet d'une étude particulière. Bien que les croyances et les idées des Grecs des premiers temps diffèrent de celles des Hébreux, elles ont cependant quelques caractères communs, la franchise et la grandeur ; aussi l'esprit n'a-t-il que peu d'efforts à faire pour passer de l'expression des unes à celle des autres. Mais quelle que soit la secousse que cette transition fasse éprouver à notre goût, il est indispensable de s'y faire, car de nos jours il ne reste guère d'autre moyen de retremper nos âmes et de purifier nos intelligences, qu'en nous familiarisant avec ces antiques récits où l'on retrouve l'homme doué encore de cette énergie morale et physique qu'éteignent trop souvent chez nous nos mœurs efféminées. Ces lectures faites quand on est jeune, ont d'ailleurs le précieux avantage d'accoutumer notre esprit et notre oreille à ce que l'on estime vulgairement être des formes extraordinaires de langage, des hardiesses poétiques, et par conséquent, purement conventionnelles.

Ces lectures inspirèrent à Étienne le désir de mettre en ordre une multitude d'idées qui assaillaient confusément son esprit, sans qu'il pût en tirer aucun profit. Quelques lignes d'une lettre que son ami Lullin lui avait écrite de Rome, lui revinrent en mémoire, et le décidèrent à opposer une digue au torrent de ces vaines imaginations.
« Ta tête, disait Lullin à Étienne, ressemble assez à une
» ville prise d'assaut, où les canons, les vivandières, les
» généraux, les chariots et les soldats entrent pêle-mêle à
» travers les morts et les mourants. Maintenant, cher
» ami, il faut profiter de la victoire et mettre toutes tes
» troupes en ordre pour faire face à l'ennemi qui pour-
» rait se réveiller. »

Cette critique était juste, le conseil excellent, Étienne

résolut d'en profiter. C'était à la promenade, mais surtout lorsqu'il veillait pendant la nuit, que son imagination lui présentait une foule d'idées et de questions dont la solution était ordinairement difficile. Comme Ulysse, assailli par les ombres qu'il avait évoquées, les repoussait avec son épée pour qu'elles lui répondissent chacune à son tour, Étienne résolut d'accepter la première question qui se présenterait à son esprit, et d'écarter toutes les autres pour résoudre la première qui venait. Il lui fallut faire de grands efforts de volonté pour maîtriser son attention au point de la fixer sur un sujet déterminé jusqu'à ce qu'il fût coulé à fond; mais il mit à l'accomplissement de cette opération mentale une persistance opiniâtre qui l'a aidé à fixer ses opinions sur les questions les plus importantes de philosophie morale et d'art. Le lendemain de ces méditations nocturnes, il jetait sur le papier les conclusions telles qu'il avait pu les obtenir, par lui-même, et avait soin plus tard de les contrôler en consultant les meilleurs auteurs anciens et modernes qui avaient traité les mêmes questions.

Vers ce temps, à la fin de cette année de deuil et de graves études, le hasard fit rencontrer, dans une maison tierce, Étienne et un jeune homme de son âge, Viollet-le-Duc. En se retirant ils continuèrent à s'entretenir sur des questions littéraires qu'ils avaient agitées, et convinrent de se revoir. Viollet-le-Duc, pourvu d'un emploi au ministère de la guerre, passait ses soirées chez lui à lire les écrivains français, mais plus particulièrement les poëtes. Ce goût, loin d'être pour lui un délassement stérile, était au fond l'occasion d'une étude sérieuse qu'il mettait à profit, car il cultivait la poésie avec distinction ; et déjà, plusieurs pièces satiriques élégamment versifiées, faisaient prévoir le succès d'un ouvrage de ce genre qu'il publia bientôt après. Ce jeune poëte, froissé aussi par quelques chagrins de jeunesse, vivait solitaire; le matin à ses fonctions, le soir au milieu d'une bibliothèque déjà curieuse, mais qui l'est devenue bien davantage avec le temps [1]. Du même âge, à quelques mois près, qu'Étienne, les humanités de Viollet-le-Duc avaient été interrompues en 1793. Livré à lui-même pendant les plus mauvais jours de la première révolution, il avait été forcé, comme tant d'autres, de se raidir contre les difficultés de la vie matérielle. Les temps étant devenus moins durs, il s'était adonné à l'étude des écrivains français; mais au lieu de restreindre ses lectures dans le cercle des auteurs classiques de l'époque de Louis XIV, les ouvrages des prédécesseurs de Corneille et de Malherbe avaient vivement attiré son attention, à ce point qu'il poussa ses investigations jusque parmi les vieilles poésies françaises des XVe, XIVe et XIIIe siècles.

La spoliation des grandes bibliothèques des abbayes, des couvents et des riches amateurs, en 1793, avait éparpillé sur les quais de Paris les livres les plus précieux par leur mérite et leur antiquité, et quelques curieux instruits, tels que Viollet-le-Duc, recueillirent alors, de 1794 à 1800, et achetèrent souvent à vil prix, des livres devenus bien rares et qui se payent aujourd'hui au poids de l'or. Mais cette manie n'importe guère, et ce ne fut pas elle qui poussa Viollet-le-Duc à composer sa bibliothèque; il s'empara des richesses qu'elle contenait; aussi ce littérateur doit-il être mis au nombre de ceux qui les premiers ont réveillé le goût des écrivains et du public sur les origines de la littérature française [2].

[1] De cette curieuse bibliothèque dispersée aujourd'hui, il ne reste que l'intéressant et spirituel catalogue qu'en a fait Viollet-le-Duc avant sa mort, sous le titre de: *Catalogue des livres composant la bibliothèque poétique de M. Viollet-le-Duc, avec des notes bibliographiques, biographiques et littéraires.* Paris, 1843.

[2] Roquefort, Raynouard, etc.

Étienne avait bien été averti de l'existence et du mérite des anciens écrivains de la France par M. Bintot, mais il était loin de connaître leur nombre et l'importance de quelques-uns. Viollet-le-Duc l'initia dans cette science ; et soit par la conversation, soit par les livres que son nouveau guide lui prêtait, il ne tarda pas, en s'élançant avec son ardeur accoutumée, dans cette voie nouvelle, à combler une lacune importante dans ses connaissances. Les entretiens littéraires entre les deux jeunes gens, devenant toujours plus actifs, le goût et le jugement d'Étienne à l'égard de ces matières s'affermirent d'autant plus, que Viollet-le-Duc ne manquait pas, dès qu'il avait achevé quelque pièce de vers, de la soumettre à Étienne. A force de parler de vers, d'en entendre lire et d'en faire l'examen critique, l'idée lui vint d'en composer aussi. Ce goût, qui s'était manifesté chez lui au collége, à Meudon et à l'école de David, devint plus vif cette fois, et le jeune peintre se mit à rimer, maladie dont il tira cependant quelques fruits, car la résolution des difficultés de la versification est certainement un des exercices préparatoires les plus utiles, pour écrire en prose.

Le talent poétique de Viollet-le-Duc ne tarda pas à se développer et même à se produire avec éclat. Son *Nouvel art poétique*, satire ingénieuse, écrite avec élégance et pureté, lui attira, en 1809, les éloges des hommes de lettres distingués en ce temps, et le public joignit son suffrage aux leurs. Deux ans après parut, du même auteur, une autre satire sous le titre du *Retour d'Apollon*, ayant à peu près les mêmes qualités que la première. Mais dans l'intervalle de la publication de ces deux pièces de vers, il s'était opéré un changement notable dans le goût. A l'autorité encore puissante de certains écrivains en 1809, ne reconnaissant que les lois dictées par Boileau, avait succédé, dès 1811, une école nouvelle formée par les ouvrages de Chateaubriand, et dont la théorie se développait à la faveur des opinions et des écrits de madame de Staël. En ces deux années, tout changea en matière de goût; et les jeunes générations tournant le dos au Parnasse, se portèrent avec passion vers l'Oreb et le Sinaï, ce qui fut cause du peu de succès du *Retour d'Apollon*.

L'intérêt qu'Étienne prenait à la réussite des ouvrages de Viollet-le-Duc, le fit réfléchir sur les causes de la chance du succès si inégale des deux satires de ce jeune poëte, et il les trouva en remontant le cours des quarante années littéraires qui venaient de s'écouler.

Depuis la mort de Voltaire jusqu'en 1800, l'empire exercé par ce grand écrivain sur toutes les branches de la littérature, étant divisé, les différents genres devinrent autant de domaines particuliers échus à quelques hommes de mérite dont le souvenir s'affaiblit cependant tous les jours.

Celui qui a laissé le nom et l'ouvrage les plus populaires, est l'auteur de *Paul et Virginie,* Bernardin de Saint-Pierre, relevant de Fénelon et de J.-J. Rousseau et précurseur de Chateaubriand.

Des écrivains en vers, le plus spirituel est Andrieux, auteur de comédies, de contes agréables, et professeur distingué de littérature française. Sa qualité dominante n'est pas l'invention, mais il est toujours piquant. Son originalité est douce, mais de bon aloi, son style élégant et pur. Dans les écrits gracieux de ce littérateur, rien n'indique même la velléité d'innover. Sa modeste ambition se borne à se laisser aller à l'impulsion donnée aux lettres pendant le siècle de Louis XIV et dont Voltaire avait prolongé la durée.

Plus téméraire quoique peu inventif, Marie-Joseph Chénier, défenseur rigide des grands principes de l'art d'écrire, admit, en s'autorisant de l'exemple de Voltaire, l'introduction de quelques nouveautés sur le Théâtre-Français; celle entre autres des sujets modernes. Plein de cette idée et poussé d'ailleurs par les vents orageux de la première révolution, il fit représenter sa tragédie de *Charles IX* en 1789 et *Fénelon* en 1793 [1]. Ces ouvrages, faibles, ne durent leur succès passager qu'à la violence des passions politiques qu'ils excitaient; et la représentation n'en serait plus supportable, tant ils sont farcis de lieux communs philosophiques et révolutionnaires. La tragédie de *Tibère,* dont la publication n'eut lieu qu'en 1816, cinq ans après la mort de Chénier, est un de ses meilleurs ouvrages dramatiques, surtout en le considérant sous le rapport du style; car ainsi que toutes les pièces de théâtre de cet écrivain, cette œuvre posthume manque de vie, d'aisance, et les opinions personnelles de l'écrivain remplacent trop souvent celles que devraient avoir les personnages. Aussi les véritables titres de gloire de M.-J. Chénier sont-ils son *Épître à Voltaire*, le *Discours sur la calomnie*, et quelques satires où, parlant en son nom et animé par ses propres passions, sa pensée et son style se sont assouplis et ont pris une véritable élévation.

Un peu avant ce temps, un autre poëte dramatique avait fait de son côté des efforts pour jeter de la variété sur la scène française. Dès 1769, Ducis qui hérita bientôt après du fauteuil académique qu'avait occupé Voltaire, fit représenter *Hamlet*, en donnant son ouvrage comme une imitation de l'anglais. *Macbeth*, et plusieurs autres pièces de Shakespeare obtinrent aussi les honneurs de la

---

[1] C'est dans le rôle de d'Elmance de cette tragédie, que le fameux acteur Talma s'attira les applaudissements du public pour la première fois.

représentation, mais sans rester longtemps au répertoire. Ducis, qu'Étienne eut l'occasion de voir fréquemment chez le peintre L. David, ne savait pas un mot d'anglais, et arrangeait les drames de Shakspeare à l'aide de la traduction de Letourneur. Outre ce voile peu transparent à travers lequel Ducis s'efforçait de distinguer son modèle, les exigences rigoureuses de la scène française à cette époque lui imposaient la nécessité de dissimuler, de rejeter même souvent les beautés les plus saillantes des drames anglais. Aujourd'hui que ces ouvrages étudiés dans la langue originale, sont mieux connus, et que nos goûts se sont pliés aux combinaisons dramatiques les plus hardies du poëte de la Grande-Bretagne, les imitations de Ducis paraissent, comme elles le sont en effet, bien timides, bien pâles. Cependant, en se reportant à quatre-vingt-dix ans en arrière, elles prennent alors l'importance d'une innovation. En effet, c'est à partir de la fin du xviiie siècle, quand Talma, par la puissance de son talent, fit ressortir ce qu'il y avait encore de si profondément tragique dans les imitations d'*Hamlet* et de *Macbeth*, que le public commença à admettre franchement la substitution des sujets modernes à ceux tirés de l'antiquité. Ducis, dont le talent était naturellemnnt classique et imitateur, comme il l'a prouvé par la composition de ses deux *OEdipes*, sentit toutefois un certain besoin d'être une fois lui-même, et écrivit sa dernière et sa meilleure tragédie, *Abufar*. Ce poëte de talent a donc droit à être inscrit au nombre des novateurs, puisque avec de grandes précautions, il est vrai, il a contribué chez nous à initier les hommes de lettres et le public à la connaissance de ce Shakspeare, qu'avant lui on ne regardait encore que comme un poëte sauvage.

Cette voie nouvelle, ouverte aux écrivains dramatiques, n'échappa point à la sagacité du jeune Népomucène Le-

mercier qui, plus entreprenant, plus original surtout que
M.-J. Chénier, et dédaignant le système d'imitation de
Ducis, travailla sur son propre fonds et acheva deux
pièces de théâtre qui, au jugement de quelques-uns, passent pour supérieures à celles que le romantisme a fait
produire il y a une vingtaine d'années.

Quant aux écrivains français disposés à composer des
poëmes, ils ont toujours joui d'une assez grande liberté.
Autorisés par les exemples variés donnés par Dante,
Boyardo, Arioste, Tasse et Milton, quel que fût le caractère
de leur sujet, sérieux, plaisant ou romanesque, ils n'ont
jamais été assujettis chez nous à des lois aussi rigides que
celles qui enchaînent les auteurs dramatiques. Aussi toutes les innovations littéraires tentées depuis le quinzième
siècle, ont-elles eu pour objet principal d'affranchir le
théâtre des formes léguées par l'antiquité. Sans remonter
au delà de R. Garnier qui, depuis le règne de Charles IX
jusqu'à celui d'Henri IV, a parodié en vers, les tragédies
de Sénèque, ce poëte sentit tout à coup le besoin de traiter
des sujets plus nouveaux, et composa la tragi-comédie de
Bradamante. Depuis, quoique par intermittence, on n'a
plus cessé d'obéir à cette impulsion ; les deux premiers
grands poëtes dramatiques qui ont ouvert le siècle de
Louis XIV, Pierre Corneille et Rotrou, l'un en composant
le *Cid*, *Polyeucte* et *Nicomède*, l'autre *Vinceslas* et *Saint-
Génest*, ont été entraînés à prendre pour éléments de
ces drames les croyances et les mœurs des temps modernes et à y entremêler des scènes tantôt tragiques,
tantôt comiques.

Cette disposition, chez les écrivains dramatiques de la
France, à la plus grande époque de notre littérature, n'a
peut-être pas été observée avec assez d'attention. Elle
trahit évidemment un besoin intellectuel qui se réveille de
temps en temps ; et après le règne splendide et pur de

l'élégant Racine qui n'abandonna la muse grecque que pour produire son chef-d'œuvre le plus original, *Athalie*, apparaît Voltaire traitant de nouveau des sujets modernes et même chrétiens.

Tout en obéissant à ce vieil instinct, il a manqué à Népomucène Lemercier pour s'avancer dans cette voie, outre la qualité de grand écrivain, une disposition aux sentiments religieux. Toutefois, en rejetant en partie ces défauts sur le bouleversement des idées de tout genre qui eut lieu de son temps, les efforts de cet homme ont été assez grands et quelques-uns de ses ouvrages sont empreints d'une originalité assez franche, pour que son nom soit modestement inscrit à la suite de ceux de nos grands poëtes dramatiques.

Mais dans le même temps que Ducis, Chénier et N. Lemercier tentaient péniblement des voies nouvelles pour leur art, un poëte ou plutôt un spirituel et très-élégant versificateur, l'abbé Delille, régnait souverainement sur le Parnasse français. Devenu célèbre dès 1769 par sa traduction des *Géorgiques* de Virgile et par son poëme des *Jardins*, il ne cessa plus de faire des vers sur tous les sujets, jusqu'en l'année de sa mort, 1813, où il travaillait encore à un poëme de *la Vieillesse*, disant avec ce genre de gaieté si commun chez les hommes du xviiie siècle, *qu'il était plein de son sujet*. Or il faut remonter jusqu'aux poëtes alexandrins, pour retrouver l'art qu'eut Delille de composer des vers bien tournés sur des sujets insaisissables. *La Pitié, l'Imagination, les trois Règnes de la nature,* pour ne citer que les ouvrages où il a mis le plus du sien, ressemblent assez à des vitrines où sont exposés des bijoux en strass supérieurement montés, mais dont la valeur est très-inférieure à l'éclat. Néanmoins cette espèce de poésie excita un enthousiasme extraordinaire chez les gens du monde et même parmi un grand nombre d'hommes de lettres. Le genre descriptif prévalut sur tous les autres, et les imitateurs de Delille pullulèrent indéfiniment [1].

Le règne de ces versificateurs devait cependant avoir un terme. Un jeune homme, exilé volontaire, avait rassemblé dans les solitudes du nouveau monde, les éléments d'une poétique destinée à ruiner celle de Delille et de ses copistes. Vers 1800, Chateaubriand, rentré en France avec la composition à peu près terminée du *Génie du christianisme,* publia, pour sonder le goût du public, l'épisode d'*Atala*. L'apparition de ce roman-poëme fit grand bruit, il fut dévoré par toutes les classes de lecteurs avec une espèce de fureur. Les jeunes gens surtout, dont le goût avait déjà été modifié par la lecture d'ouvrages traduits de l'anglais et de l'allemand, se trouvèrent préparés à accepter les images nouvelles, les hardiesses de style qui se trouvaient dans le roman d'*Atala,* en sorte que l'ouvrage eut un succès de vogue.

Bientôt après parut[2] le *Génie du christianisme.* Cette fois le succès de Chateaubriand devint tout à fait populaire. Non-seulement on lui donna la palme comme écrivain, mais on attribua, non sans raison, à son livre le mérite d'avoir contribué à la réhabilitation des beautés graves et touchantes du christianisme. Toutefois du milieu de cette ovation presque universelle, s'élevèrent des critiques des deux points opposés. Les unes furent lancées avec amertume par les littérateurs voltairiens, les autres plus sincères émanèrent du clergé.

Cependant l'étude de la philosophie écossaise avait déjà

[1] Voici les noms des plus célèbres et les titres de leurs ouvrages : Castel, *les Fleurs*; Lalanne, *le Potager*; Michaud, *le Printemps* (*d'un proscrit*; Esmenard, *la Navigation*; Gudin, *l'Astronomie*; Campenon, *l'Homme des champs.*

1802.

fait revenir beaucoup d'esprits au spiritualisme, lorsque parurent *les Martyrs* [1]. La cause du christianisme était à peu près gagnée, aussi le nouveau livre, accepté comme ouvrage d'imagination, donna-t-il principalement lieu à des critiques littéraires.

Le célèbre écrivain, ayant brillamment exposé sa théorie poétique dans son premier ouvrage, voulut en faire l'application dans le second. Opposer les croyances fausses, les cérémonies vaines, les habitudes relâchées de la vie des païens, à la foi, aux rites et aux mœurs sévères des chrétiens, dans l'idée de faire ressortir, en tous points, l'excellence de la religion chrétienne, tel fut le problème que Chateaubriand s'était donné à résoudre. Dans un ouvrage purement dogmatique, rien n'eût été plus facile que de démontrer cette supériorité ; mais il ne pouvait en être ainsi dans une composition poétique, où la réalité vive et brillante, l'emporte toujours sur les spéculations du spiritualisme le plus épuré. L'espoir qu'eut l'auteur des *Martyrs* de trouver dans la vie des chrétiens les ressources d'une mise en scène aussi animée, aussi pittoresque que dans celle des païens, fut donc en grande partie déçu, et cette fois encore il encourut les critiques des partisans de la philosophie du xviiie siècle et du clergé.

Mais quelque fondées que fussent ces observations isolées, leur retentissement fut étouffé par celui des louanges enthousiastes. L'histoire des premiers temps du christianisme et des hommes qui ont affermi l'Église par leur mâle éloquence et au prix de leur sang, sinon complétement inconnue des jeunes générations d'alors, ne leur avait été présentée que sous des formes sèches et parfois repoussantes. Chateaubriand rendit à cette grande époque une partie de sa grandeur et de son éclat ; aussi la lecture

[1] 1809.

des *Martyrs* fit-elle jaillir tout à coup une nouvelle série d'idées, de sentiments et d'images qui s'imprimèrent fortement dans l'imagination des jeunes gens, et déterminèrent une révolution instantanée dans leur esprit. Son résultat immédiat a été de faire reconnaître le vide de cette poésie descriptive dont la vogue avait tant duré, espèce de ballon aérien dont le dehors orné de mille couleurs, tient l'attention en arrêt, sans bénéfice pour l'intelligence et le cœur. Mais ce qui est plus grave, elle fut la cause première d'un changement complet de goût en littérature. L'admiration respectueuse pour l'antiquité restée ferme jusque-là, fut sensiblement affaiblie par le rejet presque absolu de la mythologie grecque qui, pendant six siècles, avait été considérée par les écrivains comme un arsenal neutre, destiné à fournir les personnages et les accessoires poétiques les plus propres à faire valoir leurs compositions. Mais comme à tous ceux qui donnent l'idée des réformes les plus utiles, il est arrivé à Chateaubriand de voir ses opinions littéraires dépassées par ses admirateurs qui ont fait une révolution radicale, en rasant le Parnasse après en avoir chassé Apollon et les muses.

C'est en 1811, précisément lorsque cette proscription commençait à devenir menaçante, que Viollet-le-Duc, impuissant il est vrai à en arrêter les effets, eut cependant l'idée de les signaler. Plein de confiance encore en la faveur publique que lui avait fait obtenir son *nouvel Art poétique,* il oublia que le succès de ce premier ouvrage était en partie résulté de la critique fine et mordante dirigée contre les poëtes de l'école descriptive dont les productions commençaient à lasser le public. En les attaquant dans sa satire pleine d'esprit et de verve, il avait gagné le suffrage des gens de goût et en particulier de la jeunesse. Mais lorsqu'en 1811, au moment où commençait la déroute des dieux de l'Olympe, l'auteur du *nouvel*

Art poétique, quittant le ton de l'ironie pour en prendre un plus élevé dans sa nouvelle satire, mit ses arrêts dans la bouche d'Apollon lui-même, le public qui déjà ne reconnaissait plus la divinité de ce personnage, n'eut point foi aux paroles de celui qui se donnait pour son interprète. En vain le poëte satirique annonça le *Retour d'Apollon* au Parnasse après une absence dont les poëtes avaient profité pour se livrer à tous les écarts de leur imagination ; on ne s'émut pas de la colère du Dieu s'efforçant de rentrer dans son domaine et d'y rétablir l'harmonie en chassant les novateurs qui avaient dénaturé leur art ; tout cet ordre d'idées n'était plus accepté, et le crépuscule du romantisme apparaissait.

VI

Quoique l'objet principal de ces souvenirs soit d'indiquer les vicissitudes qu'ont éprouvées les goûts littéraires en France, la présence indispensable de celui qui les retrace et la double carrière où il s'est trouvé engagé, lui feront sans doute pardonner l'aperçu rapide qu'il va donner de ses travaux en peinture. Après ses études chez L. David, Étienne, de 1802 à 1804, acheva plusieurs tableaux qu'il ne montra qu'à son maître, à ses amis à et ses condisciples. Ses premiers ouvrages qui eurent une destination, consistèrent en quatre tableaux représentant les travaux pendant les différentes saisons, entourés d'arabesques, composés pour décorer la salle à manger d'une maison de campagne. Après ces peintures, achevées en 1805, la mort de son père et celle de son ami Lullin en 1806, lui ayant fait déserter pendant quelque temps son atelier, il ne reprit ses pinceaux que l'année suivante et termina alors une *Assomption de la Vierge*, grand tableau destiné à l'église Saint-Roch; puis en 1808, on reçut à l'exposition du Louvre le tableau de la *Mort d'Astyanax* pour lequel on lui donna une médaille d'or de première classe. A la suite du salon de 1810, où avait été admise la composition d'*Alexandre blessé*, il fut chargé de faire quatre tableaux de scènes champêtres pour le grand salon de la Malmaison où ils sont encore, et mit à l'exposition de 1812 *les Mityléniens troublés pendant une fête religieuse*, et quelques petites compositions. Quant à ses derniers ouvrages, dont quelques-uns ont un intérêt historique, ils datent de 1814. C'est en cette triste année qu'il a achevé, d'après nature, trois grands dessins à l'aquarelle représentant, l'un, les soldats de la garde impériale blessés, rentrant à Paris, après l'affaire de Montmirail, l'autre, une colonne de Russes faits prisonniers à cette bataille et défilant sous la porte Saint-Martin; enfin, dans une troisième composition sont rassemblées les troupes alliées, après leur entrée à Paris. Là se ferma la carrière des arts pour Étienne.

Mais l'occasion se présentera de donner des détails sur cette triste époque, et nous reprendrons le cours de notre récit à l'année 1809, lorsque Étienne revit ses anciennes amies de Meudon, dont la société si utile pour lui pendant son adolescence, devait encore exercer une heureuse influence sur le reste de sa vie. Pendant les dix années qui s'étaient écoulées depuis la retraite d'Étienne de la maison de madame B.... cette dame, devenue veuve, s'était remariée. Ses deux filles, madame Bertin-Devaux (Augustine) et madame Massé (Sophie) étaient lancées dans le monde. Chacune d'elles avait un fils, et toutes deux vivaient entourées d'un cercle de gens lettrés, la plupart concourant à la rédaction du *Journal des Débats*.

Soit que l'on eût été touché de l'exil volontaire qu'Étienne s'était imposé, ou que l'on éprouvât dans cette famille quelque curiosité de revoir le petit écolier de Meudon, qui s'était fait connaître l'année précédente par son tableau d'*Astyanax*, les jeunes dames, leur mère et Bertin-Devaux convinrent avec la mère d'Étienne et ses sœurs, de ménager une réunion des deux familles. On convint qu'elle se ferait à la maison de campagne de la mère d'Étienne, et le jeune artiste, le plus intéressé dans cette affaire, n'en fut averti que la veille. A vingt-huit ans on n'est plus un enfant ; cependant à l'idée de revoir après tant d'années une personne très-vivement aimée sans doute, mais devant laquelle on n'avait jamais hasardé un mot, un regard qui pût trahir ce qu'elle faisait éprouver, firent retomber Étienne à cet état de timidité et d'embarras, où se trouve tout adolescent qui a la conscience que ses prétentions ne sont pas d'accord avec son âge. Étienne eut de la peine à se faire à l'idée de cette réunion imprévue. La nuit se passa sans qu'il pût fermer l'œil ; dès le matin, il courut les champs afin de rafraîchir sa poitrine embrasée. Cette agitation dura jusque vers midi, heure à laquelle on attendait la société Bertin-Devaux, qui en effet ne tarda pas d'arriver. La famille d'Étienne, au milieu de laquelle il était placé, devant la porte du vestibule de la maison, s'avança vers la voiture où se trouvaient les hôtes attendus. Bertin-Devaux mit pied à terre pour saluer la maîtresse du logis, et Étienne s'avança et offrit la main à madame Bertin-Devaux, à madame Massé, puis à leur mère, qui l'embrassa tout aussitôt. C'était au passage du printemps à l'été, le temps était admirable et le soleil, qui éclairait les parures élégantes de toutes ces dames, donna à cette entrevue un air de fête qui remit du

calme dans l'âme d'Étienne. La vérité est qu'il n'éprouva
aucun embarras lorsqu'il se retrouva avec les amis de
Meudon. La mère des jeunes dames se garda bien de faire
même allusion à la longue absence d'Étienne; elle se montra bonne et gracieuse envers lui comme si elle l'eût vu
la veille. Madame Bertin-Devaux suivit l'exemple de sa
mère, et madame Massé, dès que les premières politesses
eurent été faites de part et d'autre, s'empara du bras d'Étienne en le priant de lui faire faire un tour dans le jardin pour prendre l'air. Tout ce qu'une femme bonne et
spirituelle peut trouver d'aimable et de gracieux à dire
pendant une pareille promenade, fut mis en usage par la
jeune dame afin de calmer l'émotion intérieure qu'elle
sentait bien que son conducteur devait éprouver. Elle se
montra toute gaie, rappelant les enfantillages de Meudon,
les éternelles conversations de l'allée d'en bas, les fous
rires qui s'emparaient des trois amis dans le salon, pendant qu'on faisait la lecture du journal du soir, et la punition qu'on leur infligeait en les renvoyant dans la salle
à manger. Puis elle lui parla de son fils, de la gentillesse
duquel Étienne put lui faire compliment, car depuis la
naissance de cet enfant il l'avait plus d'une fois caressé
dans les bras de sa nourrice, devant la porte de la maison
de sa mère. Pendant le cours de cet entretien, Étienne considérait avec une curiosité attentive cette jeune femme qu'il
trouva quelque peu grandie. L'aisance d'une personne
mariée depuis dix ans, dérangeait aussi les souvenirs qu'il
avait conservés de la jeune fille; la différence de sa coiffure, de la forme des vêtements depuis le Directoire jusqu'à la cinquième année de l'empire, en faisait une autre
personne dont il n'était resté d'intact que le charme de
son regard et de sa voix. Au résultat, pendant cette entrevue, il s'établit entre les deux promeneurs, une amitié nouvelle, très-sincère et très-solide, mais d'une nature d'au-

tant plus différente de l'ancienne, qu'Étienne, loin d'être libre comme en 1797, était alors très-préoccupé du projet d'une union sérieuse que des obstacles insurmontables ne lui permirent pas de réaliser.

Rentrés au salon, madame Massé et Étienne furent accueillis par la société, avec un sourire de satisfaction générale qui acheva de faire rentrer le calme dans l'âme du jeune homme qui, se plaçant entre madame Bertin-Devaux et sa mère, leur témoigna la joie profonde qu'il éprouvait de les revoir. Les souvenirs de Meudon ne furent pas omis, comme on le pense bien, et servirent de matière à la conversation pendant presque toute cette journée.

Bertin-Devaux, dont la tenue était habituellement raide et l'expression dédaigneuse, parla cependant avec bienveillance à Étienne qu'il félicita, en peu de mots, sur le succès qu'il avait obtenu par ses ouvrages exposés au Louvre; mais il mit plus d'insistance en l'interrogeant sur ses goûts littéraires et sur les perfectionnements qu'il avait pu apporter à ses études; questions qu'il lui adressait souvent à l'époque où il prétendait à la main de celle qui était devenue sa femme. Ils firent, en conversant sur ce sujet, une assez longue promenade dans le jardin, à la suite de laquelle Bertin-Devaux insista très-amicalement pour faire promettre à Étienne qu'il viendrait le voir à Paris.

De retour à la ville, Étienne fit ses visites de politesse à madame M......, à ses deux filles et à Bertin-Devaux de qui il ne tarda pas à recevoir une invitation à dîner. A ce repas Étienne se trouva au milieu d'un monde qu'il n'avait qu'entrevu il y avait plus de neuf ans, et avec lequel il allait se trouver mêlé plus intimement. C'était outre les deux Bertin, propriétaires et directeurs du *Journal des Débats*, les premiers écrivains qui prirent part à sa rédaction : l'abbé Geoffroy, l'abbé Féletz, Dussault,

Mély Janin, Malte-Brun, Planche, Boissonade et Boutard, beau-frère de Bertin aîné.

Bertin-Devaux habitait alors un petit hôtel élégant de la rue Hauteville, où cet homme, dont l'esprit toujours actif et roulant sans cesse des projets nouveaux, avait eu l'idée d'établir une maison de banque qu'il ne tint qu'assez peu de temps. Devaux avait naturellement du goût pour le faste, et les jours de grandes invitations, la table était splendidement servie. A ce dîner assistaient trois dames seulement, la maîtresse de la maison, sa mère et sa sœur. Quant aux hommes, c'étaient les deux frères Bertin et la plupart des écrivains qui ont déjà été nommés. Les banquets donnés par les Bertin étaient renommés à juste titre, et par leur excellence et par la gaieté qui y régnait. En effet à celui auquel assistait Étienne, on mangea beaucoup, on but de même, et pendant sa durée, la plupart des convives, doués de voix de stentor, ne cessèrent de parler en criant tous à la fois. Étienne, chez qui l'organe de la voix a toujours été faible, et qui en sa qualité de nouvel invité, devait se tenir sur la réserve, garda presque constamment le silence, tout occupé d'ailleurs d'observer l'exubérance de vie et la gaieté intarissable de la plupart des convives.

La célébrité que s'était acquise Geoffroy par ses feuilletons, fit d'abord porter l'attention d'Étienne sur ce personnage qu'il n'avait jamais vu. C'était un gros homme dont la figure était insignifiante et la personne assez mal tenue ; rien sur sa physionomie n'indiquait la finesse de son esprit ; et une insouciance cynique pour tout ce qui l'entourait, trahissait en lui l'insolence d'un vieil enfant gâté qui abuse du besoin qu'il sent qu'on a de lui. En effet on avait un soin particulier de ce personnage, et en raison de sa gourmandise bien connue, lorsqu'on l'invitait à dîner, on avait soin de charger spécialement un domestique de lui offrir de tous les mets dont aucun ne passait impunément devant lui. A ce dîner, Étienne ne lui entendit proférer que quelques paroles et entre autres celles-ci qu'il adressa à l'un de ses voisins : « Vous ne saurez jamais dîner, vous mangez trop vite. »

L'abbé Féletz, au contraire, avait la politesse et toutes les grâces d'un homme du monde dont l'esprit naturel a été réglé par une excellente éducation et de bonnes études. Fin littérateur, causeur extrêmement spirituel, conteur d'anecdotes toujours piquantes et curieuses, ne craignant pas d'aborder les sujets les plus légers qu'il avait l'art de faire entendre, même aux dames, sans blesser leur susceptibilité, Féletz était l'heureux et parfait modèle des abbés qui brillaient au milieu de l'ancienne société française, dont il avait conservé les traditions. Mais sous ces formes légères, il était facile de reconnaître combien le caractère de cet homme était solide, loyal et ferme. Attaché par conviction aux principes de l'ancienne monarchie, il était l'un des rédacteurs des *Débats* qui, bien qu'avec des formes polies et toutes littéraires, faisait l'opposition la plus constante et la plus active à la révolution de 1789 et à l'Empire, qui en était un des résultats. La physionomie de cet homme si doux, naturellement si gai même, devenait sombre et presque menaçante lorsque dans la conversation on faisait allusion à quelque circonstance terrible de l'époque de la Terreur. Il ne pouvait en être autrement : son frère, émigré en Angleterre, avait fait partie de l'expédition de Quiberon, à la suite de laquelle il avait été impitoyablement fusillé avec tant d'autres gentilshommes français.

Les caractères et les talents des rédacteurs, singulièrement variés, donnaient de l'originalité aux productions de ces écrivains auxquels les deux frères Bertin laissaient d'ailleurs une grande liberté. Après des articles fins et délicats de Feletz, par exemple, on lisait des discussions savantes du docteur Planche, auteur d'un dictionnaire grec, brave homme qui, quoique admis souvent dans un monde choisi, n'a jamais pu se débarrasser de ses habitudes de collége, ni restreindre sa gloutonnerie à table. Il ne traitait guère que les matières relatives à l'enseignement. Pour tout ce qui avait trait à la haute littérature grecque, c'était le domaine de Boissonade, jeune encore à l'époque de ce dîner, et qui bien que très-savant helléniste, joignait aux habitudes d'une politesse exquise, celles d'un élégant, d'un *beau* de ce temps. Le goût d'Étienne pour la littérature grecque et la connaissance de la statuaire antique que ses études d'artiste lui avaient fait acquérir, devinrent en ce jour l'objet d'une intéressante conversation entre Boissonade et lui ; entretien que le jeune peintre désirait bien de voir renouveler, mais que la retraite subite du savant loin du monde, ne rendit plus possible.

Dussault, l'un des premiers rédacteurs qu'avaient choisis les frères Bertin, était un des convives. Élevé au collége Sainte-Barbe où il avait fait de fortes études, il s'était si exclusivement nourri des chefs-d'œuvre de l'antiquité grecque et latine, qu'il devenait presque furieux lorsqu'on prononçait devant lui les noms de Dante, de Shakspeare et de Gœthe dont les ouvrages avaient commencé à être lus et admirés en France, au commencement de notre siècle. Littérateur, publiciste et critique fort habile d'ailleurs, après avoir travaillé à l'*Orateur du Peuple*, sous la direction de Fréron au moment de la réaction causée par la chute de Robespierre, Dussault écrivit dans le *Véridique*, où ses hardiesses contre le gouvernement d'alors le firent condamner à la déportation au 18 fructidor an v (1796). Ce ne fut donc qu'après le 18 brumaire an VIII (1799), qu'il prit part à la collaboration du *Journal des Débats*, théâtre nouveau où il se rendit célèbre et redoutable, par ses critiques impitoyables dirigées contre les jeunes écrivains qui s'efforçaient à cette époque d'ouvrir des voies nouvelles à la littérature française. Le roman d'*Atala* surtout, malgré sa vogue populaire, fut l'objet des remarques les plus sévères de Dussault qui, de ce moment, devint l'effroi de ceux qui se mêlaient d'écrire en prose ou en vers, ou de traduire les auteurs anciens.

A table et pendant la soirée se trouvait encore Mély Janin qui, plus tard, sous la Restauration, fit représenter et vit applaudir au Théâtre-Français une pièce intitulée *Louis XI*. Mély Janin était un aimable homme, brun de visage, mais fort beau garçon, ayant habituellement une expression très-grave bien qu'au fond il fût assez insouciant, quelque peu léger et fort paresseux. Il était de ces gens qui ne pardonnent pas à la fortune de ne les avoir pas fait naître au sein de l'opulence, et c'était en s'appuyant sur cette rancune qu'il vivait dans l'insouciance de l'avenir comme s'il eût été riche. Réputé un *beau* en ce temps, jamais il n'a voulu croire, comme Étienne le lui disait souvent lorsqu'ils furent liés, que sa belle chevelure noire blanchirait et qu'il ne fallait pas attendre que l'on fût vieux pour cesser de faire le jeune, avis dont il n'a jamais voulu profiter[1].

Au milieu de ces convives si animés, si vivants, la figure grave et en apparence impassible de Malte-Brun, présentait un contraste frappant. La grosse tête de ce savant danois, ses longs cheveux blanchis avant l'âge, ainsi que l'immobilité de sa physionomie et de toute sa personne, lui donnaient l'air d'une statue autour de laquelle se célèbre une bacchanale. Vers 1800, Malte-Brun, dont les poésies en danois passent pour très-belles, était venu s'établir à Paris à la suite d'une condamnation au bannissement per-

---

[1] Vers 1816, il cessa d'écrire dans les *Débats* et devint rédacteur en chef de la *Quotidienne*, journal ultra-royaliste.

pétuel prononcée contre lui en Danemark, à l'occasion de plusieurs écrits dirigés contre la noblesse et favorables aux progrès de la révolution française, mais surtout parce qu'il faisait partie de la société secrète des *Scandinaves-unis*. L'étude qu'il avait faite des sciences politiques, la connaissance approfondie qu'il possédait des intérêts combinés des pays de l'Europe et même de toutes les parties du monde, le firent accueillir par les frères Bertin qui le chargèrent de la rédaction de tout ce qui avait trait à la politique extérieure. Ce qu'il a publié sur ces matières dans le *Journal des Débats* passe, au jugement des personnes compétentes, pour excellent ; mais la succession si rapide des événements et même des révolutions, a ôté à ces travaux l'un de leur plus grand attrait, l'à-propos et la nouveauté ; et Malte-Brun n'est connu aujourd'hui que par son beau livre le *Précis de la Géographie universelle*.

Enfin à cette réunion se trouvait Boutard, beau-frère de Bertin aîné, chargé de rendre compte dans le journal de ce qui se rattache aux beaux-arts, et dont Étienne devait être le successeur onze ans après.

Aux noms des littérateurs qui assistaient à cette réunion, il faut ajouter ceux de quelques hommes que leurs habitudes ou leur position dans le monde, éloignaient de ces fêtes toujours un peu bruyantes. C'était, entre autres, Hoffman, critique savant et très-spirituel, d'une faible santé, vivant en dehors de Paris, et qui, par régime autant que par goût, s'abstenait de toute fréquentation avec le monde[1]. Parmi ceux qui prenaient plus spécialement part

---

[1] Hoffman (François-Benoît), né à Nancy en 1760, mort en 1828 à Paris ; auteur de poésies et de beaucoup de pièces de théâtre dont la plupart ont été mises en musique par Méhul ; entre autres, *Euphrosine* et *Stratonice*. Critiqué par Geoffroi dans le *Journal des Débats*, Hoffman

aux hautes questions religieuses et politiques si souvent agitées alors dans le journal, on comptait parmi les absents du repas, l'abbé de Boulogne, Delalot, Royer-Collard, Chateaubriand. Ces hommes, aussi distingués par la noblesse de leur caractère que par l'éclat de leur talent littéraire, réunissaient leurs efforts à ceux de Bertin aîné et de son frère, pour combattre et ruiner s'il était possible les principes révolutionnaires et anti-religieux qui avaient jeté de si profondes racines en France depuis 1793.

Mais c'est ici l'occasion de donner quelques renseignements sur la fondation du *Journal des Débats*, sur les vicissitudes de cette entreprise, et de faire connaître l'énergie et le talent avec lesquels ses fondateurs l'ont conduite.

Bertin aîné [1] avait atteint sa vingt-troisième année lorsque éclata en 1789, la grande révolution qui fut accueillie par lui avec enthousiasme comme par toutes les âmes généreuses. Destiné à l'état ecclésiastique par ses parents, avant d'entrer dans les ordres, il avait été nommé chanoine de Saint-Spire à Corbeil; mais entraîné par des idées et des goûts absolument contraires à cet état, Bertin allait faire partie du corps des gens d'armes du Roi, lorsque les événements de juillet 1789 firent prendre subitement un autre cours à sa destinée. Imbu de la philosophie du XVIIIe siècle, se flattant, comme le plus grand nombre des esprits distingués de cette époque, que la paix, la liberté et le bonheur allaient régner sur la terre, il adopta avec la vivacité et l'énergie propres à son caractère

---

fit sa propre apologie avec tant d'esprit, que les frères Bertin l'associèrent à leur entreprise. Hoffman avait des connaissances solides et très-variées. Il était de l'école de Voltaire.

[1] Bertin (Louis-François), né à Paris le 14 décembre 1766, mort le 15 septembre 1841.

les principes de la politique nouvelle dont on croyait pouvoir faire immédiatement l'application. Mais les rêves de bonheur et de perfectibilité dont on s'était bercé, furent de courte durée et les terribles événements du 20 juin, du 10 août, puis les massacres de septembre (1792) remplirent bientôt d'indignation ceux des honnêtes gens qui, dans l'espérance de voir établir une sage liberté, avaient accueilli si chaudement les commencements de la révolution. Bertin aîné fut du nombre des *Patriotes de 89,* qui, trompés dans leur espoir et effrayés de l'abîme où la France était entraînée, réagirent tout à coup contre la révolution, avec autant d'ardeur et d'énergie qu'ils en avaient mis pour la faire réussir.

Témoin, sous le règne de la Terreur, des scènes affreuses qui eurent lieu, soit dans le sein de la Convention, soit au tribunal révolutionnaire et jusque dans les lieux publics, Bertin aîné sentit s'amonceler dans son âme un orage vengeur qui cependant ne put éclater qu'après la chute de Robespierre, lorsque la fureur révolutionnaire, épuisée par ses excès mêmes, s'apaisa quelque peu et permit à l'humanité et à la raison de reprendre leurs droits. C'est alors que Bertin publia, sous le titre de l'*Éclair*, un journal dont il se servit pour poursuivre à outrance les partis révolutionnaires. Plus d'une fois, ses diatribes virulentes donnèrent de l'inquiétude au gouvernement du Directoire, et ce fut avec peine qu'au 18 fructidor an v (4 septembre 1796), il échappa à l'arrestation que l'on fit de trente autres journalistes. A cette époque, la presse était légalement libre, mais soumise en réalité aux caprices et aux passions de ceux qui gouvernaient; et les nombreuses exécutions à mort, si fréquemment renouvelées pendant les années précédentes, avaient tellement familiarisé les esprits avec les peines rigoureuses, que les emprisonnements et même la déportation, à laquelle furent condamnés une quarantaine de membres des deux conseils, passaient presque alors pour de la clémence.

Au 18 brumaire an VII (9 novembre 1799), Bonaparte, premier consul, supprima tout à coup un grand nombre de journaux, parmi lesquels fut compris l'*Éclair*. Mais l'intrépide publiciste ne se découragea pas, et vers la fin de 1799, précisément à l'époque du mariage de Bertin-Devaux, lorsque Étienne fit connaissance avec les deux frères, dans la maison de madame B., les Bertin venaient d'acquérir en commun avec Roux-Laborie et l'imprimeur Lenormand, une feuille qui existait depuis 1789, dans laquelle on se bornait à publier le compte rendu des discussions législatives et les actes de l'autorité, comme son titre l'indiquait : *Journal des débats et lois du pouvoir législatif et des actes du gouvernement*.

Cette feuille, sous la direction de ses nouveaux propriétaires, entourés déjà d'une partie des rédacteurs distingués que l'on a fait connaître, ne tarda pas à gagner la faveur publique au point d'éveiller l'attention du premier consul. Un mot de cet homme déjà souverain absolu, et le journal courait risque d'être supprimé; mais l'insignifiance de son titre et surtout le crédit de Chabaud-Latour, que les Bertin s'étaient adjoint, conjurèrent au moins cette fois un orage déjà très-menaçant.

Au fond, la cause que soutenait alors le *Journal des Débats* était celle de l'ancienne monarchie; seulement au lieu d'attaquer directement la révolution et l'homme qu'elle avait élevé sur le pavois, on s'en prenait à l'irréligion, à la dépravation des mœurs et à celle du goût en littérature. Le grand siècle de Louis XIV fut présenté à l'admiration publique comme un spectacle nouveau. Les habitudes religieuses, la politesse et l'éclat majestueux de la littérature du XVIIe siècle, servirent de texte aux critiques que l'on exerça sur les productions nouvelles. La nécessité de réhabiliter les études classiques trop longtemps négligées, devint aussi un thème sur lequel on revenait souvent. Les opinions de J.-J. Rousseau et de Voltaire donnèrent encore lieu à une foule de dissertations critiques, dont les conclusions tendaient toujours à faire maudire la révolution dont les écrits de ces deux hommes célèbres recélaient les germes.

Mais de toutes ces critiques, celles qui, par leur originalité et souvent par leur violence et leur injustice, contribuèrent le plus à augmenter la popularité du *Journal des Débats*, furent les feuilletons sur l'art dramatique de Geoffroi. Plaidant avec autant de vigueur que d'esprit la cause de la littérature contre les empiétements de la philosophie et de la politique, cet écrivain avait le don d'amuser en instruisant, même lorsque l'emportement de sa verve le faisait aller au delà du but qu'il n'aurait pas dû dépasser. Pour faire sentir l'excellence des ouvrages dramatiques de Corneille et de Racine, il n'était sans doute pas indispensable de rabaisser le théâtre et les autres ouvrages de Voltaire autant que Geoffroi l'a fait ; mais, en cette occasion comme en tant d'autres, le critique, suivant le conseil de celui qu'il critiquait, frappait parfois plus fort qu'il ne frappait juste.

Le concours de ces louanges sans cesse reproduites au sujet des institutions, des mœurs et de la littérature du siècle le plus brillant de l'ancienne monarchie, occupait, amusait, intéressait les lecteurs qui avaient le goût des lettres et le fit naître chez ceux qui ne l'avaient pas encore. Ces avertissements journaliers habituèrent enfin les esprits à suivre, dans leurs spéculations, des voies plus régulièrement tracées que les chemins inégaux et incertains où ils s'étaient égarés pendant les années précédentes. Deux puissances agissaient donc alors fortement en France : celle de la dictature exercée par le premier consul, puis celle du *Journal des Débats,* toute littéraire il est vrai, mais dont l'influence morale se faisait sentir à tous les esprits qui avaient quelque culture.

Bonaparte ne s'y trompait pas ; il sentait bien les embarras que pouvaient lui susciter les puissants adversaires qu'il avait dans le *Journal des Débats* et dans les nombreux lecteurs de cette feuille ; mais d'autre part, le rappel que l'on y faisait sans cesse de l'excellence du gouvernement monarchique dont il méditait le rétablissement à son profit, retenait souvent les effets de sa colère. Peut-être est-ce en tenant compte de ces alternatives et, il faut le dire, du succès de vogue qu'avait obtenu le *Journal des Débats,* que l'on peut expliquer la patience avec laquelle Bonaparte a ménagé parfois cette feuille qu'il pouvait anéantir d'un trait de plume, et l'acharnement avec lequel, plus tard, il en a poursuivi les propriétaires, tout en voulant conserver de la propriété ce qu'elle pouvait avoir d'avantageux pour ses intérêts.

Bonaparte n'aimait pas Bertin aîné, et plus d'une fois il le lui fit sentir durement. En 1800, lorsque le journal avait déjà acquis une assez grande importance, le rédacteur en chef fut soupçonné de s'être mêlé d'une conspiration royaliste, et sans aucune forme de procès, Bertin fut enfermé au Temple où il demeura près d'une année. Sa captivité fut douce ; et, chose qui ne s'accorde guère avec la rigueur d'un emprisonnement d'une année, on laissa au captif la faculté de diriger son journal dont on lui apportait les épreuves dans sa prison. Enfin, on lui rendit la liberté ; mais il n'en avait pas joui deux mois, qu'il fut exilé arbitrairement à l'île d'Elbe, où il séjourna longtemps. Ce ne fut qu'avec peine qu'il obtint la permission de passer en Italie, et c'est à Rome que Bertin et Chateaubriand eurent l'occasion de se connaître et de contracter une amitié qui a duré autant que leur vie. C'était en

1803; l'année précédente Chateaubriand avait publié le *Génie du Christianisme*, et le premier consul, jaloux de rattacher cet écrivain, déjà célèbre, à son gouvernement, l'avait envoyé à Rome avec le titre modeste de secrétaire d'ambassade. Bertin, amateur passionné des lettres et doué du goût le plus fin et le plus sûr, devint tout aussitôt pour Chateaubriand un conseil qu'il écoutait presque respectueusement et à la critique dequel il ne cessa plus, depuis ce temps, de soumettre ses productions.

Malgré le charme de cette amitié et l'attrait qu'a la ville de Rome, l'exil finit cependant par paraître dur à Bertin. Plusieurs fois il demanda la permission de rentrer en France, mais toujours en vain. Las du silence que l'on opposait à ses requêtes, il résolut, en 1804, de revenir dans son pays à ses risques et périls, et se mit en route, muni seulement d'un passe-port que lui avait délivré Chateaubriand. Après avoir vécu caché pendant quelque temps, soit à Paris, soit à sa campagne de Bièvres, il reprit ses habitudes ainsi que la direction du journal, sans qu'on l'inquiétât.

Dans la vie de Bonaparte, l'année 1804 offre le rapprochement de scènes sanglantes du plus triste augure et de l'avènement du premier consul à l'empire. En février, le général Moreau, accusé de conspirer pour remettre les Bourbons sur le trône, est arrêté et confondu dans un procès avec quarante-six prévenus en tête desquels était Georges Cadoudal. Un mois après, Bonaparte fait arrêter le duc d'Enghien que l'on fusille dans un des fossés de Vincennes. Cependant à peine un autre mois était-il écoulé, que malgré la profonde émotion causée par un tel crime, un sénatus-consulte confère au premier consul le titre d'empereur, que l'effigie du nouveau souverain est ajoutée à la légende de l'étoile de la Légion d'honneur, et que du jour au lendemain, une foule de dignitaires forment une cour somptueuse, sur les ruines de la République française [1].

Malgré les précautions rigoureuses de la police et le silence auquel on était condamné, il régnait dans Paris une inquiétude sourde, excitée tout à la fois par l'instruction du procès dans lequel était impliqué le général Moreau, dont on n'avait pas oublié les services, et par les réflexions étranges que faisait naître la poursuite acharnée de quelques Français comme coupables d'avoir tenté de rétablir la royauté en France, au moment même où Bonaparte se disposait à placer sur son front la couronne impériale. Pichegru trouvé étranglé dans sa prison, Moreau banni, douze des conjurés royalistes condamnés et exécutés à mort et le meurtre du duc d'Enghien, tels furent les sinistres événements qui eurent lieu pendant que l'on préparait les fêtes qui devaient être célébrées à l'avénement de Napoléon au trône.

---

[1] Le sacre de Napoléon eut lieu le 2 décembre 1804. A ce moment le goût des distinctions monarchiques se combina tout à coup avec les habitudes d'égalité contractées depuis 1789. Cet amalgame bizarre fit naître à deux auteurs, Bouilly et Pain, l'idée d'un vaudeville, *Fanchon la Vielleuse*, qui fut représenté en janvier 1805. Il s'agit, dans ce petit drame, d'une fille de la Savoie, belle, honnête, et qui s'est enrichie en jouant de sa vielle dans les cafés des boulevards. Ses grâces, ses vertus sont telles, qu'elle reçoit dans sa maison les hommes de la haute société. Le capitaine de chevau-légers Saint-Luce, l'abbé de l'Attaignant lui font mille galanteries ; mais le colonel de Francarville, déguisé pour ne pas effaroucher la modestie de sa belle, lui fait sérieusement la cour pour l'épouser, ce qui amène le dénoûment de la pièce, malgré le costume et les manières du frère de Fanchon, espèce de ramoneur, qui ne parle que patois. Quoi qu'il en soit des grossières invraisemblances de ce drame, comme il répondait au double courant des idées qui régnaient alors, tout le public, en sortant du théâtre, fredonnait le couplet final :

> L'amour ainsi qu' la nature
> N'connaît pas ces distances-là.

Les circonstances qui accompagnèrent l'arrestation et la mort du prince de la maison de Condé, indigna la France ainsi que toute l'Europe. Mais à l'exception de la sentence prononcée contre le prince, officiellement annoncée dans les journaux, aucune réflexion ne put être hasardée sur cet attentat. Le *Journal des Débats* fut le seul qui trouva moyen cependant d'y faire une allusion saisie avidement par le public alors, mais qu'il serait impossible de comprendre aujourd'hui. C'était là traduction en vers d'un passage de Silius Italicus, où l'un des personnages du poëme, Pacuvius, voulant détourner son fils du projet d'assassiner Annibal, lui dit :

> Mon fils . . . .
> Je t'en supplie, abjure un criminel dessein ;
> Sois l'hôte d'Annibal et non son assassin.
> Que le sang d'un héros versé dans nos portiques
> Ne souille pas ma table et nos dieux domestiques.

C'est à peine s'il est possible aujourd'hui de saisir l'allusion faite en ces vers à l'événement qui préoccupait alors tous les esprits, et il faut avoir vécu à cette époque pour comprendre l'excès de hardiesse qu'il y eut à faire cette citation. Mais cela prouve que, si hermétiquement fermé que soit le puits où l'on croit retenir la vérité prisonnière, la moindre fissure suffit pour qu'elle s'échappe et use de toute sa puissance.

Bertin avait donc repris la direction du journal, mais il n'était pas à l'abri des tracasseries nouvelles qu'on allait lui susciter. Bonaparte, devenu empereur, imposa aux propriétaires du *Journal de Débats* un rédacteur en chef, censeur auquel ils furent tenus de fournir un traitement considérable. Ce censeur était Fiévée, auteur de quelques comédies et du roman de la *Dot de Suzette*, homme facile à vivre, qui, loin d'abuser de l'autorité qu'on lui avait donnée sur le journal, se concilia la bienveillance des propriétaires, et se montra même digne de rivaliser de talent avec les rédacteurs les plus goûtés du public à cette époque.

Mais Fiévée lui-même ne conserva pas longtemps les bonnes grâces du souverain. En 1807 on lui ôta la place de rédacteur en chef pour la donner à Étienne, ce qui réduisit Bertin et son frère à n'avoir que leur part dans la propriété du *Journal des Débats*, sans pouvoir y insérer même une seule ligne.

On pouvait croire que tous les actes de violence envers les Bertin étaient épuisés; mais il n'en fut pas ainsi, et quelque temps après, bien que l'empereur eût assuré Chabaud-Latour, après la dernière brèche faite au journal, « que désormais cette feuille était une propriété aussi sûre qu'une propriété territoriale, » en février 1811, la propriété du *Journal des Débats* fut confisquée et réunie au domaine de l'État. L'empereur en forma vingt-quatre parts. Il en garda huit qu'il attribua à la police générale, et en répartit les seize autres entre quelques hommes de lettres et des personnes de sa cour. La propriété du journal était grevée de pensions et de rentes concédées à des tiers, à titre onéreux; elles furent également confisquées, et on cessa de les payer. Tout fut pris comme un butin de guerre, jusqu'à l'argent qui était en caisse, jusqu'à une somme d'argent que Bertin-Devaux avait entre les mains, jusqu'aux papiers en magasin, jusqu'aux meubles qui garnissaient le bureau de la rédaction. La spoliation fut complète; pas la moindre indemnité ne fut offerte à Bertin ni à son frère. On attendait sans doute qu'ils en demandassent une, mais ils se laissèrent dépouiller et se turent.

Telles avaient été les vicissitudes, sauf la dernière et la

plus importante, qu'avaient éprouvées les fondateurs du *Journal des Débats*, lorsque Étienne, qui avait fait connaissance avec les frères Bertin chez la mère de ses jeunes amies à la fin de 1798, à l'époque où les premiers numéros du journal allaient paraître, se retrouva au milieu de cette famille en 1810, et assista chez Bertin-Devaux au dîner dont il a été parlé au commencement de ce chapitre.

VII

Quoique Étienne se livrât alors avec une vive ardeur à l'art de la peinture, la société de Bertin-Devaux, essentiellement littéraire, donna une activité nouvelle au goût que le jeune artiste avait pour l'étude de ce qui concourt au développement de l'intelligence pure.

Depuis le jour où Étienne avait revu la famille de Meudon jusqu'en février 1811, époque à laquelle les frères Bertin furent dépouillés de la propriété de leur journal, les relations entre Bertin-Devaux et Étienne n'étaient qu'amicales. C'était dans le petit hôtel de la rue Hauteville, à des dîners privés ou aux réunions du soir, qu'ils avaient l'occasion de se voir et d'échanger quelques paroles. Parfois cependant, les hommes de lettres retirés dans un petit salon, se livraient à des conversations sérieuses. Alors, auditeur attentif, Étienne profitait des discussions qui s'élevaient entre les principaux rédacteurs du journal, mais sans jamais élever la voix. Cependant, un soir que ces messieurs portaient aux nues le mérite de l'abbé Delille, Bertin-Devaux, près duquel Étienne se tenait immobile et muet, l'interpella en le désignant par le sobriquet accoutumé : « Hé bien, monsieur le *docteur*, vous ne dites rien? Quel est votre avis sur Delille? — J'écoute et je tâche de profiter. — Allons donc, il ne s'agit pas d'éluder la question ; répondez ! — Mais..... — Allons, répondez ! — Vous voulez donc avoir mon sentiment? — Oui. — Hé bien, dit alors résolûment Étienne, sitôt que Delille aura fermé les yeux, il ne sera plus question de lui. »

Étienne s'attendait à un haro général ; mais soit que la hardiesse imprévue de la réponse eût stupéfié les causeurs, ou qu'ils se soient crus obligés de la pardonner en raison de l'insistance que l'on avait mise à la provoquer, après quelques instants de silence, on se rejeta sur un autre sujet, et ce ne fut que quelque temps après, à l'occasion des *Martyrs* de Chateaubriand sur lesquels Étienne se permit encore quelques critiques, que Bertin-Devaux lui parla de ses *étranges* opinions en littérature. Quoi qu'il en soit de la valeur du jugement d'Étienne, sa franchise ne déplut pas à Bertin-Devaux qui, ainsi que tous les hommes poussés par le désir de connaître le fond des choses, aimait, recherchait la discussion, quand il supposait que son antagoniste, même soutenant une erreur, la défendait avec sincérité et conviction. Depuis ce jour, en effet, les conversations entre eux devinrent plus fréquentes, plus animées ; et Étienne crut s'apercevoir que Devaux lui posait des questions paradoxales afin de voir comment il les résoudrait.

Ces entretiens ne furent cependant qu'accidentels, tant que l'on habita le petit hôtel de la rue Hauteville. Mais à compter de février 1811, Devaux, dont la fortune se trouvait réduite par la dépossession du journal et par l'abandon de la maison de banque qu'il avait fondée, revint habiter la maison de sa belle-mère, où demeurait aussi sa belle-sœur. Là, dans un appartement modeste, toutes ses habitudes et celles de sa famille furent modifiées. Madame Devaux, âme religieuse et forte, simplifia du jour au lendemain son intérieur, sans que le calme inaltérable de son caractère éprouvât la moindre atteinte. Réunie à sa mère et à sa sœur, ayant son fils près d'elle, elle trouva dans les affections de famille une ample compensation aux plaisirs de vanité qu'une fortune plus considérable lui avait procurés. Quant à Devaux, quoique gravement blessé dans ses intérêts et dans son orgueil, il supporta cependant ce revers avec courage et en homme d'esprit. L'éducation de son fils unique [1], âgé alors de dix à onze ans devint son occupation principale ; et la plupart de ses loisirs furent consacrés à la lecture, à la conversation, exercices qui convenaient particulièrement à son esprit ; car il est digne de remarque que cet homme si riche en idées, très-versé d'ailleurs dans les lettres, était paresseux d'écrire, et s'est contenté du rôle d'admirable causeur.

C'est pendant les quatre années, de 1811 à 1814, lorsque Devaux, momentanément éloigné du mouvement politique, vivait au milieu de sa famille, qu'Étienne le fréquenta plus particulièrement, et eut l'occasion d'entendre habituellement cet homme traiter à peu près toutes les questions qui se rattachent à la politique et à la littérature. Les conversations étaient de deux sortes : celles du matin avaient lieu dans son cabinet ; c'était là où les questions les plus graves, les plus épineuses, étaient agitées ; on y passait en revue les nouvelles politiques et

---

[1] M. Auguste Bertin-Devaux a pris de très-bonne heure le parti des armes. Il a fait la guerre en Afrique en qualité d'aide de camp du duc d'Orléans, et est parvenu aujourd'hui (1859) au grade de général de brigade. Comme tous les Bertin, sous le règne de Louis-Philippe, il a montré dans plusieurs discussions à la chambre des députés, dont il a été membre, cette lucidité de vues et cette verve spirituelle qui distinguent sa famille.

les actes du souverain d'alors, qui ne pouvaient être appréciés qu'entre amis sûrs et près du foyer domestique. On y parlait de l'avenir de la France, des écrits publiés à l'étranger contre la domination toujours croissante de l'empereur Napoléon. Madame de Staël, ses philippiques vigoureuses et son exil occupaient souvent les causeurs, qui se trouvaient naturellement ramenés alors à s'occuper de littérature.

Quant aux conversations du soir, elles avaient lieu dans le petit salon de madame Bertin-Devaux où se rendaient sa mère et sa sœur. Le nombre des hommes admis à ces réunions était assez restreint, et les causeurs les plus assidus, outre le maître de la maison qui y tenait une place importante, se composaient de Feletz, de Fiévée, de Théodore Leclerc, l'auteur des *Proverbes,* de Mély Janin, du peintre Girodet alors si célèbre, de Boissonade et d'Étienne. La présence des dames, sans rien ôter à la verve de ceux qui prenaient la parole, les rendaient seulement plus ingénieux dans le choix de leurs expressions. Fiévée et de Feletz étaient les plus brillants, ceux que l'on écoutait avec le plus de plaisir et le plus longtemps. Conteur inépuisable d'anecdotes, de Feletz, par ses gaietés assez vives parfois, mais toujours exprimées sous les formes du langage le plus délicat, réjouissait ordinairement la partie féminine de l'auditoire. Fiévée affectait plus de gravité; la main sous son menton, le petit doigt près de sa bouche et les yeux à demi baissés, de son siége et sans rire, il racontait avec malice des histoires bouffonnes sur les nobles de nouvelle fabrique, ne manquant pas d'y faire succéder le récit d'anecdotes empreintes de la politesse majestueuse de la cour de Louis XIV, ou des galanteries spirituelles du temps de Louis XV. A cette époque, où la trace du langage et des manières rudes de la révolution n'était pas encore entièrement effacée, les réunions de ce genre se composaient de personnes qui, par esprit d'opposition autant que par goût, affectaient de remettre en honneur le ton et les habitudes de l'ancienne politesse française. Quoique Étienne, par ses relations de famille et amicales, n'eût jamais été étranger aux lois du savoir-vivre, cette espèce de cours de belles manières qu'il eut l'occasion de suivre dans le salon de madame Devaux, avait cependant quelque chose de nouveau pour lui qui augmenta le goût naturel qu'il avait toujours eu pour la bonne société.

Toutefois, dans ces soirées, la conversation roulait plus habituellement sur la littérature. Il y venait parfois de jeunes écrivains distingués, qui y étaient accueillis avec empressement. Ce fut dans ce salon, qu'Étienne vit et entendit pour la première fois M. Villemain, bien jeune alors, mais dont le front était déjà surchargé de couronnes académiques. Il étonnait, non-seulement par l'éclat de sa parole, mais par son érudition éclairée, par l'étendue et la sûreté de sa prodigieuse mémoire. Bertin-Devaux, ainsi que les écrivains qui concouraient à la rédaction du *Journal des Débats*, fortement attachés aux principes de la littérature classique, prenaient un plaisir singulier à entendre le jeune professeur lauréat, et à provoquer sa verve, soit en lui proposant des questions générales, soit en faisant allusion à quelque passage de Cicéron ou de Tacite, ce qui suffisait pour éveiller l'imagination de M. Villemain et mettre aussitôt à sa disposition tout ce qu'il possédait dans le riche arsenal de sa mémoire. Une fois, entre autres, à propos de la citation inexacte d'une phrase de Tacite, Villemain récita deux pages de cet auteur, dont il improvisa une traduction élégante à laquelle il ajouta des réflexions pleines de justesse et d'aperçus ingénieux, pour rectifier l'erreur qui avait été commise. Lorsqu'il venait dans le salon de madame Devaux, c'était une véritable fête, et loin que sa brillante conversation portât ombrage à quelques autres causeurs très-brillants aussi, on ne pouvait se lasser de l'entendre.

Étienne n'était pas celui qui goûtât le moins ces véritables leçons de goût et de littérature; cependant il tirait un profit plus réel des entretiens particuliers qu'il avait avec Bertin-Devaux. Dans un salon, la présence des femmes, le nombre des assistants et parfois la dictature d'un causeur, deviennent autant de circonstances qui, en altérant la liberté complète de la pensée et de la parole, s'opposent à ce qu'un sujet soit traité à fond. A la faveur de la solitude du cabinet de Devaux, on y passait en revue les opinions favorables et contraires à toute question capitale. Sans craindre d'avoir recours aux hypothèses les plus hardies, le pour et le contre étaient nettement énoncés; et empruntant la méthode de Socrate et de Platon, on usait même du sophisme pour passer les vérités au crible, d'où il résultait que la conversation gagnait en solidité ce qu'elle pouvait perdre d'éclat.

Mais l'existence de Bertin-Devaux, l'un des hommes les plus spirituels de notre temps, n'a pas été moins agitée que celle de son frère aîné. Né à Paris [1], il y fit de bonnes études, et en 1790, à l'âge de dix-neuf ans, l'abbé Barthélemy le fit admettre comme employé à la bibliothèque royale. Mais enlevé bientôt par la première réquisition, on l'envoya à Brest pour servir dans la marine. Là ses manières et son instruction le firent distinguer par Jean Bon Saint-André, commissaire de la Convention, qui l'attacha à son administration en qualité de secrétaire. De retour à Paris au 9 thermidor, après la chute de Robespierre, il prit part, avec son frère aîné, à la rédaction

---

[1] Bertin-Devaux (Louis-François), né à Paris en 1771, mort dans la même ville en 1844.

de l'*Éclair,* journal, comme on l'a dit, qui fit une guerre à outrance aux *Terroristes,* bien éloignés encore de se regarder comme vaincus. Une fois lancés au milieu des tempêtes politiques, les deux frères ne cessèrent plus de les braver avec énergie ; et ce ne fut qu'à grand'peine que Bertin-Devaux put échapper aux proscriptions du 18 fructidor. Ces dangers cependant ne ralentirent pas l'ardeur des Bertin, et lorsque les temps devinrent moins durs, ils fondèrent vers 1799, le *Journal des Débats,* époque à laquelle se maria Bertin-Devaux. Indépendamment de l'entreprise du journal, Devaux avait établi en 1801 une maison de banque, ce qui le conduisit à devenir successivement juge et président au tribunal de commerce. Telles sont les principales circonstances de sa vie publique jusqu'en février 1811, lorsque dépossédé du journal et ayant plus de loisirs qu'il n'en désirait, Étienne eut l'occasion de le fréquenter plus souvent.

L'âme et l'esprit des frères Bertin étaient d'une trempe vigoureuse. Enfants du dix-huitième siècle, ils avaient adopté avec enthousiasme les projets de réforme dont l'immense majorité des Français attendait impatiemment l'exécution en 1789.

Après plus de soixante ans de malheurs, de guerres interminables et de nombreux changements de gouvernements, on a peine à croire aujourd'hui que la génération active qui assista à la première fédération, en 1790, ait sincèrement et honnêtement concouru à ce grand événement qui semblait ne devoir produire que des résultats heureux, tandis que quelques-uns seulement n'ont été obtenus qu'au prix de bien des malheurs. Que dans l'ivresse de ses espérances, la génération de 89 se soit laissée aller à des illusions parfois puériles, l'expérience ne l'a que trop prouvé ; mais prétendre que ceux qui saluèrent le drapeau tricolore à l'aurore de la Révolution n'étaient pas mus par un sentiment pur et par l'espoir d'améliorer les institutions de la France, c'est une grave erreur, et on peut en donner pour preuve l'adhésion des frères Bertin, qui firent en ce temps cause commune avec les hommes probes et de bonne foi, et crurent alors, mais pendant bien peu de temps, il est vrai, avoir affermi sur des fondements inébranlables la monarchie et la liberté. Ce n'est donc ni la conviction ni la bonne foi qui ont manqué aux hommes de ce temps, mais la réflexion, la prudence. Dès que l'horizon se rembrunit, il eût été à désirer que ceux qui avaient partagé l'enivrement des frères Bertin montrassent la même énergie qu'eux, lorsqu'il fallut s'opposer aux premiers excès des hommes qui ensanglantèrent la Révolution ; mais cette confiance aveugle, cet enthousiasme excessif du premier moment, ne fut qu'un feu passager, et quand il fallut s'opposer aux factieux sanguinaires, la plupart de ceux qui avaient été les promoteurs les plus ardents de la Révolution lorsqu'elle était pure, quittèrent leur pays ou n'eurent pas le courage de défendre cette révolution contre ceux qui la souillèrent quatre ans plus tard.

Après le triste abaissement du gouvernement intérieur de la France durant la Terreur, les frères Bertin mirent tout en œuvre pour tirer la nation de sa léthargie, par la publication du journal *l'Éclair*. Or, de ce moment datent les variations d'opinion, tant reprochées à ces célèbres publicistes. Mais pour des âmes honnêtes et courageuses, il était impossible que les principes adoptés en 1789 ne fussent pas modifiés assez profondément après 93 ; et comme il fallait agir énergiquement sur les masses, après la guerre faite aux hommes de sang dans *l'Éclair*, les frères Bertin s'efforcèrent de reproduire dans le *Journal des Débats*, mais sous des formes nouvelles et brillantes, les anciennes doctrines politiques et religieuses dont l'ignorance et la barbarie des révolutionnaires de 93 avaient effacé le souvenir. Tout en conservant l'espoir lointain de voir établir une sage liberté, ils firent sentir le besoin de revenir au système monarchique ainsi qu'à la religion, et devinrent, comme on disait à cette époque, les défenseurs du trône et de l'autel. Avec toutes les précautions devenues indispensables sous les gouvernements ombrageux du Directoire, du Consulat et de l'Empire, ces doctrines furent exposées et défendues avec autant de courage que de talent. Des hommes de conviction et d'un mérite supérieur s'empressèrent de plaider une cause qu'ils n'avaient jamais abandonnée, et à ces avocats de l'ancienne monarchie se joignirent Fiévée, Hoffman, Dussant et le spirituel abbé Geoffroi qui poursuivit de ses sarcasmes la philosophie et même les doctrines littéraires de Voltaire. A compter de cette époque, 1801, jusqu'en 1823, le *Journal des Débats* n'a pas cessé de servir, autant que cela était possible pendant le règne de Napoléon, la cause de la branche aînée des Bourbons ; et il ne fallut rien moins que la signature des fameuses ordonnances, en 1830, sous le règne de Charles X, pour la lui faire abandonner.

Le rôle de ceux qui, dès les premiers temps de la Révolution, ont pris le parti d'émigrer, était facile. Hors de France, rien ne s'opposait à ce qu'ils conservassent ouvertement l'intégrité des principes auxquels ils se rattachaient ; il n'en était pas de même pour ceux demeurés fidèles au sol de la patrie, et décidés à braver les dangers de toute espèce pour faire triompher une cause dont on ne prenait pas la défense sans mettre en péril sa liberté, parfois même sa vie. Accuser les directeurs du *Journal des Débats* d'avoir modifié leurs opinions, équivaut au reproche que l'on adresserait à un pilote qui aurait couru des bordées lorsqu'il avait les vents contraires. A tort ou à raison, les Bertin pensaient alors que la rentrée des

Bourbons était le seul moyen de mettre un terme aux actes désordonnés du Directoire, et plus tard au gouvernement absolu de Napoléon. Évidemment on ne pouvait suivre la ligne droite pour atteindre ce but, et le talent des écrivains *des Débats*, à ces différentes époques, était employé en grande partie à servir leur cause, sans que l'autorité régnante trouvât l'occasion de s'en offenser. Le reproche le plus grave qui ait pu être adressé aux frères Bertin, est leur persistance dans l'opposition faite au gouvernement impérial. Mais malgré le parti auquel se rattachait Bertin-Devaux, cet homme, dont l'esprit était si net et si impartial, a toujours vivement apprécié les grands talents politiques et militaires de Bonaparte. Plus d'une fois dans leurs entretiens, Étienne eut l'occasion de lui entendre faire un éloge habilement motivé de la promptitude et de l'habileté avec lesquelles le vainqueur de Marengo avait rétabli l'ordre dans toutes branches de l'administration et s'était montré législateur habile et sage jusqu'en 1803.

Bertin l'aîné, malgré les persécutions dont il avait été l'objet, partageait sur ce point l'opinion de son frère. Cette supposition se fonde sur la liaison d'amitié qui s'était formée en 1803, à Rome, entre l'aîné des Bertin exilé et Chateaubriand. Cet écrivain, déjà si célèbre alors par la publication de l'*Essai sur les Révolutions* et du *Génie du Christianisme,* ne paraissait avoir encore aucune répulsion pour la personne et le gouvernement du premier consul, puisqu'il en avait accepté la modeste position de secrétaire d'ambassade à Rome. Chateaubriand se ralliait donc alors au pouvoir consulaire, et sans le meurtre du duc d'Enghien, peut-être que l'auteur des *Martyrs,* dont les opinions et les idées ont toujours exercé une si grande influence sur celles des frères Bertin, les aurait peu à peu conduits à accepter le gouvernement de Napoléon. Mais la mort funeste du prince de la maison de Condé obscurcit la destinée de Bonaparte, et rejeta plus avant que jamais Chateaubriand et les frères Bertin dans les intérêts de la politique des Bourbons. De ce moment, ces trois hommes réunirent tout ce qu'ils avaient d'énergie et de talent, pour faire valoir la cause des princes exilés et affaiblir le pouvoir du monarque régnant.

On sait avec quelle chaleur le *Journal des Débats* soutint la monarchie constitutionnelle pendant la première et la seconde restauration, jusqu'en 1824 ; mais que depuis cette dernière époque, où il se forma contre le ministère Villèle une opposition royaliste, à laquelle se rattachaient Chateaubriand, Royer-Collard, le général Foy, Casimir Périer, le général Sébastiani, le comte Pasquier, le duc de Broglie et le comte de Salvandi, Bertin-Devaux, après avoir donné sa démission de Conseiller d'État, devint l'âme de ce parti intermédiaire, dont la politique fut particulièrement développée dans le *Journal des Débats*. Après la chute du ministère Villèle (1828), Bertin-Devaux qui par son influence avait fait nommer Royer-Collard président de la chambre des députés, fut porté lui-même à la vice-présidence. Mais le ministère Martignac, sur la sagesse duquel cette opposition royaliste comptait, ne fit qu'apparaître, et dès que celui du prince de Polignac l'eut remplacé, Bertin-Devaux fut des premiers à se retirer de nouveau du Conseil d'État ; la chambre fut cassée, les nouvelles élections ramenèrent une majorité libérale, et c'est alors que furent signées ces fameuses ordonnances qui arrachèrent à Bertin-Devaux cette terrible prédiction, si précisément réalisée : « *Avant un an, la France sera couverte de cocardes tricolores.* » En cette occasion, la conduite de Chateaubriand, celle des frères Bertin et des hommes importants qui s'unirent à eux, fut vivement blâmée par le parti resté fidèle à la branche aînée des Bourbons ; et après trente ans de glorieux efforts pour établir une monarchie constitutionnelle en France, tout à coup l'effroi causé en 1848 par le retour menaçant de l'anarchie révolutionnaire, a rendu inévitable pour elle le recours à une dictature.

Ce n'est pas dans ces souvenirs qu'il convient de peser les raisons qui peuvent faire adopter ou rejeter la substitution de la branche cadette des Bourbons à l'aînée. Cette question, que le temps seul pourra résoudre, est par cela même hors de la portée de celui qui trace ces pages. Mais quant aux contradictions imputées aux frères Bertin à plusieurs époques de la révolution et particulièrement à celle de 1830, il est facile de reconnaître qu'au fond, les idées, les vœux politiques des deux publicistes ont toujours été dirigés vers l'établissement d'une monarchie tempérée par les lois, et qu'en dernière analyse restés fidèles à leurs espérances de 1789, ils portaient encore plus d'intérêt aux institutions qu'aux personnes. Telle est l'idée qu'Étienne s'est faite des modifications que la prodigieuse variété des événements a apportées dans la conduite politique des frères Bertin.

Quant à Bertin-Devaux, quoique ardent et passionné au moment d'agir, dans le calme de la discussion il envisageait les questions qu'il avait le plus à cœur, avec une impartialité et une lucidité remarquables. Son imagination toujours en travail, lui inspirait des prévisions dont plusieurs se sont réalisées, et outre celle des cocardes tricolores, lorsque Napoléon revint de l'île d'Elbe, son premier mot fut : « La France politique est démoralisée pour plus d'un siècle. » En 1824, le jour où les obsèques du roi Louis XVIII furent célébrés à Saint-Denis, Devaux dit à Étienne, en revenant tout pensif de cette cérémonie : « C'est étrange à quel point l'homme est naturellement porté à la superstition ! la matinée a été sombre et les tentures de deuil rendaient l'église ténébreuse. A un moment du service un faible rayon de lumière passant avec rapidité a fait briller le front du duc d'Orléans. Les assistants se sont regardés, ayant l'air de se dire : Est-ce qu'il sera roi ? »

Il est fâcheux qu'aucun ouvrage coordonné et de quelque étendue ne nous ait laissé un témoignage durable de l'excellence de cet esprit d'élite. A l'exception d'un assez grand nombre de très-bons articles insérés dans le *Journal des Débats*, particulièrement en 1818, et de deux discours très-remarquables qu'il lut à la chambre des députés en 1823, pour combattre les projets de lois proposés par M. de Villèle, sur la conversion des rentes et le sacrilége, il ne reste rien de cet homme qui aurait eu toutes les qualités nécessaires pour devenir bon écrivain et même orateur, s'il eût pu surmonter une timidité qui lui était naturelle. Mais malgré la conscience qu'il avait de ses mérites, peut-être même en raison de l'idée qu'il s'était faite d'une certaine perfection dont il voulait que fût empreint le caractère habituel de ses actes et de ce qu'il aurait écrit ; ce but, hors de toute portée, dont il jugeait indigne de lui de s'écarter, l'a rendu timide, et a certainement été la cause de son abstention de la tribune et du peu d'écrits qu'il a laissés. Naturellement fier, quoique l'habitude d'avoir raison lui eût fait contracter celle de s'exprimer dogmatiquement, il suffisait de lui tenir tête résolûment, pour le désarçonner ; et pour peu que son contradicteur eût le bon droit de son côté, cet homme, dont l'esprit était essentiellement juste, par son silence, souvent même de son aveu, se reconnaissait vaincu.

Ainsi que chez la plupart des hommes, il y avait dans son caractère et dans ses goûts, des contradictions singulières. Passant parfois, comme on vient de le dire, de l'excès de l'assurance à l'embarras, on le voyait aussi se

livrer à des distractions qui juraient avec les principes
littéraires auxquels il était réellement attaché. Ainsi, ce
lettré qui rapportait tout aux études classiques les plus
pures, qui, par respect pour le latin de Virgile et de Cicéron, n'avait jamais voulu lire celui d'Apulée ou de Pétrone, avait une passion pour les mélodrames du boulevard, et passait une partie des nuits à lire les romans
nouveaux. Au fond, cet esprit hardi, aventureux même,
par cela seul qu'il se conformait ostensiblement à certaines lois sévères de conduite et de goût, éprouvait le besoin de se distraire, de prendre ses ébats, en se laissant
aller dans l'ombre d'une loge ou dans le silence de la
nuit, aux fantaisies qu'il condamnait. La vérité est que,
malgré son admiration sincère pour les classiques anciens
et modernes, Devaux semblait n'attendre qu'une occasion
pour céder au goût naturel qu'il avait pour les nouveautés ; et quand l'*Atala*, le *Génie du Christianisme* et surtout *les Martyrs* parurent, ces ouvrages déterminèrent
aussitôt des modifications notables dans ses principes et
ses goûts littéraires.

Les ouvrages de Chateaubriand ont été jugés bien
diversement, quant au fond et relativement à la forme.
Le *Génie du Christianisme* souleva en particulier de
graves questions. Les ennemis de la religion chrétienne,
et ils étaient nombreux encore en 1802, ne purent accepter tranquillement un livre séduisant dont l'immense
succès pouvait faire prévaloir des doctrines si contraires
aux leurs. Parmi les détracteurs du livre, Marie-Joseph
Chénier, le plus ardent et le plus accrédité d'entre eux,
attaqua de biais l'auteur du *Génie du Christianisme*, en
le présentant comme un corrupteur de la langue et du bon
goût, et parvint à faire partager cette opinion même à
un assez grand nombre de littérateurs tenant au parti
royaliste.

Mais quoique moins éclatante, une question plus grave fut posée à la suite de la publication de ce livre. L'un des éléments principaux de son grand succès venait de l'art avec lequel l'auteur, glissant sur ce qu'il y a de sombre et de terrible dans la religion chrétienne, a séduit les imaginations en donnant aux croyances et aux cérémonies du catholicisme un éclat poétique dont l'attrait était au moins égal, selon l'auteur, à ce que la mythologie païenne peut présenter de plus attachant et de plus pompeux. Cette direction donnée aux esprits n'échappa point à l'œil vigilant et sévère du clergé; et ces hommes qui venaient d'être purifiés par les feux du volcan révolutionnaire, ne purent supporter l'idée de voir la religion catholique si austère, présentée à ceux que l'on voulait ramener dans son sein, à travers des voiles couleur de rose et bleu de ciel. Les efforts constants de l'auteur pour faire ressortir, sous le rapport des arts, la supériorité de la religion chrétienne sur celle des Grecs païens, fut ce qui les blessa le plus, et il est certain qu'à cette époque et en 1809, lorsque parurent *les Martyrs,* les ecclésiastiques qui dirigeaient les familles pieuses, y interdisaient la lecture des livres de Chateaubriand. Ce défaut du livre frappa d'ailleurs tous les esprits droits, et malgré les éloges donnés au talent de l'écrivain, son erreur fut vivement signalée même dans le *Journal des Débats*[1].

Quoi qu'il en soit de la justesse de ces critiques, il est certain que le *Génie du Christianisme,* dont la publication coïncida avec le rétablissement du culte catholique, sous le Consulat, a contribué à rendre à la religion en France une popularité qu'elle avait perdue depuis 1793. C'est l'action la plus puissante et la plus profitable qu'ait produite l'auteur des *Martyrs.* Seulement, le coloris poé-

---

[1] Voir une suite d'articles sur *les Martyrs*, par Hoffman, avril 1809.

tique dont Chateaubriand a parfois enluminé le catholicisme, a entraîné les successeurs de cet écrivain, M. de Lamartine entre autres, à dénaturer complétement le caractère de la religion, comme il est arrivé à ce grand poëte, lorsqu'il l'a employée comme machine poétique dans des romans tels que la *Chute d'un ange* et *Jocelyn*.

Ces questions qui, sous l'apparence littéraire, touchaient effectivement à la morale et à la politique, étaient fréquemment agitées dans les entretiens qu'avaient Bertin-Devaux et Étienne. L'ami, l'admirateur de l'auteur des *Martyrs* l'élevait au niveau des plus grands écrivains, en lui accordant, en outre, le mérite d'une originalité exempte de toute bizarrerie. Dans son enthousiasme, il prenait parfois un volume des *Martyrs*, dont il lisait à haute voix quatre ou cinq pages. Étienne était loin de ne pas reconnaître la supériorité des morceaux choisis dont on lui faisait la lecture; mais s'attachant moins à examiner les détails du *Génie du christianisme* et des *Martyrs* qu'à se rendre compte de l'intention véritable dans laquelle ces ouvrages ont été composés, il faisait observer que le premier de ces livres n'était au fond qu'un art poétique dont l'auteur s'était proposé de faire l'application dans le second. « Entre nous, ajoutait Étienne, votre illustre ami est ou a au moins été tant soit peu voltairien, et j'avoue que j'ai toujours de la peine à me confier aux écrivains qui ne me paraissent pas profondément pénétrés des opinions et des doctrines qu'ils défendent. Cette espèce de jeu d'esprit, quelque habilement conduit qu'il puisse être, ne flatte jamais que l'imagination, sans pénétrer jusqu'au cœur. J'accepte donc, je lis même avec plaisir les *Martyrs*, parce que ce n'est qu'une composition poétique; mais lorsque, comme dans le livre du *Génie du Christianisme*, l'auteur prétend me catéchiser, alors je veux être bien certain de sa foi, pour me livrer à lui... » « Allons,

allons, épilogueur éternel, disait Bertin-Devaux, ne revenez pas sur ce sujet non plus que sur vos étranges jugements sur Delille. » Mais à la première occasion lui-même remettait ces questions sur le tapis.

Le nom de l'auteur du poëme de *l'Imagination* réveille dans la mémoire d'Étienne le souvenir de la dernière ovation qui fut faite à cet écrivain célèbre, en 1813, quelques mois avant sa mort, lorsque ces discussions avaient lieu entre Bertin-Devaux et Étienne. Tissot, en sa qualité de traducteur des *Bucoliques de Virgile*, ayant été appelé à succéder à Jacques Delille dans la chaire de poésie latine au collége de France, le nouveau professeur, dans l'intention de consacrer son droit à cet héritage, et de donner de l'éclat à son cours, sollicitait depuis assez longtemps auprès de Delille, la faveur de le voir assis dans la même chaire que lui et présidant à l'une de ses leçons. Le vieux poëte obtempéra enfin à cette demande. Delille était affligé alors d'une cécité complète, ne marchait plus qu'avec peine, en sorte que lorsqu'il descendit de voiture près du perron de la classe, il fut porté jusque dans la chaire par Tissot et quelques jeunes gens sortis de la foule, qui s'empressaient autour du poëte. Là, le vieillard, profondément ému par le bruit des applaudissements, s'assit, ou plutôt s'affaissa sur lui-même. Pâle, les paupières baissées, le relâchement de ses traits lui donnait toute l'apparence d'un homme que la vie abandonne. Sur un signe de Tissot, les applaudissements furent suspendus pour laisser au vieux poëte, le temps de reprendre ses sens. Lorsqu'il fut remis, son successeur, désirant que tout le temps de la leçon fût employé à faire profiter les auditeurs de la présence de Delille et à lui préparer une ovation publique que l'affaiblissement de ses forces pouvait faire regarder comme la dernière, pria Delille, au nom de l'auditoire, de réciter un morceau de l'un de ses poëmes. A peine cette invitation lui avait été faite, que les traits de son visage complétement détendus, jusqu'à ce moment, se ranimant tout à coup, les assistants crurent voir un mort qui revenait à la vie. Son teint se colora, ses yeux éteints se dirigèrent avec ardeur vers la lumière et il récita d'une voix ferme et avec une vivacité toujours croissante l'épisode des *catacombes*. Mais à peine eut-il épuisé ses forces en prononçant les derniers vers de ce piquant récit, que les paupières du poëte retombèrent, que la pâleur et l'immobilité s'emparèrent de nouveau de ses traits et que, comme s'il eût été frappé de mort, il fallut le soutenir pour qu'il ne glissât pas de son siége. Par une précaution instinctive des assistants, on suspendit encore les applaudissements, et ce ne fut qu'après quelques instants de silence et quand il fut remis dans sa voiture, que la plupart des auditeurs accompagnèrent le poëte en triomphe jusqu'à sa demeure.

Soixante ans de gloire toujours croissante jusqu'à cette dernière ovation qui ne précéda la mort de Delille que de quelques mois, ont dû porter dans l'esprit de cet homme la conviction que sa renommée grandirait encore après sa mort. Mais il en a été autrement, et le mot dur, injuste à bien des égards, prononcé sur Delille par Étienne, au milieu de la société de Bertin-Devaux, ne s'est que trop réalisé. Cet élégant versificateur n'avait l'âme ni l'esprit assez vigoureusement trempés, pour s'imposer comme un génie. Il eut le don de plaire ; il sut flatter l'imagination et les goûts des hommes lettrés et des gens du monde de son temps ; mais ces qualités ne suffisent pas pour produire un poëte destiné à conserver la sympathie et l'admiration d'un peuple.

VIII

Il est rare que l'on connaisse sa véritable vocation sans avoir passé par bien des incertitudes. Ainsi que la plupart des hommes de son âge, Étienne a été soumis à cette loi, avec d'autant plus de rigueur, qu'au moment où son intelligence commençait à se développer, ses études furent brusquement interrompues. Presque toute sa génération d'ailleurs, ayant, de gré ou de force, suivi le parti des armes, a péri sur les champs de bataille pendant le gouvernement du Directoire et sous le premier empire. Quant au petit nombre de ceux qui purent se livrer au goût qui les portait à la culture des lettres, des arts ou des sciences, le hasard et les interruptions des enseignements qu'Étienne et ses contemporains recueillaient en allant les chercher de côté et d'autre, peuvent donner une idée des difficultés analogues qu'ont eu à surmonter quelques hommes distingués de ce temps.

Vers 1812 et 13, alors qu'Étienne travaillait encore avec ardeur à l'art de la peinture et profitait des entretiens de Bertin-Devaux, l'horizon politique, déjà sombre depuis 1809, se rembrunit bientôt d'une manière effrayante. La désastreuse retraite de Moscou, la campagne de Leipsick et enfin l'invasion menaçante des puissances du Nord jetèrent une telle inquiétude dans les esprits, que les relations commerciales en furent subitement ralenties, et qu'à plus forte raison, les arts tombèrent dans un oubli complet. En outre, les impôts s'étaient accrus ; les revenus d'Étienne, fort bornés alors, ne suffisaient plus aux dépenses que lui occasionnait l'exercice de son art. Aussi fut-il contraint d'abandonner son atelier, sans pouvoir imaginer, à la veille du grand orage qui menaçait la France, si jamais il lui serait possible de reprendre ses pinceaux.

Deux fois les armées ennemies victorieuses firent leur entrée à Paris en y ramenant le roi Louis XVIII et sa famille. Au spectacle de ces étranges triomphes, il était bien difficile de ne pas faire des rapprochements pénibles avec ceux qui les avaient précédés, et de ne point reconnaître que, de victoires en victoires glorieuses, en somme, la France n'avait obtenu pour résultat que deux invasions de son sol.

A ces causes de tristesse s'en joignaient d'autres. La rentrée des Bourbons avait divisé tout à coup la France en deux partis irréconciliables ; et il faut avoir assisté à ce grand événement pour se former une idée juste de l'ivresse et de l'exagération des espérances de la portion *royaliste* de la France, ainsi que de la sombre fureur qui s'empara des *bonapartistes*. Pendant les premières années de la Restauration, la société française fut absolument divisée en deux parts ; et même dans le sein des familles, dont les membres, d'opinions contraires, ne pouvaient pas toujours s'éviter, les disputes, les récriminations, les injures et jusqu'à des menaces terribles, entretenaient la haine entre parents. A l'époque de la Terreur, des deux partis en présence, l'un étant atroce et l'autre honnête, il était naturel et juste qu'ils se haïssent à la mort ; mais, en 1816, ce qu'il y eut de navrant pour ceux qui conservaient quelque calme au milieu de l'excès de ces passions politiques, était d'avoir sous les yeux une masse énorme de gens honnêtes qui se méprisaient parce qu'ils ne pensaient pas de même et disposés à se débarrasser violemment de leurs adversaires.

Depuis 1815 les impôts croissant toujours, Étienne sentait la nécessité de prendre un parti décisif pour sortir d'embarras. Mais la violence des altercations journalières lui faisait rechercher la solitude où il laissait aller son esprit à ces réflexions vagues, sans objet, qui détournent si souvent les jeunes gens de leur vocation naturelle. Depuis la Restauration, Étienne voyait beaucoup moins souvent Bertin-Devaux, entraîné ainsi que son frère aîné et Châteaubriand, dans le mouvement des affaires publiques. Toute l'énergie, tous les talents de ces trois hommes étaient employés à défendre et à affermir la cause des Bourbons. Le jeune artiste vivait donc presque seul, se consolant avec ses crayons et en feuilletant ses livres, sans que le présent, si peu favorable pour lui, lui donnât l'idée d'affronter le monde pour tenter la fortune et se préparer un meilleur avenir.

Tel était l'état de découragement où Étienne était tombé, lorsqu'un jour il vit entrer chez lui un de ses anciens condisciples de l'école de David, Reverdin, de Genève. « Près de retourner dans ma ville natale, dit-il à Étienne, je n'ai pas voulu partir sans te dire adieu et sans te faire une proposition qui t'agréera peut-être. Voilà ce dont il s'agit : Outre les élèves que j'enseigne à mon atelier, j'en ai un assez grand nombre auxquels je donne des leçons chez eux. Parmi ces derniers il y a des garçons ; mais les jeunes demoiselles sont plus nombreuses. Or, lorsque j'ai annoncé ma retraite aux parents, on m'a prié tout aussitôt de choisir et de désigner mon successeur. Comme il faut un homme sûr, j'ai pensé à toi..... Qu'en dis-tu ? Les relations avec les familles où je t'introduirai présentent tous les genres d'avantages que l'on puisse désirer, et tu y es déjà connu..... Seulement, ajouta Reverdin en souriant, tu feras attention à la famille X..., où il y a trois jeunes demoiselles jolies, spirituelles, auprès desquelles il faudra te tenir, si tu persistes à rester garçon... Crois-moi, accepte mon offre, tu ne t'en trouveras pas mal. Les temps ne sont pas favorables, et tu sais aussi bien que moi quel peu de parti on tire de notre art. Essaye, et si dans un an ou deux la chance devient meilleure, tu reprendras sérieusement tes pinceaux. »

Pour fixer les idées d'Étienne sur les avantages de la proposition qui lui était faite, son ami le mit au courant du profit annuel qu'il retirait de son enseignement, et lui nomma les familles où il avait l'intention de l'introduire. Toutes étaient protestantes, et par un hasard qui contribua à hâter la décision d'Étienne, dix ans avant il avait eu l'occasion de connaître chez la mère de son ami Adolphe Lullin, les parents de la plupart des jeunes gens qu'on lui proposait pour élèves. Toutefois ce ne fut qu'après deux jours de réflexion, qu'Étienne ayant accepté l'offre de son condisciple, fut présenté par lui aux parents des élèves auxquels il allait donner ses soins.

Des différentes familles auxquelles appartenaient la plupart des nouveaux élèves d'Étienne, l'une, la plus nombreuse, celle du pasteur Monod, était en quelque sorte le centre où toutes les autres venaient aboutir. Le pasteur dirigeait l'éducation et les études des jeunes gens qui demeuraient sous son toit, et c'était là où les élèves d'Étienne se trouvaient rassemblés en plus grand nombre. Une autre famille, celle de M. Stapfer, liée d'amitié, et qui devait l'être plus étroitement bientôt à celle du pasteur Monod, par une alliance matrimoniale, était fréquentée aussi par Étienne, et c'est à la manière bienveillante et distinguée, à l'amitié solide même qu'on lui témoigna dans ces deux maisons, qu'il dut, comme on le verra, de pouvoir refaire sa vie qui venait d'être si brusquement brisée.

Ici quelques mots d'éclaircissements sont nécessaires

pour expliquer le peu d'empressement que mit Étienne à rentrer dans la carrière des beaux-arts après 1815. Si le défaut de ressources pécuniaires en fut la cause matérielle, il y en eut de plus graves. L'indépendance du caractère et de l'esprit d'Étienne, ainsi que la tournure de son imagination, lui avaient fait concevoir l'idée de traiter en peinture des sujets complétement étrangers aux préoccupations passagères de son temps. Dans cette intention, dès l'année 1804 où il commença à produire des tableaux, il s'était proposé de composer ses ouvrages dans des modes inusités depuis longtemps, en traitant, par exemple, des sujets sacrés pour les églises, et des scènes coordonnées, destinées à la décoration des habitations de luxe. En s'ouvrant cette double voie, il espérait obéir à la nature de ses facultés et pouvoir se créer un genre à part au moyen duquel il éloignerait toute comparaison dangereuse, et pourrait fixer l'attention sur ses ouvrages. Malgré plusieurs essais qui furent encouragés par des suffrages importants, le goût régnant du public de ce temps, les préjugés qui dominaient alors l'école, et l'importance qu'avait donnée tout à coup (1806) le célèbre Gros à la peinture des sujets contemporains, ruinèrent bientôt les espérances d'Étienne. Toutefois il ne se découragea pas alors, et redoublant d'efforts, il exposa, en 1808, le tableau qui lui fit décerner une grande médaille. David, le maître d'Étienne, ses amis et lui-même croyaient que la carrière lui était enfin ouverte, mais elle se referma presque aussitôt.

Les actions de Napoléon victorieux et tout-puissant, étaient alors les seuls sujets que traitassent les artistes les plus renommés; et ceux même, ainsi qu'Étienne, ayant débuté avec quelque distinction, ne trouvaient guère à employer leur talent qu'en se soumettant à la condition de consacrer le souvenir d'un épisode de l'histoire de la veille. Quelqu'un à qui l'avenir d'Étienne avait inspiré de l'intérêt, avertit le jeune artiste que l'on serait assez disposé à mettre ses talents à l'épreuve, s'il voulait entreprendre un tableau dont le sujet était une anecdote relative à l'empereur. Le fait, insignifiant en lui-même, passait pour avoir été arrangé; en outre il fallait aller solliciter la complaisance des acteurs de la scène, pour avoir leur portrait, et enfin Étienne qui s'était toujours promis de ne s'occuper que de sujets tout à fait en dehors de la vie du moment, qui ne pouvait s'arrêter à l'idée d'imiter des sabres, des fusils et des uniformes sans voir s'évanouir toutes ses plus douces illusions de peintre, n'accepta pas l'offre qui lui avait été faite. De ce moment il n'obtint aucun grand travail pendant le régime impérial.

La peinture officielle et d'apparat était dégénérée en une telle habitude sous l'Empire, qu'on ne put y renoncer tout à coup à la rentrée des Bourbons; et pendant les premières années de la Restauration, autant pour populariser le gouvernement nouveau que dans l'intention de gagner un monde d'artistes médiocres qui n'étaient bons qu'à peindre des épaulettes et des bottes, l'art demeura stagnant pendant quelques années dans ce cercle étroit et anti-pittoresque. Telles sont les raisons qui jetèrent Étienne dans cette espèce de découragement qui le décida à accepter l'offre de son condisciple.

Revenons donc maintenant aux deux familles dans le sein desquelles Étienne fut si affectueusement accueilli. Celle du pasteur Monod se composait, outre madame Monod, de dix enfants tous intelligents, spirituels et aptes à l'étude. Le père, plein d'une instruction solide, naturellement grave, n'avait aucun effort à faire pour remplir dignement son ministère religieux; et dans les relations ordinaires de la vie il eût été difficile de rencontrer un homme qui, sans lâches complaisances, fût plus indulgent et plus affectueux que lui envers tout le monde. Quant à madame Monod, c'était, au milieu de sa famille, des élèves réunis autour d'elle et de ses amis, un ange de bonté, et sur ses traits où l'on retrouvait encore les traces d'une beauté pure et calme, était empreinte une force d'âme tempérée par une ineffable douceur.

Tant d'enfants réunis à ceux qui formaient le pensionnat, rendaient nécessairement l'aspect de l'intérieur de cette maison simple jusqu'à l'austérité. Mais dans les moments de liberté donnés à cette jeunesse, rien n'était plus gai, plus aimable que leur société. Constamment en relation avec les maîtres de la maison, avec les professeurs chargés de les instruire, tous avaient contracté des habitudes de politesse qui ne nuisaient en rien à la franchise et à la gaieté de leur manière d'être. Aussi, Étienne qui, malgré les études sérieuses vers lesquelles son goût le porta de bonne heure, n'a jamais pu renoncer entièrement aux idées, aux goûts chers à la jeunesse, se trouva-t-il tout à fait à l'aise et heureux au milieu de cette foule d'écoliers, étrangers aux haines politiques si vives alors, ne pensant qu'à Homère, à Virgile, aux arts et à leurs jeux.

L'un des fils Monod et sa sœur aînée, faisant partie des élèves confiés aux soins d'Étienne, se lièrent plus particulièrement avec lui. Ainsi que toute leur famille, ces deux jeunes Monod parlaient couramment l'anglais, et Étienne avait souvent à essuyer les railleries amicales de ses deux élèves qui, prétendant que leur professeur dût savoir cette langue, l'employaient malicieusement pour l'interroger ou lui répondre. En vain Étienne alléguait son âge, l'irrégularité de sa première instruction, et l'indifférence que l'on avait encore en France pour l'étude des langues étrangères lorsqu'il était jeune. On n'admettait aucune excuse et mademoiselle Monod en particulier, dont le goût pour les lettres était très-vif, ne cessait de piquer la curiosité d'Étienne pour le décider à étudier l'anglais. Ces instances étaient fréquemment reproduites à l'occasion de la lecture que faisaient alors Charles Monod et sa sœur d'un livre de poésies anglaises qui excitait tout à la fois leur étonnement et leur admiration. Les premiers ouvrages de lord Byron, *Lara* entre autres, commençaient à être lus en France par ceux qui entendaient l'anglais, car ils n'étaient pas encore traduits (1816) ; or ces ouvrages qui resteront empreints de quelque chose d'étrange et de funeste, produisirent dès leur apparition une ivresse qu'on ne peut comparer qu'à celle que fait naître l'opium. Sous le charme de cette poésie effectivement si énergique et si séduisante, Charles et sa sœur en parlaient sans cesse à Étienne auquel, malgré toutes les questions qu'il leur adressait sur le genre de poésie et la nature du talent du lord anglais, ils ne firent d'autres réponses qu'en répétant que les poésies de Byron n'avaient pas d'analogues ; qu'aucune traduction n'en pourrait donner une idée, et qu'enfin, ajoutaient en riant les deux jeunes gens, il fallait que ceux qui désiraient connaître ce poëte apprissent l'anglais. Déjà à l'époque de sa liaison avec Adolphe Lullin, Étienne avait conçu le projet d'apprendre cette langue ; mais ses études et bientôt après ses travaux pittoresques, ne lui en avaient pas laissé le loisir. Toutefois le désir d'acquérir cette connaissance était resté vivace dans son esprit, et les petites taquineries des jeunes Monod ne manquèrent pas de le raviver encore.

La maison Stapfer, on l'a déjà dit, ne faisait qu'une avec celle des Monod. M. Stapfer avait aussi exercé les fonctions de pasteur du saint Évangile. Déjà sur le retour, cet homme, qui avait employé sa jeunesse à l'étude des langues anciennes et étrangères et de la théologie, était un véritable puits de science. Outre les connaissances variées présentes à sa mémoire, il possédait une riche bibliothèque qui couvrait toutes les parois de son appartement de Paris, mais dont la plus grande partie était restée à Berne. Dans son salon, à l'exception de la cheminée, des fenêtres et des portes, toutes les autres parties pleines étaient couvertes de livres depuis les in-folios posant sur le plancher, jusqu'aux formats graduellement moins grands qui, de tablette en tablette, allaient toucher au plafond. Des meubles tellement simples de forme et de couleur qu'il n'en restait aucun souvenir dans la mémoire, étaient semés au hasard dans ce salon, où il n'y avait d'immuable qu'un grand canapé sur lequel se tenaient madame Stapfer et les dames, quand il en venait, les mercredis soir, jours de réception.

Madame Stapfer, quoique mère de deux fils, Charles et Albert, âgés de seize à dix-sept ans, paraissait jeune comparativement à son mari, dont la constitution naturellement faible avait été amoindrie encore par des infirmités prématurées. Madame Stapfer, au contraire, avait extérieurement et dans le caractère une certaine jeunesse indépendante des années. Sa chevelure d'un blond cendré, ses yeux bleus, et un teint d'une fraîcheur et d'un éclat remarquables, donnaient un charme particulier à l'expression de cette dame, qui avait conservé cette pureté et cette gaieté calme que l'on perd ordinairement quand la jeunesse nous quitte. Quant aux deux fils, Charles, qui étudiait le dessin dans l'école de la maison Monod, est aujourd'hui un ingénieur civil distingué, et Albert, dès l'âge de vingt ans, avait fait une traduction en vers du *Faust* de Gœthe.

En somme, le professorat de dessin qui n'apporte ordinairement point de gloire et peu de profit à ceux qui l'exercent, eut des résultats bien différents pour Étienne, qui se trouva tout à coup admis avec distinction et d'une manière vraiment amicale au milieu de familles formant une société où se réunissaient habituellement chaque semaine beaucoup d'hommes distingués de la France, et la plupart de ceux venant d'Allemagne, de Suisse et d'Angleterre pour s'arrêter à Paris.

A ces soirées hebdomadaires, se réunissaient des hommes de tout âge, mais animés généralement de l'amour des sciences et des lettres. Parmi les plus jeunes, la plupart d'entre eux complétaient leurs études en suivant les cours publics à la Sorbonne et au Collége de France; et les leçons auxquelles ils avaient assisté le matin, leur fournissaient le soir la matière de discussions intéressantes et très-animées. Divisés par groupes dans le salon Stapfer, les uns traitaient des questions de droit, d'autres s'occupaient de sciences naturelles, mais le plus grand nombre de littérature, et ils formaient autant de petits cercles où chacun, sans trop élever la voix, défendait cependant son opinion avec chaleur, jusqu'au moment où par un sentiment unanime de respect, ils faisaient tout à coup silence, lorsque le savant Ampère, l'illustre voyageur Humbolt, Maine de Byran, le profond métaphysicien, ou le spirituel Benjamin Constant prenaient la parole.

M. Cousin, déjà professeur de philosophie, et qui comptait parmi les jeunes gens présents dans ce salon plus d'un de ses élèves et admirateurs les plus fervents, Ampère le fils, Albert Stapfer, Sautelet et d'autres encore, Cousin était un de ceux qui par la hardiesse de ses idées et l'éclat de son élocution, transformait le plus subitement le salon Stapfer en un auditoire. A sa voix comme à celle des hommes éminents de l'assemblée, la maîtresse de la maison et les dames assises près d'elle sur le canapé, cessaient de causer; et mesdames Suard et Chabaud-

Latour elles-mêmes qui, dans une encoignure du salon, maintenaient religieusement la tradition du whist des mercredis, suspendaient leur jeu pendant quelques instants pour écouter.

Fidèle à ces réunions, le voyageur Simon était l'un des spirituels causeurs. Après son retour d'Amérique, ayant parcouru l'Angleterre et l'Italie, il avait rassemblé en quatre volumes et sous forme de journal, ses observations faites dans ces pays, et les impressions qu'il y avait reçues. Ce ne sont guère que des causeries spirituelles sur toute espèce de sujets, et on avait plus de plaisir à les entendre débiter par l'auteur qu'à les aller chercher dans ses livres. Toutefois ces *voyages,* peu connus aujourd'hui, eurent une espèce de vogue causée par le ton de bonhomie avec lequel l'auteur avançait parfois les sophismes les plus étranges. Un de ceux qui attirèrent le plus l'attention était les critiques et le dénigrement que lui inspiraient les peintures de Raphaël. Dans ses livres, ainsi que dans le salon de M. Stapfer, usant du privilége que se donnent ceux qui se mettent en dehors des connaissances reçues par les hommes de l'art, il critiquait ou louait à tort et à travers les productions des plus grands maîtres de l'Italie. C'est ainsi qu'après s'être extasié sur le coloris *fin et transparent* de Léonard de Vinci, il s'écriait tout à coup : « Je ne reviendrai jamais de la surprise que Raphaël m'a causée.. Dur comme des découpures ; toujours la même expression ; et cette expression, l'absence d'expression ! Et puis dans les fonds, ces paysages indigo, avec des arbres qui ressemblent à des balais ! On me dira, ajoutait-il en riant, que Raphaël n'était pas paysagiste ; hé ! je le vois bien ! » Ces phrases hachées, incorrectes qui pouvaient passer dans le désordre de la conversation, on les retrouve textuellement reproduites dans les livres de Simon ou lorsqu'il se laisse aller à toute la naïveté de ses goûts pittoresques, il met l'anglais Wilkie, peintre de genre, au-dessus de Raphaël. On ne se serait pas arrêté à ces excentricités du voyageur Simon, si cet homme n'eût au fond donné son opinion sans prétendre le moins du monde l'imposer aux autres. Mais précisément par sa bonhomie et sa simplicité, il fit plus d'un prosélyte. C'était pendant les années de 1817 et 1818 que ces étranges idées sur les arts commençaient à prendre quelque consistance, et lorsque la littérature était elle-même menacée d'une révolution radicale par l'admiration poussée jusqu'à l'engouement que la jeunesse témoignait pour le caractère et les poésies de lord Byron. Déjà les questions interminables entre les *romantiques* et les *classiques* commençaient à être soulevées, et le salon Stapfer n'était pas celui de Paris où on les agitât avec le moins d'ardeur.

Parmi ceux dont la conversation avait le plus de charme pour Étienne était de Bonstetten, vieillard ingénieux et savant, plein de grâce et de simplicité, auteur des *Etudes sur le Latium*, et du spirituel ouvrage, *l'Homme du Nord et l'homme du Midi*. Jamais on ne s'était entretenu avec lui sans qu'il déposât dans l'intelligence de celui qui l'écoutait des connaissances neuves présentées sous le voile de la philosophie la plus élevée et la plus bienveillante,

Le nombre des personnes admises dans le salon Stapfer, la variété de leurs études, de leurs goûts et des lieux qu'ils avaient parcourus, devenaient pour Étienne des occasions sans cesse renaissantes de satisfaire le désir ardent qu'il avait d'étendre le cercle de ses connaissances, et de se tenir au courant de la marche de l'esprit des hommes de son temps. Parmi les étrangers qui vinrent se présenter au vénérable Stapfer, deux Suisses, natifs d'Arrau, excitèrent vivement l'attention de la société des mercredis, par les récits que l'un d'eux, Reenger, fit du voyage qu'ils venaient de terminer. Ils arrivaient de l'Amérique méridionale où ils avaient habité pendant sept ans le Paraguay et y avaient simultanément étudié la botanique et exercé la médecine dans les États du docteur Francia.

On voyait aussi apparaître assez souvent dans le salon Stapfer, une femme d'une trentaine d'années, miss Wright, de New-York, américaine remarquable par sa taille élevée, par le laisser-aller de sa toilette, mais plus encore par la singularité de son caractère et de son esprit. Liée avec le général La Fayette, non-seulement elle était un apôtre fervent de la liberté en général, mais particulièrement de l'abolition de l'esclavage, ce qui était le sujet habituel de sa conversation. Pendant les années où elle fréquenta la maison de M. Stapfer, elle ne cessa pas de combiner le projet qu'elle méditait depuis longtemps, et en 1824 elle résolut de consacrer ses talents, sa fortune et sa vie même au soulagement des noirs, esclaves aux États-Unis. Son plan consistait à acheter des nègres et à les transporter dans un État où l'esclavage fût aboli. Ces noirs devaient travailler trois ans pour leurs maîtres, ce qui était jugé suffisant pour les payer de leurs dépenses. A la fin des trois ans, les nègres affranchis se seraient trouvés libres et sachant un métier. On dit que le succès de cette entreprise gigantesque n'a été arrêté que par la cupidité des gens qui faisaient le commerce des noirs autour du pays acheté par miss Wright, et cette femme courageuse a perdu sa fortune, sa santé et enfin l'espoir de réaliser son projet. Mais l'énergie qu'elle a montrée en certaines circonstances est à peine croyable. Plus d'une fois elle a couru à cheval pour reprendre à main armée les noirs que les marchands avaient enlevés de ses habitations. Une de ses lettres, dont on lut quelques fragments dans une des soirées Stapfer, peut donner une idée de ce Thésée féminin à son entrée au désert : « Après avoir parcouru une immense étendue de pays, écrit-elle à ses amis d'Europe, me voilà enfin propriétaire dans les forêts de ce nouveau territoire acheté des Indiens par les États-Unis, il y a cinq ans. Ce terrain est encore habité par les ours, les loups et les panthères ; mais ne vous effrayez pas. Deux fois j'ai parcouru ce territoire en long et en large, faisant quarante milles par jour à cheval dans un pays inculte, me reposant la nuit dans les cabanes ouvertes à tous vents, ou dans les bois mêmes, avec une peau d'ours pour lit et ma selle pour oreiller. Mais je me suis bien portée et je me porte bien. Je jouis d'une santé plus forte, plus parfaite que je n'ai connu de ma vie. J'ai vu des ours sans en être attaquée, car loin d'attaquer, ils vont fuyant. J'ai bravé tous les temps, le chaud et le froid, et je n'ai eu ni fièvre ni rhume. »

Cette étrange personne, dont la conduite était irréprochable, avait une aversion décidée pour le mariage régularisé par la loi. Après l'insuccès de son entreprise et la ruine de sa fortune, elle s'attacha à X.... dont elle eut une fille ; et ce ne fut qu'à son retour en France et sur les instances du général La Fayette, qu'elle se décida à faire consacrer son union par les lois civiles et religieuses.

Dans l'ensemble des hommes distingués par leur savoir qui fréquentaient le salon Stapfer, les voyageurs étaient de ceux qui donnaient le plus d'intérêt à ces réunions. La conversation piquante et solide tout à la fois de Humbolt, la présence de Passalaqua revenant d'Égypte avec une précieuse collection de curiosités tirées des tombeaux de Thèbes ; l'architecte Gau qui publiait une continuation du grand ouvrage de la commission d'Égypte en reproduisant les monuments de la Nubie, et enfin Pacquot revenant de la Cyrénaïque, riche de dessins tracés d'après les antiquités de la grande syrte, répandaient dans ces réunions des connaissances dont chacun, quel que fût l'objet particulier de ses études et de ses goûts, pouvait profiter. Dans le salon régnait une atmosphère à la fois scientifique et littéraire dont il semblait que tout esprit, pour peu qu'il eût de force et d'élasticité, dût ressentir la salutaire influence.

Étienne se trouvait bien heureux d'avoir été admis dans une famille où s'offraient à lui, outre le charme d'une société sûre et si distinguée, les occasions fréquentes de s'instruire. Les jeunes amis qu'il y avait trouvés, Albert Stapfer et Ampère fils, entre autres, entraînés par le vif amour qu'ils avaient pour les lettres, lui soufflaient en quelque sorte quelque chose de leur enthousiasme juvénile. Les conversations entre eux ne tarissaient pas; mais Étienne, dans le moment le plus chaud de ces entretiens, s'en trouvait parfois isolé tout à coup. Albert et Ampère savaient l'anglais, langue à laquelle Étienne était resté étranger jusque-là. Les ouvrages de lord Byron et de Walter Scott préoccupaient vivement tous ceux qui pouvaient les lire, et faisaient déjà naître des discussions auxquelles Étienne, faute d'entendre leurs textes, ne pouvait prendre part.

Cette lacune dans les connaissances d'Étienne commençait à lui être désagréable, et pendant quelque temps il chercha vainement les moyens et le temps nécessaire pour la remplir sans nuire à ses occupations journalières. La difficulté de surmonter les empêchements qui s'opposaient à ce surcroît de travail, le rendit longtemps indécis, et ce ne fut, comme il arrive si souvent dans la vie, que le hasard qui le tira d'incertitude en cette occasion.

Admis pour enseigner dans des maisons où on le traitait avec une considération particulière, Étienne voyait journellement s'augmenter le nombre de ses élèves. On n'ignore pas que les personnes du monde ne prennent, la plupart du temps, des leçons d'arts d'agrément, que pour remplir le vide des journées et donner une espèce d'occupation, surtout aux jeunes demoiselles. Madame R...., dont la fille avait une santé délicate, désirait faire prendre à cette jeune personne des leçons de peinture pour la distraire. Étienne, connu de toute la société de madame R...., lui fut indiqué comme celui qui remplirait le mieux ses intentions, en sorte que le professeur, admis d'abord dans cette maison avec beaucoup d'égards, ne tarda pas à y recevoir des témoignages d'amitié. Les leçons, il est vrai, se passaient le plus souvent en conversations, pendant lesquelles Étienne satisfaisait particulièrement ses clientes et sa conscience, en improvisant pour elles et sous leurs yeux, des compositions peintes à l'aquarelle. Or, outre le professeur de dessin, ces dames en avaient un de langue anglaise, dont les leçons précédaient celles d'Étienne, d'où il résultait que souvent celui-ci assistait à la correction des thèmes et des versions qu'avaient faits la mère et la fille. Ces dames, il faut le redire, prenaient toutes ces leçons bien plutôt pour se distraire que dans l'intention d'étudier sérieusement, en sorte qu'Étienne se permettait parfois des plaisanteries sur les résultats de leurs travaux. Un jour, entre autres, que les devoirs des deux écolières présentaient une si riche collection de contre-sens que l'hilarité devint générale, Étienne dit tout à coup à madame R.... : Voulez-vous faire le pari, madame, que si je me mets à étudier l'anglais, j'en saurai plus que vous et mademoiselle votre fille dans quinze jours? La réponse resta indécise, mais Étienne avait pris sa décision; dès le soir même il se pourvut des livres nécessaires à l'étude nouvelle à laquelle il avait résolu de se livrer, et pendant les trois premiers mois il prit régulièrement deux et quelquefois trois heures sur son sommeil pour surmonter les premières difficultés que présente toujours l'étude d'un idiome auquel on a été étranger jusqu'à l'âge de près de quarante ans. Ce premier labeur, dur, ingrat, loin d'affaiblir son courage, l'irrita. N'obéissant qu'au désir vif d'atteindre le plus tôt possible le but qu'il s'était proposé, au lieu de se conformer à l'usage établi en étudiant d'abord les ouvrages écrits en prose, Étienne se fit au contraire une loi, sitôt qu'il connut la grammaire anglaise et posséda une série des mots indispensables, de s'appliquer à la lecture des poëtes; route difficile, hérissée d'obstacles, mais qui mène plus vite et plus directement où l'on veut arriver. Chez tous les peuples, ce sont les grands poëtes qui ont imprimé aux langues leur véritable caractère; c'est donc dans les écrits de ces hommes privilégiés qu'il faut se faire aux idiomes dont ils se sont servis. En effet, si l'on commence l'étude d'une langue avec les prosateurs, la difficulté que l'on éprouve ensuite à passer du langage logique de ceux-ci, au style hardi, figuré et inversif des poëtes, laisse pour toujours dans l'esprit une lacune, un vide infranchissable.

Encouragé, aidé même dans ses efforts par les jeunes gens avec lesquels Étienne avait contracté amitié dans les familles Stapfer et Monod, malgré les occupations que lui donnait son professorat, il poursuivit cette étude pendant deux ans avec la même ardeur. On s'intéresse assez volontiers à ceux qui sont dominés par une passion, surtout quand elle est louable. Parmi les personnes de la société Stapfer, M. Simon le voyageur, qui encourageait vivement Étienne à cultiver la langue anglaise, lui proposa de le présenter à une famille de ce pays, dont tous les membres avaient du goût pour les lettres et les arts. C'était celle de M. et madame Nightingale dont l'une des filles, en très-bas âge alors, a rendu son nom célèbre en Europe en 1855, en allant en Orient, pendant la guerre

de Crimée, soigner et consoler les blessés de l'armée de
son pays. La portion de la famille habitant alors Paris, se
composait de M. et de madame Nightingale et des deux
sœurs de cette dame, miss Betty et miss Julia Smith. Ces
deux demoiselles, s'occupant de peinture, avaient fait
naître l'idée à M. Simon d'introduire Étienne dans leur
famille. Cette présentation qui semblait devoir se résoudre en de simples politesses, prit aussitôt un caractère
plus sérieux. Étienne reçut de la famille Nightingale un
accueil qui le toucha profondément, et un mois était à
peine écoulé que de là s'était formée une de ces amitiés à
l'anglaise, qui aujourd'hui (1857), après bien plus de
trente années, dure encore dans toute sa vivacité.

Les deux sœurs de madame Nightingale avaient un
goût très-vif pour les lettres ; mais miss Julia aimait particulièrement la poésie, et grâce à son heureuse mémoire
était toujours disposée à réciter les plus beaux passages
des grands poëtes de l'Angleterre, ce qu'elle faisait volontiers quand on l'en priait. Pour mettre à profit ces
précieuses leçons, Étienne dont l'oreille n'était pas encore
faite à la langue anglaise, étudiait chez lui la veille, les
morceaux que l'on était convenu de lui réciter le lendemain, et ce fut dans ces circonstances que se présentèrent
pour lui les occasions de familiariser ses organes avec la
prononciation d'un idiome si différent de lui-même quand
on le parle ou quand on le lit.

Rien n'est plus niais que de se laisser mourir de faim
quand le ciel nous a donné les moyens d'éviter ce triste
résultat. Si Étienne eût écouté quelques amis qui prétendirent, lorsqu'il accepta la clientèle de Reverdin, qu'il
dérogeait, quel eût été son sort ? Dieu le sait ! En professant l'art de la peinture hors de son atelier, partout
où il s'est présenté il a reçu contre toute probabilité, il
est vrai, un accueil honorable et souvent les témoignages

d'une amitié sincère qui est restée durable. Favorisé par le sort en ces occasions, il s'est trouvé admis tout à coup au milieu des hommes les plus distingués dans les sciences et les lettres; son âme s'est retrempée dans la société d'une jeunesse ardente, avide d'apprendre et pleine d'espérance en son avenir ; enfin, car malgré l'excellence du spirituel, il ne faut pas oublier le temporel, espèce de lest sans lequel l'âme et l'esprit ne marchent pas droit, de 1815 à 1819, Étienne, outre la vie assez douce qu'il a menée, était parvenu à faire quelques économies qui remplacèrent une partie des pertes qu'il avait éprouvées pendant et après les deux invasions. Il n'avait donc qu'à se louer de ne pas avoir cédé à une fierté déplacée, puisque outre les avantages qui viennent d'être énumérés, il touchait à l'époque, comme on le verra dans le chapitre suivant, où sa vie allait prendre une direction dont elle ne s'est plus écartée.

IX

Parmi les jeunes gens que leur mérite faisait déjà remarquer, tels qu'Albert Stapfer, Ampère le fils et leur ami Prosper Mérimée, il y en avait un, plus âgé qu'eux, contemporain de M. Cousin le professeur de philosophie, Charles Loyson qui avait attiré l'attention sur lui par des ouvrages distingués en prose et en vers. Loyson[1], après avoir fait

---

[1] Né en 1791, mort en 1820.

de brillantes études et manifesté de très-bonne heure un goût vif pour la poésie, entra dans la carrière de l'instruction publique, épousa chaudement la cause des Bourbons à leur rentrée en France, et prit une part très-active à la polémique à laquelle ce grand événement donna lieu. En prose comme en vers, il défendit et célébra les princes, et le gouvernement nouveau auquel il s'était voué avec enthousiasme, jusqu'au moment, vers 1819, où fatigué des efforts vains qu'il avait faits pour repousser les attaques et les insinuations malveillantes de quelques journaux à son égard[1], et qu'averti d'ailleurs par l'affaiblissement déjà sensible de ses forces, il reconnut la nécessité de s'éloigner de l'arène brûlante de la politique pour reposer son âme et son esprit par un commerce plus habituel avec les muses.

A cette époque où le gouvernement représentatif encore dans sa nouveauté, excitait les passions dans toutes les classes de la société, les journaux quotidiens et particulièrement les recueils sous forme de *Revues*, ne traitaient absolument que des questions politiques. Loyson jugea l'occasion favorable, au moment où beaucoup de personnes ainsi que lui commençaient à être fatiguées du retour incessant des discussions parlementaires, de tenter la publication d'un recueil où l'on ne s'occuperait que des lettres et des arts. Avec quelques amis qui partageaient ses goûts et ses espérances, Loyson jeta donc les fondements d'un journal purement littéraire auquel il donna pour titre : « *Lycée français, ou mélange de littérature et de critique,* » avec cette épigraphe : « *Dulces ante omnia Musæ.* »

Quoique Loyson ne fût âgé alors que de vingt-huit ans, les recueils de poésies et les écrits politiques qu'il

---

[1] Entre autres la *Minerve*, où il fut maltraité par Benjamin Constant.

avait publiés ; ses emplois au ministère de la justice, son titre de maître de conférence à l'École normale, en donnant de l'éclat à son nom, l'avaient mis en relation avec toute la jeunesse la plus distinguée de cette époque, ce qui rendit facile la composition de la société littéraire qu'il voulait former pour concourir à la rédaction du *Lycée français*. Or voici quels sont les écrivains qui s'empressèrent de se joindre à lui dans l'intention généreuse, mais bien difficile à réaliser en ce temps, d'offrir aux saines et calmes études littéraires repoussées de tous côtés alors, un refuge contre les bruyants orages de la politique. Loyson avait donc réuni le poëte Casimir Delavigne et son frère Germain ; Scribe, dont quelques charmantes comédies avaient déjà rendu le nom populaire ; Brifaut, auteur de tragédies et d'opéras représentés sur les grands théâtres, et de contes qui se distinguent par une élégance et une urbanité de langage dont la tradition commençait à se perdre ; le spirituel Patin, déjà professeur distingué et qui, dans le *Lycée* où il donna quelques morceaux d'excellente critique, préludait aux solides *Études sur les tragiques grecs*, œuvre de la maturité de son talent. L'auteur du *Nouvel Art poétique*, Viollet-le-Duc, possesseur d'une précieuse bibliothèque, devait retracer l'histoire de notre vieille littérature. Victor Leclerc, aujourd'hui doyen de la faculté des lettres, traducteur élégant de Cicéron, voué depuis longtemps déjà en vrai bénédictin à la composition des *Mémoires pour servir à l'histoire de l'ancienne littérature française*, cultivait alors les muses, et outre quelques morceaux d'érudition, donnait dans le *Lycée* la traduction en vers des épisodes d'Ugolin et de Françoise de Rimini. Les littératures étrangères, celle de l'Angleterre en particulier, excitaient vivement la curiosité à cette époque ; aussi Loyson avait-il accepté les offres du baron Bruguière de Sorsum, qui l'un des premiers, fit les traductions de quelques ouvrages de lord Byron. L'aimable et spirituel Bert parlait savamment et avec goût des productions dramatiques représentées sur les deux théâtres français, car c'est de 1819 que date la création du second. Théry, qui a fourni une carrière très-honorable dans l'instruction publique, et Avenel, dont on apprécie le savoir et le goût, se livraient avec distinction à la critique des ouvrages historiques et d'érudition. Un homme, jeune alors, d'un esprit délicat et profond tout à la fois, Charles de Rémusat, tournant avec facilité de jolis couplets, laissait cependant percer dans la conversation le caractère philosophique de son esprit, et déjà écrivain habile il s'était empressé d'adopter l'idée généreuse qu'avait eue Loyson d'ouvrir un asile où les muses, repoussées de toutes parts, pussent trouver un abri. Telle était la réunion des hommes de lettres qui furent les fondateurs du *Lycée*.

La publication des premiers cahiers de cette revue avait déjà eu lieu, lorsque Loyson, qui s'était naturellement préoccupé d'abord de donner de la force et de l'éclat à toutes les branches de littérature dans le nouveau recueil, se trouva tout à coup pris au dépourvu, lorsque ayant été averti de l'ouverture très-prochaine de l'exposition du Louvre, il s'aperçut qu'il avait oublié de faire le choix d'un rédacteur qui pût traiter les matières d'art. Il s'en fallait de peu de jours que le salon n'ouvrît, et pour un journal qui commençait, c'eût été une faute impardonnable si l'attente du public eût été trompée dans cette occasion. Inquiet, tourmenté de ce contre-temps, Loyson se rendit chez M. Stapfer, où ce jour-là il y avait précisément assemblée, et fit part à haute voix, au milieu du salon, de l'embarras où il se trouvait. L'intérêt que toute la société prenait à l'avenir du *Lycée*, fit que les assistants, au nombre desquels se trouvait Étienne, formèrent

un cercle attentif autour de Loyson qui interrogeait
M. Stapfer avec chaleur, sur le choix qu'il pourrait faire
d'un écrivain assez versé dans la connaissance des arts
pour faire un examen critique de l'exposition. « Tenez,
lui dit M. Stapfer en tirant Étienne par la main, voici
votre homme, je vous réponds de lui. » Loyson ne savait
même pas si Étienne était en état d'écrire en français;
mais le temps le pressait tellement qu'il accepta sans observations, se réservant sans doute la faculté de remanier au besoin la forme sous laquelle le critique improvisé présenterait ses idées.

La publicité du *Lycée* était restreinte, mais Étienne
n'ignorait pas que le petit nombre de ses lecteurs se composait de ce qu'il y avait à Paris d'hommes éminents dans
le monde et dans les lettres; aussi le jour où parut le
premier morceau qu'il avait écrit pour le *Lycée* éprouva-t-il une angoisse analogue à celle qui l'avait si rudement
travaillé lorsqu'il exposa pour la première fois au salon
du Louvre en 1808. On le lut avec indulgence et pendant
le cours de l'année que dura l'existence du *Lycée,* non-seulement ses collaborateurs approuvèrent ses examens
de l'exposition, mais on l'engagea à traiter quelques sujets relatifs aux monuments de l'antiquité et à rendre
compte des représentations des théâtres Italien et de l'Opéra-Comique, ainsi que des ouvrages de théorie musicale.

Quant aux réunions hebdomadaires des rédacteurs du
Lycée, elles étaient charmantes, et il n'est pas un de ceux
qui en ont fait partie qui n'en ait conservé le plus agréable souvenir. Tous les quinze jours on se rassemblait
chez un restaurateur, rue du Hasard, pour causer avant,
pendant et après un modeste repas. Grâce à une précaution délicate, trop souvent négligée en pareille occasion,
on avait eu soin de prendre pour règle de la dépense de

ces pique-niques, le niveau présumé de la bourse la plus humble. L'écot était de quatre francs pour chaque convive, prix obtenu à grand'peine du maître restaurateur, qui, pour se dédommager du sacrifice qu'il prétendait faire, ne manquait pas, au moment du service, de crier à son chef de cuisine avec un dédain indicible : « *Le dîner des gens de lettres !* » Souvent, après ces repas, dans les beaux jours de l'été, quelques-uns des lycéens, M. Patin et Étienne entre autres, allaient jusqu'au boulevard du Mont-Parnasse, s'asseoir sur les bancs de l'école de musique que tenait Choron; ce bon et savant Choron qui aimait si sincèrement son art, qui l'enseignait d'une manière si consciencieuse, et avait formé une école que l'insouciance des gouvernements a laissé éteindre faute des légers secours vainement demandés par le fondateur et par ses amis. C'était là, dans cette modeste enceinte où le professeur, entouré de ses jeunes élèves, faisait revivre la musique trop longtemps oubliée de Palestrina, de Hændel et de Gluck, c'est là que parmi les chanteurs que Choron a formés, on entendait le jeune Dupré, à peine échappé de l'enfance, chanter l'air de la Didon de Piccini, « *Ah ! que je fus bien inspirée.* »

Hélas ! avec la suppression brusque de la feuille du *Lycée*, cessèrent ces réunions amicales où chacun profitait des connaissances variées de ses collaborateurs. En cette année le gouvernement était tellement harcelé par les écrits de l'opposition, que l'on frappa un impôt, un droit de timbre sur tous les journaux sans exception. Vainement fit-on valoir, en faveur de l'innocent *Lycée*, son dévouement exclusif aux muses; il fut englobé dans la mesure générale, et comme le nombre de ses abonnés n'était pas encore suffisant pour le soutenir, il mourut presque en naissant.

A la fin de cette année 1819, Étienne éprouva un de

ces chagrins dont le souvenir ne s'efface que bien difficilement ; il perdit une nièce âgée de près de quinze ans, qui lui était devenue d'autant plus chère que depuis une année il avait pu apprécier ses excellentes qualités, en prenant part à son instruction. Enlevée en peu de jours par une maladie inflammatoire, le spectacle déchirant de son agonie et de sa mort laissa dans l'âme d'Étienne un fond de tristesse dont il ne put tempérer les accès pendant plusieurs années, qu'en se livrant avec fureur à l'étude ou en voyageant. Le produit de quatre ans de professorat avait rétabli dans les affaires d'Étienne l'équilibre détruit pendant les deux invasions et les premiers temps de la Restauration. Quoiqu'il n'eût qu'à se louer des connaissances et des amis qu'il devait à sa profession passagère, cependant l'activité un peu matérielle à laquelle l'obligeait ce genre d'occupations, commençait à le fatiguer. Profitant, en 1820, du départ de ses élèves pour la campagne, à l'époque de la belle saison, il résolut de prendre aussi ses vacances. Jetant donc la paille au vent, il partit pour Orléans, décidé à poursuivre son voyage sans déterminer d'avance son but et sa durée. C'est ainsi qu'en parcourant la Touraine, l'Anjou, la Vendée, le Bordelais, la Charente et la Saintonge, il arriva presque sans s'en douter à Cauterets, dans les Hautes-Pyrénées. Quoique au fond Étienne ne fît cette course que pour se reposer et éloigner surtout de son esprit le souvenir de sa nièce, il ne resta pas inactif. Outre l'étude de l'anglais qu'il poursuivait le soir dans les auberges, durant les excursions qu'il faisait toujours à pied, il dessinait les villes, les monuments, les paysages et tout ce qu'il observait de curieux. C'est ainsi qu'en se promenant il termina une suite de vues de tous genres prises dans les diverses contrées qui viennent d'être désignées.

A l'exception de quelques jours passés à Véretz chez

Courier, le voyage d'Étienne s'était accompli sans qu'il rencontrât qui que ce soit de connaissance jusqu'aux Pyrénées. Arrivé à la vallée d'Argelès, il laissa le gros de son bagage à la diligence, et se mit en route, son portefeuille sous le bras, pour parcourir tranquillement à pied ce lieu admirable et rejoindre la route qui mène à Cauterets. Après d'assez nombreuses excursions autour d'Argelès, Étienne prenant un peu de repos à la porte de l'auberge de Pierrefitte où il s'était rafraîchi, aperçut tout à coup un groupe de dames et de messieurs à cheval, débouchant au galop de la route de Saint-Sauveur et se dirigeant vers l'auberge pour faire souffler leurs montures. Au moment où ils entraient dans la cour, les paroles adressées aux deux cavalières précédés de *madame la princesse; madame la duchesse,* attirèrent l'attention d'Étienne, qui ayant appris que ces personnes habitaient Cauterets et allaient y rentrer, éprouva une certaine contrariété à l'idée de retrouver Paris et ses élégances là où il ne venait chercher que des lieux sauvages et la solitude. Mais distrait bientôt de ces pensées par la grandeur et l'étrangeté des lieux où il se trouvait, il se remit en marche vers Cauterets, s'arrêtant tous les vingt pas pour accoutumer ses yeux et son âme aux beautés gigantesques dont il était entouré. Tandis que tout occupé des accidents bizarres que présente le cours désordonné du Gave à travers l'amas de roches connu sous le nom de *Colimaçon,* la cavalcade venant de Pierrefitte et passant sur la route fut encore aperçue par le voyageur pédestre qui ne se doutait guère à ce moment que, dès le soir même, il serait admis au milieu de cette société brillante.

Or il arriva que les premières personnes qu'Étienne aperçut en entrant à Cauterets, furent le comte Auguste de Saint-Aignan, son ancien ami et condisciple à l'école de David, puis M. Patin, l'un de ses collaborateurs du

Lycée. Après le premier étonnement causé par cette rencontre imprévue, les deux anciens habitants de Cauterets pensèrent à aider le nouvel arrivé dans la recherche d'un logement. Tous, jusqu'aux plus humbles réduits, étaient occupés, tant le nombre des baigneurs était grand, en sorte qu'après quelques recherches vaines, M. Patin offrit obligeamment à Étienne de partager avec lui l'unique chambre où il logeait. Cet arrangement accepté avec reconnaissance, le comte de Saint-Aignan invita les deux camarades de chambre à venir passer la soirée dans sa famille, où la société la plus brillante de Cauterets se réunissait habituellement.

Depuis Véretz où Étienne s'était habillé, il n'avait pas quitté ses vêtements de voyage et de travail ; aussi ne put-il s'empêcher de rire de lui-même, lorsqu'il fit sa toilette de salon, vers le soir, en repassant dans sa mémoire la résolution qu'il avait prise le matin, de fuir le monde, et de vivre dans les lieux sauvages qu'il était venu chercher.

Le moment de la réunion venu, M. Patin, qui en faisait partie depuis son séjour à Cauterets, y conduisit Étienne, qui fut présenté pour la première fois par son ancien condisciple à madame de Saint-Aignan et à ses deux demoiselles, qui firent au voyageur l'accueil le plus cordial. La princesse de Beauvau et la duchesse de Broglie, les deux élégantes amazones qu'Étienne avait aperçues à Pierrefitte et sur la route avec leurs écuyers cavalcadours, le duc de Broglie, le général d'Arlincourt, frère de l'écrivain, et M. de Montyon, se trouvaient dans le salon ainsi que la marquise de La Grange, la comtesse Duchâtel et son fils [1], puis le comte de Girardin, peintre

---

[1] Ministre de l'intérieur pendant le règne de Louis-Philippe.

amateur distingué, avec sa fille, amie et compagne assidue des demoiselles de Saint-Aignan.

Le comte de Saint-Aignan, qui savait déjà qu'Étienne avait recueilli une suite assez considérable de dessins pendant ses courses, éveilla à ce sujet la curiosité des personnes réunies chez lui, et engagea le voyageur à apporter son portefeuille le lendemain soir. A cette époque (1820), la lithographie, la photographie n'avaient pas encore multiplié à l'infini les vues de toute espèce d'objets comme de nos jours (1858), et il y a trente-huit ans qu'un recueil de dessins faits d'après nature piquait vivement la curiosité des amateurs, et faisait recevoir favorablement l'artiste dans les lieux où il passait.

L'accueil amical du comte de Saint-Aignan et de M. Patin avait fait accueillir Étienne avec confiance dans les salons de Cauterets, et ses dessins achevèrent de lui donner une espèce de petite vogue qui lui fit prendre part aux plaisirs, aux promenades de ce monde élégant. Toutefois il ne se laissa pas vaincre complétement par les délices de cette Capoue, et réalisa le projet qu'il avait formé de faire une suite de vues des aspects les plus remarquables de la partie des Pyrénées, depuis l'entrée de la vallée d'Argelès, remontant le Gave jusqu'à Cauterets, puis au delà du lac de Gaube et rasant la base du Vignemale pour suivre la vallée transversale, tomber vers le cirque de Gaverny et rentrer à Cauterets par Gèdre, Luce et Pierrefitte.

Le mélange de distractions agréables et d'occupations sérieuses auxquelles Étienne se livra pendant son séjour aux Pyrénées, retrempèrent son âme et son esprit. Malgré la fatigue causée par ses excursions dans les montagnes et ses travaux pittoresques, il avait encore trouvé le temps de prendre des notes et même de ne pas abandonner l'étude de l'anglais. En rentrant à Paris, outre le plaisir qu'il éprouva de se retrouver au sein de sa famille, il serait difficile de dire le nombre des soirées où l'on se rassembla pour feuilleter ses cartons de voyages. Les baigneurs de Cauterets furent surtout curieux de revoir la représentation, quelque imparfaite qu'elle fût, des aspects majestueux des Pyrénées; et les dessins passèrent successivement dans les salons de la famille Saint-Aignan, de la princesse de Beauvau et de la marquise de La Grange.

La plupart des personnes qu'Étienne avait rencontrées à Cauterets, liées avec les écrivains du *Lycée*, connaissaient cette revue, en sorte que les morceaux publiés par Étienne ont pu entrer pour quelque chose dans la bonne réception qui lui fut faite. Aussi quoique son avenir fût bien obscur, cependant son admission dans la société des gens de lettres du *Lycée* et l'accueil qu'il avait reçu des personnes qu'il rencontra aux Pyrénées, lui donnèrent une certaine confiance en lui-même qu'il n'avait pas ressentie jusque-là. Cependant les années s'accumulaient sur sa tête, et quoiqu'il sentît son âme et son esprit surchargés d'un trop-plein de sensations et d'idées, le mode d'épanchement lui manquait encore. Il ne pouvait plus compter sur ses pinceaux, et ses essais littéraires étaient encore trop insignifiants pour qu'il se fiât à sa plume. Il était donc en proie à tous les ennuis de sa position incertaine.

Au mois de mai 1821, l'envie de voyager le reprit, et il résolut de visiter l'Auvergne, dont il avait entendu vanter les curiosités naturelles et les beautés pittoresques. Son attente ne fut point trompée; et pendant cinq mois de séjour tant dans la haute que dans la basse Auvergne, depuis Riom jusqu'à Aurillac, il parcourut ces contrées bouleversées à deux ou trois reprises par des éruptions volcaniques tellement anciennes, qu'aucun historien de l'antiquité n'en fait mention, et qu'elles n'ont été signalées que vers la fin du siècle dernier.

En ce pays, les rochers, les cailloux mêmes que l'on pousse en marchant, excitèrent vivement la curiosité d'Étienne. Un habitant de Clermont, l'abbé Lacoste, déjà âgé, mais dont la vie énergique a été employée à étudier les volcans d'Auvergne et à jeter les fondements du cabinet géologique de sa ville natale, le prit en amitié, lui fit connaître les principes de la science qu'il professait, et lui indiqua les lieux les plus curieux à visiter aux Monts-Dôme, aux Monts-Dore et dans le Cantal. Pour qu'Étienne fît ses excursions plus facilement et avec profit, l'abbé Lacoste lui donna pour guide un Auvergnat très au courant des lieux et des objets, et dont il s'était servi lui-même dans ses courses. Cet homme, espèce de Sancho Pança, marcheur infatigable quoique ses jambes fussent torses, avait deux métiers : l'hiver il était perruquier, et l'été il conduisait les savants ou les curieux dans la chaîne des Monts-Dôme qu'il connaissait parfaitement bien.

Le travail d'Étienne en Auvergne se résuma en cent vingt dessins, où tout ce que cette contrée offre de vues pittoresques et de phénomènes curieux, est reproduit. Il vécut presque toujours solitaire dans ces montagnes, dont la plus grande partie, il est vrai, est inhabitée. A Clermont il n'eut de rapports qu'avec le bon abbé Lacoste, puis avec Jacquemont, alors le futur voyageur dans l'Inde, et le comte Jaubert, qui, plusieurs années après, prit part à nos débats parlementaires. Étienne les rencontra, sans savoir qui ils étaient, sur un des petits volcans du Puy-de-Dôme. Les deux jeunes savants revenaient du Cantal, après y avoir fait des études minéralogiques. Les habitants de Paris se reconnaissent facilement entre eux aux manières et au langage; aussi, bien que les trois voyageurs fussent déguisés par des vêtements fripés par le soleil et la pluie, et salis par les terrains sur lesquels l'amour de la science et la curiosité les faisaient souvent ramper, ils prirent de compagnie le chemin de Clermont, et furent tout étonnés en y arrivant de voir qu'ils habitaient la même auberge, où ils prirent leur repas ensemble.

Ces deux voyageurs, dont les habits ne tenaient littéralement plus à leurs corps, avaient hâte de rentrer à Paris, en sorte qu'Étienne ne put jouir et profiter de leur conversation qu'un ou deux jours. Les personnes avec lesquelles il eut les rapports les plus prolongés à Clermont étaient des Anglais, logés dans la même auberge que lui, un M. Nat et sa femme, déjà âgés, et leur fils approchant de la trentaine. C'étaient d'aimables gens, qui peu de jours après l'arrivée d'Étienne à Clermont, lui avaient fait accueil, et l'initièrent aux habitudes de leur pays. On fit choix d'une chambre qui devint commune. La famille anglaise et le Parisien réunirent là tous les livres qu'ils possédaient, et le soir, après les excursions de la journée, on se rassemblait pour lire, faire la conversation et prendre le thé. La formation si prompte de cette petite société avait deux causes : le goût des deux Anglais, le père et le fils, pour l'art de la peinture, et la passion avec laquelle Étienne se livrait à l'étude de la langue anglaise dans ses moments de loisir. Étienne s'était attaché à ses compagnons anglais, et ne se sépara pas d'eux sans regrets lorsqu'il les quitta pour s'enfoncer dans le Cantal. Là, après avoir parcouru cette dernière partie de l'Auvergne en suivant le cours de la Cère le long des montagnes jusqu'à Aurillac, il en remonta la chaîne prise à revers jusqu'à Mauriac. Une nuit entière de sommeil ayant calmé l'agitation fébrile que causent les courses faites au grand air et à la chaleur, Étienne, en ouvrant le lendemain son portefeuille, ne put s'empêcher de sourire tristement, en voyant le résultat futile qu'il avait obtenu au prix de tant de fatigues.

Les montagnes du Cantal, qui avaient produit tant d'effet sur son imagination quand il les parcourait, semblaient déjà s'évanouir comme des ombres, et cette idée, près de retourner à Paris, le fit rentrer dans les réalités de la vie. De réflexion en réflexion, il fut conduit à se demander quel sens, quel but avait le voyage qu'il venait de faire; quelle espèce de profit il en pourrait tirer, tant qu'enfin il en vint à penser que lorsque quelques mois encore seraient écoulés, il aurait atteint l'âge de quarante ans..... Quarante ans! Ces deux mots lui firent tomber un glaçon sur le cœur.

Cependant il ne céda pas longtemps à ce découragement, et donna ordre à son guide de préparer le bagage afin de se mettre en route à trois heures du matin pour les Monts-Dore. En effet le lendemain par un splendide lever du soleil, Étienne sortit de Mauriac. Il avait à peine fait une centaine de pas qu'un admirable paysage s'offrit à ses yeux. Malgré ses quarante ans, il avait l'âme bien jeune encore, et faisant arrêter ses compagnons de voyage que l'on fera bientôt connaître, il traça le dessin qui clôt sa collection des vues de l'Auvergne. Ce dessin et les lieux qu'il représente se lient étroitement à l'émotion profonde que lui causa la pensée qu'il avait atteint l'âge où un homme est ordinairement tout ce qu'il peut être.

Ce dessin a été tracé en quittant Mauriac, lorsque jetant un dernier regard sur le pays où est située cette ville, Étienne allait descendre dans les vallées sauvages qui conduisent au Mont-Dore. Du lieu élevé où il était, en se retournant il voyait le pays qu'il venait de parcourir, et du côté de la route à suivre apparaissait une multitude de collines boisées dont les sommités étaient noires et la base entourée des vapeurs blanchâtres du matin. Au delà de ce pays d'un aspect fantastique, s'élevaient à l'horizon les Monts-Dore derrière lesquels le soleil commençait à poindre. Après une course longue et fatigante, Étienne devait rentrer à Clermont le lendemain. A la sortie de Mauriac, il avait rencontré un sous-officier de la garde impériale qui, malgré une blessure pour laquelle on l'avait traité à Barèges, revenait de ce pays en portant un jeune chien des Pyrénées. Étienne fit au vieux soldat la proposition de marcher de compagnie et l'engagea à se servir d'un mauvais cheval destiné à porter ses bagages. Il accepta. C'était précisément à l'heure et sur le lieu qui viennent d'être désignés que le sous-officier boiteux monta avec peine sur le cheval. L'installation de sa personne, de son chien et de son paquet demanda quelques précautions que prit le guide, opération pendant laquelle Étienne acheva son dessin. Le croquis terminé, et comme on allait se mettre en marche, se retournant tout à coup, Étienne fit quelques pas rétrogrades pour jeter encore un coup d'œil sur le territoire de Mauriac, car le souvenir des lieux se lie aux impressions profondes qu'ils ont fait naître, et l'on ne quitte pas sans émotion certains coins de terre qu'on n'a vus qu'en passant et qu'il est vraisemblable que l'on ne reverra jamais.

Comme du point culminant où il se trouvait, il portait alternativement sa vue sur les montagnes du Cantal qu'il venait de parcourir et sur celles des Monts-Dore qu'il devait bientôt atteindre, la beauté resplendissante du ciel, la fraîcheur du matin, l'aspect majestueux de ce que le voyageur apercevait derrière et devant lui, plongèrent son corps dans une immobilité dont le soldat et le guide commençaient à ne plus s'arranger. Le sous-officier cria de loin à Étienne : « Général! faut-il aller en avant?
— Marche! » lui répondit-il, et l'on se mit en route.

Le mouvement raffermit les sens d'Étienne; cependant

cette époque fatale de quarante ans ne laissa plus de relâche à son imagination. Dans le double aspect qui l'avait frappé à Mauriac, du chemin fait et de celui qui restait à faire, il voyait l'image de sa vie déjà passée, comparée à celle de l'avenir, et ces réflexions ne tardèrent pas à se combiner avec le souvenir de ces grossières gravures où la vie humaine est figurée par un escalier double dont l'homme depuis la sortie de l'enfance jusqu'à l'âge de quarante ans monte les degrés, mais qui, une fois parvenu à ce point culminant, *devenu général et donnant le bras à sa femme*, se trouve placé sur un palier extrêmement étroit d'où on ne peut plus que descendre. Cet arrêt rendu par cette maudite gravure, ne sortit plus de l'esprit d'Étienne qui se livra à des réflexions sans fin sur l'époque de sa vie où il était arrivé sans résultat, et dont une moitié s'évanouissait déjà dans le brouillard des souvenirs, tandis que l'autre ne devait être qu'un déclin. Poursuivi par cette idée, il traversa les Monts-Dore, gagna Clermont d'où il se mit en route pour Paris. Le bruit monotone de la diligence l'engourdit plutôt qu'il ne le calma; et ainsi enfermé, il tomba dans ce genre de tristesse morne qui s'empare d'un oiseau arraché des plaines de l'air pour être mis en cage.

Étienne touchait bien effectivement à sa quarantième année; mais soit que le décousu de ses études et plus encore la nature de son esprit eussent retardé le développement complet de son caractère, moralement il était à peine échappé de l'adolescence, et ses découragements n'étaient pas de longue durée. En se retrouvant à Paris au milieu de sa famille et de ses amis, il ne pensa bientôt plus à son âge, se livra à ses occupations ordinaires, soigna ses élèves et reprit sa bonne humeur. Le soin qu'il avait eu de réunir aux vues pittoresques de l'Auvergne, celles des curiosités volcaniques de ce pays, attira l'attention de quelques savants qui fréquentaient la maison Stapfer, et donna plus d'importance aux dessins d'Étienne qu'il n'y en avait attaché en les terminant. Il fut même question de les reproduire par la gravure. Mais les exigences des éditeurs, plus disposés à faire un *Album* pour les personnes du monde qu'un livre sérieux de voyage, furent cause que ce projet n'eut pas de suite.

Une exposition des ouvrages des artistes vivants devait avoir lieu au printemps de 1822. Étienne, peu de temps après son retour d'Auvergne, en fut averti par Sauvo, rédacteur en chef du *Moniteur Universel,* qui lui demanda s'il voulait se charger de l'examen critique auquel ce salon donnerait lieu dans ce journal. Étienne avait presque oublié la tâche analogue qu'il avait remplie deux ans avant, pour le *Lycée français;* il accepta donc l'offre que lui fit Sauvo, avec d'autant plus de plaisir que ce choix inattendu l'avertissait que ses premiers essais littéraires n'étaient point passés complétement inaperçus. Sans donc abandonner encore son professorat il attendit, non sans impatience, l'ouverture de l'exposition qui lui donnerait l'occasion d'exercer de nouveau sa plume et d'être jugé par un plus grand nombre de lecteurs.

X

On disjoint trop souvent deux principes étroitement unis par le créateur, l'esprit et la matière; et le plus ordinairement en entendant discuter des hommes de lettres et des artistes, on s'aperçoit qu'ils envisagent les mêmes questions de points de vue si contraires, qu'ils semblent ne pas traiter le même sujet. Placé entre ces deux camps, préparé de bonne heure par l'étude, à suivre les ondulations fraternelles de la pensée et de la forme, peut-être que cet exercice double a fait prendre à l'intelligence de l'auteur de ces *Souvenirs* une allure particulière qui convient au genre de critique auquel il s'est livré.

L'examen du salon de 1822, dans le *Moniteur*, favorablement accueilli, fit sortir le nom d'Étienne de l'obscurité ; mais son âge s'opposa à ce qu'il se fît illusion sur le modeste succès qu'il venait d'obtenir. Rompu dès longtemps à la pratique et à la théorie de l'art, il voulut se montrer critique sage et exempt de toute partialité envers telle ou telle école. Frappé depuis longtemps de l'insuffisance du savoir de ceux qui exerçaient ce genre de critique, Étienne, dès qu'il entra dans cette carrière, s'efforça d'employer un langage plus simple, à la portée de tous ; de telle sorte que ses observations, comprises également par le public et les artistes, pussent établir enfin entre ces deux classes, une conformité de principes et d'idées relativement aux arts. Une erreur capitale dans laquelle sont tombés la plupart de ceux qui ont écrit sur les arts depuis Diderot, est d'avoir considéré la statuaire et la peinture presque exclusivement sous le rapport de l'expression et de l'effet dramatique. Cette tendance, qui conduit rapidement les œuvres théâtrales au mélodrame, fait tomber également les productions des arts dans le commun et le vulgaire. Étienne n'a pas cessé depuis 1819 jusqu'à présent (1858) de faire sentir aux artistes et au public combien cette doctrine fausse, présentée malheureusement avec tant d'esprit et d'éclat par Diderot, est contraire aux vrais principes de l'art. En outre une classification erronée des beaux-arts, adoptée par notre académie, a été souvent aussi l'objet des observations critiques d'Étienne.

S'en tenant aux dates de la fondation des académies de peinture, de sculpture et d'architecture en France, qui en effet ont eu lieu dans cet ordre, l'académie des beaux-arts a toujours persisté à renverser la hiérarchie naturelle et rationnelle de ces trois arts, en mettant la peinture, dérivée de la sculpture, en tête, et l'architecture, mère de ces deux arts, à la dernière place. En traitant de ces trois arts, Étienne a toujours eu soin de suivre l'ordre dans lequel ils se sont développés et qui détermine en réalité leur importance relative. Au premier aperçu cette réforme peut paraître oiseuse et pédantesque; mais en creusant la question on ne tarde pas à reconnaître que l'habitude que l'on a fait prendre aux artistes et au public, de classer la peinture, la sculpture et l'architecture à rebours du bon sens, a imprimé dans les esprits l'idée que la peinture est le premier et le plus important des beaux-arts; d'où il résulte que, depuis près de deux siècles, les trois arts, au lieu de se prêter un mutuel secours et de se faire valoir, sont, ainsi que les hommes qui les exercent, dans un état d'hostilité continuelle. Telles sont les bases principales sur lesquelles Étienne a établi son système de critique; et comme il l'adopta dans un âge déjà mûr, et après avoir pratiqué les arts jusqu'à cette époque de sa vie, il n'a guère varié depuis dans ses opinions.

Dans la carrière littéraire qu'Étienne a fournie, ses observations sur les arts tiennent assez de place pour qu'il ait cru devoir exposer les principes qui l'ont guidé en traitant ces matières; on lui pardonnera donc cette apologie. Nous allons le retrouver maintenant (1822) un peu moins mécontent de lui-même, après les deux essais de critique publiés dans le *Lycée français* et le *Moniteur universel*. Il conçut même alors l'espoir, quoique bien vague encore, d'arriver enfin à exprimer une foule d'idées et de sentiments qui s'agitaient tumultueusement au dedans de lui-même. Après avoir terminé l'examen critique du salon de 1822, le départ de ses élèves pour la campagne le remit en goût de voyager. Il se dirigea cette fois vers les Vosges, sans autre projet que de changer de place, de promener ses rêveries au milieu d'un pays qui, sans lui promettre de grandes merveilles, lui donnait l'espoir, d'après les récits qu'on lui en avait faits, de passer agréablement la belle saison. D'Epinal, son quartier général, Étienne fit des excursions de tous côtés, et à la fin de son voyage, lorsqu'il procéda au dénombrement des dessins qu'il avait terminés, il en trouva plus de soixante dans ses portefeuilles.

A l'exception d'un jeune homme du pays qui le pria de le guider dans ses études de peinture, notre voyageur ne se lia avec personne dans les Vosges. Errant presque toujours dans les forêts, cherchant les lieux solitaires, il passa en particulier une semaine à *Gérardmer,* près du lac de ce nom, visitant souvent, et toujours le crayon à la main, le second lac supérieur, celui de *Longemer*, et enfin le dernier, le plus petit, *Rétournemer* ou *Lac Noir,* dont les eaux s'amassent dans une vallée en forme d'entonnoir, reflétant en effet les sombres forêts de sapins qui les entourent.

Soit que l'aspect de ces lieux empreints de ce caractère mélancolique propre aux contrées du nord, ou que l'imagination d'Étienne fût toujours agitée par l'incertitude de son avenir, pendant toute cette campagne, une inquiétude vague le fit passer continuellement, d'une activité de corps presque fébrile, à des repos et à des rêveries dont le besoin se faisait sentir impérieusement. De retour de Gérardmer où il avait fait des excursions qui commençaient à quatre heures du matin et ne se terminaient qu'au coucher du soleil, son corps et son esprit eurent grand besoin de rentrer dans le calme; il le retrouva à Épinal,

où dès le lendemain de son arrivée il alla s'asseoir non loin de cette ville sur une éminence qui domine la Moselle. De là, l'on jouit d'une de ces vues qui, sans être bien pittoresques, donnent l'idée d'un repos que rien ne semble pouvoir troubler. C'est en ce lieu favori que Étienne aimait à se reposer le soir après ses courses, à se laisser aller au cours de ses pensées et à faire des lectures. Cet endroit, dont il conserve une vue, est comme Mauriac un de ces points auxquels se rattachent des souvenirs qui marquent dans sa vie. De très-bonne heure Étienne avait lu et goûté *les Caractères* de La Bruyère, et dans ses voyages il portait toujours avec lui l'édition de ce livre qui vient de la bibliothèque de son père. Là, sur les bords de la Moselle, en face du village de Dinozet, il relisait un soir, les passages favoris de son auteur lorsqu'il s'arrêta pensif après celui-ci : « Il faut en France beaucoup de
» fermeté et une grande étendue d'esprit pour se passer
» des charges et des emplois, et consentir ainsi à demeu-
» rer chez soi, et à ne rien faire. Personne presque n'a
» assez de mérite pour jouer ce rôle avec dignité, ni assez
» de fond pour remplir le vide du temps, sans ce que le
» vulgaire appelle des *affaires*. Il ne manquerait cependant
» à l'oisiveté du sage qu'un meilleur nom ; et que méditer,
» parler, lire et être tranquille, s'appelât travailler. »

Par une association d'idées causée à Mauriac par le double aspect des dernières montagnes du Cantal et de l'apparition lointaine des Monts-Dore, Étienne s'était laissé aller à de profondes réflexions, sur l'emploi du temps qui lui restait à passer en ce monde, mais cet événement qui l'avertit brusquement de son retard dans le chemin de la vie ne fut qu'une blessure qui l'avertit des efforts qu'il avait à faire pour regagner le temps perdu, mais sans l'aider à trouver la voie qu'il était destiné à parcourir. L'effet de la lecture de La Bruyère fut plus salutaire ; si elle ne l'éclaira pas encore précisément sur sa véritable vocation, les paroles du moraliste l'aidèrent à reconnaître que la plupart des choses indispensables à presque tous les hommes étaient étrangères, contraires même à la nature de son caractère et de ses goûts. Aussi de ce moment, ce qui n'avait été jusque-là qu'un pressentiment de sa jeunesse se transforma en une règle de conduite pour toute sa vie, et lui fit prendre la résolution de se tenir *éloigné des charges et des emplois*, espérant trouver assez de fond en lui-même pour *remplir le vide du temps sans ce que le vulgaire appelle des affaires*, et comptant, sinon sur l'étendue de son esprit, au moins sur la fermeté de son caractère, pour consentir à rester chez lui à ne rien faire, et jouer ce rôle sans devenir ridicule.

Depuis trente années et plus qu'Étienne a pris cette résolution, il n'en a point changé et s'est borné à remplir les devoirs indispensables de simple citoyen. Habitué de bonne heure à régler sa vie et ses désirs d'après le maximum variable de ses ressources, sa véritable vie, consacrée à l'étude, s'est écoulée dans cette *oisiveté du sage* de laquelle il s'est rapproché autant que les embarras inévitables de la vie et ses facultés le lui ont permis. Quant à son abstention des affaires publiques dans des temps où presque tous les hommes se sont crus propres à les diriger, il dira avec sincérité qu'indépendamment du peu de disposition qu'il s'est senti à se lancer dans cette carrière, les erreurs de la plupart des hommes politiques les plus habiles, et devenus fameux pendant les quatorze gouvernements sous lesquels il a vécu [1], auraient suffi

---

[1] Étienne né le 26 février 1781, a vécu sous les gouvernements de Louis XVI, monarque, de Louis XVI, roi constitutionnel, de la 1ʳᵉ République, du Directoire, des Trois Consuls, du Consulat à vie,

pour modérer ses velléités d'ambition, s'il en eût été tourmenté. Non, grâce au ciel, qu'il soit jamais resté indifférent aux malheurs et aux prospérités de son pays; mais l'instabilité des principes politiques et l'ambition turbulente des gouvernés lui firent sentir combien il avait peu d'aptitude à soutenir les assauts d'une polémique incessante. Aussi se repliant sur lui-même, et entièrement livré à l'étude, il s'efforça, pour payer son tribut, de cultiver ce que le ciel lui a donné d'intelligence afin de joindre quelques étincelles au flambeau commun des lumières déjà acquises.

A la suite de son séjour dans les Vosges, Étienne parcourut l'Alsace où il eut l'occasion de se trouver avec le respectable pasteur Oberlin, qui a civilisé la vallée de Waldsbach. Puis il visita les lieux les plus remarquables de l'Oberland, en Suisse, revit à Genève les parents de son ancien ami Adolphe Lullin, et rentra en France, après avoir fait un voyage au fond plus amusant que solidement instructif. Mais, pendant le cours de cette promenade, ses idées sur l'avenir étant devenues plus claires, il s'était surtout rendu compte de son inaptitude aux *affaires* de tout genre, ce qui simplifiait sa vie et lui laissait voir nettement l'emploi qu'il serait le plus sage d'en faire. Quoiqu'il y eût bien encore quelque chose de vague dans la perspective nouvelle qui s'offrait à son imagination, cependant il rentra cette fois à Paris, plus satisfait de lui-même.

Ainsi qu'après ses voyages précédents, ses portefeuilles furent l'objet de la curiosité de ceux qui lui portaient in-

---

du 1er Empire, de la 1re Restauration, des Cent Jours, de la 2e Restauration, de Louis-Philippe, de la 2e République, de la Présidence, du 2e Empire, sans compter les gouvernements intercalaires et provisoires.

térêt. Les familles Monod, Stapfer et leurs amis prirent plaisir à voir les lieux qu'Étienne avait visités ; et parmi les personnes qui jetèrent un regard favorable sur ces esquisses, la famille Bertin-Devaux, au sein de laquelle se retrouvaient les anciennes amies de Meudon, sembla recevoir le voyageur avec plus d'empressement que de coutume.

Quinze jours s'étaient à peine passés ainsi, lorsqu'un matin il vit entrer chez lui Bertin-Devaux. Quoique leur amitié fût restée également ferme, la part si active que Devaux avait prise à la politique, depuis le rétablissement de la famille des Bourbons, avait rendu leurs entretiens familiers beaucoup moins fréquents. Il y avait trois ans déjà que cet homme d'état remarquable siégeait à la chambre des députés où, par ses conseils donnés de vive voix ou par l'intermédiaire du *Journal des Débats*, il exerçait une influence notable. Étienne, en le voyant entrer chez lui, éprouva quelque étonnement, et, après les témoignages mutuels d'amitié, demanda au membre de la chambre des députés, au directeur du *Journal des Débats*, ce qui attirait à Étienne *l'honneur* de sa visite. « Mon cher ami, dit Bertin-Devaux, celui qui jusqu'ici a été chargé à notre journal de la critique relative aux beaux-arts, notre ami, notre allié Boutard, se sent affaibli par les années, et désire cesser ce travail. Nous avons tous pensé à vous pour le remplacer, et je viens vous dire que vous êtes des nôtres. » Précisément, en raison de ce que depuis longtemps déjà, Étienne vivait dans la société des propriétaires et rédacteurs du *Journal des Débats*, sans que jamais, même par des allusions détournées, on eût laissé entrevoir qu'il pût faire partie de cette association littéraire, l'étonnement que lui causa la proposition de Bertin-Devaux fut extrême. Dans le premier moment, l'idée des engagements sérieux qu'il supposait que son acceptation dût lui faire prendre le porta à refuser l'offre subite qui lui était faite. « Allons ! allons, dit Bertin-Devaux, nous vous désirons tous, et j'ai promis à mon frère que demain vous viendriez au milieu de nous... Pourquoi hésitez-vous?... Quelle peut en être la cause ? — Écoutez, dit Étienne, depuis longtemps nous avons l'habitude de parler librement sur toute espèce de sujet, j'agirai encore ainsi en cette occasion. Bien que je n'eusse pas plus de goût que vous pour le régime impérial, comme vous le savez, cependant j'ai été loin d'éprouver la sympathie et l'enthousiasme que le parti auquel vous vous êtes attaché a ressentis. Grâce au ciel, ni moi ni aucun des miens n'avons de raisons pour redouter la rentrée de la famille de Bourbon en France, et je reconnais que c'est au changement de gouvernement qui en est résulté, que nous devons l'établissement, si longtemps désiré en France, d'institutions ayant pour objet l'établissement de la liberté politique sur des bases solides. Mais ces fondements sont-ils aussi fermes que vous le pensez? Je ne parlerai pas de la combinaison plus ou moins heureuse de la *Charte* sur laquelle reposent aujourd'hui vos espérances, car je ne me sens pas de force à discuter de pareilles questions ; mais je partage avec une grande partie de la nation des instincts aveugles si vous voulez, par cela même d'autant plus tenaces, dont l'action pourra atténuer à la longue les efforts de la raison. La mort de Louis XVI est un crime que la nation reconnaît bien pour tel, tant qu'il lui reste la faculté d'en rejeter l'odieux sur une poignée de factieux et de scélérats dont elle se détache ; mais du moment que, par la présence et le pouvoir reconnu des parents de la victime royale, la complicité du crime politique semble peser également sur toute la nation, la nation se sent blessée. Considérez certains faits et leurs conséquences : la fille de Louis XVI fait un détour pour éviter de passer sur la place de la Concorde ; je le conçois ; mais cet acte de piété filiale se transforme, pour les masses, en un reproche et presque en une vengeance politique, par l'effet de la position fausse où se trouve la princesse. Aussi malgré ses grandes infortunes et ses vertus privées, voyez-vous qu'elle n'est pas populaire. — Il y a du vrai dans ce que vous dites, observa Bertin-Devaux, mais c'est un préjugé auquel le temps mettra un terme. — Pour celui-là, la chose est possible, reprit Étienne, mais il en est un autre qui a des racines plus profondes. — Lequel ? — Celui de la cocarde tricolore contre la cocarde blanche. Ainsi que tous les étendards levés par les partis, ces deux signes résument toutes les idées, tous les raisonnements qu'il est possible de faire valoir en faveur d'une cause, et ils ont coupé la nation en deux parts, que selon toute apparence vous vous efforcerez vainement de réunir. Peut-être suis-je dans l'erreur, ajouta Étienne, cependant je dois vous avouer qu'en ce cas l'instinct est plus fort chez moi que le raisonnement, et que c'est en résumé la raison pour laquelle je ne me crois pas propre à concourir à la rédaction du *Journal des Débats.* — Entendons-nous, dit Bertin-Devaux, auriez-vous de la répugnance pour la personne de nos rédacteurs avec lesquels cependant vous vous êtes déjà si souvent trouvé ? — Non, aucune. Je ne partage pas toutes leurs opinions, mais je les respecte parce que je sais qu'ils les professent avec sincérité et honneur. — Hé bien ! reprit vivement Bertin-Devaux, si je vous donnais l'assurance que, vous tenant en dehors de tout ce qui se rattache à la politique, on vous laisserait libre dans votre petit royaume des beaux-arts, n'exigeant de vous que de tenir le public au courant de ce qui s'y passe à ce sujet, quelle raison auriez-vous alors de ne pas vous joindre à nous ? Sachez bien que nous laissons une grande liberté aux écrivains qui s'associent à nos travaux ;

et, comme je viens de vous le dire, les matières spéciales qui seront votre partage sont une garantie de l'indépendance que vous désirez conserver. Essayez... Tenez : il se présente un sujet qu'il vous sera sans doute agréable de traiter ; Canova vient de mourir, il nous faut une notice sur la vie et les ouvrages de ce sculpteur, faites-la ; vous nous rendrez service. Allons ! c'est dit ! Je compte sur vous. — Mais... — Il n'y a plus de mais possible ; vous êtes des nôtres, et nous comptons sur la notice de Canova. » En disant ces mots Bertin-Devaux se leva, serra la main d'Étienne et se retira.

Peu de jours après cette entrevue, la notice parut en effet dans le journal[1]. A ce morceau en succédèrent plusieurs, entre autres les deux où, à l'occasion de la Vénus de Milo, il est traité des modifications successives qu'a éprouvées le caractère de cette divinité païenne, et de l'art avec lequel les statuaires grecs les ont exprimées. Ces essais goûtés par le public, estimés des directeurs du journal, firent définitivement admettre Étienne au nombre des rédacteurs. Il reçut en particulier les éloges les plus bienveillants dans la famille Bertin-Devaux. Les deux dames, les anciennes amies de Meudon, applaudirent au mérite que l'on reconnaissait au nouveau littérateur ; et en cette occasion il fut impossible à Étienne de ne pas revenir intérieurement sur le temps déjà bien éloigné, où le petit Étienne, comme on l'appelait alors, étudiait la nuit à Meudon, repassait ses auteurs classiques, s'exerçait même déjà à écrire pour dérouiller son esprit et se rendre digne de parler devant celles qui voulaient bien parfois l'écouter. Le rapprochement des efforts de sa jeunesse, avec la carrière nouvelle où il se trouvait lancé sous l'influence en quelque sorte des mêmes personnes, se présenta plus

[1] 25 novembre 1822.

d'une fois à son esprit, et ce rayon de gloire familière qui glissa sur son front déjà plissé par les années ranima son énergie, lui donna confiance en ses forces et lui fit sentir le besoin impérieux de rompre la digue qui jusque-là avait arrêté le cours de ses idées.

La nouvelle position d'Étienne lui fournit l'occasion d'apprécier les excellentes qualités de Bertin l'aîné, que l'on a déjà fait connaître comme homme de parti et publiciste. Le beau portrait qu'Ingres a fait de lui a rendu ses traits familiers à tout le monde, tant l'artiste a reproduit avec énergie la puissance intellectuelle et physique de cette riche nature. La résolution, la rapidité de conception et la bonté sont les caractères principaux de cette physionomie ouverte, gracieuse qui, et de prime abord, inspire le respect et la confiance.

Bertin aîné était de ces êtres privilégiés chez qui les rudes conseils de l'expérience n'altèrent jamais les élans d'une bienveillance native. Son cœur et son esprit sont restés jeunes jusqu'à la fin de sa vie, et il se plaisait au milieu de la jeunesse, recherchait et encourageait le talent, prodiguait les conseils avec une affabilité charmante, et tenait attentifs ceux qui avaient l'occasion de l'entendre causer. Cependant à cette douceur habituelle de mœurs, s'alliaient un courage et une résolution qui reparaissaient dans toute leur énergie, à chaque circonstance difficile où sa carrière de publiciste l'entraînait. Un mélange de qualités non moins remarquables chez lui, fut la vivacité de certains goûts auxquels restent tout à fait étrangers la plupart de ceux dans l'âme de qui les passions politiques prédominent. Bertin aîné aimait passionnément les lettres et les beaux-arts. De tous les ouvrages nouveaux, en quelque genre que ce fût, il prenait connaissance, autant pour satisfaire son goût particulier que pour en donner connaissance au public, si ces productions en étaient dignes ; car tout ce qui était destiné à paraître dans le journal passait préalablement sous ses yeux. Il y aurait bien à dire encore sur cet homme remarquable, mais on n'ajoutera qu'un trait qui le caractérise et lui assigne une place à part au milieu de ses contemporains : il n'a brigué ni voulu accepter aucun emploi public ni aucune décoration.

Vers cette époque Étienne se trouva avec son fils Armand Bertin, revenant d'Angleterre, après y avoir achevé ses études, et se préparant à suivre les conseils de son père pour lui succéder dans la direction du journal. Armand avait environ vingt ans alors. Sur sa physionomie ouverte et gracieuse on retrouvait quelque chose de celle de son père ; mais ce n'était plus cette figure des anciens Bertin, sur laquelle les premières années d'une jeunesse passée au milieu des troubles révolutionnaires et des persécutions avaient imprimé un cachet particulier d'énergie aux hommes qui sont entrés dans la vie active en 1789. Il était facile de s'apercevoir qu'Armand était né et avait été élevé dans l'aisance. Son adolescence en effet avait été douce, paisible, animée seulement par des passions plus vives que profondes ; et à l'époque où Étienne le connut, il est probable, quoiqu'il arrivât d'Angleterre, le pays classique du gouvernement constitutionnel, que les intérêts de la politique n'avaient pas pris encore sur lui un grand empire. Ce qu'Armand avait de remarquable alors était, outre la vive intelligence propre aux Bertin, la franchise et l'amabilité de son caractère, qualités qu'il conserva toujours, même lorsque plus tard, sous le règne de Louis-Philippe, il soutint seul le poids de la direction du journal.

Cependant, admis définitivement au nombre des rédacteurs, Étienne s'y fit, comme Bertin-Devaux le lui avait dit, une position à part et traita, depuis le 25 novembre

1822 jusqu'au 9 mai de l'année suivante, une série de sujets relatifs aux beaux-arts. Mais, malgré l'engagement qu'il venait de contracter, son goût pour les voyages était loin d'être satisfait, et un jour que devant les frères Bertin il exprimait le regret de ne pas avoir vu l'Italie, Devaux lui dit : « Eh ! que n'y allez-vous ? — Certainement, ajouta Bertin aîné, et de là vous nous enverrez vos réflexions. » De joie le rouge monta au visage d'Étienne, qui accepta cette offre avec empressement. « Or çà, dit alors Bertin aîné, vous ne ferez pas comme Charles Nodier, qui, en partant, disait-il, pour l'Italie, promit monts et merveilles et s'arrêta à Besançon, d'où il ne nous a pas même envoyé une panse d'A ? — Je réponds d'Étienne, dit Bertin-Devaux ; » et le futur voyageur rentra aussitôt chez lui pour faire ses préparatifs de départ.

On sait les progrès qu'Étienne avait déjà faits à cette époque dans la connaissance du monde littéraire, en fréquentant la maison Stapfer, les jeunes écrivains du *Lycée français* et ceux plus avancés dans la carrière, qui prenaient part à la rédaction du *Moniteur universel* et du *Journal des Débats*. Cependant il y avait encore une réunion de personnes lettrées, au sein de laquelle Étienne se trouvait naturellement compris, celle de Viollet-le-Duc, devenu son beau-frère. Plusieurs motifs faisaient rechercher la société de l'auteur de l'*Art poétique* : sa femme, qui à une instruction solide joignait l'art de tenir un salon avec une grâce parfaite, puis la conversation agréable et instructive du maître de la maison, et enfin sa curieuse bibliothèque, dont il faisait les honneurs avec bienveillance à la jeunesse studieuse qui se plaisait à la consulter. Là, chaque vendredi, après avoir traversé le salon où se tenait la maîtresse de la maison entourée de quelques-unes de ses amies, la plupart des habitués, après une politesse aux dames, passaient dans la bibliothèque où la conversation était toujours très-animée. Albert Stapfer, Ampère le fils, Sautelet, qui se fit libraire, M. de Marest, homme du monde très-spirituel et aimant les lettres, Beyle, dit de Stendahl, et Courier le fameux pamphlétaire, étaient ceux qui donnaient le plus de vivacité à la conversation. Sans éclat bruyant, mais aimant les entretiens solides, on voyait, retirés dans les encoignures de la bibliothèque, des jeunes gens, professeurs distingués déjà, mais qui devaient se faire un nom dans cette carrière et par leurs écrits : MM. Victor Leclerc, Saint-Marc Girardin, Sainte-Beuve et Charles Magnin. Toute cette jeunesse, déjà savante, mais qui désirait le devenir plus encore, avide de découvrir les richesse peu connues alors de l'ancienne littérature française que Viollet-le-Duc tenait rangées en ordre sur ses rayons, venait assidûment à ces vendredis auxquels Étienne n'avait garde de manquer.

La querelle élevée entre les classiques et les romantiques commençait à devenir assez vive, et, dans la société de Viollet-le-Duc, le dissentiment à ce sujet rendait ordinairement la conversation très-animée. La vogue extraordinaire des ouvrages de Walter Scott et de lord Byron avait déjà modifié le goût de quelques jeunes lettrés de la société du vendredi, ce qui donnait à Viollet-le-Duc, resté inébranlable dans ses principes classiques, l'occasion de rompre parfois des lances avec ses hôtes. Victor Leclerc, Saint-Marc Girardin, Charles Magnin et même Ampère fils, bien qu'il professât une grande admiration pour lord Byron, étaient les plus circonspects en traitant ces questions, sentant bien que, si une réforme littéraire était imminente, il fallait craindre les effets d'une révolution trop brusque. Mais Albert Stapfer et quelques autres des plus jeunes, marchant sous la bannière levée par Beyle, se laissaient séduire par les sophismes de cet homme spirituel, mais irréfléchi, pour qui toute nouveauté ayant chance de déranger ce qui était bien établi avait un attrait irrésistible. Des deux écrivains anglais en vogue alors, l'auteur de *Lara* et de *Don Juan* était naturellement celui pour lequel Beyle avait de la préférence; et il avait un goût particulier pour le dernier de ces ouvrages où rien de ce qui est respectable n'est respecté.

Le rôle qu'a joué Beyle (de Stendahl) dans l'affaire du romantisme est curieux à étudier, car il fait voir qu'avec de la persistance, sans grande conviction, on peut, à l'aide d'un jargon spirituel, entraîner même de bons esprits dans l'erreur. Beyle racontait alors à qui voulait l'entendre « que, comme beaucoup d'autres, il avait cru pendant longtemps s'amuser en fréquentant avec assiduité le Théâtre-Français; mais que, dans le cours d'un voyage qu'il fit en Angleterre, les ouvrages de Shakespeare lui ayant dessillé les yeux et ouvert l'esprit, de ce moment Racine lui avait paru un poëte dramatique insipide. » Ce thème, que Beyle développait sans cesse avec une verve très-spirituelle et une apparence de conviction, avait accoutumé ceux même de la société de Viollet-le-Duc qui pouvaient en être le plus choqués, à entendre ce sophisme auquel ils souriaient comme aux paroles d'un enfant gâté auquel on laisse tout dire.

Étienne, comme on sait, habitait la même maison que Viollet-le-Duc, et dans son donjon du cinquième se réunissaient également quelques amis voués au culte des lettres. Cette seconde réunion, bien que composée en partie des personnes qui fréquentaient la bibliothèque de Viollet-le-Duc, prit cependant dès son origine un caractère différent. Célibataire, Étienne ne recevait que des hommes; on se rassemblait de deux heures à cinq après midi, et chacun pouvait y exprimer librement son avis sur quelque question que ce fût. Albert Stapfer, Bouffé, son cousin, Ed. Monod, Ampère fils et Sautelet furent les premiers qui constituèrent cette société. Liés entre eux d'amitié, ces jeunes gens en témoignaient une sincère à Étienne, bien qu'il eût le double de leur âge, et ils se plaisaient à causer chez lui en toute liberté sur tous les sujets de littérature française et étrangère et même de politique. Grâce à Sautelet doué d'une grande activité et qui fréquentait beaucoup de monde, la réunion du dimanche ne tarda pas à devenir plus nombreuse. Ce n'était pas par invitation directe qu'on y était admis, mais sur la proposition d'un des membres de cette espèce de club, approuvée ou rejetée par la société. Toutefois le désir des postulants, du moment qu'ils étaient hommes d'honneur et d'esprit, suffisait pour que la réception se fît tout aussitôt et simplement. En peu de temps, la société du dimanche se compléta donc, et on y vit figurer Marest, Beyle, Courier et Viollet-le-Duc, puis successivement Mérimée, A. de Jussieu, Duvergier de Haurane, Vitet, Mignet, Rémusat, Aubernon, Dubois d'Angers, Artaud, Guizard, Jacquemont, du Gas, Montbel, Cerclet, Cavé et Dittemer, le comte de Gasparin, Coquerel, Taschereau.

On se borne ici à signaler les noms de diverses personnes, sur plusieurs desquelles on aura l'occasion de revenir.

On fera seulement observer que la plupart d'entre elles, à cette époque de la Restauration (mai 1823), manifestaient déjà, à l'égard du gouvernement de Louis XVIII, une opposition dont la violence, croissant toujours avec les fautes commises en politique, devait conduire aux événements de 1830 ; et que, comme résultat secondaire de cette fièvre principale, on était disposé à changer radicalement les principes sur lesquels avait reposé jusque-là la culture des lettres et des arts. Telle était la disposition d'esprit où se trouvait la jeunesse intelligente et instruite en France, lorsque Étienne partit pour l'Italie.

XI

L'oiseau, au lever de l'aurore, ne s'élance pas avec plus de joie dans les plaines de l'air, que n'en ressentit Étienne quittant Paris pour se diriger vers l'Italie.

On ne voyageait pas alors avec autant de rapidité que sur nos routes ferrées, et en 1823 c'était une assez grosse affaire que d'aller outre-mont. Ce fut encore un moment qui marqua dans la vie d'Étienne que celui où, descendant le revers du Simplon par le terrible Val de Vedro, il aperçut les premières constructions italiennes du village de Crévola. Là, en traversant un pont d'une hauteur prodigieuse et après avoir jeté un dernier regard sur l'embouchure de la sombre vallée, tout à coup l'Italie lui apparut dans un lointain lumineux ; il se sentit rajeuni de vingt ans.

Son premier séjour sous ce ciel nouveau eut lieu à Baveno, sur les bords du lac Majeur. Après deux jours de repos, de promenades et de rêveries, fidèle à l'engagement qu'il avait pris avec les frères Bertin, Étienne écrivit de ce village, en date du 8 juin 1823, la première des lettres sur l'Italie adressées à un Parisien qui, en réalité, était Bertin-Devaux ; et, autant dans l'intention d'indiquer la disposition de son esprit que pour consacrer le souvenir du *Lycée français*, où les premiers essais de sa plume avaient été accueillis, il mit pour épigraphe à ses *Lettres sur l'Italie* ces paroles de Virgile : « *Dulces ante omnia Musæ,* » qu'il a inscrites de nouveau en tête de ces souvenirs.

Vingt-huit lettres ont été publiées dans le *Journal des Débats,* depuis la première datée de Genève le 30 mai 1823, jusqu'à celle écrite à Rome, à l'occasion de la mort de la duchesse de Devonshire, et insérée dans la même feuille, le 4 mai 1824.

L'objet particulier de ces souvenirs étant de porter l'attention sur ce qui se rapporte à la littérature, on glissera sur les émotions vives qu'éprouva Étienne en traversant des pays enchanteurs tels que Laveno, Como et Varèze, ou lorsqu'il eut l'occasion de voir et d'admirer des chefs-d'œuvre d'art à Milan, à Sarono, à Pavie, à Plaisance, à Parme, à Modène et à Bologne. Dans les lettres qui viennent d'être signalées, sont consignées les émotions, les réflexions que ces beautés naturelles et de l'art ont fait éprouver au voyageur, et l'on y renverra le lecteur curieux de les connaître [1].

Pendant le trajet de l'Apennin, en allant de Bologne à Florence, on ne rencontre que des solitudes arides que l'on est bien aise d'avoir vues une fois, mais que l'on quitte sans regrets. On éprouve même une joie vive lorsqu'on voit reparaître la vigne, les oliviers, les grenadiers, et que, comme il arrive à l'auberge Delle Maschere, on entend enfin parler toscan. Parvenu jusqu'à Fontebuona, village situé sur la dernière hauteur avant Florence, Étienne aperçut l'élégant clocher de Fiésole, et vers la droite, le sommet des principaux édifices de Florence. Au moment où son voiturin entrait dans la ville, midi sonnant, la chaleur avait rendu les rues désertes et le silence

---

[1] Le nombre total des lettres écrites des différentes parties de l'Italie, par Étienne, s'élève à soixante au moins et ont été composées du 23 mai 1823 à la fin d'août 1824. Outre les vingt-huit premières publiées dans le *Journal des Débats,* les six dernières, qui forment la conclusion de l'ouvrage, ont été imprimées dans un recueil intitulé *le Siècle,* et réunies en une forte brochure sous le titre de *Vatican.*

n'était troublé que par le bruit que faisaient les chevaux en marchant sur les dalles. Ce calme solennel n'était cependant que momentané; car on célébrait les fêtes de Saint-Pierre, et la population florentine sortant des églises pour aller aux Cascine, puis rentrant bientôt en ville pour assister aux courses de chevaux libres, était en proie à une espèce d'enivrement.

Tout en prenant part à ces distractions brillantes et si nouvelles pour lui, Étienne continua de faire ses observations destinées à servir de fond aux lettres pour le journal. Ce que Florence renferme d'intéressant en tout genre absorba tellement son attention, pendant les trois mois qu'il séjourna dans la ville des Médicis, qu'ayant laissé échapper le fil des questions politiques agitées en France, l'idée ne lui vint même pas d'aller au grand établissement de Vieussieux pour lire les journaux. Aussi avait-il envoyé vingt lettres à Paris sans savoir qu'elles eussent été imprimées, et ce ne fut que par des nouvelles reçues de sa famille qu'il apprit le succès qu'elles obtenaient en France.

Dans l'intervalle de ses études dans Florence, et du travail au cabinet, Étienne allait se reposer à la place du Vieux-Palais chez un libraire qui y tenait son magasin. Dès les premiers jours de son arrivée le voyageur était entré dans la boutique d'Audin, Marseillais de naissance, mais habitant la Toscane depuis sa jeunesse. Contre les habitudes trop ordinaires des hommes de cette profession, Audin était non-seulement très-fin connaisseur en bibliographie, mais très-lettré, parlant et écrivant avec beaucoup de pureté la langue toscane. Ce jeune homme s'étant aperçu de la disposition sérieuse d'Étienne à poursuivre ses études sur les écrivains et l'histoire de l'Italie, mit généreusement sa librairie à sa disposition, et le guida même dans le choix des livres dont il pourrait tirer le plus de profit.

Trois ou quatre Florentins, spirituels et instruits, se réunissaient souvent chez Audin, pour faire la conversation à laquelle Étienne prit successivement plus de part, grâce à la complaisance que mirent ses interlocuteurs à lui aplanir les difficultés de leur langue. Ce fut même pendant ces causeries, parfois savantes, qu'on lui fit connaître les précieuses chroniques florentines, écrites de 1280 à 1574, qu'Audin lui procura, et qui, plus tard, ont servi de fondement à l'ouvrage qu'il publia en 1837, sous le titre de *Florence et ses vicissitudes*.

L'objet principal des études d'Étienne étant la vieille Florence, il se tint dans les lieux publics, parcourut les rues, les campagnes environnantes, là enfin où la simplicité, la rudesse même des mœurs contribuent à conserver intacts les traits de la physionomie nationale et le véritable caractère de la langue. Quant aux relations que le hasard fait naître, outre celles qu'il eut avec Audin et les personnes qui fréquentaient sa maison, il fit connaissance avec le comte des Bardi, homme aimable et plein d'esprit, et il eut d'assez fréquentes conversations, sur les bords de l'Arno, avec deux chanoines fort instruits dont il n'a jamais su les noms.

La maison qu'il fréquenta avec quelque assiduité était celle de Fabre, habile peintre français, l'un des plus anciens élèves de L. David. Cet artiste, surpris en Italie par la révolution de 1789, dont il n'accepta pas les principes, exilé volontaire, s'établit en ce pays où il a passé presque toute sa vie. En 1823, lorsque Étienne le vit à Florence, il souffrait cruellement de la goutte et, chaque jour, la comtesse d'Albany venait passer trois ou quatre heures de la matinée près de lui. Fabre possédait une précieuse galerie de tableaux, qu'il avait formée, et une bonne partie de la bibliothèque d'Alfieri que le poëte lui avait léguée. Une longue amitié avait régné entre ces trois personnes tant que vécut Alfieri ; et après sa mort ce lien, en se simplifiant, avait donné plus de force à l'affection que se portaient les deux survivants.

Quand Étienne fit connaissance avec ces deux personnes, Alfieri n'existait plus depuis treize ans, Fabre approchait de la soixantaine et la comtesse d'Albany était arrivée à cet âge où l'altération des traits, chez les femmes, ne laisse plus trace de la beauté et des agréments de la jeunesse. Intelligente, ayant surtout l'aisance qui s'acquiert dans la société d'un monde choisi, elle donnait alors l'idée qu'elle dût attacher à elle par la bonté de son caractère, plutôt que par les qualités brillantes de l'esprit.

La goutte retint Fabre au lit presque tout le temps du séjour d'Étienne à Florence ; et la comtesse pria le voyageur de venir aussi souvent qu'il pourrait pour distraire le malade. Pendant ses visites, il s'établissait entre madame d'Albany et Étienne une lutte tacite dans laquelle le Parisien curieux demeurait ordinairement vaincu. Avec le désir de profiter des entretiens de cette dame pour recueillir des renseignements sur la haute société florentine, qui fréquentait sa maison l'hiver, Étienne employait tout son art afin d'amener la conversation sur ce sujet ; mais la comtesse de son côté, aussi curieuse au moins de savoir des nouvelles du monde de Paris, adressait sur ce point des questions si directes à Étienne que la politesse exigeait qu'il y répondît. D'auditeur qu'il eût voulu rester, à son grand regret, il était donc forcé d'entretenir la conversation.

A travers les ravages exercés par le temps sur les traits de la comtesse, apparaissaient encore des impressions que le temps n'avait pu éteindre. Quand les douleurs moins vives de l'artiste goutteux permettaient qu'il s'assoupît, madame d'Albany et Étienne passaient dans la bibliothèque composée de livres qui avaient appartenu à Alfieri. Étienne, curieux de les connaître, en faisait l'examen, et la comtesse ne laissait point échapper cette occasion de les toucher, et d'en faire admirer la beauté. Les volumes qui contiennent les écrits du grand poëte, que lui-même a fait imprimer et relier, étaient pour elle l'objet d'une espèce de culte. Elle les prenait avec précaution de dessus les rayons, et après les avoir tournés dans tous les sens, les ouvrait lentement, faisait remarquer la beauté des caractères, la perfection des reliures, puis les mettait entre les mains d'Étienne afin qu'il pût les apprécier plus à l'aise. L'intérêt réel que prenait Étienne à visiter cette bibliothèque, précieuse en elle-même et qui le devenait encore plus par le souvenir de son premier possesseur, parut toucher la comtesse, et un jour, pendant une revue de ces livres, elle lui dit: « Je voudrais bien que vous emportassiez un souvenir de notre grand poëte. » Puis, tirant deux volumes des rayons, elle se dirigea avec Étienne vers la chambre de Fabre, puis s'étant assise dans son grand fauteuil près du chevet du malade : « Je pense, lui dit-elle, que vous approuverez ce que je désire faire? Voici deux ouvrages de notre Alfieri, que vous avez doubles; voulez-vous faire cadeau à Étienne de ces deux exemplaires? Il vous en sera fort reconnaissant, j'en suis certaine. » Fabre prit les deux volumes, les ouvrit pour en lire les titres et les rendit en souriant à madame d'Albany qui les mit entre les mains d'Étienne.

Cette petite galanterie n'était peut-être pas complétement désintéressée. En effet, quelques jours après, Fabre se sentant mieux fit voir en détail les tableaux de sa galerie à Étienne et, en présence de la comtesse, lui dit : « Que n'ayant point de parents, son intention était de léguer cette précieuse collection à sa ville natale, Montauban. » Madame d'Albany fit un signe approbatif, et tous deux prièrent Étienne de faire connaître, par l'intermédiaire du *Journal des Débats*, cette disposition testamentaire et l'importance de la galerie [1].

Ces relations agréables, intéressantes même, ne satisfaisaient cependant pas la curiosité que Courier, le spirituel auteur des pamphlets, avait fait naître dans l'esprit d'Étienne pendant leurs entretiens à Paris sur l'amie d'Alfieri. L'occasion d'apprendre les bruits qui couraient sur cette personne se présenta cependant dans la boutique du libraire Audin. Parmi les causeurs qui s'y réunissaient, se trouvait un vieux Florentin, grand collecteur d'anecdotes ; quelques mots ayant été lancés en sa présence sur la comtesse d'Albany : « Oh ! c'est une grande dame ! une très-grande dame, dit-il, malgré la vie bien humble qu'elle mène aujourd'hui [2] ! Princesse de Stolberg, une intrigue ourdie à Versailles lui fit épouser le fameux prétendant à la couronne d'Angleterre, Charles-Édouard Stuart, qui avait plus du double de son âge. Après avoir fait des prodiges d'audace et de valeur pour rentrer dans ses droits, ce prince vaincu à Culloden, et enfin expulsé de France, du Venaissin et de Venise, vint s'établir à Florence avec sa femme. Bref, ce malheureux homme, à bout de ses illusions, fatigué de tant de luttes et cédant

---

[1] L'article qui annonçait cette généreuse donation fut inséré dans le numéro du 9 août 1824, du *Journal des Débats*.

[2] Louise-Maximilienne-Caroline, princesse de Stolberg, Anglaise de race, petite-fille de Thomas Bruce, second duc d'Aylesbury, alliée aux ducs de Chandos et de Richemond. En 1688, Aylesbury fut enfermé à la tour de Londres. Rendu à la liberté, il s'exila à Bruxelles où il épousa Charlotte, comtesse de Saun dont il eut une fille unique, Charlotte-Marie. Celle-ci, mariée en 1722 à un prince de l'Empire, le prince de Horn, en eut cinq enfants dont le dernier fut Louise de Stolberg, qui prit en dernier lieu la qualité et le nom de comtesse d'Albany.

au découragement, se livra, pour s'étourdir, à la passion la plus abrutissante; il s'enivrait.

« Louise de Stolberg avait alors vingt-cinq ans. « Des yeux très-noirs et pleins d'une douce flamme, joints, chose rare, nous dit Alfieri dans ses mémoires, à une peau très-blanche et à des cheveux blonds, donnait à sa beauté un éclat dont il était difficile d'éviter le charme. Enfin, ajoute le poëte, elle avait le caractère d'un ange ; mais des circonstances domestiques, désagréables, pénibles, ne lui permettaient pas de jouir de la satisfaction qu'elle méritait. » Or sous le voile de ce langage, voici, dit-on, quelle est la vérité : Charles-Édouard, plus que septuagénaire, était naturellement jaloux d'une femme dans tout l'éclat de sa jeunesse. Qu'il eût dissimulé ses inquiétudes, on l'eût plaint ; mais quand le cerveau de cet homme était enflammé par l'ivresse, que sa jalousie se changeait en fureur et qu'il battait sa jeune femme, *ces circonstances domestiques désagréables,* comme les qualifie le poëte, étaient effectivement odieuses, et expliquent, si elles ne la justifient pas, la résolution que prit la femme du dernier des Stuart, de rompre avec un pareil époux.

« Ici, dit le Florentin, il y a deux versions sur la manière dont cet événement s'est passé : celle d'Alfieri, qui raconte les longs efforts qu'il a faits pour éviter de se trouver avec une personne dont la vue seule avait laissé une si vive impression en son âme; l'autre, d'un caractère romanesque et même assez bouffon, mais qui cadre cependant assez bien avec le caractère violent et bizarre du poëte. On prétend donc que la jeune princesse, retenue par son jaloux brutal, s'échappait parfois de son palais pour jouir de quelques instants de liberté et satisfaire le goût qu'elle avait pour les arts. Un jour que, dans une des galeries de Florence, elle était arrêtée devant un portrait en pied du roi de Suède Charles XII, elle fit la remarque « que le costume adopté par le prince ne manquait pas de grâce. » Placé derrière elle, Alfieri l'entendit, et le surlendemain notre poëte, vêtu à la Charles XII, se promenait sous le balcon de la princesse à laquelle il n'avait pas été encore présenté. On assure, continua le narrateur, que cette hardiesse incroyable, loin de blesser la femme de Charles-Édouard, lui tourna la tête, et que dans son entourage on résolut de la soustraire à la tyrannie grossière de son époux. Il fut décidé que l'on ferait une promenade, et l'on prit pour prétexte de visiter un couvent de religieuses. Une amie de la princesse, sa confidente intime, une certaine dame Orlandini, ayant préparé d'avance la scène qu'on se proposait de jouer, elle et son mari montèrent en voiture avec la princesse et son vieux jaloux, pour accomplir le prétendu pèlerinage. Arrivés au couvent, les deux dames en montèrent lestement les degrés, tandis que le signor Orlandini soutenait le vieux prince qui ne se traînait qu'avec peine, pour gagner l'entrée du lieu saint. Mais la porte, ouverte pour les dames, se ferma brusquement sur les hommes. Le vieil Édouard devint furieux ; mais tout avait été calculé d'avance ; et quand on lui eût laissé passer sa rage en frappant à la porte à coups redoublés, l'abbesse parut enfin et déclara à Charles-Édouard que la princesse ayant pris asile dans son couvent, il ne devait plus compter sur elle. C'est de cette époque, ajouta le Florentin, qu'il paraît que date la liaison de la princesse avec Alfieri. Elle prit le nom de comtesse d'Albany et alla d'abord habiter le palais du cardinal d'York, son frère, homme d'esprit très-mondain, très-aimable, et qui, selon toute apparence, ferma les yeux sur la conduite de son alliée, si, en raison du laisser-aller du clergé en ce temps, il n'avait pas autorisé l'abbesse à *démarier* la princesse. »

Aucun homme de lettres ne fréquentait la maison de Fabre, et dans Florence, à cette époque, quoique l'on rencontrât beaucoup de personnes distinguées par leur esprit et leur érudition, nulle d'entre elles n'avait une véritable renommée. Dans cette absence de noms célèbres, Étienne eut l'idée d'assister à une séance de l'Académie *della Crusca,* espérant trouver là quelques hommes de talent inconnus du vulgaire [1].

Les séances académiques non-seulement se tiennent sans pompe, mais avec la plus grande simplicité. Ce salon n'est même pas meublé, car Étienne vit apporter la veille les chaises et les banquettes en bois, sur lesquelles le public devait s'asseoir. Au fond du salon était une chaire également en bois, réservée pour le président, et près d'elle une table et un siége pour le secrétaire. Nul avis n'est donné d'avance au public pour ces réunions ; on y assiste sans avoir demandé ni reçu de billet, en sorte que l'on est bien sûr que ceux qui s'y rendent viennent attirés par l'amour de la science ou par curiosité. Poussé par ce double motif, Étienne se mit donc au nombre des assistants, qui étaient loin de former une foule compacte, en face de douze académiciens entre lesquels siégeait le président. Le chanoine Bencini et l'abbé Zannoni lurent chacun un discours sur le caractère et l'excellence de la langue toscane. L'abbé s'étendit surtout sur les travaux de l'Académie della Crusca, sur le dictionnaire dont les membres de cette société savante ont donné successivement plusieurs éditions, et sur les corrections qu'ils ont

---

[1] Les réunions des académiciens ont lieu dans l'ancien palais Médicis, bâti en 1430 et orné depuis par le marquis Riccardi, à qui il fut vendu par le grand-duc Ferdinand II. Depuis 1814 ce palais est devenu impérial ; il renferme une bibliothèque fort précieuse où le public est admis.

pris soin de faire. L'académicien parla ensuite des critiques injustes, selon lui, que l'on exerçait contre ce grand ouvrage, et s'éleva avec vivacité contre celles faites par des hommes qui, sans droits suffisants, s'arrogent celui de juger d'une langue qu'ils ne connaissent pas parfaitement. Ayant soin de relever plusieurs erreurs commises par ces critiques, il signala, entre autres, l'ouvrage d'un écrivain de Milan, célèbre alors, mais dont le nom n'est pas resté gravé dans la mémoire d'Étienne, comme la production d'un homme qui pourrait bien avoir encore plus d'orgueil que de savoir ; enfin, dans sa péroraison, l'abbé Zannoni, encouragé par le succès de sa sortie un peu véhémente qui flattait l'orgueil des auditeurs florentins, dit nettement qu'il était absolument impossible d'écrire l'italien avec pureté quand on n'avait pas habité longtemps la Toscane, ou au moins fréquenté des Toscans. Cette séance, qui ne fut rien moins qu'agréable aux auditeurs nés dans les autres états de l'Italie, avait évidemment pour objet de repousser la critique acerbe du poëte de Milan qui, dans une brochure dont le prétexte était de faire des observations sur le Banquet (*convito*) de Dante, s'emparait du rôle de grammairien et relevait, selon ses idées, les erreurs, les fautes dans lesquelles tombent journellement les *Cruscanti*.

En réalité le dictionnaire della Crusca fait naître en Italie des critiques et des plaintes analogues à celles qui se renouvellent en France toutes les fois que notre Académie donne une nouvelle édition du sien. Au delà des monts comme chez nous, on trouve les définitions insuffisantes, les citations trop rares, et surtout on se plaint du nombre restreint des écrivains sur l'autorité desquels on s'appuie pour admettre ou rejeter telle locution, tel idiotisme ou telle expression. La sévérité de la Crusca, en ces matières, va presque jusqu'à la tyrannie ; et tout écrivain toscan, qui se pique d'écrire purement sa langue, se fait un scrupule d'employer un mot dont Dante, Pétrarque, Bocace et les auteurs de cette époque n'ont pas fait usage. Ce rigorisme, qui gênait peu les auteurs florentins en 1823, parce qu'ils ne s'occupaient que de discussions scientifiques et grammaticales, déplaisait fort au contraire aux Milanais, qui, plus disposés à se laisser aller au cours de leur imagination, rejetaient les entraves que la Crusca voulait mettre à l'expression, en employant le dialecte lombard très-peu sévère, il est vrai, mais qui leur fournissait des mots et des locutions pour exprimer des idées nouvelles.

Au fond, la question des langues est la même à Florence qu'à Paris; l'Académie française et celle de la Crusca sont des espèces de douanes instituées pour arrêter les mots et les locutions que la contrebande introduit incessamment. Il y a seulement cette différence entre les académiciens de Paris et ceux de Florence, que ces derniers, formant leur goût et appuyant leurs décisions sur des écrits classiques des XIIIe, XIVe et XVe siècles, complétement en dehors du cours des idées et des inventions qui se sont développées depuis 1500, il en résulte que la Crusca laisse des lacunes immenses dans son dictionnaire, et que la langue usuelle, la langue avec laquelle on entretient les relations journalières, se gonfle de jour en jour d'éléments étrangers qui dénaturent son véritable caractère.

En France, la langue se trouve dans des conditions analogues, mais la maladie est beaucoup moins avancée, par la raison que les plus anciens des écrivains qui ont fixé l'idiome que nous parlons encore, Corneille, Pascal, de Lafontaine, Molière, Bossuet et Racine, ne remontent pas à plus de deux siècles et demi. Or il est certain qu'en mettant à part cette foule de mots scientifiques, techniques auxquels donnent lieu le développement de tant de connaissances spéciales, la langue, dite de Louis XIV, se prête bien largement encore à exprimer les idées les plus délicates ou les plus énergiques qui résultent de l'étude de la philosophie, des combinaisons de la politique, de la culture de tous les modes littéraires et de la politesse. Aussi, malgré les licences excessives de quelques-uns des novateurs téméraires de nos jours, s'est-il conservé un bataillon sacré d'écrivains français, qui, sans avoir recours au néologisme, savent très-bien exposer encore les idées et les faits nouveaux avec les seules ressources de la langue du xviie siècle.

Pour tirer quelque résultat de la comparaison qui vient d'être établie, il faut considérer que Dante venait au monde il y a sept siècles (1265), tandis que la naissance de Pierre Corneille (1606) ne le sépare de nous que de deux cent cinquante et quelques années. Il ne faut pas être profond philologue pour savoir que le temps, qui altère et détruit tout, n'épargne pas plus les langues que le reste ; on peut donc, au moins par analogie, en conclure que la langue française peut être encore travaillée pendant quatre siècles par des révolutions de tous genres, avant qu'elle en arrive à l'état de délabrement où est celle de l'Italie.

Tout en reconnaissant la sagacité scientifique des académiciens de la Crusca, il est certain qu'Étienne s'instruisait davantage et beaucoup plus agréablement au milieu de la boutique d'Audin, en causant de l'histoire et de la littérature de Florence avec les paresseux, gens de goût, qui la fréquentaient. Parmi les livres dont on lui conseillait plus particulièrement la lecture, la *Vita nuova* de Dante était celui dont on lui parlait avec le plus de chaleur. « Puisque vous étudiez Dante et que vous désirez pénétrer le sens de ses ouvrages, lui disait-on, lisez donc le premier qu'il ait écrit, celui que l'on peut considérer comme la pierre d'angle qui lui a servi à élever son grand monument littéraire. »

Les occupations d'Étienne lui firent oublier momentanément la recherche de la *Vita nuova*. Il en fut détourné d'ailleurs par le conseil qui lui avait été donné d'aller à Sienne pour assister aux fêtes de la Notre-Dame d'Août, dont on lui vanta l'originalité et l'éclat. Étienne se rendit donc dans cette ville, la vieille rivale de Florence, et y séjourna une semaine. Pendant les trois jours de fêtes, il assista en effet aux cérémonies de l'Église, aux courses de chevaux libres et aux farces des saltimbanques, se laissant entraîner par une foule de curieux et de curieuses de toutes les classes de la société.

Ce qui n'est qu'une distraction agréable pour les habitants d'une ville, se change souvent en un véritable travail de corps et d'esprit pour l'observateur qui passe. Retenu pendant quatre heures sur un échafaud pour suivre toutes les péripéties d'une course vraiment digne d'être célébrée par Pindare, Étienne, fatigué de cette longue station, mourant de soif après une des journées les plus chaudes de l'année, renonça à suivre la foule qui se portait à la promenade publique (la Lizza), et s'achemina vers son hôtellerie près de laquelle était la boutique d'un épicier, qui, selon l'usage du pays, fait et vend des sorbets et des glaces. Assis sur le devant de la boutique pour prendre son rafraîchissement à l'air, Étienne était accoudé à un petit tonneau défoncé, dans lequel étaient entassés pêle-mêle des papiers de toutes couleurs, des cordes, de vieux outils et plusieurs brochures à moitié déchirées. Il tira de là quelques feuilles imprimées, sans intérêt, lorsque avisant tout à coup un pauvre petit bouquin dont la reliure en parchemin était toute racornie et les feuillets pour la plupart imbibés d'huile, malgré le triste état et la saleté de ce volume, Étienne, le prenant du bout des doigts par un des angles de la couverture, le tira du fond du tonneau. Mais quelle fut sa surprise en lisant ce titre : « *Vita nuova di Dante Alighieri, e la vita di esso scritta da Giovanni Boccacio. Firenze, nella stamperia di B. Sermartelli,* 1576. » C'était bien le livre et l'édition de ser Martelli, dont Audin avait parlé à Étienne sans promettre de lui procurer ce volume à cause de sa rareté[1].

Après avoir demandé à l'épicier le prix de son livre, offre auquel le marchand répondit par un haussement d'épaules et un sourire qui s'adressait aussi bien au vieux bouquin qu'à celui qui en faisait tant de cas, Étienne l'emporta et passa une partie de la nuit à en faire la lecture. Il faut l'avouer, son étonnement fut extrême. On l'avait bien prévenu que ce livre était difficile à comprendre, mais il s'attendait à être arrêté par le texte, tandis qu'il le fut par le sens; aussi acheva-t-il cette lecture comme on parcourt une longue galerie faiblement éclairée, où l'on ne distingue que confusément la forme et la couleur des objets.

Cependant, fier et heureux de sa trouvaille, Étienne l'emporta à Florence, la montra à Audin d'une habileté extrême pour réparer les vieux livres ; mais il eut le chagrin d'apprendre du libraire qu'il était impossible d'enlever les taches d'huile, et qu'il fallait se borner à le fixer dans une nouvelle reliure, mais dans l'état où il était[2].

La Toscane, autant par son aspect riant que par les

---

[1] Cette première édition n'est que curieuse, car elle est très-incomplète, et l'on n'y trouve pas en particulier les commentaires que Dante a faits sur ses poésies, ni la prose de la *Vita nuova* qui sont le complément de cet ouvrage. Les deux meilleures éditions de ce livre sont modernes. L'une a été imprimée à Pesaro en 1829, et l'autre, donnée par A. Torri, a été publiée en 1843 à Livourne.

[2] Ce volume fait partie de la bibliothèque d'Étienne.

choses belles et curieuses qu'elle renferme, avait charmé Étienne au point de suspendre chez lui le désir qu'il avait de voir Rome. Cependant il fallut penser à se diriger vers la ville éternelle. Le nombre des livres dont il avait fait l'acquisition à Florence était trop considérable pour qu'il pût penser à traîner avec lui un si lourd bagage pendant les courses qui lui restaient à faire. Ayant donc expédié deux caisses de livres pour Livourne, il se rendit lui-même dans cette ville pour veiller à leur embarquement et assurer leur double destination à Marseille et à Paris.

Ses livres embarqués, Étienne n'eut plus d'autre idée que de quitter une ville dont l'aspect et les habitudes contrastaient si désagréablement avec ce qu'il avait vu depuis son entrée en Italie. Il résolut donc de retourner à Florence, mais par une route différente de celle qu'il avait déjà parcourue. Depuis longtemps il désirait visiter Volterra, vieille ville du moyen âge, bâtie sur les ruines d'une antique cité étrusque. Mais il chercha en vain une diligence ou un voiturin pour l'y conduire. De Livourne à Volterra il n'y a point de route frayée, par conséquent point de voitures. Mais notre curieux voyageur, au lieu de se laisser décourager par cet obstacle, n'en devint que plus impatient à l'idée de voyager à l'aventure, à travers champs, et de visiter l'Italie jusque dans ses entrailles. Il était même décidé à faire ce trajet à pied et la carte à la main, lorsque le hasard voulut qu'il entendît parler du *Procaccio*, ou petit courrier chargé parfois de transporter les lettres et les menus ballots de Livourne à Volterra et *vice versa*. Pour faire ce service, le Procaccio n'avait qu'une petite charrette très-légère, attelée d'un cheval vigoureux afin de pouvoir traverser des pays, sans routes en effet, et dont les terrains étaient tantôt meubles, tantôt hérissés de roches, souvent barrés par de petites rivières, ou obstrués par des plantes sauvages et des arbustes.

Toutes ces difficultés que le jeune courrier prit soin d'énumérer à Étienne en très-pur toscan, loin d'arrêter le voyageur, excitèrent d'autant plus sa curiosité. Le prix extrêmement modique convenu, on attela ; les paquets furent jetés à l'arrière de la charrette, on s'assit sur les manteaux étendus sur la banquette de devant, et le cheval partit au galop.

La séance de l'académie della Crusca a laissé apercevoir dans quel cercle étroit d'idées s'agitent des hommes, au fond très-spirituels, mais plus soutenus par le goût de l'érudition littéraire, qu'entraînés par le besoin d'exprimer des sentiments et des idées qui leur soient propres. Tous leurs efforts tendent à résoudre des questions purement littéraires et grammaticales, à réhabiliter un passage, une phrase, un mot d'un vieil auteur du XIIIe ou du XIVe siècle. C'est là, en raison de la vieillesse de la langue et de la littérature italiennes, où en sont arrivés les littérateurs les plus spirituels et les plus savants de la Toscane ; eux qui, selon toute apparence, s'ils fussent nés cinq ou six siècles plus tôt, quand les idées étaient encore en germe, au lieu de commenter et d'éplucher les écrits de leurs ancêtres, eussent produit de beaux ouvrages et donné carrière aux commentateurs.

Pendant que, dans les Académies, cette littérature vieille et épuisée cherche

> A réparer du temps l'irréparable outrage,

s'échappant des palais et quittant son allure gourmée et pédantesque, on la retrouve se familiarisant avec toutes les classes de la société ; car il n'est presque personne en Italie qui n'ait la mémoire ornée de quelques beaux morceaux de Dante, de Pétrarque, d'Arioste et du Tasse, sans compter que tout le monde a la faculté de versifier bien ou mal. Les gens du peuple à Florence, à Venise et à Naples savent de beaux vers par cœur qu'ils soumettent à leurs dialectes, et il n'est pas rare d'en rencontrer qui improvisent à l'aide d'une cantilène. Le Procaccio fournissait une preuve remarquable de cette extravasion de la littérature et des connaissances de tous genres chez les Italiens. Pendant la route et au village de Ponzacco, où il fallut passer la nuit, dans l'intention de faire oublier à Étienne les inconvénients du voyage, il ne cessa pas de réciter des vers des grands poëtes de l'Italie, ayant soin de choisir les morceaux qui s'accordaient avec l'aspect et la nature des lieux qu'il fallait traverser. C'est ainsi que, dans les détours capricieux d'un sombre bois, il profita d'un jour mystérieux pour réciter les beaux épisodes de la fuite d'Herminie et son apparition au vieux berger et à ses enfants tressant des corbeilles. Les sonnets servaient d'intermèdes aux longs récits, et parmi ces pièces de vers dont tout le monde se rend coupable en Italie, plus d'un, sans doute, étaient de la façon du courrier de Volterra. Mais les goûts et les connaissances de cet homme amusant n'étaient pas exclusivement littéraires. Comme tous les enfants de l'Italie qui naissent et vivent entourés des débris de l'ancien empire romain, il était tant soit peu antiquaire.

La montagne, au sommet de laquelle s'élève la ville moderne de Volterra, est criblée d'hypogées dans lesquelles sont des tombeaux antiques en albâtre ornés de bas-reliefs et de statues, et dans l'intérieur desquels on trouve ordinairement, outre les os desséchés de personnages étrusques, des bijoux, des miroirs et d'autres menus objets curieux. Ces monuments, à peine découverts, prennent place dans un musée ouvert au public auquel la population de Volterra, qui a peu de sujets de distraction, prend d'autant plus d'intérêt que la recherche des tombeaux antiques dans la montagne, se lie à l'exploitation de l'albâtre qu'elle renferme, matière qui entretient le commerce le plus actif des habitants.

Avant d'entrer dans la ville, le courrier avait mis Étienne au courant de toutes les antiquités de son pays. « Vous verrez, » lui disait-il, « un musée unique; et puisque vous êtes savant et artiste, ajoutait-il, vous serez bien reçu de nos *Messieurs*. » En effet, Étienne eût été un homme d'importance qu'il n'eût pas été accueilli avec plus d'égards à Volterra. D'abord le courrier littérateur se transforma en factotum dont le premier soin fut de faire préparer un bon logis *per il straniere huomo di garbo*, comme il l'annonça; puis cette première précaution prise, il sortit pour reparaître bientôt, après avoir quitté sa vieille veste de courrier, vêtu d'un habit noir et le chapeau à la main. — « *Notre Académie* se réunit ce soir, dit le Procaccio à Étienne, et nous serions bien heureux de recevoir l'honneur de votre présence. » — A ce mot d'Académie, le souvenir de la séance de la Crusca se représenta à l'esprit d'Étienne, qui prétexta de la fatigue du voyage et manifesta le désir de se reposer. Mais l'académicien de Volterra insista tellement, et ses attentions pendant la route avaient été si constantes et faites de si bonne grâce, qu'il fallut se rendre à l'invitation.

Les séances de cette fameuse académie se tenaient non loin de l'auberge, dans une maison où, au grand étonnement d'Étienne, au lieu de graves savants qu'il s'attendait à y voir, il se trouva au milieu de dames et de demoiselles de Volterra avec leurs cavaliers. Si peu d'étrangers visitaient alors cette ville, que le Parisien devint l'objet de la curiosité et des politesses de toute l'assemblée, comme s'il eût été Persan ou Cochinchinois. Le Procaccio faisait les honneurs à l'étranger et lui présentait les assistants les plus considérables, sans manquer de faire à chacun d'eux l'éloge *di questo illustrissimo signore*, qu'il avait eu l'heureuse chance d'amener dans le pays. Tout le monde parla longtemps à la fois, et il n'y eut d'académique dans cette séance que la lecture de deux ou trois sonnets et la récitation de *l'épisode d'Herminie*, qui fut répétée à la demande d'Étienne et à la grande satisfaction de l'auditoire, qui prisait beaucoup le talent du Procaccio. Tous ces exercices de littérature bourgeoise et familière furent entrecoupés par des danses, des conversations et la distribution de rafraîchissements jusqu'à minuit, heure à laquelle on se sépara.

Le lendemain, vers dix heures du matin, l'actif Procaccio, après avoir frappé discrètement à la porte d'Étienne, entra portant sous son bras cinq ou six volumes. « Je sors, dit-il, de chez les chevaliers Guarnacci et Ricciardelli, des deux grandes familles de Volterra, à qui j'ai fait part de votre arrivée et du désir que vous avez de connaître les richesses antiques de notre ville. En me remettant ces livres et le plan de Volterra pour faciliter vos études, ils m'ont chargé de vous dire combien ils seraient flattés de vous voir. » Ce plan et ces livres rendirent en effet la revue des curiosités de Volterra plus facile et plus prompte à Étienne, et l'antiquaire Giusto Cenci, qui formait alors le musée étrusque, lui transmit en outre tous les renseignements que ses propres recherches et celles d'Enguerami, de Florence, avaient fait obtenir sur l'existence, la religion et les mœurs d'un peuple qui florissait cinq cents ans avant la fondation de Rome.

Avant de quitter Volterra, Étienne, en allant remercier les chevaliers Guarnacci et Ricciardelli, et leur remettre les livres qu'ils avaient eu l'attention délicate de lui prêter, eut, une fois de plus, l'occasion de s'apercevoir combien l'urbanité italienne est gracieuse. Quant à l'aimable et spirituel Procaccio, dont le désintéressement égalait l'obligeance, Étienne ne put lui faire accepter qu'un porte-plume d'argent, mais *venant de Paris!*

XII

Les voyageurs français, ceux même qui allaient en Italie pour étudier les arts, exclusivement préoccupés des richesses que Rome renferme, ont longtemps passé par Florence sans s'y arrêter. Quoique confuse encore, l'idée de s'appliquer à cette étude vint à Étienne à la suite d'un de ces profitables entretiens qu'il eut avec Bertin-Devaux. Ce spirituel causeur, parlant de l'influence exercée par les Médicis sur toutes les branches du savoir humain, se résuma en disant « que l'histoire de cette famille serait un sujet riche et neuf à traiter. » Ces mots restèrent gravés dans la mémoire d'Étienne, et, en partant pour l'Italie, il prit la résolution, pour ne pas se laisser absorber par Rome, d'étudier d'abord Florence, où il fit en effet un séjour de plus de quatre mois.

Les lettres écrites depuis Milan jusqu'en Toscane avaient déjà été publiées dans le journal, lorsque Étienne arriva à Rome quelques jours après l'incendie de Saint-Paul hors les murs, dont il vit les ruines encore fumantes. Le hasard fit qu'en se présentant à la chancellerie il rencontra Desmousseaux de Givré, secrétaire d'ambassade, qui, le premier, lui parla de ses lettres écrites d'Italie, du succès qu'elles avaient en France, de l'empressement que l'on mettait à les lire à Rome, et du cas qu'en faisait en particulier l'ambassadeur. Peu accoutumé aux succès, Étienne ne reçut d'abord ces louanges que comme des politesses ; mais, lorsque ayant été présenté au duc de Montmorency-Laval, cet ambassadeur, prenant les mains d'Étienne, s'exprima avec plus de vivacité encore sur le mérite qu'il attribuait aux lettres écrites d'Italie, et qu'après avoir donné des témoignages d'estime à l'auteur il l'invita à fréquenter son palais, Étienne dut croire que ses écrits avaient quelque mérite. Pendant huit mois de séjour à Rome, il fut environné de la bienveillance du duc de Laval, et le chevalier Artaud de Montor, chef de la chancellerie, ne cessa pas, à compter de ce jour, de faciliter à Étienne les moyens de bien voir et d'étudier tout ce que Rome présente d'intéressant.

Lancé tout à coup dans un monde qui se compose à Rome de ce que les différentes nations de l'Europe y envoient de personnes les plus distinguées, Étienne fut tout étonné d'y être connu et d'apprendre qu'on y attendait avec impatience la publication de ses lettres. Passant tout à coup de la vie simple qu'il avait toujours menée en France et à Florence, Étienne se trouva tout à coup lancé dans des conditions d'existence toutes nouvelles. Il n'y eut pas de fêtes, de bals et de concerts donnés par les divers ambassadeurs à Rome, auxquels M. le duc de Laval ne voulût que l'auteur des lettres n'assistât, et où il eut parfois la galanterie de le conduire lui-même.

L'aimable madame Martinetti, de Bologne, aussi remarquable par les agréments de son esprit que par sa rare beauté, l'admit à ses soirées, où parmi plusieurs hommes de mérite on distinguait Martinez de la Rosa, qui, jeune alors, se faisait déjà remarquer comme homme politique et par ses talents littéraires. Plus d'une fois il reçut des invitations de lord Kinnaird, de madame la duchesse de Devonshire ; et chez l'ambassadeur de France, où il se rendait souvent, il fit connaissance avec les cardinaux français de La Fare et de Clermont-Tonnerre, ainsi qu'avec les cardinaux italiens Della Somaglia, Cacciapiatti et Vidoni.

Quelques jours après son arrivée à Rome, Étienne rencontra à l'ambassade M. de Marcellus, arrivant de Milan, qui lui dit : « Savez-vous que le prince Borromée a mis toute la gendarmerie de Milan à vos trousses autour du lac Majeur? Que lui avez-vous donc fait? » Étienne, certain de n'avoir rien écrit dans ses lettres qui pût blesser la susceptibilité d'aucun Milanais grand ou petit, et se sentant d'ailleurs à l'abri des poursuites dont M. de Marcellus lui avait parlé, ne pensa bientôt plus à cette affaire. Mais, peu de jours après cet avertissement, Étienne reçut un billet de madame la comtesse de Mazin, qui l'invitait à venir passer la soirée chez elle. Il était ajouté, en post-scriptum, qu'elle avait à lui parler d'une affaire qui le concernait. Étienne ne connaissait nullement madame de Mazin ; toutefois il se rendit chez elle. Il la trouva couchée et faisant la conversation avec deux ou trois messieurs, tandis que son mari achevait un piquet avec un abbé, commensal de la maison. « Je suis au lit, » dit-elle à Étienne qui la saluait encore, « pour me remettre de la fatigue du voyage. Je suis arrivée hier de Milan où j'ai vu mon oncle, le prince Borromée, qui a été bien en colère contre vous. » — Qu'ai-je pu faire ou dire, madame, qui l'ait offensé? demanda Étienne. — Soyez tranquille, reprit la comtesse avec un sourire gracieux, j'ai fait votre paix avec mon oncle. Une ou deux lignes de votre quatrième lettre, sur les îles Borromées, où vous dites, à l'occasion du palais de l'*Isola bella*, « que vous ne sauriez exprimer l'espèce de tristesse que vous a causée ce palais *inhabité et inhabitable*, » l'ont fait entrer en fureur. Mais j'ai pris soin de lui lire les lettres qui précèdent et les lettres qui suivent celle qui l'a fâché, en lui faisant observer que, loin d'être un critique malveillant de l'Italie, vous en parliez au contraire de la manière la plus impartiale. » Le résultat de cette petite aventure pour Étienne, fut de jouir à Rome, à Naples et à Paris, de la société de madame de Mazin qui tient un rang distingué à la cour de Turin, et se fait remarquer par une gravité tempérée par la grâce et la culture de son esprit.

Rome, excepté à l'époque du pontificat de Léon X, n'a jamais été une ville littéraire. Même du temps de ce pape célèbre, elle n'eut un droit passager à ce titre, que par la présence accidentelle des poëtes et des écrivains des autres états de l'Italie, qui vinrent y chercher des louanges et des faveurs autour du trône pontifical. Cet antique sol romain, riche de tant de couches de souvenirs, peut bien inspirer à ceux qui ne l'interrogent qu'en passant quelques pages éloquentes ou de beaux vers; mais ceux qui le foulent incessamment, qui, chaque jour, sont témoins des découvertes que l'on fait dans ses entrailles, laissent prendre, sans s'en apercevoir, une direction différente à leurs idées et par suite à leurs études. Avec plus ou moins de passion, il n'est personne habitant Rome qui ne devienne malgré lui antiquaire. Le plus grand nombre des vieux monuments, entassés dans cette ville, offrent autant d'énigmes qui font contracter à l'esprit l'habitude de réfléchir et de combiner, au lieu de lui laisser cette liberté d'invention si favorable à la culture des lettres. Aussi ne compte-t-on aucun poëte réellement célèbre né à Rome, tandis qu'à toutes les époques, depuis les savants archéologues de profession, jusqu'aux paysans qui encastrent soigneusement des débris antiques dans les murs de leurs pauvres maisons, on trouve chez les Romains toujours le goût et souvent la passion de l'étude de l'antiquité. Les dissertations archéologiques pleuvent à Rome; et il ne se passait guère de semaines sans qu'Étienne ne reçût des *disquisitiones* écrites en latin, particulièrement d'un de ses amis, le marquis Melchior, garde noble du pape, toujours à la recherche des fouilles et des antiquités que l'on en retirait. Ces fouilles, du reste, sont pratiquées dans les environs de Rome par les riches propriétaires de terres, plus souvent empressés d'en arracher des fragments de statues et de colonnes, pour enrichir les collections de leurs palais, que d'en tirer profit par l'agriculture. Étienne eut l'occasion de juger de la vivacité du goût que les dames romaines elles-mêmes ont pour les antiquités. Revenant un jour d'une course dans les environs de Rome, avec M...... l'envoyé de Prusse, Étienne et le savant allemand, au moment où ils passaient devant la porte du palais Doria, furent arrêtés par la belle princesse de ce nom, qui, dans la joie qu'elle éprouvait de la découverte d'une très-belle urne funéraire trouvée dans l'une de ses terres, invitait les passants à venir admirer ce chef-d'œuvre qu'elle avait fait placer sous une remise de son palais. Là, tout entière à son enthousiasme, et sans respect pour ses vêtements et ses belles mains, elle nettoyait, pour les rendre plus visibles, les têtes et les draperies des personnages sculptés, couvertes encore de quelques portions de la terre d'où on les avait tirées, et interrogeant les assistants sur le sujet des bas-reliefs, ne craignant même pas de donner ses propres conjectures.

Les recherches d'érudition, les combinaisons archéologiques auxquelles on est forcé de se livrer pour aborder les problèmes la plupart insolubles que présentent les monuments mutilés de l'antiquité, altèrent et finissent nécessairement par éteindre la faculté de l'imagination. Aussi, sans prétendre que cette direction donnée aux esprits chez les Romains soit l'unique cause de leur peu d'aptitude à la haute littérature et à la poésie, on peut croire qu'elle les dispose plus particulièrement à la littérature scientifique. La vérité est qu'en 1824 il n'y avait à Rome que deux académies : l'une où l'on ne s'occupait que d'archéologie, l'autre dite *dei Lincei,* qui a le même objet que l'académie *del Cimento* à Florence et celle *des Sciences* à Paris.

Ampère fils, Ballanche et Dugaz-Montbel étaient arrivés à Rome quelque temps avant Étienne et fréquentaient la maison de madame Récamier, habitant aussi cette ville avec sa nièce, aujourd'hui veuve du savant antiquaire Lenormand. A Paris, Ampère et Étienne, liés d'amitié, s'étaient bien promis de se retrouver dans la ville éternelle où, en effet, animés tous deux du désir ardent de connaître ce vieux monde romain, ils firent ensemble de fréquentes courses à Rome et dans ses environs. Ampère, Desmousseaux de Givré et Montbel, pendant ces promenades, firent entendre plusieurs fois à Étienne que madame Récamier avait témoigné le désir de le voir, et qu'il serait convenable qu'il allât la saluer. Depuis 1799, où l'auteur des lettres écrites d'Italie, n'étant encore qu'un jeune élève en peinture, avait admiré madame Récamier dans tout l'éclat de sa jeunesse et de sa beauté, aucune occasion ne s'était présentée pour lui de revoir cette personne célèbre ; et, pour être sincère, la curiosité qu'il avait de se trouver avec elle était vive. Toutefois, il redoutait de se laisser aller aux charmes d'une société trop française dans cette Rome où il voulait au contraire s'isoler pour la mieux connaître, tandis qu'en fréquentant les grands salons de cette ville, il était maître du temps qu'il voulait consacrer à ces brillantes et curieuses distractions. Ce besoin d'indépendance, pour distribuer son temps en faveur de l'étude, était parfaitement compris par Ampère, Desmousseux de Givré et Montbel, mais il était impossible de faire valoir une pareille excuse envers des dames; aussi les amis d'Étienne le pressaient tous les jours davantage de venir saluer madame Récamier. Enfin il promit, mais en demandant encore de disposer de quelques jours, pour terminer des lettres qu'il devait envoyer à Paris. Les choses en étaient là, lorsque madame la comtesse de B***, à qui madame Récamier avait parlé du retard qu'Étienne mettait à lui faire visite, vint le prendre chez lui, le conduisit chez madame Récamier, à qui elle présenta son captif en disant : « Enfin le voilà ! » Puis, après quelques mots de politesse pour s'excuser de sa prompte retraite, madame de B**** alla remonter dans sa voiture pour achever le cours de ses visites.

Cette brusque introduction fit sourire tous les assistants y compris madame Récamier et Étienne à qui ce coup de théâtre épargna les préliminaires, toujours un peu embarrassants d'une connaissance nouvelle. Selon son habitude, la maîtresse de la maison, vêtue d'une robe blanche nouée par une ceinture bleu clair, reposait sur un sopha, non loin duquel était assise sa nièce. Tout étourdis de l'arrivée imprévue d'Étienne, Ampère et Montbel étaient restés debout, et le bon Ballanche, méditant auprès du feu, ne laissa voir sur sa figure étrange aucun étonnement.

En entrant dans cette maison, Étienne s'était bien dit qu'il ne voulait faire qu'une visite de politesse; mais il n'en fut pas ainsi. Un quart d'heure était à peine écoulé que la conversation entre madame Récamier et lui avait pris une aisance qui ne résulte ordinairement que d'une connaissance déjà ancienne. Il est vrai que des souvenirs communs aux deux causeurs à peu près du même âge, en réveillant dans leur mémoire les souvenirs des mêmes événements dont chacun d'eux avait été témoin, durent contribuer à leur faire croire qu'ils se connaissaient depuis longtemps. En somme, l'accueil fait à Étienne fut si cordial, et lorsqu'il se retira madame Récamier lui dit avec tant de grâce : « A demain ! » qu'il fallut céder.

Quoiqu'ayant dépassé la quarantaine, madame Récamier était encore à cette époque, d'une grande beauté; et Étienne eut bientôt l'occasion d'observer l'admiration qu'elle excita, lorsqu'à la fête de Saint-Pierre, elle s'avança sur la terrasse du palais du cardinal de la Somaglia, pour prendre place avec les beautés de Rome, invitées à voir l'illumination de la basilique de Saint-Pierre. Au moment où elle parut, les hommes se retirèrent respectueusement pour lui faire passage, et leur admiration fut telle qu'elle rappela à plus d'un assistant celle des vieillards troyens qui, à la vue de la beauté d'Hélène, s'expliquèrent la guerre acharnée qu'on se faisait à cause d'elle.

On a dit souvent que madame Récamier n'avait rien moins que de l'esprit; la meilleure preuve de la fausseté de cette imputation, est la franchise avec laquelle Étienne interrogea cette dame sur la cause d'un bruit si étrange. Elle l'attribuait à sa timidité naturelle augmentée par la célébrité à laquelle elle avait été condamnée dès sa jeunesse. « J'étais si jeune et entourée, disait-elle, de tant de prétendus admirateurs, que des rivalités sans causes rendaient d'une susceptibilité si effrayante les uns envers les autres, que mes mouvements, mes idées et ma langue étaient souvent paralysés. Il suffit, vous le savez, d'une question indiscrète, pour provoquer une sotte réponse; et Dieu sait que les occasions d'en faire de telles ne m'ont pas manqué. A moins que je ne me trouvasse avec des personnes en qui j'avais toute confiance, je ne disais rien, et quand j'étais forcée de parler à des personnes dont les intentions devaient m'inspirer des craintes, il a dû m'échapper bien des réponses peu spirituelles. »

En France, on attribue particulièrement la qualité de gens d'esprit à ceux qui, du choc inattendu de deux idées sans rapports apparents entre elles, font jaillir une pensée brillante qu'ils lancent comme un trait. Dans sa conversation, madame Récamier n'avait pas de *trait*. Son rare bon sens, la perspicacité de son jugement, le tact dont elle était douée et l'expérience qu'elle avait acquise à l'époque où Étienne fit sa connaissance, étaient autant de qualités dont la répartition égale mettait dans un équilibre remarquable les opérations de son esprit. On ne pouvait que rarement citer d'elle des *mots saillants;* mais si on l'avait écoutée sur quelque sujet grave et intéressant; si on l'avait consultée dans des occasions difficiles; si, dans des entretiens littéraires, on l'avait entendue donner modestement son avis ; c'est alors que, revenant par réflexion sur ce qu'elle avait pensé et dit, on demeurait frappé de la sûreté de son jugement, de la sagacité avec laquelle elle débrouillait les affaires difficiles, et comme son tact délicat la servait heureusement pour apprécier la conversation et les ouvrages des gens de mérite. Son esprit ne se manifestait donc pas par des éclairs brillants, et on pourrait plutôt le comparer à un ciel éclairé par une lumière toujours égale.

Quoique la beauté de cette personne ait rendu à peu près fous un très-grand nombre d'hommes, depuis les plus humbles personnes de la société jusqu'à ceux qui se distinguaient par leur haute naissance ou par l'éclat de leurs talents, c'est un fait incontestable que la réputation de madame Récamier est restée parfaitement pure. Étienne ne l'ayant pas connue jeune, lorsqu'elle était l'idole de Paris, il ne peut donner de renseignements sur les *malheureux* qu'elle a dû faire alors. Mais il est certain que le nombre de ceux qu'elle réduisit à cet état, pendant son séjour à Rome en 1824, est encore assez considérable. Ces *infortunés* étaient de deux sortes; les uns appartenant à l'aristocratie, et tenant, par vanité bien plus que par tout autre sentiment, à passer dans le monde pour avoir été amoureux fous de madame Récamier ; puis d'autres plus jeunes et de condition plus modeste, qui, sans qu'il leur fût possible de nourrir la plus légère espérance, ne s'en laissaient pas moins entraîner par une passion qui égarait parfois leur raison.

Neuf ou dix personnes au plus composaient la société de madame Récamier où bien des gens désiraient en vain d'être admis. On s'y rendait en général avec exactitude, et il fallait que M. le duc de Laval, l'un de plus fidèles, eût des devoirs importants à remplir, pour manquer à ces réunions. Après les deux dames, la tante et la nièce, c'était lui qui donnait la vie à ces soirées. On retrouvait encore en toute sa personne la tradition des manières du grand seigneur d'autrefois. Poli sans affectation, parlant à peu près sur le même ton de choses tristes, sérieuses ou badines; écoutant, sans laisser paraître ce qu'il éprouvait, les discours qui contrariaient le plus ses idées, sa physionomie douce et bienveillante restait au fond toujours impassible. Le caractère et l'esprit de cet homme n'était pas fortement trempés; mais, comme la plupart de ceux que leur naissance et leur position dans le monde ont mis à même de frayer habituellement avec les hommes d'élite en tous genres, M. de Laval, à l'instar d'une abeille diligente, avait confié à sa bonne mémoire tout le butin qu'il avait fait, et savait en tirer le plus heureusement parti. Aussi, quoique ce qu'il disait ne se résumât guère qu'en citations, il les plaçait avec un tel à-propos, savait leur donner un air si nouveau, qu'il se les appropriait. Il n'était même pas jusqu'à son léger bégayement dont il ne profitât avec grâce, pour donner de l'inattendu et du piquant à ce qu'il disait.

De tous les membres de la société, celui dont l'aspect extérieur et les manières offraient le contraste le plus frappant avec les habitudes du duc de Laval, quoiqu'ils aimassent beaucoup à se trouver ensemble, était le bon et aimable Ballanche. Faible de santé, lourd dans ses mouvements, ce pauvre homme avait la tête et particulièrement le visage concassés comme s'ils eussent reçu deux ou trois coups de pilon dans un mortier. Originairement il avait exercé la profession d'imprimeur à Lyon, sa ville natale; mais son goût pour les lettres et l'érudition, l'avaient entraîné à écrire, et en 1824, au moment le plus florissant de la réunion chez madame Récamier, sa compatriote, il étudiait les antiquités de l'histoire de Rome, travaillait aux ouvrages qui l'ont fait connaître, particulièrement à la *Palingénésie,* ou rénovation de la société. Tout le temps qu'il ne donnait pas à l'étude, il le consacrait à madame Récamier qu'il aimait et a toujours vénérée comme une sainte. Habituellement plongé dans ses méditations, ce n'était qu'en certaines occasions, lorsqu'il entendait exprimer des idées et des sentiments contraires aux siens, que cet homme, qui habituellement paraissait végéter plutôt que vivre, s'animait et parlait quelquefois avec une véhémence qui allait jusqu'à l'emportement. Chaque jour, après son travail, il arrivait régulièrement chez madame Récamier vers trois heures du soir, et, après lui avoir fait affectueusement ses politesses, allait s'établir devant la cheminée où il restait immobile comme un sphinx égyptien. Les allées et venues des personnes de la maison, les visites, rien ne le tirait de son calme, à moins que quelques paroles mal sonnantes à son oreille ne vinssent, comme une étincelle électrique, enflammer son cerveau. Entre plusieurs explosions de ce genre, il en est une qui a longtemps égayé le petit cercle de la rue del Babuino. Après un très-bon dîner chez madame la

duchesse de Devonshire, Ampère et Ballanche, qui y avaient assisté, revinrent vers dix heures du soir chez madame Récamier où se trouvaient le duc de Laval, lord Kinnaird, le duc abbé de Rohan, Montbel et Étienne. Le travail littéraire dont s'occupait Ballanche en ce moment lui faisait diriger ses lectures sur les ouvrages de Bossuet, et comme le dîner de la duchesse lui avait délié la langue, il laissa échapper sur le grand évêque quelques paroles dédaigneuses qui furent relevées aussitôt par madame Récamier et le duc de Laval. Mais Ballanche levant la tête et prenant un ton d'autorité, commença une diatribe fulminante en motivant, comme il l'entendait, les reproches qu'il faisait à Bossuet, et s'échauffant toujours davantage, il arriva enfin à sa péroraison en disant comme s'il eût été hors de lui : « Qu'on ne me parle plus des
» vertus et des talents de Bossuet; d'un homme qui a osé
» dire que Dieu n'a pas révélé le dogme de l'immortalité
» de l'âme aux juifs, parce qu'ils n'étaient pas dignes de
» recevoir cette vérité ! Ces mots, ajouta-t-il, en devenant
» presque furibond, et marchant à grands pas, ces mots
» le rendent digne du feu, et les cinquante mille bûches
» de l'inquisition ne suffiraient pas pour le rôtir ! Puis
» s'arrêtant tout à coup, il y aurait là cinquante mille
» fenêtres que je m'en précipiterais d'un coup, en témoi-
» gnage de ce que j'avance. » En laissant échapper ces dernières paroles, il appuyait la main tantôt sur l'épaule de M. de Laval, tantôt sur celles de lord Kinnaird et du duc de Rohan qui, ainsi que les autres assistants, ne pouvaient se tenir de rire, hilarité à laquelle le bon Ballanche se laissa bientôt aller lui-même.

Cette scène et bien d'autres, amenées par la différence d'opinion sur les brûlantes questions politiques agitées alors en France, donnaient parfois une vivacité à ces conversations dont l'issue aurait pu devenir inquiétante, si M. de Laval n'eût eu le bon goût, dans ces réunions privées, de laisser une entière liberté de penser à ses adversaires qui, de leur côté, tout en défendant leur cause avec sincérité et chaleur, le faisaient toujours avec les égards et la politesse que l'on était naturellement disposé à observer sous la présidence de madame Récamier. Cette dame, en ces occasions, usait avec une autorité pleine de grâce de l'ascendant qu'elle savait prendre sur ceux qu'elle admettait dans son intimité; et dans tout le cours de sa vie, à Paris comme à Rome, poussée par le désir d'amortir les passions et les inimitiés que faisaient naître les dissentiments en politique, elle mettait une espèce de coquetterie à rassembler près d'elle les hommes dont les opinions étaient le plus contraires.

De toutes les discussions qui eurent lieu en France vers cette époque à la Chambre des députés, l'une des plus orageuses et des plus longues, fut celle que fit naître la question de savoir si Benjamin Constant, que le parti ultra-royaliste voulait exclure du nombre des députés, était ou n'était pas Français. Les journaux venant de Paris ne parlaient pas d'autre chose, et les habitués du petit cénacle de la rue del Babuino, à l'exception d'Étienne, les lisaient assidûment, ce qui fournissait chaque jour des arguments nouveaux à ceux qui se montraient favorables ou contraires au sort du spirituel publiciste. Tout en reconnaissant le grand talent de Benjamin Constant, la physionomie, l'expression habituelle de cet homme avaient toujours été assez peu sympathiques à Étienne; et pendant plusieurs hivers qu'il le vit aux soirées de M. Stapfer, sauf les politesses d'usage, il n'avait jamais pu se décider à adresser précisément la parole au célèbre tribun. L'air froid, désabusé et majestueusement goguenard de cet homme, le glaçait. Avec ce précédent, son affaire à la chambre des députés n'avait pas un intérêt bien vif pour Étienne, et tandis que les principaux avocats pour ou contre lui, Ballanche et l'ambassadeur entre autres, se faisaient difficilement entendre au milieu des autres assistants parlant tous à la fois, Étienne, disposé à se retrancher dans une neutralité complète, restait assis près de la table où il dessinait des croquis, occupation à laquelle il avait particulièrement recours, quand on agitait les questions brûlantes de la politique. Mais les dames elles-mêmes, échauffées par ces débats, s'associaient aux avocats adverses pour tympaniser le pauvre dessinateur sur sa prétendue indifférence, et le taxer de n'être pas *bon Français;* car, dans leurs moments d'effervescence, les politiques sont comme les joueurs près desquels on ne peut rester, sans épouser leur passion. Vanité des vanités ! De cette question regardée comme si importante en 1824, qui a conservé le souvenir ? Il faut s'écrier avec le poëte Villon : « *Mais où sont les neiges d'antan ! ! !* »

Ainsi que Ballanche, Montbel, natif de Lyon, éprouvait une vive amitié pour madame Récamier. Avec un cœur chaud et une âme sincère, cet homme, quoique sous une apparence un peu lourde, ne manquait pas de délicatesse et d'esprit, et son goût pour les lettres grecques l'avait conduit à entreprendre une traduction complète de tous les ouvrages qui nous restent d'Homère. A cette époque, les travaux d'érudition de quelques savants allemands sur la non-existence de ce poëte avaient pénétré en France, et Montbel joignit la traduction de ces dissertations à celle des poëmes. Mais cette question agitée alors avec une certaine ardeur, et qui divisa d'opinion les savants français, doit être rangée aujourd'hui dans la même catégorie que celle qui fit naître des discussions si violentes à l'occasion de la nationalité de Benjamin Constant.

Malgré la douceur de son caractère, Dugaz-Montbel professait des opinions assez vives en politique. Il était franchement *libéral,* mais ennemi de tout excès. Quelques années après son séjour en Italie, à la suite de la révolution de 1830, il crut devoir par conscience, se mettre sur les rangs à Lyon, pour faire partie de la chambre des députés. Ceux de ses amis qui savaient combien cet homme, d'un caractère doux et impressionnable, était étranger à la pratique des affaires, et peu préparé surtout aux vives émotions que faisaient naître alors les séances orageuses de la chambre des députés, firent de vains efforts pour le détourner de sa résolution. A peine une année était-elle écoulée, que les émotions fréquentes auxquelles il fut exposé déterminèrent chez lui un anévrisme qui le conduisit promptement au tombeau.

Deux artistes français célèbres fréquentaient aussi le salon de madame Récamier. D'une douceur, d'une aménité charmante, V. Schnetz, malgré son aspect un peu rude et un peu sauvage, tenait fort agréablement sa place dans cette société où sa franchise et ses observations originales contrastaient avec le poli des paroles que l'on y employait le plus ordinairement. Les modèles que la nature de son talent lui faisait rechercher, les habitudes des brigands, des ermites, des capucins et des gens de la campagne, lui fournissaient des remarques fort originales. Un soir, entre autres, où la conversation étant tombée sur les galériens, il s'efforçait de prouver qu'à Rome cette peine n'était considérée comme infamante ni pour le condamné, ni pour ses parents, il ajouta que dans la rue Ripetta il avait connu une femme dont le mari était condamné aux fers, et que cette digne épouse, en souvenir de son époux et par tendresse pour lui, avait fait faire à leur fils, âgé de cinq ou six ans, un petit habit de galérien, avec des chaînes de fer-blanc, absolument avec le même entrain que les dames de Paris font porter des habits de hussard ou de garde national à leurs enfants.

L'autre artiste, P. Guérin, alors directeur de l'école de France à Rome, n'avait pas dans le monde la verve de V. Schnetz. C'était au contraire un homme réservé, parlant très-peu, mais à propos, et ayant les manières les plus distinguées. La faiblesse de sa santé contribuait encore à augmenter son calme, mais il est certain qu'il écoutait avec esprit. Le talent de ce peintre n'était de son aveu rien moins que facile; dans une réunion pendant laquelle Schnetz et Étienne faisaient des croquis pour ces dames, celui-ci ayant dit à l'oreille de Guérin qui regardait le travail leste des deux dessinateurs : « Vous devriez bien faire quelque croquis pour madame Récamier, je sais que vous lui feriez un plaisir extrême, » l'auteur du *Marcus Sextus* et de *Phèdre* répondit à voix basse : « On me donnerait un million pour improviser un dessin comme le fait Schnetz, que je ne pourrais y réussir. » Et en effet cet artiste, comme beaucoup de grands maîtres d'ailleurs, ne pouvait rien produire sans avoir la nature devant les yeux.

Il reste à faire connaître l'un des habitués du petit cénacle dont les goûts et les talents littéraires excitaient déjà vivement l'attention. Fils d'un des savants les plus illustres de notre temps, J. J. Ampère, né avec le siècle, était plus jeune encore que son âge, à l'époque de son séjour à Rome; non qu'il manquât de science déjà acquise, car, outre ses excellentes études classiques, un immense désir d'apprendre s'était emparé de lui au sortir du lycée. Non-seulement il s'était familiarisé avec l'italien, l'allemand et l'anglais, mais, dans son ardeur insatiable de savoir, il n'avait pu rester totalement étranger au sanscrit, aux hiéroglyphes égyptiens et même au chinois, ce qui ne l'empêchait pas de cultiver avec succès la poésie.

A Rome, pendant les promenades, dans les musées, sous les antiques murs du Capitole, comme dans le salon de madame Récamier, il conservait, malgré ses vingt-quatre ans, les habitudes, les inégalités d'esprit et de caractère propres à un adolescent. Dans la même journée, que le temps fût radieux ou obscur, on le voyait, sans cause apparente, gai ou triste, aimable ou soucieux, passant tout à coup de joies folles à des humeurs noires, et après avoir goûté le charme de la société dont il faisait partie, témoignant tout à coup le désir d'aller à Naples ou de s'embarquer pour la Grèce dont le sort occupait toute l'Europe en ce moment. Ainsi que l'a dit Shakspeare d'un de ses personnages, Ampère était alors changeant comme le mois d'avril, *fickle as April*. Aussi, dans cette Rome qui fait naître tant d'impressions si variées, avait-il l'occasion de mettre toutes les ressources de son imagination et de son savoir en jeu, et soit dans la conversation, ou par ses écrits en prose ou en vers, il se montrait en réalité l'homme le plus littéraire de la société française à Rome en ce moment.

Les monuments de la ville éternelle excitaient vivement sans doute son admiration; cependant, fidèle à l'art pour lequel il se sentait né, il roulait sans cesse dans son esprit le plan de plusieurs compositions littéraires. Pendant les fréquentes promenades qu'il se plaisait à faire avec Étienne, bien que ce compagnon fût son aîné de vingt ans, il aimait à parler avec lui des essais qu'il avait déjà faits et de ceux qu'il se proposait de tenter encore. Déjà, chez madame Récamier et chez madame la duchesse de Devonshire, il avait lu une tragédie, *les Lombards*, commencée à Paris et terminée à Rome; et un jour, dans la campagne, il déroula à Étienne le plan d'une comédie dont le titre : *le Noble et le Riche, ou le Mariage par intérêt*, indique le sujet.

L'école romantique avait déjà levé presque victorieusement son étendard; or, Ampère, versé dans la lecture des drames de Schiller, de Goëthe et de Shakspeare, mais admirateur sincère et éclairé des productions de Corneille, de Racine et de Molière, sentait son esprit éprouver des oscillations que les jeunes littérateurs de cette époque avaient bien de la peine à calmer. Étienne était heureux d'avoir un jeune ami, qui, au milieu de cette Rome, où l'on ne s'occupe sérieusement que d'archéologie, entretînt dans leur conversation, le feu sacré de la poésie.

Depuis longtemps Ampère et Étienne désiraient visiter la bibliothèque Vaticane et y faire quelques recherches. Ils obtinrent facilement de l'ambassadeur de France une lettre d'introduction auprès de monseigneur Angelo Maï, avec laquelle ils se flattaient de pouvoir consulter à l'aise quelques-uns des manuscrits qui abondent dans ce riche dépôt. Mais, outre les portes pleines des armoires qui ne laissent même pas voir le titre des livres, monseigneur A. Maï, qui reçut les deux curieux avec une extrême politesse, fit cependant valoir mille observations évasives pour ne pas leur confier les ouvrages qu'ils désiraient, et leur montra seulement deux manuscrits fort précieux sans doute, mais dont les textes et les miniatures ont été reproduits par l'impression et le burin, le *Térence* et le *Virgile*, dits du Vatican.

Les deux curieux sortirent de cette bibliothèque à peu près tels qu'ils y étaient entrés. A peine dehors, Ampère devint furieux du mécompte qu'il venait d'essuyer, et sa colère augmenta encore, lorsqu'il vit le sang-froid avec lequel son compagnon prenait la chose. « Écoutez, mon ami, lui dit Étienne, les vingt ans que j'ai de plus que vous suffiraient pour me donner le calme qui vous manque. Mais, en outre, ce surcroît d'âge est cause qu'en 1798 j'ai vu entrer à Paris les monuments de tout genre, y compris les manuscrits du Vatican, apportés d'Italie. Or, il faut que vous sachiez que depuis l'époque de ce transport jusqu'en 1815, lorsque ces précieuses richesses ont été reprises à la France, les caisses qui les contenaient étant restées parfaitement intactes et empilées sous le guichet du Louvre, du côté du pont des Arts, on n'a lu ni par conséquent imprimé aucun fragment de ces manuscrits. En cette affaire les Français sont évidemment dans leur tort. »

XIII.

Étienne, en quittant Rome où l'excès de travail et des veilles avait fini par le priver complétement de la faculté de dormir, alla passer un mois dans le royaume de Naples et se proposait de se diriger de là vers Venise, lorsqu'une lettre de sa mère, atteinte d'un mal auquel elle succomba neuf mois après, le fit rentrer subitement en France. Il remonta toute l'Italie jusqu'à Turin ; et, la veille du jour où il devait poursuivre sa route, il visita la colline de Superga, au sommet de laquelle est l'église qui renferme les restes des rois de Piémont. De là on découvre une bonne partie de ce royaume, mais, du côté opposé, s'élève l'immense chaîne des Alpes qui sépare l'Italie de la France. A l'aspect de cet appareil majestueux et terrible de montagnes, Étienne sentait à chaque instant avec plus de vivacité, que c'était une barrière au delà de laquelle l'espèce de songe où son séjour en Italie l'avait plongé allait s'évanouir. En effet, sans parler des riches souvenirs et des connaissances solides qu'il y avait rassemblés, l'accueil si bienveillant qu'il avait reçu en ce pays avait laissé des traces profondes dans son esprit. De ce songe il restait cependant quelque chose de positif. Outre les trente lettres écrites d'Italie et publiées dans le *Journal des Débats*, il en rapportait plus de trente autres manuscrites, et une foule de documents recueillis dans les différentes parties de l'Italie.

Comme le lendemain d'une fête il faut reprendre le cours des affaires graves, Étienne, de retour en France, pensa sérieusement à suivre la carrière des lettres. Malgré les nombreuses et brillantes distractions qui lui avaient été offertes en Italie, il avait acquis en ce pays une telle habitude du travail qu'encore aujourd'hui (1858), malgré le nombre de ses années, il peut se livrer à l'étude pendant une portion des nuits. Préoccupé déjà de plusieurs compositions réalisées plus tard, il se mit d'abord en devoir de remplir ses engagements avec les frères Bertin. L'exposition des objets d'art au salon du Louvre étant ouverte, Étienne en rendit compte du 1er septembre 1824 au mois de janvier de l'année suivante, tâche dont il s'est ponctuellement acquitté jusqu'en 1859.

Mais l'humeur voyageuse d'Étienne l'a tant soit peu écarté dans ses récits de la voie qu'il doit suivre ; il faut y rentrer. Or, le moment est venu, avant de mettre en scène les jeunes littérateurs romantiques de 1816, de désigner ceux des écrivains qui, depuis la mort de Voltaire jusqu'à cette dernière époque, avaient déjà fait les tentatives les plus audacieuses pour affranchir le théâtre en particulier et la littérature en général des conventions qui leur avaient été imposées. Au milieu d'un bataillon de poëtes dramatiques ayant eu leur jour de gloire, dont les noms de la plupart sont cependant peu connus aujourd'hui[1],

---

[1] Dubelloy, Lemierre, Laya, Legouvé, de Murville, Arnaud, Souririguière, Luce de Lancival, Marcel, Raynouard, Dejouy, Delrieux, Baour-Lormian, Soumet.

on distingue surtout Caron de Beaumarchais, puis Ducis, M. J. Chénier et Népomucène Lemercier.

Pendant la même période de temps, les prosateurs dont les ouvrages, en jetant le plus d'éclat, ont particulièrement contribué à ébranler les doctrines classiques, sont : Bernardin de Saint-Pierre, Chateaubriand, madame de Staël et Joseph de Maistre.

A l'époque de nos souvenirs où nous sommes arrivés, l'auteur du *Génie du christianisme* avait atteint l'apogée de sa gloire; et, en raison de la mauvaise grâce avec laquelle notre langue se prête à laisser faire de sérieuses narrations en vers, on considéra cet écrivain comme un poëte. Il le fut, en effet, dans le même sens que Fénelon, par le choix des idées et des images.

On n'a point à considérer ici cet homme célèbre au point de vue politique, mais relativement à l'action de ses écrits au moment où la littérature rigoureusement classique commença à perdre de son autorité. Le succès d'*Atala* et de *René* a été tel, que le public a en quelque sorte arraché ces deux romans du *Génie du christianisme* dont ils font partie. *Atala* date de 1801, alors que le goût général se portait exclusivement sur les ouvrages de l'antiquité. Aussi, quoique Chateaubriant ait mis en scènes des sauvages de l'Amérique et qu'il se soit entouré des sites et des productions de leur pays, dans toutes les parties de ce petit poëme, il circule un parfum vraiment homérique. Pouvait-il en être autrement? Et comment, pendant ses études classiques et dans ses lectures de jeunesse, Chateaubriand, né en 1768, n'aurait-il pas puisé ce goût excessif pour les productions de l'antiquité, répandu alors dans toute l'Europe? L'écrivain sut exciter tout à la fois la curiosité de son lecteur et flatter ses habitudes avec beaucoup d'art, en combinant l'attrait des peintures du Nouveau-Monde avec le charme d'un style artistement imité du plus ancien des poëtes grecs. La grande vogue de ce livre cependant ne se soutint que tant que dura l'admiration exclusive de l'antiquité.

Vers 1819, lorsque des causes que l'on connaîtra bientôt eurent substitué la passion des idées et des productions du moyen âge et des temps modernes à celles de l'antiquité, le goût changea subitement, et l'admiration pour *Atala* et *les Martyrs* commença à se refroidir. Ce style, imité d'Homère, si séduisant pour les premiers lecteurs, parut entaché d'emphase à la génération suivante, et il arriva au bout de vingt ans, que les critiques faites sur le style de ce livre par M. J. Chénier, Dussaut et Hoffmann ne furent plus jugées aussi injustes qu'elles l'avaient paru en 1801 et 1809.

L'admiration pour *Atala* s'étant ralentie, on la reporta sur *René*. La donnée de ce petit drame a un fond de vérité, les personnages appartiennent à notre temps, et la scène se passe dans notre pays, conditions devenues presque indispensables pour satisfaire le goût nouvellement développé vers 1819. En outre, la nature de ce sujet ayant conduit le grand écrivain à assouplir, à simplifier son style, au mode épique qu'il avait employé pour faire parler Chactas et le père Aubry, il substitua dans le livre *René* un ton plus conforme à nos habitudes, mais relevé par la pureté et toute l'élégance de langage qui lui étaient propres.

Peut-être doit-on regretter que l'avenir de cette composition si remarquable ne soit compromis par la singularité du sujet. Chateaubriand s'est proposé de peindre le *vague des passions*; c'est au moins ainsi qu'il désigne, dans quelques pages préliminaires, la maladie morale dont son héros René est atteint. Ce malaise, causé par des passions sans objet déterminé ou qui ne peuvent être satisfaites; ces sentiments nébuleux qui ont leur siége dans la tête plutôt que dans le cœur; ces vapeurs, en un mot, qui poussent au vertige, ont en effet été à la mode vers la fin du siècle dernier, lorsque la traduction française du roman de *Werther* poussa plus d'un de ses lecteurs à se donner la mort. Cette mode, cette manie de prendre la vie en dégoût, pourra peut-être faire de nouveaux ravages, comme elle en a causé très-anciennement dans des circonstances étranges[1]; mais il est certain que la génération qui atteint aujourd'hui la quarantaine non-seulement ne souffre pas de ce mal, mais, dans sa passion effrénée pour les réalités de tout genre, ne comprend même pas que l'on puisse en être atteint; aussi n'éprouve-t-elle plus aucune sympathie pour les malheurs de Werther et de René. Au surplus, le sort des romans les plus parfaits est de cesser d'intéresser dès que les mœurs et le goût qui ont servi de guide à l'écrivain viennent à changer. La vogue excessive de *l'Astrée,* qui commença avec le XVIIe siècle, et se prolongeait encore, pour J. J. Rousseau, dans les premières années du XVIIIe; ce succès, comparé à l'oubli profond où cet ouvrage est tombé, démontre le danger que courent les écrivains en déguisant les passions les plus naturelles sous les formes passagères que la mode leur imprime si souvent. L'amour surtout, cette âme véritable du roman, y est présenté sous des masques si différents, qu'il suffit parfois d'un intervalle de quinze ou vingt ans pour qu'un ouvrage qui a ravi une génération devienne inintelligible pour celle qui suit. A moins d'être vivement poussé par la curiosité ou par l'étude des lettres, est-il quelqu'un de l'âge de vingt

---

[1] Vers le Ve siècle, le suicide, qui s'était propagé en Occident, pénétra jusque dans les monastères. Il n'était pas rare que des religieux se sentissent frappés d'une mélancolie profonde qui les conduisait du dégoût de la vie à la mort volontaire. Ce fait est attesté particulièrement par saint Cassien, mort en 433.

ans aujourd'hui, qui lise *Paméla*, *Grandisson* et même *Clarisse Harlow*, cet admirable chef-d'œuvre? *La Nouvelle Héloïse*, qui jeta une si grande perturbation dans les esprits, à la fin du siècle dernier jusqu'en 1800, sauf quelques lettres passionnées et d'une admirable éloquence, ne produit plus aucun effet comme roman; il présente des peintures de mœurs si étranges pour les lecteurs de nos jours, qu'ils ne peuvent en admettre la supposition, même pendant la lecture. Lovelace et Clarisse sont des personnages qui ne pourraient penser ni agir au milieu de nous; et M. de Wolmar, entre Julie et Saint-Preux, est une combinaison que l'on ne comprend plus. En sera-t-il ainsi d'Atala et de René? Et malgré le mérite incontestable de ces productions littéraires, peut-on espérer que la peinture des mœurs des sauvages de l'Amérique et celle des passions maladives de René sont assez profondément inhérentes à la véritable nature de l'homme, pour que ces tableaux demeurent impérissables? L'avenir en décidera.

En résumant les qualités vraiment éminentes de l'imagination et du talent littéraire de Chateaubriand, il reste l'homme qui, à son époque, a triomphé avec le plus d'art et de talent du mépris dans lequel la religion chrétienne était tombée en France. Dans les parties poétiques et passionnées de ses compositions, *l'épisode de Velléda*, entre autres, il se montre digne d'être placé au rang des premiers écrivains français; et son excellent *Itinéraire de Paris à Jérusalem*, modèle de prose simple et irréprochable, sera peut-être un des plus incontestables titres de sa gloire. Quant à l'action que l'ensemble de ses écrits a exercée sur les lettres, elle marquera le point qui sépare les premières protestations contre l'excès du système rigoureusement classique, des efforts tentés par le romantisme pour émanciper la littérature.

Le troisième prosateur, dont les opinions et les talents exercèrent une grande influence sur les idées et le goût en France, est la baronne de Staël, contemporaine de Chateaubriand. On sait avec quelle verve courageuse cette femme spirituelle lutta contre le gouvernement du premier des Napoléon, et comment celui-ci, irrité de l'indépendance des opinions et de la hardiesse des paroles de cette dame, fit mettre ses ouvrages au pilon et la força de pousser jusqu'en Russie pour échapper au blocus continental et s'embarquer pour l'Angleterre.

Cette dame possédait l'esprit et le talent de conversation à un degré de perfection extraordinaire, d'après ce qu'en rapportent ceux qui l'ont fréquentée, car Étienne, qui a connu le plus grand nombre des écrivains dont il a parlé, n'a même jamais eu l'occasion de voir madame de Staël. Mais, ainsi que tout le monde, il lisait avec empressement ses ouvrages. Son premier écrit fut un *Traité de l'influence des passions,* qu'elle composa avant son mariage. Femme, elle publia deux romans : *Delphine,* puis *Corinne.* Quant à son livre : *De l'Allemagne,* qu'elle acheva dans toute la maturité de son talent, c'est le plus important de ses livres, car, outre son mérite intrinsèque, il est certain qu'il a exercé une notable influence sur le caractère et la marche qu'a pris la littérature en France à partir de sa publication.

Le génie de madame de Staël était bien plus spéculatif que fertile en inventions; aussi ses romans laissent-ils beaucoup à désirer, tandis que l'on éprouve du plaisir et l'on s'instruit en lisant son ouvrage sur l'Allemagne. L'épigraphe du roman de *Delphine :* « Un homme peut braver les convenances, une femme doit s'y soumettre, » en est le thème et fait pressentir que le désir de démontrer cette proposition mettra plus d'une entrave au développement dramatique de la fable. Quant à *Corinne,* dont le succès a été plus général et de plus longue durée, la prétention qu'a eue l'auteur de donner une idée de l'Italie l'a complétement égarée, et l'on pourrait parcourir toute cette contrée, depuis Milan jusqu'à Reggio de Calabre, qu'on ne rencontrerait aucune Italienne dont le caractère et les habitudes eussent le moindre rapport avec les allures théâtrales de Corinne. Les femmes en Italie ne sont certainement pas parfaites ; mais elles ont cette qualité rare que, depuis les princesses jusqu'aux paysannes, toutes sont simples et naturelles ; à ce point, que celles même qui montent sur la scène n'y perdent pas ce don précieux. Or, à tous les mérites attribués à Corinne, celui-là manque absolument. Cette femme poëte, danseuse, chantant en s'accompagnant de sa lyre, et traînant enchaîné à son char un Anglais désabusé et succombant au mal du *vague des passions;* cette femme est un être fantastique dont madame de Staël a plutôt trouvé le germe dans les salons de la haute société de Paris, que dans les rues de Florence, de Rome, de Venise et de Naples. La vérité est que la lecture du triomphe de la comédienne Corinne agace les nerfs de ceux qui se sont promenés sous les murs véritables du Capitole.

Le monde intellectuel, la région des idées, voilà l'atmosphère au milieu de laquelle madame de Staël vivait à l'aise et laissait prendre à son esprit tout son essor. Le monde visible ne la touchait nullement, et dans ses écrits, les idées se dégagent tellement de toutes formes sensibles, qu'il semble que les objets, en passant à travers ses regards, se décomposent pendant ce trajet instantané, et se résolvent immédiatement en idées abstraites. Cette disposition d'esprit était singulièrement favorable au désir qu'elle eut de pénétrer les profondeurs, parfois si obscures, de la philosophie et de la littérature des Allemands ; aussi s'est-elle acquittée de cette tâche à son honneur pour l'époque où elle l'a entreprise. Mais ce n'est pas le cas de s'étendre ici sur l'ensemble de cet ouvrage si généralement connu, c'est sur l'idée nouvelle pour la France en 1814; c'est sur la première notion du *romantisme* venant d'Allemagne et répandue alors dans notre pays par madame de Staël, qu'il faut s'arrêter.

Quelques mots sur les vicissitudes de la publication du livre *De l'Allemagne* sont indispensables pour déterminer précisément l'époque à laquelle il a été composé et celle où il a été lu non-seulement en France, mais par toute l'Europe, avec une avidité extraordinaire. Après avoir été étudier son sujet en Allemagne et en avoir achevé la composition en Suisse, madame de Staël envoya en 1810 son manuscrit à Mame, imprimeur à Paris. Mais peu de jours étaient écoulés qu'il parut un décret sur la liberté de la presse où il était dit « qu'aucun ouvrage ne pourrait être imprimé sans avoir été examiné par des censeurs. » Puis, à la fin de ce nouveau règlement, était ajoutée cette autre restriction : « Lorsque les censeurs auraient examiné l'ouvrage et permis sa publication, les libraires seraient en effet autorisés à l'imprimer, mais le ministre de la police aurait alors le droit de le supprimer tout entier, s'il le jugeait convenable. »

Le libraire prit la responsabilité de l'impression; madame de Staël s'avança à quarante lieues de Paris pour la surveiller, mais à peine les dix mille exemplaires de l'*Allemagne* étaient prêts à paraître, que le ministre de la police, le général Savary, envoya son monde chez l'imprimeur et fit détruire complétement l'édition du livre, sous prétexte que l'ouvrage *n'était pas français*. Puis enfin l'auteur reçut l'ordre de livrer la copie de son ouvrage et de quitter la France dans les vingt-quatre heures. Quoique quelques lecteurs particuliers eussent donné aux amis de l'auteur une idée des opinions littéraires qui y étaient développées, cependant il ne s'imprima dans l'esprit du public lettré, que le désir très-vif de le connaître.

Il ne fallut rien moins que les événements de 1814 et le renversement du trône impérial en 1815, pour que cette curiosité fût satisfaite. En effet, dans le cours de cette dernière année, il parut coup sur coup plusieurs éditions de *l'Allemagne*.

On peut encore s'instruire en relisant ce spirituel ouvrage où l'on retrouve, après quarante ans et plus, l'exposé clair et fidèle des opinions et des systèmes qui ont été adoptés successivement depuis par les hommes de lettres et les artistes jusqu'à notre temps. Ainsi, cette opposition *de la poésie classique à la poésie romantique*, qui a donné lieu à tant de discussions si embrouillées en France à compter de 1819, avait été déjà nettement résolue par madame de Staël en 1810, et pouvait être facilement jugée par le public en 1815. « Le » nom de *romantique*, dit l'auteur de *l'Allemagne*, a été » introduit nouvellement en Allemagne, pour désigner la » poésie dont les chants des troubadours ont été l'ori- » gine, celle qui est née de la chevalerie et du christia- » nisme. Si l'on n'admet pas que le paganisme et le » christianisme, le Nord et le Midi, l'antiquité et le moyen » âge, la chevalerie et les institutions grecques et ro- » maines se sont partagé l'empire de la littérature, l'on » ne parviendra jamais à juger, sous un point de vue » philosophique, le goût antique et le goût moderne. » — « On prend quelquefois, ajoute madame de Staël, le mot » *classique* comme synonyme de perfection ; je m'en » sers ici dans une autre acception, en considérant la » poésie *classique* comme celle des anciens, et la poésie » *romantique* comme celle qui tient de quelque manière » aux traditions chevaleresques. Cette division se rapporte » également aux deux ères du monde : celle qui a pré-

» cédé l'établissement du christianisme et celle qui l'a
» suivi[1]. »

On le sent, la civilisation chez les peuples de l'antiquité, opposée à celle des chrétiens, que Chateaubriand s'était déjà efforcé de présenter dans une composition héroïque et dramatique, *les Martyrs,* madame de Staël, sous l'influence du génie allemand, réduisit cet antagonisme des païens et des chrétiens, en une théorie poétique et littéraire où elle laissa percer sa prédilection pour les idées modernes.

En vertu de ce principe, et toujours dominée par les goûts et les préjugés des Allemands, elle continue, en s'exprimant ainsi, lorsqu'elle parle des arts : « Les artistes
» allemands avaient presque tous adopté les opinions de
» Winkelmann jusqu'au moment où la nouvelle école
» littéraire a étendu son influence aussi sur les beaux-
» arts. Gœthe, dont nous retrouvons partout l'esprit uni-
» versel, a montré dans ses ouvrages, qu'il comprenait le
» vrai génie de la peinture bien mieux que Winkelmann.
» Toutefois, convaincu comme lui que les sujets du chris-
» tianisme ne sont pas favorables à l'art, il cherche à faire
» revivre l'enthousiasme pour la mythologie, tentative
» dont le succès est impossible..... La nouvelle école sou-
» tient dans les beaux-arts le même système qu'en litté-
» rature, et proclame hautement le christianisme comme
» la source du génie des modernes. Les écrivains de cette
» école caractérisent aussi d'une façon toute nouvelle ce
» qui, dans l'architecture gothique, s'accorde avec les
» sentiments religieux des chrétiens. Il ne s'ensuit pas que
» les modernes puissent et doivent construire des églises
» gothiques ; ni l'art ni la nature se répètent. Ce qu'il

---

[1] *De l'Allemagne,* chap. XI, de la poésie classique et de la poésie romantique.

» importe seulement dans le silence du talent, c'est de
» détruire le mépris qu'on a voulu jeter sur toutes les
» productions du moyen âge. Sans doute, il ne nous con-
» vient pas de les adopter ; mais rien ne nuit davantage
» au développement du génie, que de considérer comme
» barbare quoi que ce soit d'original[1]. »

Il est encore un prosateur de cette époque, grand écrivain et profond penseur, dont les ouvrages, quoique d'un caractère fort différent de ceux de Chateaubriand et de madame de Staël, s'en rapprochent cependant, au moins par le développement d'une opinion commune, celle de l'excellence du christianisme. Ce prosateur est le comte de Maistre, auteur du livre intitulé : *du Pape*. Quoique Chateaubriand et madame de Staël aient eu l'âme cruellement froissée par les excès commis à la suite de la révolution de 1789, tous deux, madame de Staël surtout, en ont adopté les principes en ce qu'ils tendaient à l'établissement d'un gouvernement constitutionnel. Ce système politique a été sincèrement adopté par Chateaubriand à compter du jour où la Charte fut octroyée par Louis XVIII. Quant à madame de Staël, elle le vit établir en France avec d'autant plus d'enthousiasme, que c'était la réalisation du rêve de sa vie, depuis le ministère de son père, M. Necker, et que les éloges qu'elle avait multipliés sur le gouvernement anglais, dans ses écrits, avaient été la cause de sa proscription et de la destruction de son ouvrage sur l'Allemagne.

Le comte de Maistre professait sur ce point des opinions absolument opposées. Loin de France, où il a toujours vécu, il composa ce livre *du Pape*, dans lequel ses idées sur l'infaillibilité de la souveraineté absolue sont exposées avec une vigueur de logique qui a un cer-

[1] *De l'Allemagne*, chap. XXXII.

tain charme pour l'esprit d'un lecteur spéculatif, mais dont les applications ne pourront vraisemblablement jamais être faites dans la pratique. En connaissant le principe d'où il part, on pourra facilement pressentir toutes les conséquences qu'il en tire.

Or, cette théorie, sur laquelle on aura l'occasion de revenir, consiste à ne reconnaître pour souveraineté légitime que la souveraineté chrétienne monarchique, catholique, et à lancer l'anathème contre la souveraineté du peuple, signalée comme anti-chrétienne. Loin d'être conciliant comme madame de Staël et Chateaubriand, de Maistre est exclusif dans son système. A l'instar d'un intrépide aéronaute qui, sans s'inquiéter des fleuves, des montagnes et des mers, fend l'espace en ligne droite, l'auteur *du Pape* procède constamment en vertu d'une logique inflexible, qui le fait sauter par-dessus toutes difficultés matérielles qui pourraient l'empêcher d'atteindre son but. C'est, au surplus, la manière habituelle de tous les utopistes; et les spéculations rétroactives en faveur du gouvernement théocratique, exposées et défendues avec tant de verve et de talent par de Maistre, peuvent être considérées comme la réfutation d'une autre utopie éloquente, *le Contrat social,* où J. J. Rousseau, sans tenir aucun compte de l'expérience du passé, a sapé les doctrines de l'ancienne politique, pour en substituer de nouvelles fondées sur le principe de la souveraineté du peuple, transformant ainsi la puissance confiée par Dieu aux princes de la terre, en un simple contrat, en une série de conventions révocables, consenties par le peuple et par le souverain de son choix.

Les souvenirs retracés jusqu'ici se rattachent à la littérature du Directoire et de l'Empire. Dans la série de ceux qui vont suivre s'ouvre une ère nouvelle, celle de la littérature romantique. Mais, avant d'aborder ce sujet, il ne sera pas inutile de résumer encore brièvement ce qui précède, en remettant sous les yeux du lecteur les noms de ceux des écrivains qui, en exerçant une assez forte influence sur les variations du goût et la marche des idées depuis 1780 jusqu'en 1815, ont contribué le plus activement à faire succéder, aux doctrines classiques encore en vigueur du temps de Louis XVI et de l'Empire, celles du romantisme pendant la Restauration.

Les auteurs dramatiques sont : Ducis, Caron de Beaumarchais, M. J. Chénier et Népomucène Lemercier.

Mais, il faut le reconnaître, quelques prosateurs, leurs contemporains, ont encore plus puissamment modifié les goûts et les idées : Bernardin de Saint-Pierre, en remettant en honneur la simplicité antique; Chateaubriand, en réveillant les idées et les sentiments religieux ; madame de Staël, en introduisant en France les doctrines philosophiques, particulières à la race teutonique, qui ont préparé la révolution romantique ; et, enfin, Joseph de Maistre, anathématisant tout ce qui a été imaginé et réalisé depuis 1789, remontant même à six ou sept siècles en arrière, pour rechercher dans la théocratie pure la seule forme de gouvernement qui lui paraisse légitime, et jetant dans le livre *du Pape* les fondements d'une école religieuse, politique et même littéraire, en contradiction ouverte avec toutes les opinions acceptées et mises en pratique depuis près de quatre-vingts ans.

Tels sont les éléments intellectuels en opposition, dont le choc devait produire l'explosion romantique qui sera la matière des chapitres qui vont suivre.

XIV

L'imagination se développe très-diversement chez les nations. Les unes, celles de race teutonique entre autres, semblent plus particulièrement propres à *inventer;* les Grecs, les Latins, les Français au contraire, ont surtout reçu le goût et le talent de *perfectionner.* Chez les premières l'idée domine; chez les autres, qu'il s'agisse des lettres ou des arts, l'idée ne prend de valeur qu'en raison de l'excellence de la forme sous laquelle on l'a présentée. Là où la pensée individuelle, exempte du joug des traditions, peut jaillir toujours nouvelle, l'invention est nécessairement plus facile, plus féconde; tandis que les peuples dont les mœurs, les lois et les goûts dérivent de la civilisation de peuples antérieurs, ayant reconnu par expérience la vérité et l'excellence de certains principes, les adoptent, les respectent et n'en tirent des conséquences nouvelles qu'avec la plus grande circonspection. Un peu de lecture et de réflexion suffit donc pour faire comprendre que si les Allemands et les Anglais trouvent en leurs idiomes des auxiliaires complaisants toujours prêts à faciliter l'éclosion de leurs idées et de leurs inventions même les plus excentriques, notre langue, si prude comme on sait, ne nous donne la permission de penser et de dire que ce qu'il lui convient d'exprimer.

La nature et la direction du génie des différentes nations semblent destiner chacune d'elles à concourir, selon ses moyens, au développement général de l'intelligence humaine. Or si, comme on l'a dit, l'esprit et l'idiome français se prêtent plus particulièrement à perfectionner ce qui a été trouvé par d'autres peuples, et à en rendre la connaissance plus facile et plus générale par leur lucidité, peut-être y a-t-il de l'imprudence à risquer d'altérer la franchise de cette qualité appréciée de tous les autres peuples, en conseillant aux Français de se jeter dans la voie aventureuse des inventions et des nouveautés, où ils s'égarent presque toujours.

En cherchant par son livre de *l'Allemagne* à donner une extension presque sans bornes au cercle dans lequel le génie et la langue des Français ont contracté l'habitude de se développer depuis Malherbe jusqu'à Voltaire, madame la baronne de Staël a-t-elle rendu un véritable service aux lettres françaises? Telle est l'importante question qui se présente au moment où à la *littérature de l'Empire* va succéder celle dite *romantique*.

« *Connais-toi toi-même,* » est un conseil aussi utile à donner aux nations qu'aux individus. En recherchant donc les véritables sources où nos plus grands poëtes ont puisé leurs inspirations, il est facile de reconnaître que tous ont traité des sujets qui leur venaient au moins de seconde main. Malherbe se guide sur Horace, Boileau est dans le même cas; Corneille et Rotrou composent sous l'influence espagnole, Racine, plus près de la nature et par cela seul plus vraiment original, imite cependant les tragiques grecs; La Fontaine prend pour thèmes les fables d'Ésope et ne se les approprie que par le charme indéfinissable de son style; Fénélon, car on ne peut le ranger au nombre des simples prosateurs, se produit aussi sous les auspices des poëtes de la Grèce; et de cette époque, il n'y a guère que Molière qui, tout en imitant parfois les anciens et les Italiens, ait produit plusieurs comédies essentiellement françaises pour le fond et par la forme.

Du point de vue où se présentent en ce moment les poëtes de notre pays, Voltaire considéré comme inventeur, malgré plusieurs de ses tentatives très-hardies relativement aux goûts et aux préjugés de notre nation, est avant tout, grâce à la lucidité de son esprit et à l'élégance de son style, un propagateur, un *vulgarisateur* des idées émises jusqu'à lui. Sous ce rapport c'est l'écrivain dont le génie est le plus français, puisqu'il s'est particulièrement exercé à mettre au grand jour ce qui était ignoré ou encore imparfaitement connu, et qu'enfin son objet constant a été de rendre l'ensemble des connaissances humaines populaires, travail instinctif et incessant de l'esprit français.

Toujours poussés par ce désir de naturaliser en France les inventions étrangères en les purgeant d'un alliage parfois trop contraire à nos goûts, ceux qui vinrent après Voltaire, enfermés dans un cercle plus étroit, composèrent et écrivirent toutefois dans ce système de perfectionnement adopté par les Grecs, par les Latins, et dont les Français ne s'écartent guère sans danger. Ducis, se sentant faible inventeur, suppléa à l'insuffisance de son imagination, en dérobant à Shakspeare ses vigoureuses conceptions, ses idées gigantesques qu'il se flatte de polir au point de les rendre acceptables aux Français. Des illusions à peu près du même genre ont entraîné M. J. Chénier, mais surtout Népomucène Lemercier, lui véritable inventeur qui, après deux ouvrages écrits avec soin et pureté, *Agamemon* et *Pinto*, fournit la preuve, dans toutes ses autres productions, de l'inaptitude de la langue et de la versification françaises, à exprimer des images et à faire parler des êtres trop en dehors de la réalité. Notre langue répugne à ces grands écarts. Ainsi qu'une femme bien élevée, elle évite tout mouvement brusque et violent; aussi est-il permis de croire que si la *Panhypocrisiade* eût été composée et écrite par un Allemand ou un Anglais, ce poëme, spirituel et original, eût pu rivaliser, sous le rapport de l'invention, avec ceux de *Faust* et de *Don Juan*.

La véritable hardiesse de Chateaubriand consiste à avoir bravé en 1801 l'incrédulité mise en vogue par Voltaire et consacrée pendant les jours ténébreux et sanglants de 93. Quant à sa composition poétique des *Martyrs,* car le Génie du christianisme est une œuvre de controverse, elle offre, même dans ses parties les plus vigoureusement conçues et écrites, des artifices de style soigneusement élaborés pour adoucir, pour *perfectionner* relativement à nos goûts, les sentiments et le langage si francs, parfois même si rudes, des païens et des chrétiens qu'il a mis en opposition. Certes ce n'est ni la disposition d'esprit, ni la bonne volonté qui ont manqué à Chateaubriand, pour mettre même dans la bouche des sauvages les locutions les plus hasardées, comme on peut s'en convaincre en consultant la première édition d'*Atala;* mais ces témérités excessives de style que l'auteur même ne tarda pas à corriger, prouvent pour les Français au moins, que, quels que soient l'art et l'audace avec lesquels un poëte arrache quelques légères concessions à sa langue, la langue plus forte que lui le fait toujours rentrer dans les limites qui constituent sa nature et que l'écrivain ne viole jamais impunément.

L'infaillibilité des doctrines classiques était donc mise en doute, et Chateaubriand avait donc déjà élargi les voies à ceux disposés à laisser prendre toute liberté à leur imagination et à leur langage, lorsque les productions de deux écrivains étrangers, Walter Scott et lord Byron, firent invasion en France vers 1816. La vogue des écrits du romancier écossais s'y propagea avec la rapidité du fluide électrique. Les romans de Walter Scott furent lus et relus dans toutes les classes de la société, avec une avidité et un enthousiasme partagés par toutes les nations de l'Europe et du Nouveau-Monde. Jusque-là il n'y avait pas eu d'exemple d'un succès populaire aussi universel et mieux mérité.

La hardiesse et la forme capricieuse des poésies de lord Byron rendirent d'abord leur succès moins rapide; mais le premier étonnement causé par ses idées et son style, une fois passé, les poésies du jeune barde anglais devinrent l'objet d'une admiration fanatique pour la jeunesse lettrée de France.

Les écrits de Walter Scott et de lord Byron, quoique entraînant les esprits dans des directions morales bien contraires, eurent cependant une puissance commune : celle de faire mettre tout à coup de côté les habitudes littéraires qui, depuis la Renaissance, ont fait de la mythologie et de l'histoire des peuples de l'antiquité, l'objet à peu près unique des compositions des poëtes, des sculpteurs et des peintres. Écrivains et artistes, la plupart renoncèrent brusquement à ce système, pour ne peindre que les actions, les sentiments et les usages des nations modernes. Sans s'arrêter en détail sur les brillantes qualités de Walter Scott, qui eut le singulier mérite, quoique romancier, d'intéresser toujours le lecteur sans le faire jamais rougir, il suffit de signaler celui de ses ouvrages, *Ivanhoe*, qui a exercé la plus forte et la plus durable influence sur la littérature en France, mais particulièrement sur l'une de ses branches principales, l'histoire.

Jusqu'à Walter Scott, les historiens modernes, plus ou moins fidèles à la marche tracée par ceux de l'antiquité, se sont abstenus d'entrer dans les détails qui ne se rattachent pas directement aux principaux événements politiques qu'ils se proposent de faire connaître. Mais, avec les habitudes que cette révolution littéraire a fait prendre à nos esprits, nous avons de la peine aujourd'hui à nous expliquer le silence que garde Thucydide, par exemple, sur le développement des habitudes sociales et des beaux-arts à Athènes, lorsqu'il parle de Périclès, d'Alcibiade et de Phidias. Notre curiosité moderne serait plus complétement satisfaite dans le cas où l'historien grec nous eût dit si effectivement Périclès répudia sa première femme pour épouser Aspasie; si cette célèbre courtisane gouvernait la République par les conseils qu'elle donnait à son illustre époux, et comment se passaient les entretiens graves qu'elle avait avec Socrate. On ne pardonnerait pas à un historien de notre grand roi, de garder le silence sur mademoiselle de La Vallière et madame de Montespan, et surtout sur l'Aspasie chrétienne, madame de Maintenon.

Voltaire fut le premier chez nous qui, compulsant soigneusement les mémoires, donna, dans le *Siècle de Louis XIV*, des détails sur les diverses branches de l'administration, sur les mœurs, les lettres, les arts et l'industrie. Mais cet exemple ne fut pas longtemps suivi, et sous le règne de Napoléon Ier, le culte que l'on professait pour l'antiquité fit observer aux historiens de cette époque plus de réserve, comme en fournit un exemple remarquable l'intéressante, mais très-sévère *Histoire de Venise*, de Daru, d'où les anecdotes les plus curieuses, contenues dans les chroniques du pays, ont été volontairement omises. Ce défaut, cependant, n'a-t-il pas été remplacé par son contraire? Et l'*Histoire de la conquête des Normands*, évidemment inspirée à A. Thierry par la lecture d'Ivanhoe, ainsi que celle des *Ducs de Bourgogne*, de M. de Barante, dont la contexture et le luxe des détails rappellent le système de composition adopté par Walter Scott dans ses romans, n'ont-ils pas fait dégénérer parfois les récits historiques en mémoires?

Le romancier écossais n'a guère modifié que des préjugés littéraires; mais lord Byron, en admettant toute es-

pèce de formes dans la composition de ses poésies, s'est facilité les moyens de propager son indifférence en matière de goût, son scepticisme en morale et le mépris que son orgueil indomptable lui inspirait pour l'humanité. C'est l'homme fatigué de la civilisation s'efforçant de retourner à l'état sauvage et parant, du langage poétique le plus séduisant et le plus énergique, d'affreuses vérités ; c'est le poëte des âges corrompus, quand l'art, au lieu d'être pour l'âme une manne fortifiante, se change en nourriture délétère. Dans le poëme dialogué de *Manfred*, Byron a analysé et peint avec une recherche cruelle les angoisses de l'homme blasé, à bout de toute illusion, errant jusque sur la cime glacée des monts, pour découvrir un espoir, un avenir quelconque, et se trouvant face à face avec le néant. Dans *Child-Harold* et *Lara*, c'est encore cette idée lugubre que le poëte caresse, et l'on y trouve des passages tels que celui-ci où l'écrivain a trahi sa propre pensée : « Je
» ne cherche point à provoquer la sympathie, dit-il,
» je n'en ai pas besoin. Les épines que j'ai fait croître
» viennent d'un arbre que j'ai planté moi-même. Elles
» m'ont déchiré ; je saigne. Je savais d'avance quel fruit
» devait naître de la semence que j'ai confiée à la terre[1]. »
Une pièce de vers intitulée *Ténèbres* (Darkness) peut encore faire juger de l'acharnement avec lequel Byron, même dans ses inventions les plus fantastiques, poursuit cette pauvre humanité. Il suppose le monde près de finir par l'extinction de la lumière et le froid. Tout le genre humain a péri excepté deux hommes qui respirent encore au milieu d'une obscurité profonde. Ils se trouvent par hasard près d'un autel sur lequel restent quelques char-

---

[1] Meantime I seek no sympathies, nor need;
the thorns which I have reaped are of the tree
I planted. They have torn me, and y bleed.

bons encore allumés. Les deux mourants s'en rapprochent, et en soufflant pour ranimer le feu, à la lueur qui en résulte, ils se reconnaissent; ce sont deux ennemis irréconciliables! ils renversent l'autel, et le monde finit.

Ce poëte, d'un orgueil féroce quand il n'est pas puéril, avait cependant au plus haut degré le sentiment du grand et du beau; mais il lui a manqué, pour conserver pur ce don précieux, d'être né dans un rang moins élevé. Le lord, le *dandy* en Byron ont fait tort au grand poëte; et presque toujours après avoir exprimé des sentiments naturels, simples, l'amour entre autres, dont aucun poëte n'a peut-être mieux parlé que lui, rougissant tout à coup de sa sincérité involontaire, il se rétracte et se moque de lui-même, en tournant en ridicule les accents passionnés échappés de son cœur. Ce mépris haineux que lui inspiraient les hommes en société dont il croyait avoir à se plaindre, le conduisit, pour se venger, à composer celui de ses ouvrages où il a obéi sans réserve à cette ironie amère, mobile le plus actif de son génie et de son talent. *Don Juan* fut en somme son poëme favori, où il prodigua avec une verve intarissable tout ce que son imagination bizarre, mais brillante et féconde, put lui inspirer de plus désagréable et de plus humiliant pour l'homme en société. Ainsi se gouverna le génie de ce grand poëte si heureusement doué par le ciel; mais trahi par ses passions, dont les écrits bouleversèrent, vers 1819, toutes les idées de la jeunesse en France. *Werther* et *René* avaient bien déjà mis à la mode le malaise, les ennuis que causent les passions sans objet; mais *Lara, Child-Harold, Manfred* et surtout *Don Juan*, précipitèrent brusquement la nouvelle génération dans le chaos de tous les genres de scepticisme, lui inspirèrent le mépris de toutes les institutions, et la plongèrent dans des tristesses imaginaires que, pour imiter le poëte anglais, l'on s'efforça d'exprimer sur le ton de l'ironie.

En résumé, le *Werther* de Gœthe, *René* de Chateaubriand, le livre de madame de Staël sur l'Allemagne, les travaux des artistes Overbeek et Cornelius rejetant l'étude des productions de l'antiquité pour s'appuyer sur celles du moyen âge, les romans de Walter Scott déterminant en littérature une révolution analogue, les productions du grand poëte Byron, donnant, non-seulement aux écrivains mais aux artistes, l'idée de s'affranchir de toute mesure, telle est la série graduée des productions intellectuelles qui ont précédé et déterminé l'explosion de la bourrasque romantique.

Lorsque la société du *Lycée français* se forma (1819), les productions de Walter Scott étaient déjà populaires, et les poésies de lord Byron commençaient à monter à la tête de la jeunesse lettrée. Le baron Bruyère de Sorsum, l'un des écrivains du *Lycée,* donna des extraits des poëmes du lord anglais même, et des traductions en vers de *Parisina* et des *Ténèbres* qui excitèrent vivement la curiosité du public et firent pressentir que l'Angleterre avait un grand poëte de plus.

En se réunissant à leurs dîners hebdomadaires, les écrivains du *Lycée* qui avaient pour objet d'y agiter les questions relatives au succès de leur entreprise, doués de peu de goût et d'aptitude pour les affaires, passaient tout le temps du repas à parler des nouvelles littéraires que chacun d'eux avait pu recueillir. Ce fut à l'une de ces réunions qu'Étienne et plusieurs de ses collaborateurs entendirent parler pour la première fois de deux jeunes poëtes français, qui depuis sont devenus très-célèbres à plus d'un titre. Comme il arrive souvent, on se plaignait vaguement du peu de goût que le public montre pour la poésie et surtout de l'absence de poëtes véritables, lorsque Brifaut, au courant des nouvelles du faubourg Saint-Germain qu'il fréquentait, dit tout à coup : « Savez-vous que, tandis que nous déplorons ainsi l'abandon des Muses, il vient d'apparaître un poëte dont les productions sont fort remarquables et qui, selon toute apparence, lui préparent un brillant avenir ? Le jeune de Lamartine vient de publier un volume de *Méditations poétiques.* C'est un recueil d'élégies où abondent les pensées les plus élevées, riches en images d'un grand éclat et écrites dans un style brillant, mais pur. Il faut lire ce recueil ; je crois qu'il diminuera la vivacité des regrets que vous exprimiez il n'y a qu'un instant. » Casimir Delavigne, Patin, Victor Leclerc, de Rémusat, tous enfin portèrent une oreille attentive à ces paroles, et dès le lendemain chacun s'empressa de lire les *Méditations*. Loyson, qui avait un goût très-vif pour la poésie et s'y livrait même avec succès, écrivit pour le *Lycée* un morceau de critique où il apprécia les vers du jeune poëte, de Lamartine. Par une coïncidence assez piquante, Victor Hugo, qui se faisait déjà connaître aussi, envoyait au *Lycée* son élégie : *la Canadienne au tombeau de son nouveau-né*[1].

Quoiqu'y tenant une place modeste, Étienne était initié au monde littéraire. Outre la maison de son beau-frère Viollet-le-Duc où il se trouvait habituellement avec Patin, Sainte-Beuve, Courier, Ch. Magnin, Saint-Marc Gi-

---

[1] Le *Lycée français* se compose de cinq volumes in-8°, dont les deux premiers portent la date 1819 et les trois autres celle de 1820, Paris. Ce recueil est un monument curieux de l'histoire littéraire à cette époque de transition. On y trouve rassemblées les compositions soumises aux goûts les plus différents, les plus contraires même, ce qui peut donner une idée très-juste de l'état de rivalité, car il n'y avait encore rien d'hostile, entre les soutiens du goût et de l'école classique et les jeunes gens déjà imbus des idées de madame de Staël et des poésies de lord Byron.

rardin et Stendhal, il ne tarda pas à se former chez lui une société analogue dont voici l'origine : Étienne, comme on l'a vu, avait poursuivi avec une grande persévérance l'étude de la langue et de la littérature anglaises. Arrivé au point de pouvoir en apprécier le caractère et les beautés, il invita quelques-uns de ses jeunes amis, Ampère fils, Monod, A. Stapfer et son cousin A. Bouffé, à se réunir le mercredi de chaque semaine pour faire des lectures. On lut et l'on expliqua tantôt des chants de Milton, mais plus habituellement les drames de Shakspeare. Le *Paradis perdu* avait déjà une teinte classique dont les jeunes lecteurs ne s'arrangeaient pas, tandis que l'auteur d'*Othello* et d'*Hamlet* convenait infiniment mieux à de jeunes imaginations ébranlées déjà par les hardiesses de lord Byron. Sautelet qui, quelque temps après se livra au commerce de la librairie, était censé prendre part aux lectures anglaises, mais peu avancé dans la connaissance de la langue et distrait d'ailleurs par mille projets et des passions qui lui devinrent funestes, ne faisait que des apparitions amicales, mais fort courtes. Un jour il vint avec Mérimée qu'Étienne avait déjà eu l'occasion de connaître chez M. Stapfer le père. Le nouvel hôte, bien accueilli, ne tarda pas à devenir l'âme des réunions pour les lectures. Dès sa jeunesse Mérimée étudiait l'espagnol et l'anglais sans préjudice des langues anciennes qu'il avait apprises au lycée; aussi la solidité de ses connaissances, la fermeté de son esprit en firent-elles, pour la réunion des lecteurs, un véritable professeur sous la direction duquel on lut bien et avec fruit. A ces espèces de leçons prises en commun en succédèrent parfois d'autres, lorsque Mérimée et Étienne étaient devenus plus intimes. C'est alors qu'ils lurent ensemble le *Don Juan* de lord Byron, dont le futur auteur du théâtre de Clara-Gazul faisait un cas particulier.

Mais ces exercices ne pouvaient donner qu'une idée fort restreinte des qualités de l'esprit de Mérimée, qui ne prit dans les réunions d'Étienne sa véritable place que lorsque l'on y connut ses premières compositions littéraires. Son ami Sautelet témoigna à Étienne le désir qu'il lût un drame intitulé *Cromwell*, dont il venait d'achever la composition. On prit jour en effet, et le jeune écrivain eut pour auditeurs, outre Ampère fils et A. Stapfer, ses amis, Beyle dit de Stendhal, de Marest, Viollet-le-Duc et Étienne chez qui se fit la lecture.

Mérimée, âgé de vingt-deux à vingt-trois ans, avait déjà les traits fortement caractérisés. Son regard furtif et pénétrant attirait d'autant plus l'attention, que le jeune écrivain, au lieu d'avoir le laissez-aller et cette hilarité confiante propre à son âge, aussi sobre de mouvements que de paroles, ne laissait guère pénétrer sa pensée que par l'expression, fréquemment ironique, de son regard et de ses lèvres. A peine eut-il commencé la lecture de son drame, que les inflexions de sa voix gutturale et le ton dont il récita parurent étranges à l'auditoire. Jusqu'à cette époque, les auteurs lisant leurs ouvrages, et surtout les lecteurs de profession, déclamaient avec emphase, et en changeant continuellement de ton, les sujets sérieux et tragiques, sans renoncer à ce genre d'affectation en récitant des comédies et même des vaudevilles. Mérimée, faisant alors partie de la jeunesse disposée à provoquer une révolution radicale en littérature, non-seulement avait cherché à en hâter l'explosion en composant son *Cromwell*, mais voulait modifier jusqu'à la manière de le faire entendre à ses auditeurs, en le lisant d'une manière absolument contraire à celle qui avait été en usage jusque-là. N'observant donc plus que les repos strictement indiqués par la coupe des phrases, mais sans élever ni baisser jamais le ton, il lut ainsi tout son drame sans modifier ses accents, même aux endroits les plus passionnés. L'uniformité de cette longue cantilène, jointe au rejet complet des trois unités auxquels les esprits les plus avancés à cette époque n'étaient pas encore complétement faits, rendit cette lecture assez froide. On saisit bien le sens de quelques scènes dramatiques et la vivacité d'un dialogue en général naturel; mais le sujet extrêmement compliqué et les changements de scènes trop fréquents rendirent l'effet total de cette lecture vague, et la société des lecteurs de Shakspeare eux-mêmes ne purent saisir le point d'unité auquel tous les détails devaient se rattacher. Néanmoins, comme la plupart des auditeurs partageaient les idées et les espérances du lecteur, et qu'au fond il entrait encore plus de passion que de goût littéraire dans le jugement qu'il fallait porter sur le drame, tous les jeunes amis de Mérimée l'encouragèrent à suivre la voie qu'il avait prise. Beyle en particulier, quoique déjà d'un âge mûr, le félicita de son essai avec plus de vivacité que les autres. En effet le *Cromwell* de Mérimée était une des premières application de la théorie que Stendhal avait développée en 1823, dans sa brochure intitulée : *Racine et Shakspeare.*

Le retentissement de cette lecture devint cause de l'augmentation du nombre de ceux qui se réunirent, à compter de ce moment, chez Étienne. Cette espèce de pays neutre, où l'on sut que chacun pouvait exprimer ses goûts et ses doctrines en toute liberté, offrit de l'attrait à un assez grand nombre d'hommes distingués, impatients d'exercer leur esprit, d'augmenter et d'épurer leurs lumières au milieu de discussions franches et loyales. Le jour et l'heure des réunions anglaises, qui avaient lieu les mercredis soirs, furent remis aux dimanches matins, de midi à cinq heures, mais tout le temps y fut consacré à la conversation. Étienne n'invitait pas à ses réunions du dimanche ; il eût été obligé, en ce cas, de se conformer aux goûts et aux idées de ceux qu'il aurait attirés chez lui. Mais sur la demande des personnes faisant déjà partie de la société, et intéressées par cela même à ne pas introduire de loups dans la bergerie, Étienne accueillait ceux qui lui étaient présentés, mais sans ombre d'appareil et comme s'ils eussent fait partie de la réunion depuis longtemps. On a fait mention de cette société du dimanche, déjà en pleine vigueur en 1823, lorsque Étienne fit le voyage d'Italie, mais le moment est venu de donner quelques détails sur les hommes qui en faisaient partie et sur les questions les plus importantes qu'ils agitaient [1].

Les questions principales étaient de deux sortes, politiques et littéraires. A peu d'exceptions près, la majorité des membres de la société faisait partie de l'opposition qui attaquait le gouvernement de la branche aînée des Bourbons. En outre, imbus des idées que madame de Staël avait mises en circulation, ils se présentaient comme fauteurs des plus ardents de la révolution qui s'opérait déjà en littérature. En deux mots et pour employer ceux consacrés à cette époque, ils étaient *libéraux* et *romantiques;* et, selon toute apparence, quelques-uns d'entre eux étaient affiliés au *carbonarisme*.

En politique comme en littérature, Duvergier de Hauranne était un de ceux qui exprimaient leurs opinions

---

[1] On pense qu'il est bon de remettre ici sous les yeux du lecteur les noms des hommes qui se sont réunis chez Étienne depuis 1820 jusqu'en 1830 : Albert Stapfer, Ampère fils, A. Bouffé, E. Monod, Sautelet, le baron de Marest, Beyle, dit de Stendhal, Viollet-le-Duc, Courier, Mérimée, A. de Jussieu, C. de Rémusat, Duvergier de Hauranne, Aubernon, Mignet, Vitet, Dubois d'Angers, Jacquemont, Artaud, Coquerel, Taschereau, le comte de Gasparin, de Guizard, de Daunant, Cerclet, Duparquet, Dittmer, Cavé, Patin, Th. Leclercq.

avec la sincérité la plus opiniâtre. Les actes du gouvernement étaient soumis par lui à une critique sévère, tandis que sa confiance dans les résultats futurs des théories romantiques était sans bornes. Sur ces deux points il faisait cause commune avec de Stendhal, dont il adoptait particulièrement les opinions littéraires. A cela près de ces deux grosses mouches qui bourdonnaient sans cesse dans son cerveau, le jeune Duvergier de Hauranne, homme plein d'honneur, lettré et fort spirituel, était un des plus agréables et solides causeurs de la société. Alors dans la fleur de sa jeunesse, il n'avait pas encore eu, comme après la révolution de 1830, l'occasion de développer ses talents en politique et en qualité de publiciste; mais avec l'âge, quoique persistant à se maintenir dans l'opposition sous le gouvernement de Louis-Philippe, ses opinions littéraires s'étaient modifiées, et vers 1840 il avoua à Étienne qu'il était guéri de la maladie du romantisme dont il était si tourmenté tandis qu'ils voyageaient ensemble, en 1824, dans le royaume de Naples et aux environs de Rome.

Le charme des réunions du dimanche résultait surtout de la liberté dont chacun jouissait pour exprimer franchement ses idées, et du respect avec lequel ceux qui ne les approuvaient pas, les combattaient.

Outre la rigidité inflexible avec laquelle Viollet-le-Duc défendait les doctrines de la littérature classique, le spirituel auteur du *Nouvel art poétique* était sincèrement attaché à la famille des Bourbons de la branche aînée, en sorte que, lui de son côté et Duvergier de Hauranne du sien, étaient les deux pôles opposés du petit monde littéraire qui gravitait chaque dimanche dans le cinquième étage habité par Étienne.

Comme dans toutes les réunions de ce genre, il y avait chez Étienne ceux qui apportaient des nouvelles et fournissaient matière à la conversation ; M. de Marest, Beyle, Sautelet, Artaud, de Guizard, Duvergier de Hauranne et Coquerel, le frère du ministre protestant, étaient sous ce rapport d'excellents pourvoyeurs. D'autres, comme Charles de Rémusat, Ampère fils, Albert Stapfer, aimant, provoquant la discussion, s'emparaient du thème énoncé par le premier venu, et entretenaient quelquefois une conversation intéressante dont le charme tenait tous les auditeurs attentifs. Enfin le plus grand nombre écoutait, les uns assis sur le vieux canapé rouge venant de la maison paternelle d'Étienne, les autres blottis dans des encoignures ou accolés le long des bibliothèques. Le plus silencieux de tous, le bon et spirituel Adrien de Jussieu, si savant botaniste, ne manquait aucune des réunions du dimanche. Sur sa figure étrange, on jugeait à la finesse de son sourire qu'il venait d'être dit quelque chose d'instructif et de piquant. Puis, en s'en allant il donnait une poignée de main à Étienne, en lui disant : « ils ont été bien amusants, » ou bien quand la séance avait été pâle, « ça n'a pas été si amusant que dimanche dernier. »

Mérimée a naturellement la parole brève, aussi prenait-il peu de part aux discussions qui se développaient régulièrement, si ce n'est en lançant un mot, une réflexion, ordinairement spirituels et bouffons, qu'il accompagnait de ce coup d'œil et de ce sourire ironique qui forment un contraste si frappant avec l'immobilité habituelle de ses traits.

Au nombre des silencieux spirituels, il faut compter Vitet doué de deux aptitudes qui se trouvent si rarement réunies en France : l'amour des lettres et le sentiment des arts. Lui aussi, à l'époque des réunions du dimanche, s'était senti électrisé par cet élan unanime de la jeunesse dont il faisait partie, désirant repousser les limites que l'expérience avait imposées à la littérature française;

Mais ainsi que Mérimée, Vitet, au lieu de consumer sa verve à discuter sur de vaines théories, s'était mis à faire des essais pratiques et composait alors les trois drames en prose qui devaient bientôt le faire connaître[1]. Le noble caractère et le mérite déjà remarquable de Vitet attiraient Étienne vers ce jeune homme, que pour d'autres raisons il ne voyait jamais sans émotion prendre place sur le canapé rouge. C'est à cette place même où le père d'Étienne est mort en 1806, et ce fut le grand-père de Vitet, médecin habile[2], qui l'assista pendant sa dernière maladie. Cet homme, fort âgé alors, avait conservé un vif amour de son art et des sciences qui s'y rapportent. Étienne, peintre à cette époque, qui pendant les années précédentes avait étudié assez sérieusement l'anatomie, poussé par cette insatiable curiosité qui ne l'a pas encore abandonné, lisait les *Leçons d'anatomie comparée* de Cuvier publiées par son élève Duméril ; livre auquel il avait ajouté des dessins faits au jardin des plantes, d'après les squelettes d'animaux de différentes classes. Ces études intéressaient le vieux docteur Vitet qui prit Étienne en affection et prolongeait habituellement ses visites pour causer avec lui. Un jour, à la suite de leur entretien, Vitet, après avoir tâté le pouls au malade, dit à Étienne en lui donnant la main : « Or ça, mon enfant, il faut vous armer de courage ; les forces de votre père sont totalement épuisées, il ne passera pas la journée de demain, » et la prédiction se réalisa.

Il y avait encore deux personnages enlevés par le tourbillon romantique, parlant peu aussi, mais ayant mis la main à l'œuvre pour réaliser les théories proposées et ré-

---

[1] Les *Barricades*, les *États de Blois* et la *Mort de Henri III*, publiés de 1825 à 1829.

[2] Il a laissé un livre intitulé : **La Médecine expectante**, en plusieurs volumes.

former l'art dramatique; c'était deux amis : Cavé et Dittmer, qui composèrent en société *les Soirées de Neuilly*, recueil de drames, publié sous le faux nom de M. du Fougeray. Cavé était, en apparence au moins, un homme froid et dont le sérieux habituel prenait parfois une teinte de tristesse. Dittmer au contraire, beau garçon, ayant le teint fleuri et le sourire à la bouche, offrait le type parfait du jeune Français dans tout son éclat. Il avait servi dans les dragons, et dans ses moments de gaieté il racontait avec une verve charmante toutes les plaisanteries banales de régiment, auxquelles, en homme de bonne société, il donnait par la forme, mais sans altérer le fond, le tour le plus piquant et le plus heureux. Quant aux *Soirées de Neuilly*, dont le drame principal est la *Conspiration du général Mallet*, les deux collaborateurs ont toujours été si discrets sur la manière dont ils composaient, qu'Étienne n'a jamais pu découvrir précisément quelle avait été la part qu'avaient plus particulièrement prise Dittmer ou Cavé soit à la conception générale des drames, soit à la distribution des scènes et au dialogue. Étienne avait pris de l'amitié pour Dittmer, et dans une grave circonstance il eut l'occasion de s'apercevoir de l'intérêt qu'il prenait à lui. A l'une des émeutes les plus terribles de 1832, comme de nombreux détachements de la garde nationale à pied et à cheval étaient rassemblés dans la cour de la mairie du 2ᵉ arrondissement avec les armes chargées, le voisin de gauche d'Étienne, en laissant tomber brusquement son fusil sur le pavé, le fit partir. Parmi ceux qui s'approchèrent d'Étienne par curiosité, se trouva Dittmer qui, après avoir fait gaiement un compliment au garde national sur sa maladresse, ajouta en parlant à Étienne : « Je me suis tellement hâté pour venir ici, que j'ai oublié de charger mes pistolets d'arçon; donnez-moi donc deux cartouches. » Étienne les lui donna; et, en mettant ses armes en état, Dittmer lui dit avec cette simplicité et cette grâce qui lui étaient particulières : « Et les matinées du dimanche ? et le canapé rouge, et les bonnes conversations ? tout cela est passé ?... La journée pourrait bien être chaude, ajouta-t-il... Au revoir! » Il monta à cheval et mit son escadron en ordre; mais en voyant ce bon et aimable jeune homme, calme et souriant en partant pour affronter de véritables dangers, Étienne éprouva une émotion intérieure qu'il ne surmonta que lorsque lui-même se mit en marche. »

Mais revenons aux réunions du dimanche, Théodore Leclercq, l'auteur des *Proverbes,* parlait aussi très-peu, bien qu'il prit un vif intérêt aux discussions qui avaient lieu autour du canapé rouge. Ne se préoccupant point des convenances théâtrales imposées par la représentation, ses petites comédies, ses proverbes, composés pour être lus, lui laissaient les coudées franches, en sorte que ces ingénieuses bluettes plaisaient également aux classiques les plus rigides, comme aux romantiques rejetant toute règle.

Quant à Albert Stapfer dont il a déjà été fait mention plus d'une fois, outre les études classiques qu'il avait faites chez le pasteur Monod, il avait appris de bonne heure, sous la direction de son père, les langues allemande et anglaise. C'était alors un jeune homme déjà fort spirituel, avide de sciences et de nouveautés, lancé dans l'opposition politique la plus vive, romantique déterminé et l'un des habitués du dimanche, qui, après avoir émis ses théories en politique et en littérature avec ardeur, les défendait toujours très-spirituellement et avec verve. Il se livrait aussi avec assez de succès à la poésie; et outre la traduction qu'il acheva vers cette époque du théâtre de Goëthe, il publia celle de *Faust,* écrite en vers et avec talent; ce qui a fait regretter que ce jeune écrivain ait abandonné brusquement le culte des lettres.

Il reste encore à faire entrer en scène quelques personnages, tels que Charles de Rémusat et Courier, qui ont joué un rôle important pendant la durée des réunions du dimanche; mais l'occasion opportune de les faire paraître se présentera plus tard; pour le moment il convient, afin de faire ressortir ce qu'il y a eu de bon et de défavorable dans la révolution littéraire tentée par les romantiques, de donner une idée des théories de Beyle, connu sous le nom de Stendhal, l'homme qui a contribué le plus activement à la faire éclater.

XV

La société du dimanche, formée chez Étienne vers 1819, ne cessa point d'être florissante jusqu'à la révolution de 1830. Beyle, l'un des premiers qui en firent partie, fut aussi de ceux qui en regrettèrent le plus vivement la dissolution comme on le verra par la suite. Mais préalablement il est bon de donner un aperçu de ce singulier personnage. Toutefois, comme son portrait pourrait se trouver chargé de ridicules sous lesquels disparaîtraient ses bonnes qualités, on commencera par l'énumération de celles-ci. Ceux qui l'ont connu aux diverses époques de sa vie, dans sa jeunesse, en Italie où il a vécu plusieurs années, et pendant la campagne de Russie à laquelle il a pris part; tous s'accordent à reconnaître que Beyle, brave, désintéressé, supportant avec dignité la mauvaise fortune, était dans toute la rigueur de l'expression, un homme d'honneur. Étienne, qui l'a reçu pendant plusieurs années et l'a eu plus d'une fois pour compagnon de voyage dans les États-Romains, n'a jamais eu qu'à se louer de la délicatesse de ses sentiments dans les rapports habituels de la vie. Quant à l'esprit naturel, il en était doué largement, et, selon toute apparence, l'indépendance et l'originalité remarquable de cette faculté chez lui eussent produit des résultats sinon plus complets, au moins plus solides, si originairement cet homme les eût réglés par des études sérieuses. Mais né de parents peu aisés, forcé de se tirer d'affaire par lui-même, l'excessive indépendance de son esprit et de son imagination furent sans doute cause du peu d'ordre qu'il mit dans ses idées.

Quant au Beyle qui s'était déjà caché sous le pseudonyme de *Stendhal* vers 1816, lorsqu'il commença à s'occuper sérieusement de littérature et même à écrire, déjà parvenu à un âge mûr, il était tout ce qu'il pouvait être, et émettait dans les salons de Paris, avec un ton tranchant et une verve très-spirituelle, les opinions les plus étranges qui lui passaient par l'esprit.

Mais pour bien apprécier Beyle et ses contradictions, il sera bon d'étudier le fond de son caractère. Honnête et loyal comme on l'a dit, il a passé sa vie à pester contre deux accidents liés à sa destinée : il était gros et trapu, tandis qu'il aurait désiré être délicat et fluet ; né roturier il ne pouvait se consoler de ne pas faire partie de la noblesse, et comme corollaire de ce double chagrin, bien qu'il supportât avec courage et dignité même sa mauvaise fortune, sa pauvreté lui a toujours semblé être une injustice d'en haut. Ce conflit de rêveries et de réalités se heurtant sans cesse, firent de Beyle l'homme le plus incohérent. C'est ainsi qu'avec le mépris le plus profond et le moins dissimulé, pour tout ce qui se rattachait à la bourgeoisie, d'un autre côté il poursuivait l'aristocratie avec les épigrammes d'un libéralisme radical, et n'épargnait pas davantage ceux qui avaient reçu de hautes faveurs de la fortune. Quant à l'explication qu'il donnait de tous ces mécomptes, c'était, selon lui, que tout en ce monde dépend du hasard et que, s'il y a un mobile qui produise tout ce qui se passe ici bas, il n'est ni bon ni méchant. En somme Beyle se donnait pour athée et le disait ouvertement à ceux qui voulaient l'écouter.

Tel était *M. de Stendhal* vers la fin de 1822, lorsque ses doctrines littéraires commencèrent à préoccuper sérieusement un assez bon nombre des habitués du dimanche. De Lamartine et Victor Hugo s'étaient sans doute fait déjà un nom par leurs poésies; mais ces poésies étaient lyriques, et Beyle, qui avait horreur des vers, portait toute son attention et dirigeait particulièrement celle de ses auditeurs sur l'art dramatique. Les tragédies de Casimir Delavigne, *les Vêpres siciliennes* et *le Paria,* dont le succès avait été éclatant, n'étaient rien moins que louées par Beyle, ainsi que par Duvergier de Hauranne et Coquerel, les plus ardents romantiques après ou avec lui. Mérimée, l'un des hardis novateurs de cette époque, déjà auteur d'un *Cromwell,* et portant dans son cerveau le germe déjà fécondé du *théâtre de Clara Gazul*, riait sous cape et sans mot dire, des harangues brusques de Beyle qui, comme un hussard, ouvrait la route à sa troupe romantique. Plus calme, plus réfléchi et ne se livrant qu'avec une certaine réserve à ces nouveautés qui cependant l'avaient séduit, Vitet écoutait Beyle pour retirer de ses discours incohérents, mais toujours spirituels et parfois lumineux, ce qu'ils renfermaient de bon, pour en faire l'application à des essais dramatiques qu'il se proposait de tenter.

« Rien, rien, messieurs, leur disait Beyle, ne ressemble

moins que nous aux marquis couverts d'habits brodés
et de grandes perruques noires coûtant mille écus, qui
jugèrent les pièces de Racine et de Molière en 1670. Ces
grands hommes cherchèrent à flatter le goût de ces
marquis et travaillèrent pour eux. Je prétends moi qu'il
faut faire désormais des tragédies pour nous, jeunes gens
raisonnants, sérieux et un peu envieux, en l'an de grâce
1822. Ces tragédies là, sachez-le bien, doivent être en
prose. De nos jours, le vers alexandrin n'est le plus souvent qu'un cache-sottise !!! Comment peindre, je vous le
demande, avec quelque vérité les catastrophes sanglantes
narrées par P. de Commines et dans la chronique scan-
daleuse de Jean de Troyes, si le mot *pistolet* ou d'autres
moins sérieux ne peuvent absolument pas entrer dans un
vers tragique ? — Mais ayez donc la complaisance, dit
Viollet-le-Duc, de nous dire précisément ce que c'est
qu'une tragédie romantique ? — Rien n'est plus facile
répondait Beyle avec son assurance imperturbable : une
tragédie romantique est écrite en prose ; la succession des
événements qu'elle présente aux spectateurs dure plusieurs mois, et ils se passent en des lieux différents.
Qu'il nous vienne un homme de talent qui ose faire
une tragédie en prose : la mort de Henri IV ou bien
Louis XIII au pas de Suze, et nous verrons le brillant
Bassompière dire au Roi : « *Sire, les danseurs sont
prêts ; quand votre majesté voudra, le bal commencera.* » — Ampère le fils, Albert Stapfer, qui aimaient et
cultivaient la poésie, ne purent s'empêcher de faire de vives
réclamations sur le bannissement des vers de la tragédie ;
Courier surtout s'élevait fortement contre cette innovation
qu'il qualifiait de barbare. Quoique ce spirituel écrivain
n'ait jamais exprimé ses idées qu'en prose, il avait un
amour aussi profond que sincère de la langue française
et professait une vive admiration pour les poëtes du siècle

de Louis XIV. Les divergences d'opinions donnaient lieu à de longues discussions dont le résultat fut, pendant quelque temps, que la prose devait être employée dans la comédie, mais que les sujets graves et pathétiques ne pouvaient que gagner à être relevés par l'énergie que leur donne la poésie. — Relevés ! relevés ! toujours l'idée d'ennoblir tout ! c'est la maladie des Français ! reprenait vivement Beyle. « Savez-vous ce qui résulterait de la représentation de *la Mort de Henri IV* traitée dans le goût du *Richard III* de Shakspeare ? tout le monde tomberait d'accord sur ce que veut dire le mot : *genre romantique*. — Ce n'est pas une raison pour qu'on l'adoptât, disait l'un, — et puis, ajoutait un autre, vous n'êtes pas conséquent avec le principe que vous venez d'établir. Vous rejetez les vers des compositions tragiques, et vous nous donnez pour modèle la pièce du poëte anglais, *Richard III* où il y a plus de vers que de prose. — Et quelle poésie ! fit vivement observer Ampère, elle est tellement élevée parfois, qu'elle dépasse de beaucoup les limites où vous ne voulez pas laisser s'élever la nôtre. Arrêtez-vous seulement à la première scène pendant laquelle le duc de Glocester débite un monologue de quarante vers où les images les plus étranges, les alliances de mots les moins prévues et des hardiesses poétiques que l'on ne trouve que là, doivent nécessairement étonner les Anglais de nos jours. Après cette épreuve conseillerez-vous toujours à nos poëtes tragiques de prendre le *Richard III* pour modèle ? — Eh mais, ne vous y trompez pas : c'est *l'art* qu'il faut dérober à Shakspeare et non l'imiter. Ce jeune ouvrier en laine a parlé aux hommes de 1600 en interrogeant et en flattant les idées, les préjugés qu'ils avaient reçus de la lecture de la Bible, de la nature de leur gouvernement et de la connaissance de leur histoire ; mais vous, vous avez pour spectateurs les Français de

1824, qui n'ont pas peur de l'enfer comme les Anglais du temps d'Élisabeth ; il faut leur parler de manière à se faire comprendre de ces êtres fins, légers, toujours aux aguets, sans cesse en proie à une émotion fugitive et complétement incapables d'un sentiment profond...... — Or ça, disait de Marest en l'interrompant brusquement, ce que vous dites est admirable, mon cher ami, mais vous ne faites pas attention que vous dites absolument le contraire de ce que vous avanciez tout à l'heure. Il n'y a qu'un instant, vous faisiez de nous des *jeunes gens raisonnants, sérieux, envieux même ;* et maintenant nous voici des *gens légers* et incapables d'éprouver un sentiment profond. Voyons, expliquez-vous clairement, sans cela nous vous sifflons, mon cher M. de Stendhal. « Nous sommes à une époque de transition, répondit Beyle avec un air grave à travers lequel perçait son instinct de bouffonnerie ; attendez donc que les mœurs constitutionnelles et la littérature romantique aient modifié nos goûts, nos habitudes, et vous verrez ce qui arrivera ! » Un rire général fut l'accueil que l'on fit à la prédiction du professeur romantique, et ceux qui prirent le plus de part à cette hilarité furent Mérimée, Ch. de Rémusat, Cavé, Dittmer et Vitet qui, tout en se tenant sur la réserve, méditaient, chacun de son côté, le projet de mettre en pratique la théorie exposée par M. de Stendhal.

Parmi ces jeunes novateurs était un homme un peu plus âgé qu'eux. Ses traits étaient rudes, son expression, quoique douce au fond, se sentait cependant des habitudes d'un homme qui a vécu loin du monde élégant, et la franchise de ses paroles, poussée jusqu'à la rudesse, parfois même jusqu'au cynisme, trahissaient les manières qu'il avait contractées tour à tour dans les camps et dans la solitude. C'était Courier, qui s'était rendu célèbre par ses pamphlets depuis 1815, après avoir quitté deux ans avant l'armée de Napoléon, où il servait en qualité de chef d'escadron dans l'artillerie à cheval ; c'était *le Canonnier, le Vigneron,* titres qu'il se donnait en tête de ses écrits politiques.

Courier, intimement lié avec toute la famille d'Étienne, fréquentait assidûment les réunions littéraires du vendredi chez Viollet-le-Duc, ainsi que celles du dimanche chez Étienne, où il aimait assez à entendre pérorer Beyle, dont les idées en littérature avaient plus d'un rapport avec les siennes. Malgré tous les travestissements que Courier prenait pour se donner l'air simple et même sauvage, la mise d'un vigneron et souvent le langage d'un homme du peuple, en fait, il était justement considéré comme un des meilleurs hellénistes de son temps, on le savait très-versé dans la connaissance de la langue italienne, et ses écrits prouvaient qu'il avait fait en particulier une étude profonde et délicate de la langue française, dont, par une exception fort rare vers 1800, il avait été rechercher le caractère et l'esprit dans les écrivains antérieurs au siècle de Louis XIV. En outre, ceux qui, ainsi qu'Étienne, le voyaient dans l'intimité et au milieu de réunions où les femmes prenaient part à la conversation, ceux-là ont pu observer que ses manières et ses discours étaient ceux d'un homme bien élevé et même de très-bonne compagnie ; d'où il résulte que *le Canonnier* et *le Vigneron* furent des masques sous lesquels Courier, avec beaucoup d'art, il est vrai, joua la bonhomie et la naïveté, mais sans que personne en fût dupe. En effet, malgré le succès extraordinaire de ses pamphlets, ces écrits n'ont jamais été lus et goûtés que par les personnes dont l'esprit était cultivé. Aussi ces pamphlets, dont Courier, au sortir de l'imprimerie, ne manquait guère d'apporter des épreuves aux réunions du dimanche, étaient-ils un des attraits les plus puissants pour la réunion. On en faisait la lecture à haute voix, et il serait difficile de dire ce qui attirait le plus d'applaudissements des traits de satire lancés contre la cour, les ministres et les préfets, ou des tours vifs et pittoresques que l'écrivain prodiguait dans sa prose.

De tous les admirateurs des écrits de Courier, Albert Stapfer et Beyle étaient les plus ardents. Beyle en particulier y trouvait cette prose libre, hardie, substituant le mot propre à la périphrase, telle qu'il prétendait que l'on dût en faire usage dans la tragédie. Mais là il y avait dissidence entre Courier et lui. L'helléniste, le linguiste délicat qui désirait rendre à la prose française la simplicité et l'énergie qu'elle avait eues au xvie siècle, aimait passionnément la poésie du xviie, et en particulier les vers de Racine; il goûtait vivement les alexandrins que Beyle signalait comme des *cache-sottises*. Mais s'ils ne s'accordaient pas sur ce point, relativement à la prose proprement dite, et abstraction faite de l'emploi que l'on en pourrait faire, leurs opinions se rapprochaient.

C'était vers ce temps que Courier, qui quelques années avant avait si heureusement réussi à contrefaire le style d'Amyot en traduisant le passage grec du roman de *Daphnis et Chloé* qu'il retrouva dans une bibliothèque de Florence, eut l'idée de remonter décidément jusqu'à la langue du xvie siècle pour traduire l'histoire d'Hérodote. Il fit part à Étienne de ce projet qui le préoccupait vivement, et à la réalisation duquel il travaillait sans doute déjà, car à quelques réunions du dimanche il fit, sous forme de conversation, l'apologie du style qu'il se proposait d'employer en faisant cet essai. Au point où l'exigence du mot propre était déjà portée parmi la jeunesse lettrée d'alors, il était inévitable qu'elle fût d'autant plus impérieusement recommandée aux traducteurs, que les ouvrages à reproduire étaient plus anciens. Un dimanche que la conversation tomba sur ce sujet, après un feu roulant de plaisanteries sur les traductions de Perrot d'Ablancourt, de Mme Dacier et de Larcher, Courier, qui avait pris une large part à cet entretien, le résuma en disant : « Par tout ceci, on voit que penser traduire Hérodote, par exemple, dans notre langue académique, langue de cour cérémonieuse, roide, apprêtée, pauvre d'ailleurs, mutilée par le bel usage, c'est étrangement s'abuser. Il y faut employer une diction naïve, franche, populaire et riche, comme celle de La Fontaine. Ce n'est pas trop assurément de tout notre français pour rendre le grec d'Hérédote, d'un auteur que rien n'a gêné, qui ne connaissant ni ton ni fausses bienséances, dit simplement les choses, les nomme par leur nom, fait de son mieux pour qu'on l'entende, se reprenant, se répétant de peur de n'être pas compris, et faute d'avoir su son rudiment par cœur, n'accorde pas toujours très-bien le substantif et l'adjectif. »

A ces mots un sourire d'approbation éclata parmi tous les assistants. Beyle surtout, ravi d'entendre ces paroles qui donnaient du poids à ses opinion, applaudit plus vivement que les autres et engagea Courier à achever sa pensée. Enchanté du succès qu'il obtenait au milieu de son jeune auditoire, Courrier continua : « Un abbé d'Olivet, par exemple, un homme d'académie ou prétendant à l'être, ne se pourrait charger de cette besogne. Hérodote ne se traduit pas dans l'idiome des dédicaces, des éloges, des compliments. Dans Larcher[1], par exemple, Hérodote ne parle que de princes, de princesses, de seigneurs et de gens de qualité ; ces princes montent sur le trône, s'emparent de la couronne, ont une cour, des ministres et des grands officiers, faisant comme on peut

---

[1] L'un des traducteurs d'Hérodote.

croire le bonheur des sujets, pendant que les princesses accordent leurs faveurs à ces jeunes seigneurs. Or, continuait Courier que les rires des assistants avait interrompu, or est-il qu'Hérodote ne se douta jamais de ce que nous appelons prince, trône et couronne, ni de ce qu'à l'académie on nomme faveurs des dames et bonheur des sujets. Chez lui, ajouta Courier, qui avait peine à se faire entendre au milieu de l'hilarité toujours croissante, les dames, les princesses mènent boire leurs vaches ou celles de leur père à la fontaine voisine, trouvent là des jeunes gens, et font quelque sottise, toujours exprimée dans l'auteur avec le mot propre. — Entendez-vous, messieurs, s'écria solennellement Beyle, *avec le mot propre !!!* — Chez Hérodote, reprit Courier, on est esclave ou libre, mais point sujet. Je suis loin de tomber d'accord avec Beyle quand il proscrit les vers, même l'alexandrin ; mais il est certain que cette rage d'ennoblir, ce jargon, ce ton de cour infectait le théâtre et la littérature sous Louis XIV et depuis gâtèrent d'excellents esprits, et sont cause qu'on se moque de nous avec raison. Les étrangers crèvent de rire quand ils voient dans nos tragédies le *Seigneur* Agamemnon avec le *Seigneur* Achille qui lui demande raison aux yeux de tous les Grecs, puis le *Seigneur* Oreste brûlant de tant de feux pour madame sa cousine. Voyez-vous, l'imitation de la cour est la perte du goût aussi bien que des mœurs. »

Cette sortie spirituelle, qui flattait également les passions politiques et les opinions littéraires de la jeune assemblée, eut le plus grand succès, et Beyle était triomphant. Quelqu'un fit cependant plusieurs objections sur ce système de traduction. «Ne croyez-vous pas, demanda-t-on à Courier, qu'il est aussi impossible de traduire le style d'un livre que de copier celui d'un tableau ? — Cela est vrai jusqu'à un certain point, et l'on ne fera sans doute jamais une traduction tellement fidèle, qu'elle puisse en tout tenir lieu de l'original, et qu'il devienne indifférent de lire le texte ou la version ; mais on peut approcher beaucoup de son auteur, surtout lorsque, comme Hérodote, il a un caractère à lui. »

Un jeune Alsacien, Mynier, fort instruit et très-modeste, hasarda cependant encore quelques observations sur ce que venait de dire Courier. « Il me semble, dit-il, que les auteurs très-anciens, qui retracent l'histoire et peignent les mœurs des peuples sortant à peine de la barbarie, ont besoin d'être traduits avec précaution pour que l'intelligence en devienne possible à des hommes déjà parvenus à un degré très-avancé en civilisation. Je m'explique le plaisir que pouvaient éprouver les savants du XVIe siècle lisant Homère et Hérodote dans le texte : l'attrait que leur présentait la lecture d'auteurs encore peu connus, en excitant vivement leur curiosité, les faisait passer facilement sur les traits de mœurs et la brusquerie des expressions qui contrariaient leurs préjugés et leurs habitudes ; mais les curieux lettrés du temps de Louis XIV auraient-ils goûté et même compris les vieux écrivains grecs, si de prime abord on les leur eût traduits avec l'exactitude rigoureuse que l'on exige aujourd'hui ? — Non, certainement, interrompit Beyle, poursuivant toujours son idée, Racine était dans la bonne voie, il voulait parler et plaire aux Français de 1670, et en faisant des *seigneurs* d'Achille et d'Oreste, comme il se conformait au goût et aux préjugés des hommes les plus spirituels de son temps, il était réellement *romantique*. Si madame Dacier en traduisant Homère, et le peintre Le Brun dans ses plafonds de Versailles, n'eussent pas rappelé le cérémonial et la grande perruque dont on ne pouvait se passer sous le grand roi, personne ne les eût compris. — Il est certain, observa Vitet, que les traductions s'améliorent en se multipliant et accoutument par degré les lecteurs à une fidélité toujours plus exacte. On peut croire, par exemple, que les *Mille et une nuits*, émondées et arrangées même comme elles l'ont été par M. Galland, n'auraient pas obtenu en 1700 un si grand succès, si le traducteur, plus empressé de faire montre de sa science, que de procurer une lecture agréable aux Français, eût reproduit avec une exactitude minutieuse et scientifique les longueurs, les traits de mœurs bizarres et jusqu'aux obscénités qui y abondent. — En ces contes, M. Galland était un homme de sens, dit aussitôt Beyle; en son genre, il faisait comme le grand Racine dans le sien; il voulait être compris de ses contemporains, leur plaire; et comme il arrive toujours, quand on écrit avec cette disposition, on est *romantique*. — A ce compte, il n'y a ni bon ni mauvais goût, dit Courier? — Comme vous dites : ni bon ni mauvais, affirma Beyle. Chaque temps, chaque pays, chaque individu même a le sien. Vous avez sur le nez des verres blancs et grossissants; mes lunettes diminuent et rougissent les objets; comment diable voulez-vous que nous soyons d'accord sur ce que nous voyons?

Une fois que Stendhal avait enfourché ce dada, rien ne l'arrêtait plus, et la plupart du temps, plus il était déraisonnable, plus il se montrait spirituel et devenait amusant. Pour donner de l'entrain à la conversation des dimanches, aucun paradoxe, nul sophisme même ne lui coûtait, dans l'idée d'agacer ses auditeurs et de les forcer, en ferraillant avec lui, de mettre toute la société en émoi. Il y avait en lui quelque chose de l'impatience de ce corsaire contrebandier qui, se trouvant à table d'hôte, au milieu de pacifiques Flamands qui ne disaient mot, tira de ses poches deux pistolets d'arçon, qu'il déchargea par-dessous la nappe, cassant les jambes de ceux-ci, perçant les pieds de ceux-là, le tout pour faire diversion à l'apathie de ses convives.

Dans les sophismes qu'émettait si souvent cet homme, ainsi que dans ses contradictions continuelles, il y avait certainement quelque chose qui résultait de la nature de son esprit et de son caractère; cependant l'art et les combinaisons n'y étaient pas étrangers. Il était vivement intéressé à ce que tout le monde parlât dans les réunions où il était admis, et particulièrement dans celle du dimanche où la liberté qui y régnait donnait plus de variété et d'entrain à la conversation. Or, voici ce qu'Étienne ne sut sur le compte de Beyle, que bien après 1830, lorsque la société était dissoute depuis longtemps. En 1821, Beyle, qui habitait Milan depuis 1814, reçut de la police de cette ville une invitation de passer à l'office *del Buon Governo*. Là, on lui remit son passe-port en l'engageant à vider les lieux en vingt-quatre heures. La vérité est que, par une trop grande facilité d'élocution en matières politiques, il s'était gravement compromis, en engageant quelques personnes de sa connaissance à se rendre à Turin pour prendre part à la révolution qui éclata cette année en Italie. Le voilà arrivé à Paris et sans aucune ressource; que faire? Toujours plein de l'idée qu'il devait être né riche, il avait assuré à l'un de ses amis qu'il avait quinze mille livres de rentes d'héritage; mais en réalité n'ayant pas un sou, force lui fut de faire part à cet ami de sa détresse. Protégé par quelques personnes influentes, il postula successivement la place d'archiviste à la préfecture de police, celle au sceau des titres, puis demanda celle d'employé au ministère de l'intérieur, et enfin tenta d'entrer aux affaires étrangères en qualité de consul, fût-ce même dans les républiques sauvages de l'Amérique du Sud. Mais tout en sollicitant il ne pouvait retenir sa langue; si bien, que malgré les démarches de ses protecteurs, il n'obtint rien. Pressé par le besoin, il imagina de se mettre aux gages d'un libraire anglais, éditeur d'un *Magazine,* qui lui promit 500 francs par mois, pour deux articles paraissant tous les quinze jours. C'était une espèce de *Courier de Paris.* Beyle se mit courageusement à l'œuvre, et un Irlandais de ses amis traduisait sa prose en anglais, laquelle prose, devenue anglaise et retraduite en français, était prise à Paris, par les lecteurs de la *Revue Britannique,* pour des articles originairement composés et écrits à Londres.

Pour remplir l'engagement qu'il avait contracté avec l'éditeur du *Magazine* anglais, Beyle sentit la nécessité de fréquenter quelques maisons de Paris où l'on se tînt au courant de tout ce qui s'y passait et s'y disait alors. Un de ses amis qui faisait partie des réunions des vendredis et des dimanches, chez Viollet-le-Duc et chez Étienne, l'y présenta et il y fut bien accueilli. Toutefois le petit grenier d'Étienne, où chacun avait la liberté de parler avec une entière liberté, convenait mieux au caractère plus qu'indépendant de Beyle, et surtout au besoin qu'il avait de faire tous les quinze jours une ample récolte de bruits de ville, de discussions sur les événements politiques et les opinions diverses qui agitaient alors le monde littéraire. Beyle fut en effet un des habitués les plus fidèles aux réunions du dimanche, et il paraît certain que c'était là l'arsenal ou il puisait le plus abondamment, pour faire face à la voracité de la revue anglaise. Son ami a raconté à Étienne les tribulations qu'éprouvait Beyle lorsqu'ils montaient ensemble jusqu'au lieu de la réunion. « Écoutez, écoutez bien ce que l'on dira, lui répétait-il, afin de me fournir de sujets, car je suis distrait et, quand je parle, j'oublie ce que disent les autres. » Après la séance et lorsqu'il se retirait avec son confident, en descendant, tantôt il lui disait : « Je n'ai rien ; et vous ? »

Ou quand sa récolte était bonne, il s'écriait tout joyeux : « Mon article est fait ! » Beyle a mené ce genre de vie depuis la fin de 1821 jusqu'en 1830, lorsqu'à la suite de la révolution, lui, ainsi que tous ceux qui fréquentaient la maison d'Étienne, lancés dans la vie politique active, cessèrent de s'y réunir.

C'est de 1822 à 1827 que les grands efforts ont été tentés pour faire triompher le système littéraire dit romantique, afin de combattre celui qu'avaient suivi les écrivains et les artistes du temps de l'Empire; trois manifestes en faveur des idées nouvelles, ont été publiées pendant ces six années : celui de Beyle intitulé : « *Racine et Shakspeare;* l'autre de Courier, la préface qu'il a jointe à sa traduction du *Troisième livre d'Hérodote,* double attaque dont on vient de faire connaître les idées fondamentales; enfin le troisième factum, publié en 1827, est *la Préface* du drame de *Cromwell,* de M. Victor Hugo, morceau important de critique littéraire, sur lequel on insistera quand le moment opportun sera venu. Mais avant de se placer au point de vue d'où l'auteur des *Orientales* et de *Han d'Islande* a considéré cette révolution dans les lettres et les beaux-arts, il est indispensable de faire observer que madame de Staël, en s'appuyant sur les productions des Allemands, n'a attaché d'importance aux mots *classique* et *romantique,* que pour déterminer la différence qui existe en effet entre la poésie de l'antiquité païenne et celle qui prend plus particulièrement sa source dans les institutions chrétiennes, chevaleresques et par conséquent modernes. Madame de Staël avait donc posé clairement une question importante, tandis que de la manière dont Beyle et Courier l'ont envisagée, elle est dégénérée en une querelle de mots. Beyle, en particulier, au lieu de présenter un système qui pût également s'appliquer à tous les genres de compositions, ne s'est préoccupé que de l'art dramatique; il proscrit déraisonnablement les vers et propose pour modèle, à ceux qui veulent faire des tragédies pour les Français, les drames de Shakspeare.

Cependant, malgré ce qu'il y a d'inapplicable dans ces rêves creux, les prédications de Beyle et ses deux brochures de *Racine* et *Shakspeare*, publiés à trois ans d'intervalle, ne passèrent pas sans produire une vive impression sur la jeunesse qui s'avançait sous la bannière romantique. Faire des drames en prose devint une passion, une mode même, et bientôt MM. Mérimée, Cavé, Dittmer, Vitet et Ch. Rémusat se mirent à l'œuvre, quand Th. Leclercq les avait déjà précédés en faisant ses proverbes.

XVI

Plusieurs chapitres se sont succédé sans qu'il ait été question des frères Bertin; cependant, depuis qu'Étienne prenait part à la rédaction de leur journal, il les voyait journellement; car le bureau, encore en 1824, était occupé dès deux heures après midi par les deux frères, et les rédacteurs particuliers ne tardaient guère à se rendre auprès d'eux. Là, chacun, selon la nature de ses connaissances et du travail qui lui était confié, faisait, sous forme de conversation, une espèce d'analyse de ce qu'il avait recueilli d'intéressant sur les matières qu'il était appelé à traiter, soit en signalant les ouvrages récemment publiés, ou donnant les nouvelles relatives à la politique, à la littérature, aux arts, etc. A la suite de ces exposés, il s'établissait, sous la forme d'une conversation vive et piquante, des discussions auxquelles les plus humbles rédacteurs, comme le deux frères qui avaient la haute direction du journal, prenaient part. De là résultait que les opinions personnelles, modifiées et ordinairement améliorées par le frottement des avis de tous, recevaient un caractère d'unité qui s'infusait dans toutes les parties du journal.

A ces réunions intéressantes et presque toujours pleine d'agrément, Étienne n'avait garde de manquer, et lorsque quelque question importante avait été agitée contradictoirement par les deux Bertin, Feletz, Hoffman, Fiévée, Becquet et d'autres, Étienne, resté assez ordinairement simple auditeur, retournait chez lui, sinon avec des idées nouvelles, toujours avec des idées plus nettes, ce qui vaut presque toujours mieux.

La première altération qu'éprouva la régularité de ces réunions, fut causée par l'incertitude de l'heure à laquelle les séances de la chambre des pairs et de celle des députés permettaient de commencer l'impression du journal. Il arriva aussi que les rédacteurs eurent des avis différents au sujet de la querelle des classiques et des romantiques. Dès 1809, *les Martyrs* de Chateaubriand avait bien été portés aux nues par les uns et vivement critiqués par d'autres ; mais en 1824, la divergence d'opinion devint plus tranchée encore. L'apparition et la célébrité des ouvrages poétiques de Victor Hugo et de ceux qui suivirent alors sa bannière, portèrent quelques atteintes à l'unité des doctrines littéraires professées dans le *Journal des Débats,* et il ne fallut rien moins que la puissante impulsion donnée originairement à cette feuille, pour qu'elle conservât son carractère propre.

S'il n'a pas été plus souvent question des fondateurs du *Journal des Débats,* ce n'était pas, comme on voit, qu'il manquât d'occasion de se trouver avec eux ; Étienne fréquentait même toujours la maison de Bertin-Devaux.

Un jour que dans son cabinet il s'entrenait avec lui comme au temps où les intérêts politiques n'absorbaient pas toute son attention, Bertin dit à Étienne :—Vous êtes lié avec Courier ?. — Oui. — Quel homme est-ce ? — Un homme assez bizarre, ayant de la franchise sans doute, mais qui en fait parade et s'en sert comme d'un ingrédient avec lequel il donne plus de piquant à ses écrits. Nous l'aimons dans notre famille, où il se plaît. Son commerce est sûr, et sa conversation toujours solide et divertissante. — Il est marié ? — Oui... et il a fait un assez triste mariage, ainsi que tous ceux qui, passé la cinquantaine, épousent une très-jeune femme. Hélas! c'est son amour du grec qui l'a fait tomber dans ce guêpier. Lorsqu'il fit connaissance avec M. Clavier [1], leurs relations littéraires prirent le caractère de l'amitié. Courier venait chaque jour chez son nouvel ami, travaillait dans sa bibliothèque, si bien que le vieil helléniste, s'attachant de jour en jour à l'ex-artilleur, s'accoutuma à le regarder comme un fils auquel il se trouverait heureux de transmettre ce qu'il avait acquis de connaissances dans la langue grecque. Introduit bientôt dans la famille du savant, Courier eut l'occasion de voir sa fille pour laquelle il éprouva d'abord quelque compassion, à cause de l'état d'abandon où était laissée cette jeune personne par son père, toujours penché sur ses bouquins, et par sa mère qui courait sans cesse le monde. L'habitude journalière de voir cette jeune fille, l'amitié et les relations littéraires si étroitement établies entre Clavier et Courier, déterminèrent celui-ci à la demander en mariage. L'affaire ne fut pas longue à conclure, et le père fit entendre à son gendre futur, que sa bibliothèque, ses manuscrits et toutes les recherches scientifiques qu'il avait amassées, lui revien-

---

[1] Auteur d'une traduction du *Voyage de Pausanias*.

draient à sa mort. Ces promesses suffirent pour décider Courier au mariage, auquel état il était peu disposé et nullement propre... — Qu'en savez-vous? demanda Bertin-Devaux.—Voici le fait, reprit Étienne : Courier a épousé sa femme par convenance, mais comme il l'a avoué depuis à ses amis, il en est devenu éperdument amoureux dans les premiers temps de son mariage. Puis, quant à la passion de l'amour eût succédé celle de la politique, et qu'il écrivit ses pamphlets et resta à Paris pour en surveiller l'impression ; lorsqu'enfin enfermé à Sainte-Pélagie, à cause de son écrit sur Chambord, il laissa seule à Veretz sa femme chargée de la gestion de cette propriété, le trouble se mit dans son ménage. Mais il devint plus grand encore, lorsque Courier, sorti de prison, voulut être informé de l'état de ses affaires. Sa respectable belle-mère déclara simplement que, par suite de fausses spéculations, sa fille s'était endettée de vingt mille francs, et cela dit, elle laissa à son gendre le soin de faire face à cette dette. Au surplus, ajouta Étienne, plus d'une année avant cette belle affaire, lorsqu'en passant par Tours pour me diriger vers les Pyrénées (1820), je répondis à l'invitation qué m'avait faite Courier d'aller le voir à Veretz, j'y fus témoin d'une scène qui me fit naître de graves inquiétudes sur son bonheur à venir. On donne le nom de Veretz, non à un village, mais à quelques habitations dont la plus importante est la ferme que Courier et sa femme font valoir, car le faux vigneron s'était mis dans l'esprit de faire une paysanne de la fille de Clavier. Situé sur un plateau au sommet d'une espèce de falaise au pied de laquelle serpente le Cher, cette triste habitation, environnée de bouquets de bois et de terres labourables, ne peut convenir en réalité qu'à des paysans agriculteurs. C'est cependant là où le spirituel Courier eut la sotte idée de se retirer avec sa jeune femme. Leur logement proprement dit est d'une simplicité encore acceptable; mais Courier ne s'y tient qu'à l'heure des repas, et lorsqu'Étienne fut installé dans la maison, le premier soin que prit son hôte fut de le conduire dans ce qu'il appelle *sa boutique à grec.* — Or ça, il est fou votre Courier, interrompit Bertin-Devaux.—Je ne dis pas non, continua Étienne. Figurez-vous donc une chambre sans papier sur les murs, sans rideaux aux fenêtres, ne renfermant pour tous meubles qu'une table à écrire et un matelas sur le carreau, le tout à peu près enseveli sous des monceaux de bouquins grecs et latins de tous les formats. « C'est là où je travaille, où je couche, dit le faux vigneron, en contrariant la tristesse de sa physionomie par un sourire forcé, c'est là où je suis heureux ! » Et un volume d'Hérodote ouvert sur la table fit tomber la conversation sur la traduction de cet auteur dont il paraissait très-occupé. — Mais sa femme, demanda vivement Bertin-Devaux, qu'en fait-il ? que fait-elle?—Sa femme?... c'est une jolie personne, fort spirituelle, qui, pendant les trois jours que j'ai passés à Veretz, m'a parue aimable et d'un caractère gai. Deux hôtes m'avaient précédé dans la maison, un Gallois d'un certain âge et sa fille dont la maîtresse du logis paraissait goûter la société. Ces deux étrangers étaient fort gais comme le sont en général les habitants du pays de Galles, et pour les divertir, madame Courier avait décidé de les conduire le dimanche à une fête villageoise à quelque distance de Veretz. Les deux dames, le Gallois et Étienne avaient fait leur toilette avant le dîner, mais Courier se mit à table vêtu d'une horrible redingote, le col débraillé et avec de gros souliers sales à ses pieds. Cependant le repas fut gai, le Gallois eut beaucoup d'entrain et Courier fut très-spirituel. Mais, lorsque l'on eut quitté la table, notre hôte, mettant un vieux chapeau sur sa tête et s'emparant de son gros gourdin ferré,

dit en se tournant vers la société : « Hé bien! partons! »
La figure de madame Courier s'altéra, mais, faisant un
effort pour cacher son émotion, elle s'approcha de son
mari, et mettant le tout sur le compte d'une de ces distractions auxquelles elle prétendit que Courier était sujet, elle le poussa, non sans qu'il fît résistance, dans la
chambre voisine, où je le suivis. Ce ne fut pas sans peine
que je parvins à faire prendre un costume plus convenable à cet homme bizarre, auquel je fis observer très-sérieusement, et comme témoignage de l'amitié que je lui
portais, qu'un mari s'exposait aux plus graves dangers
en blessant la vanité d'une jeune femme.

Après ce récit B. Devaux resta quelques instants sans
rien dire; puis rompant tout à coup le silence : Je serais,
dit-il, assez curieux de voir cet homme. Êtes-vous assez
lié avec lui pour compter qu'il répondra à votre invitation ? — Sans doute; d'autant plus qu'il a manifesté
dernièrement le désir que je misse sous ses yeux certains
bas-reliefs d'Athènes, où il puiserait des éclaircissements
sur des difficultés que présentent plusieurs passages de la
Cavalerie de Xénophon. — Hé bien! dit Devaux, invitez
le, et faites-moi savoir le jour où il viendra.

Ce fut vers le mois de janvier 1825, qu'eut lieu cette
entrevue. Le temps était affreux, et Courier, rendu le premier, arriva crotté jusqu'à l'échine. Étienne avait à peine
eu le temps de le prévenir de la visite probable de B. Devaux, que celui-ci entra. Ces deux hommes, dont l'esprit
et le caractère différaient tant, ne s'étaient jamais vus.
Malgré leur âge et l'expérience qu'ils avaient de la vie,
chacun d'eux, en se voyant, éprouva un léger embarras
qu'Étienne s'empressa de faire cesser en les présentant
l'un à l'autre. Devaux, comme on l'a déjà fait observer,
se démontait assez facilement devant ceux qui lui tenaient
tête, tandis qu'au contraire, Courier ne se mettait jamais

plus à l'aise que quand il lui semblait qu'on voulût imposer des bornes à sa fantaisie. L'air de réserve et tant soit peu fier de Devaux ne lui échappa sans doute pas, car prenant tout à coup son ton de *Canonnier*, il s'empara de la parole, raconta ses aventures avec les brigands de la Calabre, fit quelques plaisanteries d'assez mauvais goût sur madame de Staël, et se moqua du style ampoulé de Platon en surnommant le philosophe grec, le Chateaubriand de son siècle. Étienne était sur les épines. Bref, Courier tint le dé avec une telle exubérance de verve et d'esprit que B. Devaux finit par en rire avec Étienne. Néanmoins cette scène forcée, qui commençait à devenir embarrassante pour les trois interlocuteurs, ne pouvait durer bien longtemps, et Devaux prétextant une affaire se retira. A peine fut-il sorti que la figure de Courier s'assombrit, qu'à son agitation succéda une tristesse morne. Étienne ignorait encore en ce moment que, tourmenté alors d'une affreuse jalousie, ne sachant où trouver les sommes nécessaires pour s'acquitter, poursuivi par les menaces qui lui étaient faites autour de Veretz, et inquiet du sort réservé à ses enfants en bas âge, il vivait plongé habituellement dans un abattement dont il ne pouvait sortir qu'en se procurant une ivresse factice en se laissant aller à tout le dévergondage de son esprit.

Après tout, l'ensemble de cette soirée est resté complétement mystérieux pour Étienne, à qui B. Devaux n'a jamais dit le véritable sujet de sa curiosité. Avait-il eu l'idée de s'assurer s'il était possible de décider Courier à prendre part à la rédaction du *Journal des Débats* ? Cette supposition très-aventurée ne pourrait s'appuyer que sur les légères modifications de la politique des frères Bertin, après la disgrâce de Chateaubriand, leur ami, à qui le roi avait retiré le portefeuille des affaires étrangères, six mois avant la singulière entrevue de

B. Devaux et de Courier. D'autre part, et en adoptant cette supposition, Courier, ayant deviné les intentions de B. Devaux chez Étienne, se serait-il montré plus hargneux, plus cynique qu'il ne l'était naturellement, pour décourager son tentateur et ruiner à l'instant même ses espérances? Rien, depuis que cette singulière entrevue a eu lieu, n'a pu la rendre plus claire pour Étienne.

Quelques jours étaient à peine écoulés, que Sautelet vint un matin chez Étienne et lui dit : On se réunit ce soir chez Cerclet, Thiers et Ary Scheffer viendront; on désire beaucoup que vous soyez de la partie, et l'on compte même sur vous. Je retourne chez Courier où je me suis présenté deux fois sans le trouver, pour lui faire la même invitation qu'à vous. »

La propagande romantique était alors aussi active dans les arts que dans les lettres. L'exposition du Louvre, ouverte le 1er septembre 1824, prolongée jusqu'au 15 janvier de l'année suivante, avait fourni d'abondantes matières aux écrivains chargés de rendre compte de ce salon. Thiers faisait brillamment ses premières armes en ce genre dans le *Constitutionnel*, et Étienne, qui avait déjà exercé cette espèce de critique depuis 1819, dans le *Lycée français*, le *Moniteur* et les *Débats,* s'acquittait pour la seconde fois de cette tâche difficile dans cette dernière feuille.

Les artistes et les critiques étaient naturellement divisés en deux camps. D'un côté la jeune école, qui s'élançait avec impétuosité dans la carrière dont elle avait forcé l'entrée, avait pour chefs principaux MM. E. Delacroix, A. Scheffer, P. Delaroche et Sigalon, puis le spirituel M. Thiers leur contemporain, développant, exaltant avec ardeur leurs doctrines et leurs productions. Cette attaque était vive. Or, il y avait un point faible du côté de la défense ; quelques élèves des derniers sortis de l'école de David en avaient si maladroitement interprété les principes, que leurs ouvrages justifiaient les critiques violentes dont ils étaient devenus l'objet ; en sorte qu'Étienne n'avait d'autres exemples à présenter pour appuyer les doctrines qu'il avait à défendre, que les productions, exposées au salon de 1824, par Gérard, Girodet, Gros[1], Hersent, M. V. Schnetz et Léopold Robert, sur lesquelles le goût nouveau qui se propageait ne laissait pas de jeter de la défaveur.

Au fond, dans les arts comme dans les lettres, la question était demeurée au point où madame de Staël l'avait amenée dès 1815, et sans qu'on s'en rendît compte il s'agissait toujours de savoir si on rejetterait ou si l'on continuerait de suivre les doctrines de l'antiquité sur les arts, telles qu'on les avait adoptées en Europe depuis les premiers temps de la Renaissance ; il s'agissait de savoir si les peintres et les sculpteurs prendraient pour base de leurs études et de leurs compositions le nu et le beau ; ou si, rejetant la forme à un rang inférieur, ils sacrifieraient même la beauté, pour faire briller par-dessus tout l'expression ? Voilà en réalité la question qui fut agitée par M. Thiers et Étienne, dans les deux journaux où ils écrivaient, et, selon toute apparence, les habitués de la réunion du dimanche furent curieux de voir les deux champions en présence.

Chez Cerclet, la société fut nombreuse. Outre plusieurs personnes restées inconnues à Étienne, il se trouva entouré de la plupart des fidèles du dimanche : A. Stapfer, de Marest, Duvergier de Hauranne, Mynier, Beyle (M. de Stendahl), A. Scheffer et son frère, tous deux peintres, et Sautelet, qui vraisemblablement avait arrangé cette soirée,

---

[1] C'est alors que Gros termina et découvrit la coupole de Sainte-Geneviève.

et près duquel était Thiers. A. Scheffer, dans l'atelier de qui Étienne avait été voir quelques jours avant un tableau où cet artiste avait représenté le jeune Géricault sur son lit de mort, s'approcha gracieusement de Thiers et d'Étienne, pour épargner aux deux critiques qui se trouvaient ensemble pour la première fois la petite gêne qui se fait toujours sentir en pareille occasion. Tous deux, dans leurs critiques, avaient signalé le tableau de A. Scheffer représentant *la Mort de Gaston de Foix* à Ravenne. Thiers l'avait loué à peu près sans restriction, insistant en particulier sur le choix d'un sujet moderne glorieux pour la nation. Étienne, tout en faisant l'éloge de la composition et d'une certaine poésie qui régnait dans cet ouvrage, s'était particulièrement appliqué à signaler le grave inconvénient qui résulte pour le véritable développement de l'art, du choix de sujets forçant les peintres à couvrir les personnages d'armures de fer contrariant les formes humaines, donnant de la roideur aux mouvements et une importance excessive à des objets accessoires. A. Scheffer, qui a toujours eu un sentiment délicat de son art, bien que vivement séduit alors par les idées nouvelles, d'un coup d'œil fit comprendre à Étienne qu'il sentait ce qu'il y avait de fondé dans ses observations. Mais on était tellement monté alors contre l'école de David, que peu s'en fallait qu'on ne frappât du même anathème les productions de son école et celles de l'antiquité. Mais là, chez Cerclet, il régna tant d'aisance et même de gaieté dans les discussions provoquées par ce sujet, qu'à force de vanter le laisser-aller des mouvements, la vivacité et la force de l'expression dans les ouvrages modernes, les jeunes partisans du romantisme allèrent jusqu'à taxer les ouvrages de l'antiquité d'insignifiance et de roideur. Scheffer et Thiers n'étaient pas éloignés d'abonder en ce sens ; et comme Étienne était pressé pour se prononcer à ce sujet, il leur dit : « Est-ce que nous allons en revenir au goût de messieurs Natoire et Vanloo, comme semble l'indiquer *la Locuste* de M. Sigalon, que vous admirez tous à l'exposition? Je me souviens que, quand j'étais élève, un vieil académicien, M. La Grenée, dit encore *le Jeune*, bien qu'il eût quatre-vingts ans, nous disait à la salle des Antiques, que les statues grecques étaient roides, et que les bras et les jambes de *l'Apollon du Belvédère* ressemblaient à des *navets ratissés*. » Ce mot du vieil académicien égaya fort les jeunes romantiques ; et Thiers lui-même n'aurait peut-être pas été éloigné de souscrire à cet arrêt, si A. Scheffer, homme de pratique, ne l'eût modéré, sentant qu'il ne fallait pas pousser la réforme dans l'art au delà des bornes raisonnables.

Cette soirée passée fort gaiement laissa cependant un fond d'inquiétude dans l'esprit d'Étienne. Par la vivacité de son imagination et de sa parole spirituelle, Thiers, comme un nouvel Éole, maître des vents et des orages, avait décuplé la hardiesse et la confiance des quatre ou cinq peintres romantiques dont les ouvrages avaient produit de l'effet au salon de 1824. Et en effet, sans qu'il s'en doutât alors, et contre son intention certainement, il est un des premiers qui ont préparé le règne du laid et de la triste réalité dans les arts.

Cependant, Courier inquiétait ses amis. Sautelet avait annoncé qu'il se rendrait à une réunion du dimanche, et on ne le vit pas. Quelques jours après, Étienne le rencontra dans la galerie des antiques du Louvre. Son œil était hagard, sa toilette plus négligée encore que de coutume, et ce ne fut qu'après quelques instants de silence qu'il se livra à la conversation. En parcourant les salles, les deux promeneurs s'entretinrent sur l'art chez les anciens, et comme Courier, quelque trouble qu'il eût dans le cœur, avait la faculté de laisser son esprit s'éveiller de son côté, dès qu'il se présentait une question qui l'intéressait, se jeta sur celle relative à l'équipement des chevaux, qu'il poursuivait pour arriver à l'intelligence complète du passage de Xénophon, ce qui le mit en verve, et le rendit intéressant et spirituel en la traitant. Après plus d'une heure d'entretien, près de se retirer, il tendit la main à Étienne qui lui dit adieu en lui demandant des nouvelles de sa famille. « *Tout cela va bien*, fut la brève réponse qu'il fit; et il partit.

Madame Courier, enceinte, était à Paris, et, quelques semaines après la conversation au Louvre, Étienne reçut une invitation de madame Clavier à passer la soirée chez elle. Étienne ne connaissait pas la mère de madame Courier, et ne se souciait nullement de faire connaissance avec elle; Courier, d'ailleurs, n'était pour rien dans l'invitation, et Étienne avait en ce moment une indisposition assez grave pour qu'elle l'empêchât de sortir de chez lui. Il en profita pour s'excuser, et échapper ainsi au désagrément de tomber pour la première fois au milieu d'une famille à l'instant où tout donnait lieu de croire que la désunion qui y régnait était irréparable. Au surplus, Courier ne causait nul embarras à ses amis au sujet des siens, car il ne leur en parlait jamais et répondait à peine, comme on l'a vu, lorsqu'on l'interrogeait sur leur compte.

Une passion absorbait chez lui toutes les autres; celle d'écrire. Méditer, retourner de mille manières une phrase jusqu'à ce qu'il lui eût donné le tour et la perfection qu'il avait rêvés, suspendait chez lui l'action des peines les plus cuisantes, le rendait même momentanément heureux. Quand on l'a connu intimement, on a bien de la peine à croire que la composition de ses pamphlets lui ait été inspirée par la violence de ses opinions politiques. Les choses les plus graves prenaient une teinte burlesque

en passant par son imagination ; Rabelais était son
véritable Homère, et il est vraisemblable que, pour Courier, la Charte octroyée par Louis XVIII et l'ultra-royalisme de la Restauration ne lui servirent que de prétextes
pour s'exercer dans un genre de satires favorable à son
talent, les *Ménippées* et les *Provinciales*.

Son goût pour tout ce qui se rattachait aux lettres
était si impérieux, qu'une quinzaine de jours après l'entrevue à la salle des antiques, et lorsque déjà il était
bourrelé d'inquiétudes, il se rendit à la société du dimanche, ayant appris que Beyle devait y lire la seconde
partie de son pamphlet intitulé : — *Racine et Shakspeare*.
L'assemblée était au grand complet, et ce ne fut pas sans
étonnement qu'on l'y vit paraître. Quant à Beyle qui
voulait préparer son auditoire, en éveillant ses esprits
avant de commencer sa lecture, il fit usage de sa faconde
et raconta préalablement des anecdotes. Ce fut d'abord
l'histoire d'un perroquet plus hypocrite et beaucoup plus
mal embouché que Vert-Vert, que madame la duchesse
de Berry, à qui un missionnaire en avait fait cadeau, fut
obligée de faire enlever sitôt que l'animal eut pris la
parole. Enhardi par le succès de son premier récit, Beyle
apostrophant l'assistance : « Savez-vous, dit-il, pourquoi
mademoiselle Mars n'a pas paru sur la scène pendant
plus d'une semaine ? Voici le secret ! Cette incomparable
actrice, âgée de cinquante ans aujourd'hui, a depuis plusieurs années un amant pour lequel on prétend qu'elle a
un attachement véritable. Les mauvaises langues répandent le bruit que l'amant n'était pas tout à fait indifférent
aux beaux yeux de la cassette de la belle, et que le calcul
et le plaisir entretenaient l'équilibre dans son cœur.
Bref les deux amants, voulant faire une fin, avaient résolu
de se marier. La nouvelle, vous le savez, n'était plus un
secret. L'amant a-t-il fait des réflexions sérieuses ? Un

parti aussi avantageux, mais plus honorable, lui a-t-il été offert? C'est un point sur lequel nous saurons peut-être la vérité un jour; mais le fait est que, près de *former les doux nœuds de l'hymen,* comme disent les poëtes classiques, l'amant substitua en son lieu et place, un de ses amis, jeune, joli garçon fort à la mode, riche et très-bon garçon. Le remplaçant fit l'aimable; mais la princesse le repoussa, et reprocha même à l'amant l'imprudence qu'il commettait en introduisant près d'elle un jeune homme, etc., etc. Cette pruderie ne manqua pas d'amuser l'amant qui, sans en tenir compte, laissa aller les choses jusqu'à ces jours derniers qu'il invita à dîner, chez l'actrice, bon nombre de ses amis, au nombre desquels était son suppléant. Tous crurent assister à un banquet de fiançailles, quand à la fin du repas l'amant, se levant, déclara au contraire que c'était un dîner d'adieu, et que, s'étant aperçu qu'on n'était pas insensible aux attentions de son jeune ami, il laissait le champ libre et se retirait pour toujours.

» On se figure la colère et le désespoir de l'infante. Aux cris, aux pleurs succédèrent l'abattement, puis la résolution de se laisser mourir de faim. Après un ou deux jours d'abstinence, ses femmes de chambre, ne sachant plus à quel saint se vouer pour faire accepter quelque nourriture à leur maîtresse, eurent l'idée d'aller avertir quelques-uns de ses camarades du Théâtre-Français qui lui étaient le plus attachés, dans l'espérance qu'ils détourneraient la désolée de sa funeste résolution. Talma s'empressa de venir, et, après avoir tenté mille efforts pour tirer quelques paroles de Mars, il eut l'idée de demander un bouillon qu'il présenta à l'affligée, en lui disant avec son accent tragique : « Tiens, Mars, c'est ton ancien camarade, c'est Talma qui t'en prie; prends ce bouillon! » L'infortunée Mars, dont on n'avait pu obtenir une seule parole jusque-là, se retournant brusquement vers Talma : « Va te faire..., » dit-elle, « avec ton bouillon ! et dis-leur de m'apporter à dîner ! »

Beyle, spirituel et malin, sentait bien, que pour préparer ceux qu'il voulait convertir au système du mot propre, il était indispensable d'accoutumer leur esprit et leurs oreilles aux locutions les plus hasardées. Aussi avait-il dépassé toutes les bornes dans le récit de ses deux anecdotes. Cette précaution oratoire avait encore un autre objet, celui de faire ressortir par la comparaison le ton en apparence poli avec lequel il allait défendre le romantisme dans sa seconde brochure contre les attaques violentes parties de l'Académie française. En effet, M. Auger, qui en était alors le secrétaire perpétuel, s'était élevé en pleine Académie contre les romantiques, avec un mépris et parfois une violence qui n'étaient rien moins que de bon goût. Beyle eut l'idée de répondre à ce manifeste, d'en faire ressortir ce qui s'y trouvait d'inconvenant, et, par la même occasion, de tracer d'une manière plus nette encore les idées nouvelles d'après lesquelles il prétendait que l'on dût composer les tragédies modernes ; car il est à remarquer que Beyle, avec ses vues littéraires fort restreintes, ne s'est jamais occupé que de l'avenir de l'art théâtral.

Dans cette seconde partie du pamphlet, *Racine et Shakspeare*, publiée deux ans après la première, on retrouve absolument le même fond d'idées qui se résument en ces deux phrases : « Vous me défiez de répondre à cette simple question : qu'est-ce que la tragédie romantique ? — Je réponds hardiment : *c'est la tragédie en prose, qui dure plusieurs mois et se passe en lieux divers.* »

Beyle, lancé dans l'opposition littéraire et politique, n'était pas homme à négliger le moyen de faire valoir son système romantique, en lui donnant l'appui fraternel des opinions chaudement libérales. Aussi s'adressant à cet instinct malicieux qui, à toutes les époques, chez nous, a fait mettre en doute la validité des droits des académiciens, Beyle, s'emparant du mot de *sectaire* dont M. Auger avait qualifié les soutiens les plus ardents du romantisme, dit tout à coup : « Tous les Français qui s'avisent » de penser comme les romantiques sont donc des *sec-* » *taires?* Je suis un *sectaire!* M. Auger, qui est payé à » part pour faire le dictionnaire, ne peut ignorer que ce » mot est *odieux!* » Cette sortie égaya beaucoup l'assemblée, et après une suspension de quelques secondes, Beyle, maître de son auditoire, continua : « Pour toute réponse à de tels arguments, je me contenterai de proposer une question : Que dirait le public, sectaire ou non, si on l'invitait à choisir, sous le rapport de l'esprit et du talent, entre :

M. Droz et M. de Lamartine;
M. Campenon et M. de Béranger ;
M. de Lacretelle et M. de Barante ;
M. Roger et M. Fiévée ;
M. Michaud et M. Guizot ;
M. d'Aguesseau et M. de Lamennais ;
M. Villar et M. Victor Cousin ;
M. de Levis et M. le général Foy ;
M. de Montesquiou et M. Royer-Collard ;
M. de Cessac et M. Fauriel ;
M. le marquis de Pastoret et M. Daunou ;
M. Auger et M. P. L. Courier ;
M. Bigot de Préameneu et M. Benjamin Constant ;
M. le comte Frayssinous et M. de Pradt ;
M. Soumet et M. Scribe ;
M. Laya et M. Étienne.

Ces listes, dont la comparaison est encore piquante aujourd'hui, produisirent un grand effet sur le jeune auditoire franchement libéral et déjà à demi converti au romantisme. Au moment où le nom de Courier fut prononcé, Étienne, ainsi que tous ceux qui étaient présents, ayant porté leurs regards sur lui, furent frappés du sourire plein de douleur qu'il laissa échapper.

C'était la dernière fois que Courier devait assister aux réunions du dimanche. Il était retourné à Veretz, depuis cette lecture, et le 14 avril 1825 Étienne assistait au théâtre italien, où l'on représentait l'*Ingamo Felice* et la *Nina*, lorsque, dans l'entr'acte, le jeune professeur Artaud, tout ému, lui apprit que l'on avait reçu la nouvelle que Courier avait été assassiné trois jours avant. Un instant après Bertin l'aîné leur confirma le fait, ajoutant que, dans une lettre qu'il avait reçue de Tours, on lui marquait que le malheureux Courier avait été tué dans le bois de Larçay, situé à une très-petite distance de la Chavonnière, son habitation ; qu'il avait été frappé par derrière de trois balles de fusil tiré à bout portant, et que les bruits qui circulent dans le pays tendent à faire supposer que cet assassinat est une suite de la mésintelligence qui régnait entre lui et sa femme.

Cet événement devint aussitôt le sujet des conversations animées de toutes les personnes qui étaient dans la salle, et fit prolonger la durée de l'entr'acte à la fin duquel Étienne se retira.

En rentrant chez lui, l'esprit tout plein de cet affreux événement, le souvenir d'un mot que lui avait dit Courier, à Veretz, lui revint en mémoire. Ce dimanche soir où ils allèrent se promener du côté d'une fête champêtre, comme ils longeaient les murs d'une grande propriété, non loin de la Chavonnière, Courier, en montrant à Étienne les grands arbres du parc, lui dit : « On se débarrasse lestement de ceux qu'on n'aime pas, en ce pays : tenez, c'est dans ce parc que le jeune prince de Conti a tué son précepteur d'un coup de pistolet, le père Ducerceau. »

XVII

Les souvenirs de la vie presque entière d'un homme sont si nombreux, souvent si disparates, que celui à qui prend la fantaisie de les transmettre se trouve forcé, en respectant l'ordre des temps le plus qu'il est possible, de rapprocher les faits analogues, pour donner plus de clarté à son récit. Étienne a fait connaître les conversations et les écrits relatifs à l'exposition de la théorie de l'art dramatique, telle que la concevait la jeunesse romantique de 1819 à 1825. Le moment est venu de parler des efforts tentés pendant la même période de temps par Théodore Leclercq, Lebrun, Charles de Rémusat, Dittmer, Cavé et Mérimée, pour mettre cette théorie en pratique.

Avant d'aborder ce curieux sujet, et pour donner une idée de l'impulsion générale à laquelle presque tous les esprits étaient impérieusement soumis alors, il faut jeter un coup d'œil sur quelques journaux, organes alors de cette jeunesse si ardente à découvrir des vérités qu'elle croyait nouvelles.

Le *Globe* fut fondé par un homme profondément honnête, non moins remarquable par les dons naturels de l'esprit que par sa solide instruction. M. Dubois.... directeur du *Globe*, et les jeunes écrivains qui prirent part à la rédaction de ce journal, se firent les interprètes d'un parti politique intermédiaire, celui des *Doctrinaires*. Dès 1816, cette jeunesse, poussée par l'amour d'une sage liberté, avait adopté franchement le gouvernement et la monarchie constitutionnels, et combattait avec autant de courage que d'intelligence les prétentions du parti ultra-royaliste et les idées révolutionnaires vivement réveillées par les désordres des cent jours. Sur ces deux points opposés était fondée leur doctrine politique ; quant à celle qu'ils professaient en littérature et relativement aux beaux-arts, c'était celle que madame de Staël avait exposée dans son livre de l'*Allemagne*. La position de M. Dubois lui facilita les moyens de s'entourer d'un assez grand nombre de collaborateurs dont les talents et les connaissances étaient variés et solides. Dans ce journal on traitait, et souvent avec supériorité, de haute philosophie, de littérature, d'art et de toute espèce de sciences. Quoique les opinions libérales des écrivains du *Globe* fussent très-vigoureusement exprimées, on n'y traitait guère que les questions générales de politique ; la polémique journalière n'entrant pas dans le cadre du journal. Les questions de tout genre passaient par la coupelle d'une théorie assez abstraite, et grâce à un éclectisme qui permettait d'admettre le laid auprès du beau, sous prétexte que dans la nature l'ombre opposée à la lumière donne plus de relief et d'éclat aux formes, les beaux-arts, en vertu de cette doctrine complaisante, étaient poussés dans la voie du réel qui, aujourd'hui, est devenu cette monstruosité que l'on nomme *réalisme*. Il en fut souvent de même pour les lettres, et quant à l'art dramatique en particulier, les écrivains du *Globe*, tout en s'exprimant avec plus de réserve et de science que Beyle, au fond partageaient le plus souvent ses opinions.

Pour toutes les idées et les questions qui s'élevaient au-dessus des intérêts purement humains, franchement anti-voltairiens, ces jeunes littérateurs professaient avec sincérité un certain spiritualisme très-séduisant, mais qui, vraisemblablement, n'a jamais mis un terme aux incertitudes d'aucun sceptique. Aussi leur critique avertissait-elle plutôt du mal et des défauts qu'il fallait éviter, qu'elle n'indiquait les moyens de bien faire.

Un autre journal parut bientôt après. A une réunion du dimanche, Cerclet, que l'on connaît déjà, arriva avec le prospectus du *Producteur,* l'un des premiers exposés du système saint-simonien. Ce jeune homme, d'un commerce agréable, d'une modestie même qui dégénerait en timidité, ne manquait pas au fond de l'âme d'une certaine ardeur qui le poussait vers les spéculations scientifiques. Entouré de collaborateurs doués du même instinct, tous avaient formé le projet de répandre la connaissance d'une science encore nouvelle alors, celle de l'*économie politique.*

Lorsque Cerclet prononça ces mots, Beyle, qui se trouvait au milieu de la réunion assez nombreuse, ce jour-là, fit une grimace affreuse, prit son chapeau et s'en alla au milieu du rire universel que son horreur pour l'économie politique avait provoquée.

La vérité est que cette lecture ne divertit personne ; elle fut même désagréable à plusieurs, et ce ne fut pas sans un grand effort d'attention qu'Étienne put se graver dans la mémoire les traits principaux de la brochure que lut Cerclet.

Son point de départ était que le système sacerdotal est sur son déclin ; que le monde, au lieu de n'obéir qu'à ses passions, est invinciblement entraîné à rapporter tout à ses besoins ; que l'industrie, qui a développé ce mode nouveau de civilisation, devient donc l'objet d'une science au moyen de laquelle on enseigne comment l'équilibre s'établit entre les classes qui consomment et celles qui produisent, ou comme on aurait dit autrefois : entre les riches et les pauvres. Mais, toujours selon le *Producteur*, il est certain que les dernières dénominations sont devenues fautives, depuis que l'industrie s'est emparée peu à peu de toutes les classes de la société et qu'une répartition plus égale du numéraire entre toutes les mains, par l'effet du travail, a rapproché les extrémités de la société et a fait que tout le monde est moins pauvre et que personne ne possède plus des richesses excessives. Il s'agit donc de déterminer de quelle manière le numéraire circule dans une société qui se constitue ainsi, et comment on y peut mettre le travail de chacun en équilibre avec ce qu'il gagne. Tel est à peu près le résumé du programme que lut Cerclet et dont la conclusion est : que la société est nécessairement entraînée vers une organisation nouvelle dont le principe est le travail et l'industrie, et entre dans une ère où la *science, la connaissance exacte des faits,* présidera à toutes les actions de la vie, dominera toutes les intelligences, comme dans l'ère dont on sort elles prenaient leur point d'appui sur les croyances religieuses. Les hommes du *Producteur* formaient évidemment l'avant-garde des saints-simoniens, qui ne tardèrent pas en effet à paraître.

Après cette utopie crûment matérialiste, il fut question d'un autre journal, le *Catholique,* dans lequel on se proposait de traiter de l'universalité des connaissances humaines sous le point de vue de l'unité de doctrine. « Le but de cette œuvre, » disait à Étienne le baron d'Eckstein, auteur et éditeur de ce journal, « est de rendre accessible aux hommes éclairés de toutes les opinions les sommités imposantes de la science qui, maintenant, s'élèvent inabordables et se retirent voilées devant leurs regards. Notre dessein, nous l'avouons, continuait le baron, non sans quelque emphase, est de partir d'un point fixe, d'une doctrine centrale, qui pour nous est le catholicisme sous la lumière duquel nous ferons passer tous les objets que nous comptons soumettre à l'attention de nos lecteurs. »

C'était en dînant chez un restaurateur et entre la poire et le fromage, que d'Eckstein, homme fort savant, mais d'un esprit plus subtil que profond, faisait part de son projet à Étienne. Et, comme s'il eût voulu lui donner sur-le-champ un avant-goût de la manière audacieuse dont il envisagerait ses sujets, il lui déroula une interprétation mystique du drame indien de Sacountala, à laquelle, malgré tous les efforts de son attention il fut impossible à Étienne de rien comprendre.

La publication de ces trois journaux avait été précédée de celle du livre de Benjamin Constant : « *De la Religion considérée dans sa source, ses formes et ses développements*, et de celui de l'abbé de Lamennais sur l'*Indifférence en matière de religion*. Le premier est l'étude froide d'un sceptique ; l'autre, l'écrit d'un énergumène plein de talent, qui, en cherchant à arrêter le mal, l'a seulement constaté, et en a buriné l'histoire d'une manière si énergique, que bien des gens, tenant la chose pour dite, ont reconnu leur maladie incurable et en ont pris leur parti. Malgré la différence de la forme de ces livres et de ces journaux, la fermentation interne qui y règne est au fond causée par le même levain, la passion d'innover ; et ne fût-ce que pour soulager les littérateurs romantiques de la responsabilité totale de cette fureur de réforme, l'équité exigeait qu'une bonne partie de son poids fût reportée sur quelques-uns des écrivains qui traitaient alors des questions les plus élevées, des intérêts les plus graves. Car, en somme, la guerre faite aux *trois unités dramatiques* a eu des conséquences bien moins sérieuses pour la société, que l'idée, si répandue maintenant, de régler toutes les actions de la vie non plus d'après la loi religieuse, mais sur la science et la connaissance des faits et des besoins matériels de la société.

Tout en faisant la part de chacun, il faut reconnaître que l'entraînement était général, que la passion de faire ou au moins de dire quelque chose de neuf travaillait tous les hommes de quelque valeur, depuis ceux qui flottaient dans la sphère élevée de la politique, jusqu'aux plus modestes qui cultivaient les lettres et les arts. La philosophie, l'histoire, la critique, ne purent se garantir complétement de cette commotion ; mais l'art dramatique, mis à la portée de tous les esprits par les représentations théâtrales, fut de toutes les branches de littérature celle que l'orage romantique secoua avec le plus d'acharnement. Les doctrines de Beyle, quelque extravagantes qu'elles fussent, avaient séduit plus d'un jeune écrivain, et aux nombreuses conversations sur la théorie dramatique succédèrent des lectures de drames, où, comme le voulait Beyle, le dialogue était écrit en prose et les unités de lieu et de temps mises de côté.

Avec son esprit ferme et pénétrant, M. Mérimée sautant à pieds joints par-dessus les théories, fut, comme on l'a vu par la lecture de son *Cromwell* chez Étienne, le premier à faire essai de la méthode de Beyle. Il ne tarda pas à en tenter d'autres dont il sera bientôt question ; mais, pour suivre l'ordre dans lequel ont eu lieu plusieurs lectures de ce genre, il faut s'occuper d'abord de celle d'un drame en cinq actes, l'*Insurrection de Saint-Domingue*, que l'auteur, M. Charles de Rémusat, lut chez M. Dubois, le directeur du *Globe*, au milieu d'un nombreux auditoire composé de la plupart des collaborateurs de ce journal, et de plusieurs habitués des réunions du dimanche qui avaient été invités avec Étienne[1].

---

[1] Voici les noms des personnes qui assistaient à cette lecture :

Le drame de l'*Insurrection de Saint-Domingue* est assez compliqué, et quelques notes prises par Étienne après la lecture aident seules sa mémoire. En voici la donnée principale qui pourra faire entrevoir quels en sont les développements. Plusieurs scènes préparatoires où un colon de Saint-Domingue, sa femme, sa fille, son fils et leurs esclaves noirs se trouvent en relation, initient le spectateur à la vie des colonies. Le père, Vallombre, traite sévèrement ses esclaves, mais pour maintenir la discipline; sa femme est devenue insensible à leur sort, par habitude; la fille, Albertine, ne peut s'accoutumer à ces rigueurs, et Léon, le fils, jeune homme ardent, a tout à la fois les préjugés des blancs envers les noirs et les faiblesses communes en ce pays pour les jeunes négresses. De retour d'un voyage au Cap, Léon revient plein d'enthousiasme pour la révolution française. Il a vu le député de l'assemblée nationale, et l'a invité à venir à l'habitation de son père. Deux noirs, Timur et la jeune Hélène, sa camarade, complètent le nombre des six personnages principaux de ce drame.

Léon a abusé d'Hélène, et la jalousie de Timur est à son comble lorsque le député français proclame le droit de l'homme et l'affranchissement des noirs dans l'habitation de Vallombre. Cet événement donne à Timur l'idée de soulever les noirs, et bientôt s'ourdit une conspiration.

Pendant la nuit, Timur, rôdant autour de l'établissement de Vallombre, surprend Léon cherchant à faire vio-

« MM. Dubois, Vitet, Damiron, Jouffroi, Duchatel, Ch. Magnin, A. Scheffer, P. Lebrun, Trognon, Viollet-le-Duc, Théodore Leclercq, V. Leclerc, aujourd'hui doyen de la faculté des lettres, Dejean, fils du général, Mignet, Thiers, d'Haubersaert, le comte Beugnot, Artaut, Thierry, Pierre Leroux, Patin, de Guizard, Alb. Stapfer, Ampère fils, Duvergier de Hauranne, de Marest, Cerclet, Sautelet et Étienne. »

lence à Hélène. Le noir insulte Léon qui répond en cassant le bras d'un coup de fusil à son rival et en criant au meurtre ! Timur est arrêté et enchaîné pour être aussitôt livré à la justice. Ici le député interpose son autorité, et, au grand mécontentement des colons, exige une enquête et que le procès soit fait dans les formes. Encouragés par la mansuétude du député, les noirs, s'imaginant qu'il favorise leur conspiration, viennent assaillir l'habitation de Vallombre et délivrent Timur, qui faisant aussitôt usage de sa liberté, revient armé d'une hache et massacre Vallombre et sa femme. Quant à Léon et à sa sœur, le noir, méditant d'affreuses représailles, les déclare ses esclaves. Pour plus de sûreté il s'empare même du député, et l'habitation de Vallombre est livrée aux flammes.

Avant de mettre Léon à mort, Timur se propose de traiter sa sœur comme le jeune blanc a traité Hélène, mais celle-ci parvient à calmer la fureur du noir qui se propose même de sauver ses victimes. Il se retire avec eux sur le bord de la mer où il est poursuivi par les révoltés qui demandent la mort des deux blancs. Timur leur résiste et, en faisant feu de son arme, il atteint Albertine. La sœur tombe dans les bras de son frère qui se précipite dans la mer avec le cadavre.

De ce sujet grave, horrible même, l'auteur, en mettant le langage et les intérêts de ses acteurs presque toujours en contradiction, a tiré une espèce de comédie. Chacun des principaux personnages inspire un intérêt à peu près égal, car ils ont successivement tort et raison, et tous défendent leurs droits et en abusent. Ce tableau, vrai peut-être, est peu dramatique, par cela seul qu'au lieu d'une action qui échauffe l'âme du spectateur, la peinture curieuse des mœurs maintient l'esprit dans une impartialité philosophique trop voisine de l'indifférence. Aussi la lecture de ce drame amusa-t-elle plus l'auditoire qu'elle ne le toucha; mais elle l'amusa beaucoup, car l'*Insurrection de Saint-Domingue* est un ouvrage dont les détails étincellent d'esprit.

Enfin M. de Rémusat avait fait faire un grand pas à la question romantique; il avait essayé de réaliser les idées de Beyle. Mais il ne s'en tint pas à cette première tentative, et quinze ou vingt jours après cette lecture il en fit une autre chez Étienne, en présence de la plupart des auditeurs qui avaient assisté à la première. La nouvelle compositon dramatique de M. de Rémusat, *la Féodalité*, n'est ni une tragédie, ni une comédie, ni une pièce d'intrigue; mais il s'y trouve une peinture très-vive et fort saisissante des mœurs, des passions et des intérêts compliqués de cette époque. La scène est tour à tour en Anjou et en Touraine. Ce qui constitue le fond du sujet, ce sont les efforts que fait le jeune seigneur de Montciel, de retour de la croisade où l'on croyait qu'il avait perdu la vie, pour rentrer dans la possession de son fief de Montciel, qu'une belle-mère, dont il avait toujours été haï, cherche à faire passer sous la domination du duc d'Anjou. Par amour de la justice, par point d'honneur, et pour rétablir ses propres intérêts, Jean de Montciel met tout en œuvre pour rentrer en la possession de son château et demeurer vassal du roi de France. Une fille de la belle-mère de Montciel, pour laquelle ce jeune chevalier a conservé un tendre souvenir, a fourni à l'auteur les ressources nécessaires pour répandre du charme sur la partie romanesque et dramatique de son ouvrage, qui, il faut l'avouer, est cependant, avant tout, une excellente peinture de mœurs.

Les cinq actes fort étendus de ce drame parurent cependant très-courts aux auditeurs. Le soir même de cette lecture il eût été difficile à Étienne de donner l'analyse de cet ouvrage, qui se recommande bien plus par la vérité et l'éclat des détails que par le dessin général ; mais après plus de trente années qui se sont écoulées depuis, il n'a conservé dans sa mémoire que l'impression générale qu'il en a reçue. Ainsi que l'*Insurrection de Saint-Domingue, la Féodalité* l'a amusé, intéressé même parfois, sans le toucher jamais. Or l'un des objets principaux de la révolution romantique, au moins selon Beyle, était de renouveler le caractère de la tragédie ; et les deux drames de C. de Rémusat sont comiques, puisqu'ils présentent bien plutôt une peinture de mœurs que le développement d'une action. D'ailleurs l'idée de la tragi-comédie n'était pas nouvelle en France, et depuis près de deux siècles on a pu lire ou voir représenter le *Don Sanche* et le *Nicomède* de Corneille, le *Venceslas* et le *Don Bernard de Cabrera* de Rotrou. La seule innovation était donc la prose substituée aux vers.

Ces lectures avaient vivement excité la curiosité de la jeunesse, et on en attendait de nouvelles avec une impatience qui ne tarda pas à être satisfaite. Peu après celles de M. de Rémusat, M. Mérimée, dans l'espace de deux mois, en fit quatre des différents drames que ce spirituel écrivain ne tarda pas de faire imprimer sous le titre de *Théâtre de Clara Gazul*. La première eut lieu chez Étienne en petit comité. Ampère fils et Sautelet amenèrent M. Mérimée, et on lut *les Espagnols en Danemark*, drame en cinq journées, et la petite pièce intitulée : *Une femme est un diable*. C'était un essai. Huit jours après, Étienne annonça à ses amis une lecture à laquelle Bertin l'aîné désira assister, et où il vint en effet. L'auditoire était nombreux, et Ampère se chargea de lire *les Espagnols en Danemark*, puis *le Ciel et l'Enfer*, petite pièce extrêmement spirituelle, mais encore plus indévote. M. de Rémusat parut très-frappé du talent de son rival. Et en effet, à cela près de quelques exagérations causées par l'imitation de la rudesse des mœurs espagnoles et de la singularité du système dramatique en ce pays, tous les assistants furent frappés de la sûreté, de la hardiesse inexorable avec laquelle un écrivain, si jeune encore, peignait déjà les maladies du cœur humain. On se prit même à le plaindre d'avoir pu dépouiller les passions du charme, des illusions qui les entourent ordinairement, pour les réduire à leur triste réalité. Quoi qu'il en soit, le mérite de l'auteur fut généralement apprécié; dans leur joie d'avoir un si vigoureux champion, les jeunes romantiques regardèrent leur cause comme gagnée; mais quelques assistants d'un âge plus mûr, Bertin l'aîné et Courier entre autres, ne virent pas sans appréhension pour les destinées de la littérature la facilité avec laquelle on multipliait les scènes horribles, et l'empressement que la plupart des auditeurs avaient mis à les accepter.

D'autres réunions de ce genre se succédèrent. Les drames de Mérimée, lus encore chez Cerclet, réunirent là tous les suffrages, ce qui décida Sautelet et Paulin, qui avaient fondé une librairie, à les imprimer sous le titre de *Théâtre de Clara Gazul* (1825), livre qui obtint un succès brillant et ouvrit à Mérimée la carrière des lettres, où il s'est distingué depuis comme un de nos meilleurs écrivains et un savant archéologue.

Les hardiesses de la plume de Mérimée et l'idée de publier son théâtre sous un faux nom furent bientôt imités. Deux fidèles aux réunions du dimanche, l'aimable Dittmer et Cavé, composèrent, sous le titre de *Soirées de Neuilly*, une suite d'esquisses dramatiques et historiques dialoguées, qu'ils donnèrent sous le pseudonyme de M. du Fougeray. La plupart de ces bluettes spirituelles, dictées par l'esprit d'opposition politique si ardente alors, ont, comme tous les écrits de circonstance, perdu presque tout leur sel. C'est à peine si l'on saisirait aujourd'hui le sens des plaisanteries dirigées contre les royalistes de 1815 qui appelaient les Cosaques *nos amis,* ou les indévots qui allaient à confesse pour obtenir des places. Cependant il y a un de ces drames, *Mallet ou la conspiration sous l'Empire,* qui, considéré du point de vue de l'histoire, mérite quelque attention. Ce n'est à proprement parler, qu'une suite de procès-verbaux mis en dialogue, ce qui enthousiasmait les romantiques il y a trente ans ; mais ce système prosaïque est on ne peut plus favorable à l'exposition d'une foule de circonstances qui se sont succédé pendant les vingt-quatre heures qu'a duré cette étrange conspiration. Dans le naufrage qui menace tant d'écrits de ce temps, ce drame sera peut-être une planche de salut pour *les Soirées de Neuilly.*

Sautelet était un très-aimable garçon qui s'était fait libraire-éditeur, et au succès de qui ses jeunes amis lettrés prenaient le plus vif intérêt. De son côté, il profitait habilement de ces bonnes dispositions pour faire passer à la coupelle des jeunes critiques les ouvrages en manuscrit qu'on lui proposait de publier. Aussi était-ce lui qui, le plus ordinairement, provoquait et organisait les lectures. Il avait été présent et intéressé à celles qui se firent des drames de Rémusat et de Mérimée, chez Dubois, Cerclet et Étienne, et il en combina d'autres pour faire subir cette épreuve à plusieurs *Proverbes* de Théodore Leclercq qu'il avait l'intention de publier. Il y eut une de ces soirées entre autres chez Fiévée, le spirituel publiciste, rédacteur au *Journal des Débats,* avec qui Th. Leclercq logeait. Les invitations furent nombreuses; mais à l'exception d'Armand Bertin, de Duvergier de Hauranne, de Sautelet et d'Étienne, les autres assistants n'étaient point connus des maîtres du logis [1]. Th. Leclercq lut d'abord *le*

---

[1] Voici les noms de ceux qui assistèrent à cette lecture : MM. Mi-

Brigand, puis *Ma cuisinière me vole,* deux proverbes dont le dernier surtout est fort spirituel. Tous deux font partie des œuvres imprimées de Th. Leclercq où on pourra les retrouver. Mais ce qui avait excité la curiosité de l'auditoire était la promesse de lui faire entendre quatre dialogues dont on tâchera de donner une idée, parce qu'ils feront connaître l'une des préoccupations qui agitaient si vivement alors le parti libéral. Dans ces quatre dialogues, un jésuite est successivement mis en scène avec une dame de qualité âgée, puis avec sa fille, qui se contente d'une religion superficielle, et avec le frère de celle-ci que ces évolutions pieuses commandées à toutes les classes de la société ennuient et dégoûtent, et enfin avec le frère même du jésuite. Ce dernier, rentré en France après une longue absence, s'étonne, en sa qualité de vieux révolutionnaire, d'ancien *jacobin,* que son frère, qui autrefois faisait cause commune avec lui, ait quitté son vieux drapeau et se soit fait *jésuite.* L'auteur suppose que le vieux jacobin tient à sa croyance avec assez de bonne foi, tandis que le jésuite, plus docile à l'expérience, raille son frère sur sa constance en ses vieilles opinions politiques, et cherche à lui démontrer que lui, jésuite, tout en changeant de langage et de costume, se propose toujours d'atteindre le même but; qu'au temps de la république il vantait le culte de la Raison, comme il parle aujourd'hui de celui du Christ, et qu'en somme, la grande affaire est de devenir maîtres de la France, sans s'embarrasser des moyens employés pour obtenir ce résultat. La discussion dégénère en querelle. Le jésuite développe avec véhémence sa politique, le jacobin défend toujours plus chaudement

---

gnet, Vitet, Beyle, Dunoyer, Dubois, Viguier, Ampère fils, Mérimée, Rémusat, de Guizard, Dittmer, Cavé, A. Stapfer, Tanneguy-Duchâtel, Cerclet, Jouffroy, etc.

ses principes, tant qu'enfin celui-ci dit à son frère : « *Non, je ne changerai jamais !* » Et ouvrant son gilet il lui montre un *bonnet rouge* fixé sur sa poitrine. — « Hé bien, dit l'autre, en ouvrant aussi son vêtement, tiens, voilà le *sacré-cœur ;* tu vois bien, imbécile, que c'est la même chose que ton bonnet ! Tu portes la pointe en haut et moi en bas, voilà toute la différence ! »

Les idées de Beyle avaient prévalu. Non-seulement on s'était complétement affranchi des unités que l'on peut regarder comme non regrettables, mais ce qui était grave et n'a pas cessé de l'être, est l'envahissement de la prose, la hardiesse de la pensée poussée jusqu'au cynisme, l'expression crue rejetant l'art et bravant même les bienséances.

Au fort de toute révolution, il y a, entre ceux qui les font et ceux qui les condamnent, certains esprits reconnaissant bien les abus à corriger, mais redoutant les passions aveugles de ceux qui prétendent les détruire. En littérature, deux poëtes distingués, Casimir Delavigne et Pierre Lebrun, jouèrent le rôle de modérateurs au moment de la tourmente romantique. Mais malgré le mérite et le succès au théâtre des *Vêpres siciliennes,* du *Paria,* la nouvelle école ne tint aucun compte à Casimir Delavigne des efforts qu'il avait tentés pour mitiger l'emphase reprochée au théâtre français, ni du choix qu'il avait fait de sujets étrangers à la mythologie et à l'histoire des anciens ; il fut repoussé par cela seul qu'il persistait à écrire ses drames en vers.

M. P. Lebrun se fit écouter un peu plus favorablement par les novateurs littéraires. Son drame en cinq actes, le *Cid d'Andalousie,* représenté au Théâtre-Français, obtint alors un assez brillant succès. Le caractère chevaleresque du sujet, un certain laisser-aller dans la distribution des scènes et particulièrement dans le dialogue qui se ressentait de l'étude que l'auteur avait faite de Shakspeare, puis enfin l'emploi de vers de mesures différentes qui, combattant l'uniformité de l'*alexandrin*, la bête noire des romantiques, contribuèrent à leur faire accepter le *Cid d'Andalousie*. En outre, cette composition tragi-comique, fit naître une circonstance tout en faveur des idées de la nouvelle école. Talma, le grand tragique, avait à débiter dans son rôle du *Cid* plus d'un passage d'un ton très-familier, tandis que la comédienne par excellence, mademoiselle Mars, joua avec supériorité plusieurs scènes très-pathétiques, ce qui fournit un argument de plus à ceux qui exigeaient que, comme dans la vie réelle, on entremêlât dans les événements les plus graves, les plus tragiques, tous les tons depuis le plus élevé jusqu'au plus humble.

Il régnait une activité d'esprit extraordinaire parmi les écrivains et les personnes qui s'intéressaient aux lettres; aussi les lectures se multipliaient chaque jour davantage. Étienne fréquentait alors la maison de madame de Pomaret; cette dame sur le retour, valétudinaire, ne sortant guère de son salon ni même de son fauteuil, faisait jaillir de son esprit vif et délicat, le surplus d'activité à laquelle son corps ne pouvait prendre part. C'était une de ces bonnes et aimables causeuses comme il ne s'en rencontre plus guère, donnant un tour agréable et solide à la conversation, sachant, chose si rare, écouter et répondre, et possédant l'art de profiter de l'esprit de chacun en l'amenant sur les sujets qui souriaient à son imagination, ou s'adaptaient le mieux à ses connaissances.

Quoique madame de Pomaret fût connue de beaucoup de monde, les réunions chez elle étaient peu nombreuses; telles furent au moins celles auxquelles Étienne assista, où, indépendamment des trois personnes de la famille, le mari, la femme et leur fille, il ne se trouva que Duparquet, homme du monde, très-spirituel, madame Lebrun et son mari, l'auteur du *Cid d'Andalousie,* Viollet-le-Duc et sa femme, sœur d'Étienne, quelquefois madame la comtesse de Serre, qu'Étienne avait connue à Naples lorsque son mari y était ambassadeur de France, et enfin Valery, l'auteur de différents ouvrages destinés à servir de guides aux voyageurs en Italie.

Valery a eu deux grandes préoccupations dans sa vie : sa taille d'abord, qui était de plus de six pieds, ce qui l'a condamné à mille petits supplices journaliers, surtout pendant ses fréquents voyages ; puis le désir, la passion de se faire un nom dans les lettres. Sans cesse à la piste des anecdotes et des mots spirituels, on l'a surpris plus d'une fois dans les salons qu'il fréquentait, tirant de sa poche son carnet pour y inscrire un fait ou un trait d'esprit qui lui paraissaient assez piquants pour en orner ses ouvrages. Travailleur infatigable, il se levait hiver comme été dès cinq heures du matin, prenait son café qu'il faisait lui-même avec le soin qu'exigerait l'accomplissement de l'opération de chimie la plus délicate, puis étudiait, composait, écrivait tout le jour jusqu'au soir où il se mettait en marche pour faire sa tournée dans les salons de Paris où il était admis. Au nombre des maisons qu'il fréquentait le plus habituellement étaient celles de madame de Genlis, de la duchesse de Duras, de la comtesse Schwetzin, de Viollet-le-Duc, et de madame de Pomaret.

On avait envoyé à Valery deux ouvrages nouveaux, manuscrits de Xavier de Maistre, auteur du *Lépreux* et du *Voyage autour de ma chambre,* pour qu'il les fît imprimer à Paris. Mais l'originalité de ces nouvelles productions ayant fait naître quelques inquiétudes dans l'esprit de Valery, il pria madame de Pomaret de convoquer ses amis pour en entendre la lecture, afin de pressentir l'effet qu'ils pourraient produire sur le public. Ces deux morceaux inédits étaient *les Prisonniers du Caucase*, puis *la Jeune Sibérienne*, sujet que madame Cottin avait traité sous le titre d'*Elisabeth*. Curieux comme on l'était alors de toute nouveauté littéraire, les auditeurs invités se montrèrent impatients d'entendre les dernières productions du spirituel auteur du *Lépreux*. Les deux nouvelles furent lues par Viollet-le-Duc, écoutées avec le plus vif intérêt et vivement applaudies. La conscience littéraire du classique Valery tranquillisée par ce succès, les deux nouvelles furent livrées à l'impression et furent lues avec le plus vif empressement. *La Jeune Sibérienne,* en particulier, dont le récit dramatique et si pittoresque contrastait avec le coloris un peu pâle d'*Elisabeth* de madame Cottin, charma tous les lecteurs.

Le goût des lectures, l'empressement avec lequel on allait au devant de toute composition qui semblait promettre quelque combinaison littéraire nouvelle, ont éclaté dans toute leur vivacité vers cette année 1825. Cette ardeur était entretenue surtout par la querelle des romantiques et des classiques au sujet de la réforme de l'art théâtral demandée et tentée, comme on vient de le voir, par de jeunes écrivains. Il est plus que douteux que cet art ait tiré grand profit des efforts tentés par les romantiques ; mais si le mouvement est la vie, les intelligences n'ont peut-être jamais été plus vivaces en France qu'à cette époque.

XVIII

Sans comparer le temps de la Restauration à celui du Directoire, on peut cependant saisir quelque analogie entre ces deux époques. Au sortir des angoisses de la terreur, comme on passait en quelque sorte de la mort pour rentrer dans la vie, la joie que ce changement brusque fit éclater plongea la société dans un tourbillon de plaisirs d'autant plus enivrants qu'en général on n'y cherchait que des jouissances purement matérielles.

A la chute de l'Empire, si pendant ce régime l'ordre avait été rétabli dans les divers rouages de l'administration, on était si las de la tyrannie du maître, et surtout de cette succession de guerres qui avaient décimé la population et mis le deuil dans tant de familles, qu'au retour de la paix, suivi de la promulgation de la Charte, et lorsque par l'établissement des deux chambres et de la liberté de la presse on fut rentré dans le droit de dire et de publier sa pensée, cette faculté, ayant acquis une qualité presque fulminante par une compression de quinze années, fit explosion tout à coup, mais d'abord parmi la classe élevée, intelligente de la société. C'est en effet de ce moment, qu'avec les passions politiques se développèrent le goût vif pour les lettres et pour les luttes littéraires dont on a essayé précédemment de faire connaître le caractère et l'objet. Chateaubriand et madame de Staël par la nature de leurs écrits, ainsi que par leur opposition au régime impérial, avaient effectivement ouvert la voie où l'on allait entrer; et bientôt de Lamartine et Victor Hugo, obéissant à cette impulsion, s'élançaient en tête d'une jeunesse avide de nouveauté et de gloire. Cet élan fut grand et très-brillant. Comme à l'origine de toute révolution, on ne douta pas que celle tentée dans les lettres et dans les arts ne dût produire les plus heureux résultats; et pendant la durée de la Restauration cette illusion flatteuse ne contribua pas peu à entretenir le feu sacré pour les lettres.

Quelque chose d'analogue avait eu lieu sous le Directoire, et l'on n'a sans doute pas oublié les tentatives de Ducis et de Népomucène Lemercier pour receper le tronc vieilli de la scène française. Mais à cette époque le grand mouvement des esprits leur était imprimé pour les sciences à la tête desquelles étaient des hommes tels que Lavoisier, Delaplace, Bertholet, Fourcroy, Gay-Lussac, Bichat et surtout Cuvier.

Quant à cette joie que l'on avait manifestée de 1795 à 1799, au milieu de plaisirs, de fêtes qui rappelaient parfois les saturnales, elle prit un tout autre caractère après 1815 pendant la durée de la Restauration. Avec cette faculté que possèdent les Français de se transformer, pour obéir du jour au lendemain à un goût, à une mode et même à un gouvernement nouveau, tout dans la société prit un autre aspect. La position importante que la rentrée des Bourbons fit reprendre à l'ancienne noblesse réveilla le goût de la vieille politesse française et des élégantes habitudes de société dont, malgré les efforts tentés sous le règne de Napoléon, on n'avait pu rétablir la tradition. Dans plusieurs salons, ceux entre autres de madame la duchesse de Duras, de madame la comtesse Schwetzin, de madame la marquise de Catelan, de madame la duchesse de Broglie et de madame Récamier, où se rendait l'élite de la société en hommes politiques, en littérateurs et en personnes du monde le plus brillant des deux sexes, on vit en effet régner les habitudes de la plus exquise politesse. Alors l'ardeur des passions politiques et littéraires divisait la société en deux parts si tranchées qu'il fallait avoir de l'empire sur soi-même et user d'un art assez difficile, pour concilier la franchise de ses opinions et les égards qu'exige la politesse. De tous les salons brillants ouverts à cette époque, c'était celui de madame Récamier où ces luttes à armes courtoises offrirent le spectacle le plus piquant. Comme cette personne excellait dans l'art de calmer, d'apprivoiser, si l'on peut dire ainsi, les personnes d'avis les plus contraires, elle mettait une espèce de coquetterie à les faire trouver ensemble dans son salon. Plus d'une fois Étienne a entendu discuter chez elle, à Paris, avec un calme au moins apparent, MM. Mathieu de Montmorency, de Larochefoucault-Doudeauville et son fils Sosthène, avec MM. de Kératry, Benjamin Constant, de Catelan et de Lally-Tolendal. A dire vrai, ces rapprochements des extrêmes profitaient plus au développement de la politique qu'à la fusion des partis; cependant il est certain que, quand les hommes ont entretenu des rapports de société, ils sont portés à donner des formes moins acerbes à leurs paroles lorsqu'ils défendent publiquement leurs opinions politiques. Cet esprit de conciliation était d'ailleurs une disposition essentielle du caractère de madame Récamier qui, pendant le cours de nos fréquentes révolutions, profita plus d'une fois de l'espèce de crédit que lui avaient fait acquérir l'élévation et l'impartialité de ses sentiments auprès d'hommes des partis les plus opposés, pour obtenir d'eux, en faveur de gens opprimés, des grâces qu'ils auraient refusées à tout autre.

Le retour d'Étienne d'Italie en France avait précédé celui de madame Récamier de quelques mois, et sitôt qu'elle fut rentrée à l'Abbaye-aux-Bois, Étienne s'empressa de lui rendre visite. Au temps de la jeunesse et de la prospérité de madame Récamier, vers 1799, le petit élève en peinture n'avait fait qu'apercevoir dans quelques salons de Paris cette femme que sa beauté avait rendue si célèbre. Ce n'était donc qu'à Rome, pendant l'hiver de 1823 à 1824 qu'il avait pu apprécier l'excellence et la solidité de ses belles qualités. Là s'était établi entre eux, à un âge où tout devient sérieux, car ils étaient contemporains, une confiance tout amicale. Pendant ces soirées passées à Rome, ceux qui formaient le noyau de cette réunion, le duc de Laval, M. Ampère fils, Ballanche et Dugas-Montbel se promettaient d'en retrouver à l'Abbaye-aux-Bois les douces habitudes qu'ils y avaient contractées avant le voyage d'Italie. Madame Récamier ainsi que sa gracieuse nièce recommandèrent expressément à Étienne de se regarder comme faisant partie de ce petit *club*, qui serait à Paris ce qu'il avait été à Rome.

Le séjour de madame Récamier à l'Abbaye-aux-Bois [1] a donné de la célébrité à ce lieu de retraite. L'ensemble des bâtiments situés dans la rue de Sèvres est divisé en trois parts : le couvent des jeunes filles où le public n'entre pas, une petite chapelle ouverte aux fidèles, puis un corps de logis assez vaste, loué et habité par les personnes qui désirent vivre dans une demi-retraite. C'est là, au troisième étage, que madame Récamier occupait encore un modeste appartement en 1825, à son retour d'Italie ; c'est là, dans un petit salon où il n'y avait d'autre luxe qu'une simplicité élégante, où ceux qui y furent admis ont eu l'occasion d'y voir tant de personnes des deux sexes, distinguées à différents titres, les unes par leur naissance, les autres par leurs fonctions, et le plus grand nombre par leur esprit et leurs talents. Tous composaient alors l'élite de la société à Paris, et tenaient à honneur d'environner de leur amitié et de leurs hommages une femme dont la longue célébrité, faveur si souvent dangereuse pour les personnes de son sexe, était restée constamment pure.

---

[1] L'Abbaye-aux-Bois, surnommée ainsi à cause d'une espèce de forêt dont elle était originairement environnée, fut fondée par saint Bernard et dépendait de Clairvaux dont elle était fille. L'Abbaye-aux-Bois était une abbaye royale, dont l'abbesse était toujours une grande dame. Celles qui ont occupé cette dignité les dernières, avant la Révolution, étaient une *dame de Richelieu* et une *dame de Chabrillant*.

Ce salon devenait parfois le lieu où le mérite des jeunes gens déjà connus par quelques productions littéraires recevait une espèce de consécration; aussi la plupart d'entre eux ambitionnaient l'honneur d'y être admis. Étienne n'a pas oublié la réception d'un d'entre eux qui, par l'originalité et la quantité immense de ses productions, a poussé l'acquit de ses promesses jusqu'à la prodigalité. Pendant une de ces soirées où l'on se rendait sans invitation et auxquelles madame Récamier, quoique assez ordinairement silencieuse, présidait avec un tact si délicat, la conversation s'étant vivement établie d'un côté entre Ampère fils, Ballanche, madame d'Hautpoul et le duc de Laval, tandis que de l'autre, la nièce de madame Récamier, Charles Lenormand à qui elle était promise, les demoiselles Duvidal, puis Montbel et Etienne, parlaient de l'Italie, tout à coup entra madame la duchesse d'Abrantès accompagnée d'un jeune homme qui paraissait pour la première fois dans ce salon. Il se fit un silence général, et l'attention se porta sur le nouveau venu. D'une taille médiocre et trapue, les traits de son visage, quoique communs, indiquaient une vivacité d'intelligence extraordinaire, et le feu de son regard, ainsi que le contour vigoureusement dessiné de ses lèvres, trahissaient en lui l'énergie de la pensée et l'ardeur des passions. A voir cet air naturellement réjoui répandu sur cette physionomie énergique, on aurait pu prendre une idée de celle de Rabelais dont aucun souvenir authentique ne nous est parvenu. Ce personnage était Honoré de Balzac, pauvre petit romancier, peu connu alors, mais qui depuis a produit la *Comédie Humaine*.

La joie naïve qu'exprima Balzac, après avoir été présenté à la maîtresse de la maison, ne peut être comparée qu'à celle d'un enfant; et il fallut que cet homme eût recours alors à ce qui lui restait de raison pour ne pas se jeter dans les bras de tous les assistants. Cet excès de satisfaction aurait même été ridicule, si elle n'eût pas été sincère et si franchement exprimée. Mais un sentiment vrai finit toujours par toucher; et cette scène, bien qu'un peu burlesque, n'a laissé dans la mémoire d'Étienne que le souvenir d'une impression favorable au caractère de Balzac. Sa conversation était d'ailleurs si spirituelle; et en ce jour, après sa réception, lorsque madame d'Abrantès, si spirituelle elle-même, le fit asseoir entre elle et Étienne, déjà on pouvait entrevoir en Balzac le profond observateur et l'inépuisable romancier qui, dans l'espace de vingt et un ans, de 1827 à 1848, a composé et publié quatre-vingt-dix-sept ouvrages de longue haleine.

Le caractère et l'aspect des réunions chez madame Récamier étaient assez variés. Aux unes, presque journalières, se rendaient, comme à celles de Rome, les personnes de sa société intime qui ont déjà été nommées, et son mari, M. Récamier, venait régulièrement chaque soir y prendre part à la conversation. Quant aux autres assemblées plus nombreuses, elles ne purent avoir lieu que quand la célèbre habitante du petit appartement du troisième étage occupa le premier de ce même corps de logis. Là, non-seulement les amis et les nombreuses connaissances de madame Récamier purent y trouver accès, mais il y eut des soirées et parfois des matinées où l'élite de la société parisienne s'y trouva rassemblée. Outre le charme que savait y répandre celle que le monde choisi entourait, des distractions variées suspendaient agréablement la conversation générale. Parfois de la musique, mais plus ordinairement de ces récréations qui s'adressent particulièrement à l'intelligence et servent d'aliment à l'esprit; des lectures d'ouvrages inédits de Chateaubriand, d'Ampère fils et de mademoiselle Delphine Gay, ou de brillantes récitations que faisaient le grand acteur Talma, retiré du théâtre, et plus tard la jeune Rachel, destinée à s'emparer du sceptre tragique. Ce concours volontaire de toutes les aristocraties, sans omettre celle de la beauté ; ces brillantes réunions d'hommes et de femmes présentaient un spectacle tout à fait imposant, et l'inspection seule de cette galerie de personnages, déjà historiques pour la plupart, eût suffi pour entretenir la curiosité et l'attention de chaque assistant.

Étienne dira quelques mots de l'une de ces matinées dont le souvenir est resté gravé dans sa mémoire. L'auditoire invité n'était pas nombreux. Madame Récamier n'avait près d'elle que sa nièce nouvellement mariée à Charles Lenormand, et mademoiselle Clark, l'une de ses compagnes fidèles. Les auditeurs étaient le duc de Noailles, les intimes de Rome et de Paris, au nombre desquels M. Ampère fils, placé près de Chateaubriand, devait lire quelques parties des *Mémoires d'outre-tombe*, auquel l'auteur travaillait alors avec une vive ardeur. Le fragment que lut M. Ampère, l'un de ceux qui a été le plus goûté depuis la publication de l'ouvrage, contient la peinture saisissante que Chateaubriand a faite de la maison paternelle, et du caractère noble, mais sévère et altier de l'auteur de ses jours. A ce tableau, touché en effet de main de maître, succède celui si touchant de la tendre amitié qui régnait entre sa sœur et lui, circonstance dont on a cru retrouver un écho lointain dans la nouvelle de *René*. Tout l'auditoire fut réellement ému ; il faut croire que l'auteur le fut aussi puisqu'il essuya quelques larmes.

Chateaubriand, alors à l'apogée de sa gloire, tenait le sceptre de la littérature ; il avait vaillamment servi la cause des Bourbons, et les Bourbons en le disgraciant l'avaient remis en honneur auprès des libéraux ; tellement que, maintenu dans une espèce d'équilibre qui ne pouvait que satisfaire sa vanité, il s'était retiré du fracas de la politique et du monde, employant une grande partie de son temps à la composition de ses mémoires, et consacrant tous les jours trois ou quatre heures à l'amitié qui s'était formée entre madame Récamier et lui.

En ces occasions, la lecture promise était l'objet de la réunion; mais c'était avec un art, bien négligé depuis, que madame Récamier préparait les soirées où ses invités devaient se suffire à eux-mêmes par la conversation. Ces réunions, ordinairement nombreuses, se composaient naturellement de différents groupes de personnes liées entre elles par des goûts analogues, mais surtout par les mêmes opinions politiques, car, à cette époque de la Restauration, la société était bien divisée. Pour mettre plus facilement en harmonie les invités à mesure qu'ils arrivaient, madame Récamier, pendant la matinée, prenait le soin de faire former avec des siéges cinq ou six cercles assez distants l'un de l'autre, pour que les dames étant assises, les hommes pussent circuler dans les intervalles et s'arrêter là où il leur convenait. Ces espèces de couloirs donnaient en outre à la présidente de la fête le moyen de faire prendre à ses hôtes, à mesure qu'ils arrivaient et sans qu'ils s'en aperçussent, la direction qui les conduisait vers leurs amis, ou au moins vers les personnes dont les idées et les goûts avaient le plus de rapport avec les leurs. Lorsque ces cercles étaient garnis de causeurs et de causeuses élégantes, c'était un tableau curieux que tout ce monde animé par la conversation, au milieu duquel madame Récamier, vêtue de sa robe de mousseline blanche nouée par un ruban bleu, allant, venant dans les détours de ce labyrinthe vivant, adressait, avec ce tact qui lui était particulier, un mot amical aux uns, des paroles bienveillantes à tous; poussant même l'attention jusqu'à aller chercher les modestes et les timides dans les encoignures où ils se retranchaient.

Cet ingénieux arrangement s'adaptait on ne peut plus heureusement à la disposition d'une réunion nombreuse, dont l'activité d'esprit devait se diviser à l'infini ; mais lorsqu'il s'agissait de faire entendre à une grande assemblée une lecture ou une récitation importante sur laquelle l'attention de tous dût se porter, madame Récamier faisait placer ses invités en un seul cercle, réservant le centre pour celui ou celle que l'on devait écouter.

Étienne a assisté à l'une de ces plus brillantes soirées dont beaucoup de personnes, encore vivantes, ont sans doute conservé le souvenir. Les hommes, debout, se tenaient le long des boiseries, tandis que les dames, sans être assises dans un ordre trop régulier, formaient plusieurs cercles concentriques dont le dernier, le plus étroit, laissait un espace destiné au lecteur, près de qui madame Récamier et sa nièce, madame Lenormand, se tenaient ordinairement. Comme décoration, on ne voyait, dans ce salon, que le portrait de madame de Staël peint par F. Gérard, et le tableau de Corinne du même maître ; mais ce qui donnait en ces occasions un éclat particulier à ces assemblées, était la réunion d'hommes et de femmes appartenant à l'ancienne et à la nouvelle aristocratie, ou qui, à des degrés différents, s'étaient fait un nom dans les lettres. Avant la lecture, l'inspection seule de ce monde d'élite suffisait et au delà pour faire de l'attente un des moments les plus intéressants de la soirée ; mais, sitôt que la lecture allait se faire entendre, les regards et l'attention de tous, disséminés jusque-là, se dirigeaient sur un seul point, en sorte que personne ne pouvait éprouver ces moments de vide et de lassitude, inévitables dans presque tous les salons.

On avait été invité pour entendre une nouvelle pièce de vers de la composition de mademoiselle Delphine Gay, et ensuite Talma, qui devait réciter quelques morceaux de

nos belles tragédies. L'auditoire était déjà au grand
complet et attendant la jeune muse, lorsque Talma, qui
ne devait se faire entendre qu'à la fin de la soirée, arriva
le premier. L'accueil qu'on lui fit parut l'émouvoir ; et
en effet, s'il ne reçut pas les applaudissements bruyants
du théâtre, le murmure flatteur qui se fit entendre et la
satisfaction qui éclata sur toutes les physionomies à son
entrée dans le salon durent le toucher profondément.
La présence de Talma augmenta d'autant le désir de l'entendre, que mademoiselle Delphine ne paraissait pas. On
commençait à se préoccuper de son arrivée tardive ; et
déjà inquiète comme toute maîtresse de maison en pareille circonstance, madame Récamier avait fait venir les
rafraîchissements pour calmer l'impatience de son auditoire et le soulager de l'excessive chaleur de la fin du
mois de juin[1]. L'assemblée était donc en proie à l'agitation, toujours un peu comique, qui résulte de la distribution des sorbets et des boissons, lorsque mademoiselle
Delphine Gay et sa mère, toutes deux en grandes parures, firent, non sans peine, leur entrée dans le salon.
Mesdames Récamier et Lenormand les conduisirent jusqu'au petit espace circulaire qui leur était réservé, et il
se passa encore quelque temps avant que l'ordre et le
calme pussent se rétablir complètement. Quand chacun
eut repris sa place, madame Récamier demanda à la
jeune Delphine comment elle voulait se placer. Pour
toute réponse, elle prit un siége, se tourna du côté du
tableau de Corinne, et dit en souriant : « Je suis bien. »
Alors se fit le plus profond silence.

Les vers que récita mademoiselle Delphine avaient pour
objet de célébrer le sacre de Charles X, l'événement remarquable à ce moment. Le cadre de cette composition

[1] 1825.

est une vision. L'auteur croit voir sortir du lac enflammé une jeune fille. C'est Jeanne d'Arc, qui a assisté aussi au sacre d'un roi de France, et ordonne à Delphine de chanter le grand événement qui vient d'avoir lieu. Là, la jeune muse parle du serment que le roi Charles X a juré de maintenir la *Charte*; elle rappelle qu'il a maintenu la *liberté de la presse* et l'engage à se confier au *parti libéral*. Cet hymne, si tant est que c'en soit une, se termine par une espèce de parallèle entre la vierge d'Orléans et l'auteur, d'où il résulterait, qu'ainsi que Jeanne fut désignée pour être l'héroïne de la patrie, Delphine en sera le poëte, la muse.

La teinte politique de cette pièce de vers flatta peu, comme on le pense bien, une partie de l'auditoire. Mais bien qu'une curiosité invincible fit tourner quelques regards indiscrets vers les personnes qui n'avaient pas un goût bien prononcé pour l'opposition libérale, les ducs Mathieu de Montmorency, de Laval, d'Oudeauville et de Larochefoucault conservèrent une sérénité qui ne se démentit pas un seul instant.

Quant à l'ensemble des assistants, ce petit incident fut éclipsé pour eux, par la curiosité que faisait naître cette jeune fille de vingt ans, d'une grande beauté, mise avec une rare élégance, faisant partie du monde et ayant assez d'empire sur elle-même pour se mettre en spectacle et réciter ses vers devant une assemblée si nombreuse.

La jeune muse, la nouvelle Corinne, fut comblée d'éloges; et ce fut en compliments de la part des auditeurs et en remercîments modestes exprimés par la jeune Delphine, que s'écoula l'intervalle de temps qui sépara son récit de celui de Talma. Malgré la chaleur qui faisait sentir à chacun le besoin de quitter son siége pour prendre quelque mouvement, dès que le grand acteur s'avança à son tour au milieu du salon, tout le monde reprit sa place et il se fit un profond silence. Talma déclama successivement le songe et le monologue de *Macbeth* de la tragédie de Ducis, puis les prédictions du grand prêtre dans l'*Athalie* de Racine. Privé des ressources de la scène, sans costume et touchant en quelque sorte à ceux qui l'écoutaient, ce grand comédien fut admirable. A peine avait-il débité quelques vers que l'on avait oublié le lieu où l'on était; on se croyait dans la forêt d'Inverness ou dans le temple de Jérusalem. Chose étrange! l'illusion fut complète et tout le monde fut profondément touché. Quant à Étienne, il fut ravi, et c'est à la suite de cette expérience décisive, qu'il est resté convaincu que le luxe des décorations théâtrales nuit plus à la représentation des chefs-d'œuvre qu'elle ne les fait valoir [1].

Mademoiselle Delphine, entrant dans la carrière qu'elle a parcourue depuis avec tant d'éclat, se faisait connaître alors, et dans sa jeune ardeur, attentive aux événements qui pouvaient féconder sa verve, elle aimait à réciter dans les salons ce que telle ou telle circonstance lui avait inspiré. M. Mathieu de Montmorency, quelques mois après cette lecture, tomba malade, et pendant plusieurs jours l'inquiétude que donnait son état fut cause de l'empressement avec lequel on cherchait à apprendre des nou-

[1] Pour ne pas surcharger le récit on donne ici les noms des personnes qui ont assisté à cette soirée : Les ducs Mathieu de Montmorency, de Laval, d'Oudeauville, vicomte de Larochefoucault, Chateaubriand, d'Arlincourt, Villemain, de Catelan, de Saint-Aulaire, de Barante, Bertin-Devaux, P. Lebrun, Charles Lenormand, Charles Magnin, Saint-Marc Girardin, Dubois du *Globe,* Humboldt, Pasquier, Pasquier son frère, Tourganief, Tufiakin, de Montlhosier, de Rémusat, de Forbin, Parceval de Grand-Maison, Delatouche, A. Roger, de Guizard, Seguin, Molh, Ampère père et fils, Paul David, parent de madame Récamier, Récamier, mesdames Tastu, Deboine, de Catelan, de Grammont, Elisa Mercœur, la duchesse d'Abrantès, d'Hautpoul, Lenormand, nièce de madame Récamier, miss Clark.

velles de cet homme respectable. Étienne s'était rendu chez madame Récamier dans cette intention, et après quelques instants d'entretien avec le jeune magistrat Feret, Ballanche et Dugas-Montbel, entra tout à coup madame Gay, qui, d'un air inquiet, effaré même, s'adressa à madame Récamier en disant : « Hé bien! comment va M. le duc de Montmorency ? — Beaucoup mieux ; je l'ai vu il y a deux heures, la saignée lui a été très-salutaire. — Ah! que vous me faites de bien, » répondit madame Gay, qui n'eut pas plutôt prononcé ces mots qu'elle partit comme un trait. Un moment de silence pendant lequel chacun semblait s'interroger sur la brusquerie et la brièveté de cette visite allait devenir embarrassant, lorsque, dans l'intention d'en conjurer l'effet, madame Récamier s'adressa à Montbel en lui demandant ce que Ballanche venait de lui dire à l'oreille.—« Ballanche? madame, » dit Montbel en souriant, « ne vous fiez pas à lui, avec son air si bon et si doux, c'est une très-mauvaise langue. Il prétend que madame Gay est venue ici prendre ses informations pour savoir si sa fille doit se mettre à faire des vers sur une convalescence ou sur une mort. » Peu de temps après, le vendredi saint (avril 1826), M. Mathieu de Montmorency expirait au pied des autels en faisant ses prières à Saint-Thomas d'Aquin.

Quelques jours après cet événement, Étienne alla passer la soirée chez le peintre F. Gérard, dont le salon, sous l'Empire et pendant la Restauration, a été constamment fréquenté par les célébrités européennes en tous genres. Minuit était sonné depuis longtemps, et il ne restait plus que quelques personnes dans l'un des salons, tandis que dans la pièce voisine MM. Ingres, Pradier, Thévenin et Étienne écoutaient attentivement Gérard, parlant de son art avec une fermeté de jugement et une délicatesse de goût tout à fait remarquables. Il achevait d'exprimer son opinion sur les dangers de la diversité des doctrines dans les arts, lorsque madame Gay, entrant brusquement et coupant net la parole au célèbre artiste, lui dit : « Mon cher, *nous* avons fait des vers sur la mort de M. Mathieu de Montmorency ; ils seront demain dans les journaux, et *nous* voulons que vous les connaissiez avant tout le monde. » A ces mots, Gérard invita ceux qui l'écoutaient à passer dans le salon où se tenaient encore M. et madame Ancelot, madame de Périgord et l'improvisateur italien Sgricci, auprès desquels Delphine Gay s'était arrêtée. La jeune muse, vêtue de blanc, mais avec une grande élégance et toujours d'une beauté ravissante, s'assit près de sa mère, leva les yeux selon son habitude et récita ces vers :

>   Hier, dans les détours de la superbe ville,
>   Un cortége funèbre et du peuple entouré
>   S'avançait tristement vers le dernier asile,
>   Et tous disaient un nom dès longtemps révéré.
>   A ce saint nom, les haines endormies
>   Se cachaient sous un même deuil,
>   Et des partis rivaux, les larmes ennemies,
>   Se confondaient sur le même cercueil.
>   Cette foule qui pleure et cette pompe auguste,
>   Cette croix, ces flambeaux, c'est le convoi du juste,
>   Digne du noble sang de ses braves aïeux.
>   Il fit bénir leur nom, si cher à la victoire,
>   Et sut, par ses bienfaits, son courage pieux,
>   Donner à la vertu tout l'éclat de la gloire.
>   Le pauvre, l'opprimé dont il était l'appui,
>   En lui voyaient du Christ une image fidèle ;
>   Jusqu'à sa mort Jésus lui servit de modèle,
>   Et le tombeau sacré s'est entr'ouvert pour lui.
>   L'heure qui nous sauva fut son heure dernière ;
>   A l'exemple du Christ, ce trépas glorieux
>   N'a point interrompu sa fervente prière ;
>   Ses bienfaits commencés s'achèvent dans les cieux.

Seul, parmi les élus, il parle d'espérance ;
Pour accomplir sa joie il faut notre bonheur,
Et, jusqu'au pied du trône où règne le Seigneur,
Son cœur, toujours français, prie encor pour la France.

Après ces vers, mademoiselle Delphine se leva; d'un coup d'œil sa mère lui donna le signal de la retraite, et s'adressant à Gérard : « Mon cher, nous sommes désolées de vous quitter si brusquement, » lui dit-elle, « mais nous devons passer encore chez deux amis ce soir.... Ces vers sont beaux, n'est-il pas vrai ?.... M. de Chateaubriand a été bien frappé de celui-ci : « *Donner à la vertu tout l'éclat de la gloire.* » Mais Delphine avait un si beau sujet! M. de Montmorency mourant le même jour que notre Sauveur! C'est admirable, c'est sublime! n'est-ce pas Gérard?.... Mais nous vous quittons. Adieu! adieu! »

Sans attacher trop d'importance à la distribution des lieux, celle d'un ou de plusieurs salons destinés à recevoir beaucoup de monde n'est pas à négliger. On a vu avec quel art madame Récamier, qui ne pouvait disposer que d'une seule pièce, la subdivisait en quelque sorte en plusieurs compartiments autour desquels on pouvait circuler à l'aise. L'appartement de F. Gérard, car ce lieu célèbre de réunion ne peut être omis, cet appartement ouvert un jour de chaque semaine à ses amis, aux artistes, était en outre fréquenté par les hommes politiques, les diplomates, les savants, les hommes de lettres de France et de toute l'Europe. Nul étranger distingué, à quelque titre que ce fût, ne voulait quitter Paris sans avoir été présenté à Gérard et s'être fait initier à la société parisienne. Aussi arrivait-il souvent qu'il y avait foule dans les appartements du célèbre artiste. Cette foule y serait même demeurée compacte et immobile, sans l'heureuse disposition des lieux. Quatre pièces assez spacieuses, unies par un solide pilier central, flanqué de quatre portes, rendaient facile à chacun la circulation, sans occasionner de dérangement à ceux qui, soit dans la salle de jeu, ou dans les salons de conversation, étaient établis sur des siéges. Bien rarement la conversation devenait générale ; et de la nature même de ces réunions d'hommes et de femmes dont les connaissances, les aptitudes et les goûts étaient si variés, résultaient des entretiens particuliers auxquels chacun, selon les dispositions de son esprit, pouvait prendre part.

Au surplus, Gérard, si habile artiste, se montrait ingénieux pour les choses les moins importantes. Nul homme n'a su mieux que lui tenir un salon, organiser une fête, un concert. Étienne en fit l'expérience à une réunion à laquelle il avait été invité par le peintre de la *Psyché* et de l'*Entrée de Henri IV à Paris*. Cette fois il reçut dans son grand atelier de peinture. Une profusion de lumières éclairait les tableaux qui y étaient exposés : celui de la *bataille d'Austerlitz* occupait toute une paroi de ce vaste local, et au-dessous étaient rangés les portraits de la princesse Bagration, de la duchesse de Broglie, de madame de Dinot, du maréchal Beresford, du jeune de Beauveau et de madame de Saint-Aulaire. Puis, sur un chevalet, on voyait le tableau de *Daphnis et Chloé* auquel l'artiste travaillait encore.

Un piano placé au centre de l'atelier, puis l'improvisateur florentin Sgricci avec son costume bizarre, indiquaient quels seraient les divertissements de la soirée. Comme il s'agissait d'entendre de la musique et des vers italiens, Gérard avait choisi son auditoire, qui n'était pas très-nombreux. Outre deux chanteurs renommés alors, Donzelli et Zuchelli, on distinguait la célèbre madame Pasta, aussi remarquable par sa rare beauté que par son talent. Les auditeurs se composaient de quelques amis intimes, puis de Duparquet, de P. Lebrun, auteur du *Cid d'Andalousie*, d'Ancelot et de sa femme, de la spirituelle madame de Bawr, auteur de la comédie de la *Suite d'un bal masqué* et l'une des habituées les plus fidèles de la maison de Gérard, puis du savant de Humboldt. Au milieu de cette réunion, Étienne remarqua deux dames dont il ne put reconnaître complétement les traits, malgré un long effort de mémoire. C'était madame de Bellegarde et sa sœur Aurore, avec lesquelles il s'était trouvé chez madame de Noailles, lorsqu'il étudiait la peinture dans l'atelier des Horace chez L. David. Plus de vingt-cinq ans s'étaient écoulés sans qu'il les eût revues, et si madame de Bawr ne les lui eût pas nommées, il ne les aurait pas reconnues.

Le concert allait commencer lorsque Pozzo di Borgo entra. Venant de chez le roi Charles X, il était revêtu de l'uniforme d'officier général russe, et couvert de ses décorations. Gérard le reçut et madame Gérard le fit placer sur le canapé entre elle et madame Pasta, précisément en face du tableau de la *bataille d'Austerlitz*, rapprochement piquant qui fit naître quelques légers sourires. Madame Pasta, Donzelli et Zuchelli chantèrent de l'ancienne musique italienne de Paesiello, de Fiovaranti et de Cimarosa, pour laquelle Gérard avait conservé un goût assez exclusif ; la grande cantatrice termina le concert en chantant admirablement le grand air d'Euridice de l'*Orfeo* de Gluck.

Après un quart d'heure de conversation, Gérard amena au milieu de l'atelier Sgricci, en annonçant qu'il allait improviser. Ce personnage, qu'Étienne avait connu à Florence, qu'il voyait à Paris et devait retrouver bientôt à Londres, outre que sa physionomie était très-fortement caractérisée, s'affublait de l'habillement le plus étrange lorsqu'il devait improviser. Vêtu d'une tunique très-courte fixée par une ceinture, et d'un pantalon, le tout en velours violet, sa chevelure noire, après avoir encadré sa figure osseuse et pâle, retombait en longues boucles autour de son cou nu jusque sur un collet de chemise brodé que fixait une agrafe brillante.

On demanda des sujets; mais c'était à qui n'en donnerait pas, et pendant ces incertitudes, qui durèrent plus d'un quart d'heure, Sgricci, en véritable patient, semblait se préparer à un grand effort d'imagination. Enfin, après bien des pourparlers et des hésitations, on désigna au poëte *la Mort d'Orphée*, pour en faire le cinquième acte d'une tragédie.

A l'instant même Sgricci s'avança, et portant l'une de ses mains à son front en élevant son regard, il convint avec son auditoire des personnages qu'il introduirait dans son drame, du lieu de la scène et de l'exposition du sujet que ferait un chœur de Ménades. Il réclama l'indulgence en faisant observer que le sujet était peu dramatique, et demanda la permission, pour donner plus de ressort à l'action, d'ajouter un personnage. « Ce personnage, dit-il, sera une reine de Thrace; nous la nommerons Leucothoé et nous supposerons qu'elle aime Orphée. Ces conventions faites, Sgricci commença de verve son improvisation qui dura plus de trois quarts d'heure sans qu'il parut hésiter un seul instant. On estima qu'il avait débité de sept à huit cents vers. L'amour de la reine Leucothoé pour Orphée et la jalousie que fait naître en son cœur le souvenir qu'Orphée conserve d'Euridice, inspira heureusement le poëte, qui fut très-éloquent encore en faisant chanter Orphée sur son art. Enfin, dans la narration de la mort de ce héros, mise dans la bouche de Leucothoé, au moment où elle-même a résolu de se donner la mort, l'improvisateur, se livrant à sa verve, donna parfois une élévation à ses pensées qui ravit l'assemblée. Duparquet, P. Lebrun et Étienne, restés il est vrai les derniers chez Gérard, n'en sortirent qu'à deux heures et demie du matin.

Puisqu'Étienne a donné une idée de l'esprit de plusieurs salons de Paris tels qu'ils étaient tenus en 1826, il ajoutera quelques mots sur l'un des plus célèbres de cette époque, où cependant il ne s'est présenté qu'une fois. Depuis longtemps, ses amis de la réunion du dimanche l'engageaient à aller voir le général Lafayette à ses mardis. Quoi qu'il s'en fallût bien qu'Étienne restât inattentif aux fautes de la cour et aux symptômes de l'orage politique qui menaçait déjà, au delà des débats politiques dans les deux chambres, il avait peu de goût pour les discussions particulières de ce genre, et c'était naturellement chez le général qu'elles devaient être le plus actives. Cependant, sur les instances pressantes de Sautelet, qui vint prendre Étienne chez lui le lendemain de la soirée de Gérard, tous deux se rendirent au salon de la rue d'Anjou. Il y avait foule. Au milieu des allants et venants, on apercevait des quadrilles où les jeunes gens de la nombreuse famille du général dansaient. Sautelet, qui tenait à présenter Étienne au général, le conduisait par le bras pour fendre la presse et pénétrer jusqu'au maître du lieu. Chemin faisant, ils rencontrèrent M. de Catelan, pair de France; Julien de Bordeaux, Thiers, Mignet, Ary Scheffer l'artiste, Béranger le poëte, Paulin, A. de Saint-Aignan, de Rémusat, Aubernon, Manuel, célèbre par son arrestation dans la chambre des députés; de Gérando, Dubois et presque tous les rédacteurs du *Globe,* ainsi que les habitués de la réunion du dimanche. Enfin, après avoir traversé en plusieurs sens des flots de monde pour arriver jusqu'à Lafayette, Sautelet s'écria : « Ah! le voilà! » et il présenta Étienne au général. Depuis le jour de la fédération en 1790, Étienne n'avait pas eu l'occasion de revoir cet homme célèbre, aussi eut-il de la peine à le reconnaître, et lorsqu'il sentit la main du général dans la sienne, les événements des trente-six ans de révolutions se représentèrent à son esprit. Mais d'autres personnes furent successivement présentées au général, et Étienne continua de parcourir ce salon où, malgré la bonne intelligence apparente de ceux qui s'y trouvaient mêlés, il y avait des hommes dont les principes et les opinions étaient au fond tellement contraires, qu'il était facile de prévoir qu'à un moment donné, ils redeviendraient ennemis irréconciliables.

Il n'y avait pour tout ornement dans ce vaste salon que deux gravures, l'une représentant le *Serment du jeu de paume*, l'autre le *Contrat des députés des États-Unis d'Amérique*, avec le fac-simile de cet acte passé en 1776.

La vue de ces deux tableaux, dont le voisinage rendait la comparaison inévitable, fixa fortement l'attention d'Étienne. Dans la scène de l'acte passé par les Américains, à voir le calme, l'air froid et réfléchi de ces personnages rangés en cercle et écoutant la lecture du grand projet qu'ils avaient résolu d'accomplir, on était tenté de les prendre pour des marchands probes et sages contractant une alliance de commerce, plutôt que pour des hommes jetant les fondements d'un gouvernement destiné à un si grand avenir.

Dans l'autre tableau, au contraire, à travers les croisées du jeu de paume, on voit le ciel en feu, la foudre tombant sur le château de Versailles, faible image de la tempête qui agitait l'âme des députés de l'Assemblée nationale, faisant serment de ne pas se séparer que la régénération publique ne soit consolidée. A l'exception de Bailly, qui lit la formule avec calme, la plupart des autres, entre lesquels on distingue Mirabeau et Robespierre, ont l'air de frénétiques ou de comédiens exagérés. Le rapprochement de ces deux scènes suggéra à Étienne mille réflexions sérieuses qui se présentaient à son esprit avec d'autant plus de vivacité qu'il voyait là, à quelques pas de lui, le vieux général Lafayette, l'un des acteurs de cette séance au jeu de paume, qui, non moins confiant encore après le laps de trente-six ans dans les mêmes idées et les mêmes espérances, les faisaient passer dans l'âme de la jeunesse ardente dont il était entouré. Quant à Étienne, parvenu à l'âge de quarante-cinq ans, déjà témoin de cinq grandes révolutions dans le gouvernement de la France[1], dont la dernière commençait à faire germer la sixième, il s'était seulement aguerri dès l'enfance à des événements auxquels son âge d'abord, puis après ses idées et surtout ses aptitudes ne lui permettaient pas de prendre part. Le salon du général Lafayette ne pouvait donc avoir aucun attrait pour lui.

Revenons donc à l'Abbaye-aux-Bois et terminons ce chapitre, consacré en grande partie au souvenir des réunions littéraires chez madame Récamier, en y ajoutant quelques mots sur les dernières qui y eurent lieu avant la mort de Châteaubriand, avant celle de Ballanche et la retraite de madame Récamier de cet appartement de la rue de Sèvres, où elle avait attiré si longtemps la société la plus brillante de Paris. Il faut passer de 1826 à 1838, car Étienne doit prévenir le lecteur que tenant moins en ce moment à observer l'ordre chronologique qu'à rapprocher les faits de même nature, il anticipe de plusieurs années sur les récits qui lui restent à faire. Talma était mort en octobre 1826, quelques mois après s'être fait si vivement applaudir encore dans le salon de l'Abbaye-aux-Bois.

---

[1] La première République, le Directoire, le Consulat, l'Empire et la Restauration.

Avec lui, la tragédie sembla morte ; elle sommeilla profondément, en effet, pendant plusieurs années, jusqu'à ce qu'une pauvre petite fille des rues, figurante inaperçue dans les théâtres de dernier ordre de Paris, sentit tout à coup se développer son génie pour l'art tragique [1]. Rachel ne tarda pas à devenir l'idole du public ; et madame Récamier, qui se plaisait à saluer l'aurore de tous les talents, invita cette actrice, bien jeune encore, à se faire entendre au milieu de sa société. La curiosité de voir de près et d'entendre parler familièrement les acteurs célèbres, n'est pas moins vive que celle d'apprécier leur talent pour la déclamation, dégagé des séductions et des artifices de la scène ; aussi, lorsque Rachel devait réciter à l'Abbaye-aux-Bois, l'affluence des auditeurs, hommes et femmes, était très-grande. Toutes les personnes qui assistaient à la soirée où l'on avait entendu madmoiselle Delphine Gay et Talma et bien d'autres encore, se pressaient autour de la jeune tragédienne, à laquelle on ne pouvait conserver un espace qu'avec peine lorsqu'elle allait commencer son récit. On était ravi de l'entendre, et, en effet, le talent précoce et cependant déjà si sûr de cette jeune fille, était de nature à étonner.

On est presque toujours enclin à supposer que la pureté de l'âme est inhérente à celle du talent ; mais ce n'est que trop souvent une généreuse erreur à laquelle il faut renoncer. Peu de temps après ces soirées où l'on se plaisait à inaugurer les premiers succès de mademoiselle Rachel, les habitants et les habitués de l'Abbaye-aux-Bois ne voulurent plus entendre qu'au théâtre et séparés par la rampe, Rachel la grande tragédienne.

Bien d'autres souvenirs se rattachent au salon de madame Récamier, mais Étienne ne retrace que ce dont il

---

[1] Rachel a débuté au Théâtre-Français en 1839.

a été témoin et ce qui s'est distinctement gravé dans sa mémoire. A ce titre il parlera d'une matinée où il joua un rôle plus important que de coutume, car il y fit une lecture. C'était en 1838, il terminait l'ouvrage qu'il a publié plus tard sous le titre de *David, son école et son temps*, et comme son ami Ampère en avait parlé à madame Récamier, elle témoigna le désir d'en entendre quelques morceaux. Étienne convint de lire les deux premiers chapitres, mais en petit comité, en présence seulement de la famille et des amis intimes de la maison. Malgré la promesse faite sur ce point, il y eut trahison, et lorsqu'Étienne arriva, outre l'auditoire sur lequel il comptait, il vit M. de Chateaubriand, puis M. le duc de Noailles avec plusieurs personnes de sa famille, entre autres madame de Mouchy.

Dans le premier chapitre de *David*[1], il est parlé de madame de Noailles qui cultivait alors l'art de la peinture et venait étudier sous C. Moreau, à qui David son maître avait prêté son atelier des Horaces, situé au Louvre. Étienne, travaillant lui-même dans cet atelier, se trouvait ainsi condisciple de madame de Noailles, dont la fille, Léonie, âgée alors de six ou sept ans, venait quelquefois avec sa gouvernante, rechercher sa mère au Louvre. Plus d'une fois, en ces occasions, Étienne, afin d'amuser cette enfant, lui dessina des chevaux, des carrosses pour en faire des découpures. Or cette enfant, cette jeune Léonie qu'Étienne n'avait vue que cinq ou six fois à cette époque, était madame de Mouchy devant laquelle, après plus de quarante ans, il allait lire ce qu'il avait écrit sur sa mère.

Personne ne respecte plus qu'Étienne les susceptibilités de famille; aussi quoiqu'à l'exception de l'enthousiasme extraordinaire que l'on éprouvait en 1796 pour

---

[1] Pages 33 et suivantes.

les arts, il n'y eut que des choses flatteuses et honorables dans son récit sur madame de Noailles, le cœur lui battit pendant sa lecture tant il craignait que ses expressions n'eussent dénaturé sa pensée.

A cette émotion en succéda bientôt une autre. A la fin de ce premier chapitre[1], au passage où est raconté l'effet que produisit sur la mère d'Étienne et sur lui-même la vue des charettes de condamnés parmi lesquels était M. de Laborde, le père de madame de Noailles, le lecteur inquiet, qui n'avait pas cessé de chercher à deviner sur la physionomie des auditeurs les impressions qu'ils ressentaient, s'aperçut que les traits de M. de Chateaubriand s'étaient tout à coup rembrunis. Le chapitre terminé, Étienne se dirigea aussitôt vers lui, au moment où madame Récamier s'en approchait. — Qu'avez-vous! lui dit-elle. — Ah! répondit-il d'une voix altérée, mon frère était au nombre de ces condamnés!

XIX

Fidèle à la loi qu'Étienne s'est imposée de ne retracer le souvenir que de ce dont il a été témoin, il ajoutera quelques traits au tableau de la société parisienne en 1825 et 1826.

Outre les sentiments très-opposés que l'on manifestait alors en politique et sur la littérature, on ne s'accordait pas beaucoup plus sur ce qui touchait, sinon à la reli-

---

[1] Page 42.

gion, au moins à la manière de la pratiquer. Il n'est que
trop vrai qu'à cette époque les pratiques religieuses imposées par une espèce de mode, étaient observées par
beaucoup de gens, pour conserver leurs places ou dans
l'espoir d'en obtenir. Cette mode était même devenue si
impérieuse qu'elle avait enflammé outre mesure l'imagination des personnes les plus sincèrement religieuses,
car on ne peut croire que le fait que l'on va raconter soit
une pure comédie. Vers le temps de la maladie et de la
mort de M. Mathieu de Montmorency, pendant la célébration du Jubilé (mars 1826), une jeune demoiselle,
dont la mère était dangereusement malade, fit un vœu
qu'elle accomplit au grand étonnement de tout Paris. La
tête couverte d'un voile et les pieds nus, elle traversa
ainsi toute la portion de la ville qui sépare l'église de
Notre-Dame de celle de Sainte-Geneviève. Déjà à cette
époque la direction presque monacale que prenait le gouvernement de Charles X, non-seulement blessait le parti
libéral, mais commençait à inquiéter les royalistes prudents. La procession du Jubilé (3 mai 1826), célébrant à
la fois les anniversaires de l'Invention de la croix, de la
rentrée de Louis XVIII à Paris en 1814 et du rétablissement des Jésuites en France en 1822, ne donnait pas lieu
à des rapprochements qui dussent satisfaire généralement.
Déjà avaient eu lieu quelques processions auxquelles le
roi et sa famille avaient pris part, mais dont s'étaient abstenus les grands corps de l'État. Le clergé, si puissant alors,
n'avait pas vu sans humeur cette espèce de résistance à ses
désirs, et ce fut dans l'idée d'ôter tout prétexte à ce qu'il
appelait une désobéissance, que l'on accumula ces trois
anniversaires, afin de forcer les pairs, les députés et les
cours royales à suivre la procession. Au moyen de ce
subterfuge, les cours royales qui ne pouvaient se refuser
à célébrer la rentrée de Louis XVIII, éprouvèrent la petite

mortification de fêter l'anniversaire du rétablissement des jésuites, pour lesquels elles avaient peu de sympathie. Quelques détails relatifs à cette cérémonie si nouvelle alors pour Paris offriront sans doute de l'intérêt.

Le roi Charles X se rendit en voiture des Tuileries à Notre-Dame où la procession se forma et d'où elle partit. Les rues qu'elle devait parcourir étaient bordées de deux haies de soldats ; la ligne d'un côté, la garde nationale de l'autre. En tête de la procession marchaient un groupe de suisses de paroisses et le porte-croix, puis sur deux files suivaient douze cents ecclésiastiques. Cette milice cléricale s'avançait par ordre de grades : les séminaristes, les prêtres, les vicaires, les curés, les chanoines, les évêques, les archevêques et quelques cardinaux, entre autres messeigneurs Delafare et Clermont-Tonnerre. Au milieu des évêques, un groupe de jeunes prêtres se relayaient pour porter sur leurs épaules un coffre vitré, richement décoré, dans lequel étaient les reliques des apôtres saint Pierre et saint Paul, que le pape Léon XII avait remis à Rome à l'archevêque de Paris, M. de Quelen, pour en faire cadeau à la France, assurant au prélat que la simple vue de ces précieux restes, suffirait pour dissiper l'incrédulité qui régnait encore en France. Après les cardinaux, les maréchaux de France, un cierge à la main, venaient le duc d'Angoulême, madame la duchesse d'Angoulême, le roi entouré des personnes de sa suite, et enfin monseigneur l'archevêque de Paris. Un peloton de troupes fermait le cortége, derrière lequel une foule d'hommes et surtout de femmes, suivaient en chantant des cantiques imprimés par ordre de l'archevêque, pour le temps du Jubilé.

Cette procession excita plus de curiosité qu'elle ne fit naître de sympathie. Cette armée de prêtres surtout, produisit un très-mauvais effet sur l'ensemble de la population à laquelle l'idée de célébrer le rétablissement des jésuites, dont on redoutait l'influence, ne souriait en aucune façon. Enfin un incident auquel on devait s'attendre, mais qui ne pouvait manquer d'indisposer la foule, fut la retraite de la duchesse d'Angoulême qui, arrivée à l'église de l'Assomption, quitta la procession, et se dirigea vers la chapelle expiatoire, pour éviter de mettre le pied sur la place où son père et sa mère ont été mis à mort. Cette répugnance invincible que chacun, à part soi, trouvait juste et naturelle, se transformait pour la foule en un reproche, en une rancune tombant injustement sur les générations nouvelles.

A peu près vers ce temps, lorsque le clergé, ou plutôt les jésuites, exerçaient en réalité une très-grande influence sur les affaires temporelles, il courut dans Paris une histoire dont l'authenticité de quelques détails peut être mise en doute, mais dont le fond vrai donne une idée de la manière dont certaines faveurs étaient obtenues alors. Le maréchal Molitor désirant une sous-préfecture pour son troisième fils, s'adressa naturellement à M. de Corbière, alors ministre de l'intérieur, qui le reçut avec les plus grands égards, mais finissant par lui conseiller, avant de pousser plus avant ses démarches, d'aller trouver le préfet de police, M. de Lavaux, bien connu pour être associé aux jésuites. Celui-ci observant aussi les formes les plus douces, engagea le maréchal à parler de son affaires à M. Franchet, non moins étroitement lié à la politique des jésuites. Enfin ce M. Franchet, après avoir approuvé l'ordre, la régularité des démarches du haut postulant, lui dit : « Tout va bien, monsieur le maréchal, mais je crois indispensable que vous parliez à votre curé. » Voyant le tour que prenait cette affaire, le maréchal, impatient de la voir finir, invita son curé à dîner chez lui, et entre la poire et le fromage lui rapporta tout simplement les conseils qui lui avaient été donnés, et finit par réclamer de lui l'assistance qu'il en attendait. « C'est bien, c'est bien, monsieur le maréchal, dit le curé, votre affaire est faite, dites que vous m'avez parlé. » Remontant tous les échelons qu'il avait descendus, le maréchal se représenta chez le ministre de l'intérieur qui lui accorda aussitôt sa demande.

On peut croire que quelque conteur de salon aura régularisé les démarches descendantes et réascendantes pour donner plus de piquant à l'anecdote ; mais en voici une fort simple de la même époque, et qui se rapporte à un fait qui a eu lieu *coram populo*. Cette fois il s'agit d'un général dont on peut supposer que les sentiments religieux s'étaient développés à la vue des beaux tableaux de sainteté qu'il a admirés en Espagne. Enfin, tant il y a, qu'il a fait publiquement ses pâques à Saint-Thomas d'Aquin, sa paroisse, environné de douze laquais en grande livrée ; et comme quelques amis témoignaient l'étonnement que leur avait causé cette somptueuse dévotion : le général leur dit : « Que voulez-vous ? C'était l'usage autrefois parmi les grands seigneurs. »

La Restauration est une des époques où les intelligences ont reçu les plus vives commotions. Religion, politique, littérature et philosophie, ces quatre puissants moteurs, ont en effet laissé peu de relâche aux esprits. Les efforts des derniers partisans de la philosophie du xviiie siècle, opposés à ceux de la jeune école spiritualiste, fille de l'École écossaise, donnaient souvent lieu à des développements d'idées singulières, et l'on avait souvent l'occasion d'assister à des discussions philosophiques aiguisées par l'éclectisme que M. Cousin avait si spirituellement développé dans ses cours.

Un soir, chez madame de Pomaret, où la conversation avait toujours de la solidité et de l'agrément, Étienne, en entrant, trouva toute la société engagée dans une très-vive discussion à propos d'une nouvelle fort ridicule qui courait tout Paris. En exploitant une carrière de grès à Fontainebleau, il s'était rencontré un bloc présentant l'apparence très-grossière d'un corps humain, ce qui avait fait dire à de mauvais plaisants que c'était un *homme fossile;* et dans le trajet de Fontainebleau à Paris, cette bourde s'était transformée en un fait géologique de la plus haute importance. Or, c'était à ce sujet que M. et madame de Pomaret, ainsi que leur spirituelle fille, mademoiselle Blanche, s'entretenaient si vivement avec Valery et surtout avec Duparquet, ami de Cuvier, dont il fréquentait la maison. L'affaire de l'homme fossile avait naturellement fait tomber la conversation sur la géologie, et Duparquet rompait des lances avec ces dames, qui prétendaient que cette science mène droit au matérialisme. Il leur donna une idée succincte des découvertes faites par les géologues, et leur affirma que les travaux de ces savants, et de Cuvier en particulier, étaient si éloignés de contrarier les vérités consacrées par les livres saints, que l'abbé Fraissinous s'en était autorisé pour expliquer, dans ses Conférences, les six jours de la création. Après ces précautions oratoires, pendant lesquelles Duparquet s'était animé, « il y a, continua-t-il, une chose qui me choque toujours en ceux qui ont la foi religieuse ou qui désirent de l'avoir. Par le fait même de leurs discours, ils manifestent souvent un scepticisme naturel cent fois plus alarmant que celui qui résulte de la science. Lorsqu'un savant entrevoit ou découvre une vérité qui semble contredire celles que lui impose sa croyance religieuse, il dit: *humainement parlant,* je vois, où l'on me démontre tel fait. Or, par cette précaution consciencieuse, il fait entendre que Dieu et la vérité ne font qu'un, et que si l'imperfection de nos lumières ne nous permet pas de remplir la lacune qui semble les désunir, il n'en pense et n'en croit pas moins que Dieu et la vérité ne font qu'un, et que tôt ou tard on retrouvera le lien qui les unit. Alors je conçois le scepticisme scientifique allié à une sincère croyance religieuse; alors je m'explique le génie d'un Pascal, qui fut à la fois le sceptique le plus savant et le savant le plus religieux. La foi d'un tel homme me rassure, car il est évident qu'aucune vérité partielle, isolée, quelque contraire qu'elle paraisse aux vérités révélées, ne pourra ébranler sa foi, tant est forte la persuasion où il est que toutes les vérités humaines sont inévitablement comprises dans la vérité unique et divine. Ne redoutez donc pas les sciences, Mesdames, et soyez certaines qu'une source intarissable d'erreurs résulte de la mauvaise habitude d'ériger en vérités absolues les myriades de vérités relatives que la science découvre incessamment. Avec une foi plus sincère et plus éclairée, on n'eût pas condamné Galilée pour avoir dit que la terre se meut, puisqu'elle tourne en effet; ce qui n'a porté aucune atteinte aux fondements de la religion. »

Après cette excursion philosophique, on parla encore de la grotesque histoire de l'homme fossile jusqu'au moment où de Guizard, P. Lebrun le poëte et sa femme, en entrant, firent prendre un autre cours à la conversation. Mademoiselle Blanche demanda à Étienne si, en sa qualité d'inventeur de ce qu'il appelle *les femmes constitutionnelles,* il avait lu l'ouvrage de madame de Rémusat[1]. — Oui, certainement. — Dites-nous donc quelles sont ses idées, car nous n'avons pu lire son livre jusqu'à présent. — Rien n'est plus simple, dit de Guizard, et prenant la parole : madame de Rémusat, partant de ce principe que le gouvernement représentatif est une institution irrévocable, s'applique à déterminer quel doit être le rôle que les

[1] *De l'éducation des femmes.*

femmes sont appelées à jouer au milieu d'une société soumise à un pareil gouvernement. — Oui, Mesdames, dit Étienne, et après avoir reconnu comme un fait l'infériorité des femmes comparativement aux hommes pris en général..... — Qu'est-ce que vous dites donc là ? observa madame de Pomaret en interrogeant Étienne de son regard vif et spirituel. — Ce n'est pas moi qui parle, madame ; c'est madame de Rémusat. — Ah ! ah ! Eh bien, voyons la suite. — Cette infériorité, à tort ou à raison reconnue, l'auteur, comme vient de le dire de Guizard, désigne la place que doivent occuper les femmes dans la société, trace les devoirs qu'elles auront à remplir, et fixe enfin la part qu'elles devront prendre aux grands intérêts généraux de la nation, en soumettant leurs conseils et leurs avis à leurs maris. Les trois dames, à cet énoncé de principes, ne purent s'empêcher de sourire, et madame de Pomaret ajouta : « Décidément, nous allons devenir des Cornélie, des Porcie ; il ne s'agira plus que de trouver des Gracchus et des Catons. — Enfin, continua Étienne, il résulte des idées de madame de Rémusat, que la femme ayant reçu une instruction analogue à celle donnée aux hommes, dévouée entièrement à son mari, prenant part à toutes les préoccupations des affaires, même politiques, n'a cependant, en ce dernier cas, que le droit de donner son avis, sans se mêler activement des événements graves qui pourraient même mettre la vie de son époux en danger. — Ainsi, fit observer madame de Pomaret, la femme d'un ministre, d'un député, par exemple, joindrait à tous les soucis d'un homme d'État le supplice de l'inaction et les ennuis d'une femme de ménage ? — Certainement ; et de plus, cette femme renoncerait aux sociétés brillantes dans la crainte d'y plaire, d'y obtenir des succès qui la détourneraient de ses devoirs. — Fort bien, ajouta madame de Pomaret, nous voilà réduites à l'état des plus humbles ménagères! — Et le droit de conseil qui vous est donné, que dis-je? qui vous est imposé! — Belle prérogative, en vérité! Voyez ce qui est arrivé à madame Roland pour avoir donné des conseils à son mari! Non, non, je ne me sens nullement disposée à devenir ce que vous appelez une *femme constitutionnelle*. — Il s'en forme cependant, dit en riant de Guizard, et dernièrement l'un de nos amis, vous savez qui je veux dire, faisant la cour à sa jeune future, a été surpris par un indiscret lui expliquant amoureusement derrière un rideau, les rouages secrets de la constitution anglaise.

Après quelques chuchoteries que cette révélation avait fait naître, mademoiselle Blanche, revenant au livre de madame de Rémusat, s'adressa de nouveau à Étienne : « Et vous, » dit-elle, « nous placez-vous aussi à un rang si inférieur? — Vous faites injure à madame de Rémusat et à votre sexe, Mademoiselle; si j'ai bien saisi l'esprit du livre de cette dame, il n'y est question que d'une différence d'organisation — purement physique. — Hé bien, passons sur ce que dit madame de Rémusat; que pensez-vous vous-même de cette infériorité fatale?.— Oui, dit madame de Pomaret, je suis curieuse de savoir comment vous vous tirerez de là. - Très-facilement, je le crois. Chez tous les humains, l'intelligence me paraît être d'une seule et même nature; c'est comme une essence qui, une fois infusée dans le corps humain, ne le pénètre et ne l'anime qu'en raison de la flexibilité, de la force, en un mot du degré de perfection avec laquelle les organes de la vie matérielle laissent agir l'intelligence. Il y a longtemps que l'idée est venue de dire que le corps est la prison de l'âme : cette pensée renferme et exprime la mienne. L'intelligence ne change donc pas de nature selon les individus, j'irais même jusqu'à prétendre qu'il y en a autant dans l'un que dans l'autre. Supposez seulement une eau parfaitement limpide, successivement transvasée d'un flacon de cristal de roche en d'autres vases toujours moins transparents jusqu'au plus opaque, et vous aurez, selon moi, une idée juste du rapport de l'intelligence d'une nature immuable, avec les organes humains, si divers, si incomplets, qui lui permettent de se manifester. L'intelligence, ainsi que notre âme, ne varie donc pas; elle n'est que modifiée par nos facultés extérieures. — Je vois d'ici, observa toujours en riant madame de Pomaret, que nous sommes mal organisées! — Non, puisque votre organisation est complète en soi. Seulement elle est différente de la nôtre. — Étienne a raison, dit Duparquet, l'aigle et le papillon......... A ces mots, un éclat de rire général coupa la parole à Duparquet. — Oui, oui, vous êtes des aigles! ajouta madame de Pomaret; allez toujours et concluez. — Ma conclusion, je le crois, ne vous offensera pas, Mesdames, reprit Étienne : galanterie à part, je suis persuadé qu'il n'y a pas d'idée, pas de pensée et de combinaison que la femme ne soit en état de saisir et de comprendre tout aussi nettement que l'homme; mais Dieu a voulu qu'il soit assez rare qu'une femme soit en état de fixer son attention plus de deux ou trois heures par jour sur un sujet grave et qui ne flatte pas ses goûts; tandis que l'homme, par cela seul que son cerveau ne se fatigue pas si promptement, peut poursuivre pendant dix heures et plus, une idée, une étude, et même un travail, qui n'est pour lui que l'accomplissement d'un devoir. Il y a des exceptions sans doute, mais, comme toujours, elles confirment la règle; aussi ne puis-je voir entre les résultats des travaux intellectuels et matériels des deux sexes, d'autres différences que celles causées par l'inégalité de la distribution des forces physiques. — Hélas! dit madame de Pomaret en posant sa main sur le bras d'Étienne, je ne vous donne que trop raison!.. Vous voyez, je ne puis sortir de mon fauteuil; coudre et broder me fatigue, et il me faut mettre des intervalles assez longs entre mes lectures, si je veux les bien comprendre et en profiter. »

Pendant la fin de cette conversation, Valery, selon son usage, s'était endormi sur son siége.

Il est naturel que ceux qui fréquentent un salon ménagent les opinions de ceux qui les y admettent; aussi, quoique quelques-uns de ceux qui se réunissaient chez madame de Pomarel fussent assez avancés dans l'opposition, l'attachement de cette dame et de son mari à la famille des Bourbons maintenait en général la conversation dans une mesure favorable au développement de l'esprit des causeurs. Aussi ce petit salon, sans avoir autant d'éclat que quelques autres, était-il un de ceux dont on ne se retirait jamais sans profit.

Un autre salon d'un caractère tout différent était celui d'Aubernon, l'un des fidèles aux réunions du dimanche chez Étienne. La société qui se rendait chez lui se composait d'une quinzaine de personnes dont le nombre ne variait guère. Toutes, à des degrés plus ou moins élevés, étaient lancés dans l'opposition libérale. Aubernon, homme aimable et très-doux dans le commerce habituel de la vie, ne laissait pas que d'être assez vif en politique. Quant à madame Aubernon, jolie et spirituelle personne, ainsi que la plupart des femmes, elle se confiait au cours des idées de son mari et des hommes qui formaient sa société, si bien que, se trouvant habituellement entourée de libéraux, elle était devenue *femme constitutionnelle* autant qu'il lui était possible de l'être. Deux dames seulement fréquentaient son salon, madame P. Lebrun, et la femme du général Haxo, en sorte que, le nombre des hommes préoccupés de politique surpassant de beaucoup celui des dames, la physionomie de cette réunion présentait plutôt celle d'un club que d'un salon.

Comme le pain sans levain ne fermente pas et ne prend pas de goût, c'était le défaut de la société chez Aubernon. Au fond tout le monde était à peu près du même avis, et les discussions ne pouvant rouler que sur des questions subalternes, les causeurs manquaient souvent d'entrain, faute de contradicteurs. C'était l'état auquel se trouvaient réduits assez souvent dans ce salon, des hommes de mérite et de talent, mais exclusivement préoccupés de l'évènement du jour. Chatelain, par exemple, le rédacteur en chef du *Courrier français*, l'un des journaux les plus violents de l'opposition, ne donnait guère que des nouvelles ou reproduisait les arguments qu'il avait fait valoir le matin dans sa feuille. Manuel gardait presque toujours le silence; mais sous des traits calmes et même doux en apparence, cet homme tenait enfermé au fond de son cœur les passions politiques les plus ardentes [1]. Le spirituel Duvergier de Hauranne était celui dont le goût inné

---

[1] Sur la proposition de M. de La Bourdonnaye, 3 mars 1823, la Chambre des députés décida que Manuel serait exclu de la salle des séances pendant la durée de la session. Cette mesure avait été provoquée par une phrase de Manuel (séance du 26 février), dans laquelle il s'exprimait ainsi au sujet du jugement de Louis XVI par la Convention : « Ai-je besoin de dire que le moment où les dangers de la famille royale, en France, sont devenus plus graves, c'est lorsque la France... la France révolutionnaire a senti qu'elle avait besoin de se défendre par *une forme nouvelle*... par une énergie toute nouvelle?... » Malgré la décision de la Chambre, Manuel s'y représenta, et au défaut de la garde nationale qui ne voulut pas le faire sortir, ce fut la gendarmerie qui se chargea de cette commission. Cet événement, perdu aujourd'hui dans l'oubli avec beaucoup d'autres, eut un grand retentissement en 1823, fit naître quelques troubles dans Paris, et donna une certaine célébrité à Manuel et au sergent de la garde nationale, Mercier, qui avait refusé de l'arrêter.

, pour la polémique, soutenu par les ressources qu'il trouvait en lui pour le satisfaire, le rendait toujours assez vif dans la conversation, soit que sa verve lui fît signaler les fautes du gouvernement, ou qu'il rompît des lances en faveur de la littérature romantique pour laquelle il était alors passionné. Ary Scheffer, déjà compté parmi les peintres de talent de la jeune école qui se substituait à celle de L. David, témoignait de ses opinions libérales, plus encore par son assiduité à fréquenter la maison de son ami Aubernon, que par ses paroles spirituelles, mais toujours modérées.

Beyle (M. de Stendhal) parlait assez peu dans ce salon, préoccupé qu'il était sans doute d'observer les personnages qui l'entouraient, il faisait sa récolte pour payer son tribut mensuel à la *Revue anglaise*. Il y avait là, d'ailleurs, un homme qui le gênait. A son œil de lynx, à sa parole incisive et en raison de ses opinions spiritualistes, M. Cousin était reconnu par Beyle, qui professait l'athéisme, pour un ennemi naturel sachant aussi bien attaquer que se défendre, et des griffes duquel il ne se serait pas facilement tiré s'il eût eu l'imprudence de s'y exposer. Pour se venger de la fascination que lui faisait subir le brillant philosophe, Beyle disait tout bas de lui : « Qu'après Bossuet, il était le plus habile à traiter de la *blague sérieuse.* »

Agé de trente ans environ, déjà célèbre par ses cours et plusieurs écrits, Cousin rentrait à Paris, revenant de Berlin, où il avait été s'entretenir avec les professeurs allemands pour étudier leurs systèmes. La hardiesse des idées du jeune Français, la franchise avec laquelle il exprimait ses opinions libérales, portèrent ombrage à la police prussienne qui le fit arrêter et mettre en prison. Il n'en était sorti qu'avec peine, et c'était comme défenseur et martyr de la liberté qu'il était rentré à Paris. Cet événement, sur lequel il donnait des détails piquants, lui avait fait prendre place parmi les hommes politiques, et les premiers volumes de sa belle traduction de Platon, le faisaient compter déjà au nombre de nos meilleurs écrivains. Cette captivité, ce mérite littéraire eussent suffi pour attirer l'attention de ceux avec lesquels il se trouvait, mais cette fascination que Beyle redoutait, devenait un charme irrésistible pour les auditeurs à qui la subtilité de son esprit, la richesse et l'originalité de son élocution rendaient les questions les plus ardues faciles à résoudre.

Il y a des hommes qui, sans rien dire, mais à la manière dont ils écoutent, laissent deviner la portée de leur intelligence; Béranger était de ces gens-là. L'illustre chansonnier, le poëte lyrique si l'on veut, dont la conversation était si solide et si agréable dans l'intimité, parlait peu dans les réunions nombreuses comme chez Aubernon. Le parti libéral, auquel il se rattachait, s'est vainement efforcé de lui faire prendre un rôle politique décidé, et sa conduite aux différentes époques de nos révolutions semble prouver que, ainsi que le pamphlétaire Courier, le chansonnier voyait bien le mal, mais sans savoir quel remède y apporter. Aussi, chez Béranger, l'absence d'ambition n'a été qu'un aveu tacite de son inaptitude au maniement des affaires publiques, et l'exemple de tant de théoriciens dont les talents et la célébrité s'étaient brisés contre le terrible écueil de la pratique, avait sans doute décidé le poëte à s'en tenir à la politique contemplative. Dans ses chansons, l'excès de ses haines et de ses admirations politiques jure avec le calme philosophique qu'il y affecte, et il est douteux que le poëte populaire ait réellement servi la cause de la liberté. Mais quel aimable causeur, quand il parlait de littérature ou de morale usuelle! Comme il écoutait attentivement, comme il répondait avec justesse aux observations qu'on lui soumettait! Chez Aubernon, Béranger était un de ceux qu'Étienne prenait le plus de plaisir à entendre, surtout quand il s'entretenait avec Thiers et Mignet.

Quant à ces deux jeunes gens, liés d'une amitié particulière, et chers aux maîtres de la maison, la réputation qu'ils avaient déjà acquise dans les lettres, et la vivacité de leur imagination méridionale, les faisaient compter avec raison comme de brillants causeurs dans le salon de madame Aubernon. Ces hommes, déjà remarquables à cette époque, partant à peu près du même point, semblaient destinés à parcourir des carrières semblables; mais tout en restant unis par les mêmes sentiments et les mêmes opinions, la différence de leurs caractères les entraîna chacun dans des voies presque opposées. Mignet, historien remarquable, se contenta d'un emploi administratif dont, grâce à sa belle intelligence, il sut tirer parti pour développer ses talents littéraires de la manière la plus brillante. Voué au culte de l'histoire, il n'a fait partie d'aucune des députations qui se sont succédé depuis 1830, en sorte que sa vie s'est passée à l'abri des fréquents orages politiques qui ont éclaté pendant les dix-sept dernières années du gouvernement constitutionnel.

Thiers, au contraire, est de ces esprits que le repos fatigue, et dont la force et l'activité croissent en luttant contre les obstacles. La carrière purement littéraire ne pouvait lui suffire. A la disposition de son esprit, qui le portait à étudier tout pour en soumettre les plus petits détails à la loi inflexible de l'unité, se joignait en lui le besoin de commander, l'amour du pouvoir, ce qui, en réalité, détermine la vocation des hommes politiques. Thiers, obéissant à ses instincts, a été merveilleusement servi par son intelligence et s'est placé comme homme d'État, comme orateur, et enfin comme historien, à un rang très-élevé.

A l'époque de ces réunions, Mignet avait déjà publié son histoire de la Révolution française. Thiers achevait la sienne. Ces deux ouvrages, dignes à beaucoup d'égards du cas qu'on en faisait, causaient alors une admiration sans réserve aux hommes faisant partie de la génération des deux jeunes auteurs. Avec un talent d'analyse des plus remarquables, Mignet, dans ses deux volumes, faisant abstraction des événements secondaires, n'avait donné que la charpente d'une histoire de la Révolution ; mais Thiers, adoptant ce plan pour en faire un édifice complet, se chargea d'en étudier les moindres détails et de démontrer que tous étaient la conséquence forcée de quelques événements principaux inévitables, signalés comme tels dans l'ouvrage de Mignet. Dans l'abrégé historique de celui-ci, où tout tend à démontrer la marche nécessaire des faits, les hommes, que leur moralité ait été bonne ou mauvaise, n'y sont considérés que comme des matériaux insensibles qui auraient concouru à l'érection d'un grand édifice. Ce fatalisme appliqué à l'histoire, qui décharge de leurs fautes et même de leurs crimes, les acteurs qui ont figuré dans les terribles événements qui ont eu lieu depuis 1792 jusqu'en 1794, ce fatalisme, disons-nous, dont l'application, en simplifiant l'histoire de la Révolution, l'allège de tout ce qui la rend si difficile à comprendre, séduisit la jeunesse en 1825, inspira peut-être à Manuel les terribles paroles qui le firent exclure de la Chambre des députés, et contre l'intention des deux auteurs, sans aucun doute, conserva la tradition des idées utlra-révolutionnaires que l'on vit germer de nouveau vers 1844, et dont l'explosion devint si terrible quatre ans après.

Dans le salon de madame Aubernon, les deux historiens, jeunes alors, entourés d'hommes professant les mêmes opinions qu'eux, ne supposaient même pas que leurs idées sur la politique pussent donner prise à la critique. Tranquilles sur ce point, ils traitaient en causant de questions piquantes mais très-secondaires. C'est ainsi que Mignet, vivement préoccupé du système de Gall et suivant les cours de Spurzeim, égayait souvent ces soirées, en observant les crânes et en tirant spirituellement l'horoscope de chacun, tandis que Thiers, entraîné par son goût naturel pour les arts, se plaisait à en parler, recherchant même des contradicteurs pour s'éclairer et s'affermir dans les opinions qu'il se proposait d'émettre en écrivant la critique du salon dans le journal le *Constitutionnel*.

Cependant, les modestes réunions chez Étienne étaient toujours fidèlement suivies. Il y en avait même parfois deux par semaine. Outre celle du dimanche matin, régulièrement consacrée à la conversation, souvent MM. Mérimée, Ampère et Albert Stapfer venaient le soir pour lire de l'anglais.

Un soir, après une de ces lectures à laquelle Sautelet avait assisté, M. Ampère nous fit, de la part de son père et de la sienne, une invitation à dîner pour le lendemain. Le rendez-vous était assigné pour trois heures après-midi, car il s'agissait d'entendre lire avant le repas un drame *romantique*. M. Ampère fils s'était chargé d'en faire la lecture dans sa chambre, où il n'y eut pour auditeurs que Mérimée, Albert Stapfer, Sautelet et Étienne. L'auteur, resté inconnu, n'était heureusement pas présent, car sa pièce, sans division de scènes ni d'actes, sans intérêt et sans clarté, parut si ennuyeuse, que l'on ne put en supporter longtemps l'audition. Peu après arrivèrent deux invités que l'on félicita de leur retard : c'étaient les frères de Jussieu, Adrien, le savant botaniste, et Alexis, l'écrivain. On était en hiver. Comme le jour était déjà fort bas, toute cette jeunesse au milieu de laquelle se trouvait Étienne, formant un cercle autour du poêle vivement chauffé, se mit à jaser d'une manière assez bruyante. Enfin la nuit vint, et la chambre, sauf quelques lueurs échappées du feu, était complétement osbcure, lorsque M. Ampère le père, entra tenant une lumière à la main. Tout le monde se leva, et il annonça que le dîner était prêt.

M. Ampère était un des plus grands mathématiciens de son temps. En outre, il n'y a aucune branche du savoir humain à laquelle il soit resté étranger : philosophie, métaphysique, sciences exactes et naturelles, il a été au courant de tout. Mais d'après l'énumération de tant de connaissances variées, on aurait tort de penser que, comme la plupart des hommes qui se livrent aux études encyclopédiques, M. Ampère soit resté superficiel en quelque point. C'était un savant non-seulement profond et consciencieux, mais dont l'intelligence subtile, pénétrante, ne s'arrêtait qu'en présence d'un mystère sacré, car il était sincèrement religieux et devait, dit-on, cette disposition de son âme, à la lecture d'un livre de dévotion faite dans un lieu où il ne devait pas s'attendre à le trouver.

Avant d'arriver dans la salle à manger, on passa par le cabinet du savant Ampère, où l'attention d'Étienne fut attirée par l'agitation d'une quantité extraordinaire de petites feuilles de papier de la grandeur de la main, passées dans la bordure des glaces et du cadre des gravures. A la vue de ces manuscrits, car c'était en effet ceux du savant, l'idée vint aussitôt à Étienne qu'une flammèche suffirait pour détruire en deux minutes les travaux de M. Ampère. Mais l'habitude qu'avaient les personnes de la maison, de voir ces archives voltigeantes, les laissait en pleine sécurité, et, pour les jeunes convives, en continuant de badiner, ils passèrent dans la salle à manger sans songer même à ce danger.

Absorbé par l'étude des sciences et par la méditation, M. Ampère vivait tranquillement au sein de sa famille, composée alors de son fils, aujourd'hui l'un de nos plus spirituels académiciens, de sa fille et de sa sœur qui tenait sa maison. La mise simple, la tenue modeste et réservée de la tante et de la nièce, qui avaient déjà pris place près de la table, au moment où la société masculine entra non sans quelque fracas, rappela à Étienne la femme et les filles de M. Savouré, le maître de pension où il a commencé ses études [1]. Pendant le repas, les deux dames ne prirent aucune part à la conversation, qui d'ailleurs ne roula que sur des sujets qui ne pouvaient les intéresser, les uns étant purement scientifiques quand ils étaient traités par M. Ampère et Adrien de Jussieu, les autres ne servant que de prétextes aux saillies amusantes de Mérimée, d'Ampère fils, d'Albert Stapfer et de Sautelet. Le repas terminé, la tante et la nièce se retirèrent silencieusement chez elles, et M. Ampère, ainsi que tous les autres convives, redescendit à la chambre de son fils.

Il faisait froid. Dès que le feu eut été ravivé, on s'assit en cercle, et les jeunes gens, pour se réchauffer plus promptement, appuyèrent leurs pieds sur la tablette du poêle. Il n'y avait de raisonnablement assis que M. Ampère, puis A. de Jussieu et Étienne, entre lesquels il s'était placé. Pour ôter à ces étranges postures ce qu'elles auraient pu avoir d'inconvénient en présence d'un homme

---

[1] De 1739 à 1792. — M. Savouré, grand-père de celui qui tient aujourd'hui ce même pensionnat, était fervent janséniste, ce qui n'empêchait pas que cet homme, sa femme et ses douze enfants, austères pour eux-mêmes, ne fussent bons et très-indulgents pour les autres. Étienne a conservé un doux souvenir de cette excellente et respectable famille.

aussi respectable que M. Ampère, il faut dire que cet illustre savant, qui s'était rendu célèbre jusque par ses distractions, n'était en réalité qu'une âme, une intelligence dont l'activité dévorante absorbait presque toute celle destinée à l'exercice de ses facultés physiques. Il ne voyait tout juste que pour se conduire ; et quelque agréable, extraordinaire ou même désagréable que fût ce qui se passait autour de lui, il ne s'en apercevait pas. En effet, tandis qu'une partie des assistants prenait les plus étranges postures, M. Ampère écoutait avec une profonde attention A. de Jussieu expliquant les phénomènes de la différence des sexes dans les plantes, et les modes de la reproduction des végétaux. Ce sujet conduisit naturellement M. Ampère à parler d'importantes découvertes que l'on venait de faire sur la vie et les mœurs de quelques animaux microscopiques, ce qu'il développait avec une rare sagacité. Une fois lancé dans cette voie, il rattacha ces faits nouveaux aux découvertes de Cuvier sur les animaux fossiles, et se laissant entraîner à toutes les conjectures que ces connaissances scientifiques font naître, il parla avec une véritable éloquence de la création de l'homme, de sa destinée ici-bas et d'un monde meilleur qu'il espère habiter.

Pendant que A. de Jussieu et Étienne ne perdaient pas une parole de M. Ampère, l'un des jeunes gens, au milieu de leur conversation vive et joyeuse, avait, on ne sait pourquoi, placé sur la tablette du poêle le cendrier plein de braise mal éteinte, lorsqu'un autre, accompagnant sa parole d'un geste inattendu, donna un si vigoureux coup de pied au cendrier qu'il le fit voler en l'air avec les cendres et la menue braise qu'il contenait. A la chute de l'espèce de pluie de feu qui en résulta, les assistants se levèrent pour s'épousseter et se débarrasser des parcelles de feu logées dans les plis de leurs vêtements. Malgré l'attention que A. de Jussieu et Étienne portaient aux paroles du savant, ils avaient aussi quitté leurs siéges ; mais M. Ampère restant immobile sur le sien, aurait continué de poursuivre ses spéculations philosophiques, si on ne l'eût averti de ce qui se passait. « Monsieur Ampère ! monsieur Ampère ! disait A. de Jussieu, levez-vous ! levez-vous ! Vous êtes couvert de cendres brûlantes ! — — Monsieur Ampère ! répétait Étienne de son côté, il faut absolument que vous vous leviez ! Vos chaussures sont pleines de braise ! » Et en effet une forte odeur de roussi qui se faisait sentir et peut-être quelques petites brûlures aux jambes avertirent enfin l'illustre savant que son esprit et son âme étaient logés dans un étui qui n'était pas à l'épreuve du feu.

Les personnes qui ne connaissent que le monde élégant ont de la peine à comprendre comment des hommes faits, et même d'un âge mûr, peuvent se laisser aller à de pareilles folies. Mais ceux qui, dès l'enfance, se sont livrés à des études sérieuses et en ont fait l'objet et le but de leur vie, conservent toujours des goûts d'écoliers. Il leur faut de véritables récréations où ils puissent se livrer en toute assurance à ce relâchement complet de l'esprit, qui les retrempe et leur donne la force de se livrer aux travaux sérieux de l'intelligence.

Étienne ne court pas après les contrastes ; il faut cependant les signaler quand il s'en rencontre. Vers les neuf heures du soir, lorsque la plupart des invités se furent retirés, M. Ampère, son fils et Étienne, allèrent passer le reste de la soirée à l'Abbaye-aux-Bois, chez madame Récamier, où l'assemblée était assez nombreuse. Ils y trouvèrent mesdames la duchesse d'Abrantès, la comtesse de Beaufort, Lenormand et Tastu ; et outre les habitués, MM. de Humboldt et de Catelan. Partout où se présentait M. Ampère, il était l'objet de la bienveillance la plus respectueuse; et madame Récamier, qui le connaissait d'ailleurs comme si bon parent, si bon ami et si bon confrère, avait pour lui des égards tout particuliers. Il fut donc accueilli et écouté avec empressement dans ce salon où l'on aimait qu'à l'agréable se joignît toujours quelque chose de solide.

Quant à Ampère fils, si jeune encore, mais distingué déjà par la variété de ses connaissances et le charme de ses écrits, oubliant la folle gaieté à laquelle il venait de se livrer, ainsi que ses jeunes amis, il devint l'un de ceux qui, par l'élégance de leurs manières et le brillant de leurs conversations, animèrent le plus le salon de madame Récamier.

XX.

Le mécanisme du gouvernement représentatif, encore neuf en France, avait naturellement fait porter l'attention de la jeunesse instruite sur les institutions perfectionnées de l'Angleterre. Puis l'étude de la langue anglaise, devenue en quelque sorte indispensable aux apprentis publicistes, avait donné une grande importance à la littérature de nos voisins; tellement que la constitution anglaise était devenue un modèle propre à régler les idées de la nouvelle génération, et que depuis le développement de l'école romantique, Shakspeare passait pour l'écrivain dramatique, et même pour le poëte par excellence que l'on dût étudier.

Dix ou douze ans avant 1826, les préjugés sur ces

deux questions étaient bien différents. Depuis 1792 jusqu'en 1815, les guerres continuelles de la Révolution et de l'Empire avaient entretenu dans l'esprit des Français, à l'égard des nations étrangères, une aversion d'autant plus forte qu'elle était irréfléchie, et les Anglais portaient surtout le poids de cette haine. Quant à leur système de gouvernement, si l'on excepte les publicistes et les diplomates, personne, sous le règne du premier Napoléon, ne le connaissait; et, d'autre part, on ne prononçait guère le nom de Shakspeare que quand le grand acteur Talma faisait valoir les imitations que Ducis avait faites des drames du poëte anglais.

Peu à peu, et lorsque les cruels souvenirs de la double invasion commencèrent à être atténués par les vives préoccupations que donnait la consolidation du gouvernement constitutionnel, les productions de Walter Scott et de lord Byron, accueillies avec tant d'enthousiasme en France, furent les premiers rameaux d'olivier, signal de la paix renouée entre les deux nations. L'apparition des ouvrages du romancier et du poëte coïncident si bien, comme on l'a vu, avec l'explosion romantique, qu'il est permis de croire que la réalisation de ce dernier événement n'aurait pas eu lieu s'il n'eût été provoqué par le premier.

En somme, l'établissement du gouvernement constitutionnel et l'idée d'adopter la littérature romantique sont, pour la France, deux innovations empruntées en même temps à l'Angleterre; combinaisons qui ne furent comprises, soit qu'on les adoptât ou qu'on les rejetât, que par un assez petit nombre d'esprits d'élite; car, pour la plus grande partie de la nation, les libertés données par la Charte de 1814, n'ont pu lui faire passer condamnation sur la rentrée des Bourbons sous l'égide des étrangers; et quant à ce qui touche à la littérature, encore en 1824, une troupe de comédiens anglais ayant eu l'idée de représenter un drame de Shakspeare sur un théâtre de Paris, ces malheureux, assaillis avec les plus ignobles projectiles, furent obligés de se retirer.

Dès son adolescence, Étienne avait caressé l'idée de visiter l'Angleterre. L'étude de la langue de ce pays faite depuis, l'éclat que jetaient alors les deux grands écrivains anglais, la curiosité bien naturelle de voir comment les choses se passaient chez ce peuple à qui la France venait d'emprunter ses nouvelles institutions, et enfin le désir de revoir des amis, tous ces motifs étaient plus que suffisants pour faire réaliser un voyage si longtemps différé. Étienne partit donc dans les premiers jours du mois de mai 1826, et retrouva à Londres quelques-uns de ses amis qui y étaient arrivés avant lui : F. Gérard, le peintre célèbre; et MM. Mérimée et Duvergier de Hauranne. Ce dernier se proposait d'achever son éducation parlementaire, en étudiant le drame des élections qui avait lieu cette année pour le renouvellement de la Chambre des communes. Trois concurrents se disputaient les voix dans le faubourg de Southwarck : Polhill, Calvert et sir Robert Wilson, le sauveur de Lavalette. Ce dernier candidat, avec qui Duvergier était lié, prenait le jeune Français dans sa voiture afin de lui faire suivre les évolutions électorales auxquelles les mœurs anglaises assujettissent les candidats, comme de faire les visites à domicile aux électeurs, de monter sur l'impériale de son carrosse pour haranguer le peuple, etc., etc. Dans un petit volume fort intéressant, que M. Duvergier a publié à son retour d'Angleterre, on trouvera sur le fond sérieux de ces élections, et sur ce qu'elles présentent parfois de bouffon dans la forme, des détails qui ne doivent pas prendre place dans ces *Souvenirs*, consacrés aux lettres. Cependant, sous ce dernier rapport, Étienne sera obligé d'avouer que pendant les courses qu'il a faites jusque dans le pays de Galles, son attention a été bien moins fixée par ce qui se rapporte à la littérature, que par les églises et les châteaux du moyen âge, par les galeries de tableaux et les musées, mais surtout par l'aspect gracieux et original du paysage de cette île, à laquelle ses anciens habitants ont donné le surnom de *Merry-England,* la vive et gaie Angleterre. Rappelé encore en ce pays au goût et aux inclinations de sa jeunesse, Étienne, reprenant ses crayons, fixa le souvenir d'une foule de lieux, dont la représentation aujourd'hui le distrait dans les intervalles de ses travaux. Caernavon, Bangor, toute la côte du canal Saint-George, le vieux monument druidique de Stonehenge, la cathédrale de Salisbury, puis cette partie curieuse du Derbyshire, Matlock-les-Bains, lieu à la fois gracieux et si sauvage, où la petite rivière, le Derwent, coule mystérieusement sous des dômes de verdure, ont successivement attiré son attention et occupé ses crayons.

Près de Matlock, dont le nom vient d'être cité, est un petit hameau, Lea-Hurst, si humble qu'il n'est même pas indiqué sur la carte. Étienne se retrouva là au sein de la famille Nightingale, avec laquelle il avait contracté amitié huit ans avant à Paris. M. Nightingale, sa femme, leur deux filles, âgées alors de cinq ou six ans, puis miss Julia Smith, sœur de madame Nightingale, et une vieille tante de ces dames, tels étaient les habitants de la maison simple mais élégante de Lea-Hurst, entourée de bois au fond desquels le Derwent promenait encore ses eaux capricieuses. Étienne n'insistera pas sur la réception cordiale que lui firent ses amis ; ceux qui ont habité l'Angleterre savent avec quelle franchise et quelle grâce on y pratique l'amitié ; mais il rappellera le souvenir des soirées, non pas classiquement littéraires, mais d'où il s'élevait un véritable parfum de poésie. C'était en juillet, et, outre la persistance de la chaleur en cette année, par une exception rare en Angleterre, le ciel était sans nuages depuis plus d'un mois. Le soir, pour prendre le frais, on se tenait sur la terrasse, faisant la conversation jusqu'au moment où l'on apportait le thé. Après l'infusion faite dans toutes les règles, et lorsque miss Julia, chargée de ce soin, avait préparé la tasse de chacun, tout en vidant lentement la sienne, elle récitait de mémoire les plus beaux passages de Milton, son poëte favori, et cette poésie, si imposante par elle-même, semblait devenir plus solennelle encore, dite pendant la nuit et sous ce ciel resplendissant d'étoiles.

Les deux petites filles, Flo et Poppet [1], retirées chez leur nourrice, dormaient profondément à cette heure; mais leur tour venait le matin de faire un petit cours de littérature enfantine. Étienne ne parlait pas facilement l'anglais, et les deux petites fillettes avaient entrepris de réformer sa prononciation. Sitôt qu'on était levé dans la maison, jusqu'au moment du déjeuner, les deux petites, armées de leurs livres d'études, s'emparaient chacune d'un bras d'Étienne devenu leur écolier, et le faisaient asseoir entre elles pour le faire lire tour à tour. Le bonheur de ces enfants reprenant un vieux barbon de ses fautes était complet; la petite Flo, en particulier, dont la vivacité était extrême et laissait déjà percer l'originalité de son esprit et de son caractère, menait rondement son vieil élève. Cette enfant est devenue en effet une personne fort remarquable, mademoiselle Florence Nightingale qui, mue par ses sentiments religieux et soutenue par l'énergie de son âme, est passée en Orient en 1855,

---

[1] *Flo* et *Poppet*, abréviations de Florence et Naples (Napoli), villes où sont nées ces deux enfants.

pour soigner les blessés et les malades de l'armée anglaise pendant la guerre de Crimée.

Pendant l'un de ses séjours à Londres, Étienne assista à une cérémonie des plus importantes. Les différentes paroisses de cette ville entretiennent des écoles de charité pour les enfants pauvres des deux sexes, et chaque année on les réunit toutes dans la grande église de Saint-Paul, où elles assistent à l'office anglican et y chantent des psaumes. Les enfants étaient rassemblés au nombre de quatre mille, placés sur des gradins formant un entonnoir exagone dessous la grande coupole; puis, de ce point, s'élevait dans la grande nef jusqu'au portail de l'église, à la hauteur du petit ordre corinthien, des rangées de banquettes pour les assistants et particulièrement pour les dames, dont les toilettes brillantes contrastaient avec les vêtements sévères et uniformes des enfants pauvres. Au centre de l'hexagone s'élevait une chaire d'où le lord évêque de Chichester, avant de prêcher, devait assister aux prières chantées par les enfants. Des musiciens placés dans un orchestre exécutèrent d'abord plusieurs morceaux de Hændel, à la fin desquels les quatre mille enfants répondirent en chantant, tantôt un *Amen* et un *Alleluia*, ou *Long live the king* et *God save the king!* Puis eux-mêmes chantèrent bientôt après dans leur langue maternelle, de longs fragments des psaumes de David, sur la musique dont la composition date du XVIe siècle.

Depuis cette époque, 1826, où la musique était encore si négligée dans les églises de France, cet accessoire des cérémonies catholiques, a été plus particulièrement soigné; mais les admirables psaumes de nos offices du soir, chantés en latin, peu ou point compris de la plupart des fidèles, ne sont guère gravés dans leur mémoire que par la grandeur et la solennité des chants qui les accompagnent; le sens échappe.

En sortant de la cérémonie de Saint-Paul, une réflexion se présenta à l'esprit d'Étienne : il comparait les chants graves de ces enfants sur des paroles sublimes, à ces chansons niaises décorées du nom de cantiques, que l'on fait psalmodier en France dans les écoles, sur des airs de de vaudeville, qui conservent toujours quelque chose de l'odeur des paroles pour lesquelles ils ont été faits. Avec de pareils enseignements religieux et littéraires, comment peut-on espérer que la partie si nombreuse de la population, étrangère aux études classiques, admettra dans son esprit quelques pensées sérieuses et pourra s'accommoder à cette simplicité, à cette élévation de langage dont on ne retrouve d'exemples que chez les nations nouvellement sorties des mains du Créateur? En Angleterre, une excellente traduction de la Bible, commentée au XIVe siècle, perfectionnée au XVIe, et où l'on a conservé jusqu'aux mots et à l'orthographe des anciens temps, sert d'alphabet à l'enfance, et détache chaque jour, au moins pendant quelques instants, le lecteur des vulgarités du siècle où il vit. En Italie, c'est dans la *Divine comédie* que l'on apprend à lire et qu'on lit le plus souvent; aussi le goût de la véritable poésie se conserve-t-il en ces deux pays avec la connaissance traditionnelle du vieux langage; tandis qu'en France, à l'exception de ceux qui s'occupent spécialement de lettres, on trouve rarement aujourd'hui des personnes en état de lire les écrits de Montaigne. Encore un demi-siècle, et il est à craindre que les grands écrivains du temps de Louis XIV ne cessent d'être compris, tant l'amour des nouveautés nous fait rejeter tout ce qui a une apparence d'antiquité..

Mais la question la plus littéraire est sans doute celle qui se rattache au système théâtral de la Grande-Bregne, dont on s'occupait alors si passionnément en France, et ce sujet se représentera bientôt, lorsque les acteurs anglais viendront jouer, à Paris même, les pièces de Shakspeare ; ce sera, en effet, l'occasion de faire connaître les impressions diverses que produisirent sur les lettrés parisiens ces drames d'après lesquels les fauteurs du romantisme prétendaient que l'on dût réformer la scène française.

Après sept mois de séjour en Angleterre, Étienne revint en France. Et quoiqu'il n'ait poursuivi aucune étude spéciale pendant ce dernier voyage, le résultat de ses observations ne fut pas sans fruit ; ses idées sur plusieurs questions importantes s'étaient éclaircies. Ses courses successives en Italie et en Angleterre, lui avaient fait saisir avec plus de netteté la place intermédiaire que la France, considérée au point de vue moral et politique, occupe entre ces deux nations voisines. Il crut reconnaître qu'en Italie, où les gouvernements sont absolus, l'instinct des populations les entraîne au mépris de la loi et à se faire justice par elles-mêmes ; que l'Anglais, au contraire, naturellement porté à respecter les institutions de son pays, est esclave de la loi et même des coutumes les plus bizarres, par cela seul qu'elles sont anciennes ; tandis qu'en France, la facilité avec laquelle on fait des lois nouvelles n'est dépassée que par le plaisir que l'on prend et l'habileté que l'on met à les éluder. Alors se présentait un grand problème à résoudre : y aurait-il, se demandait Étienne, en se sentant poussé par la populace le long des Hustings de Southwarck, cette différence entre l'Angleterre et la France, que de l'autre côté du détroit les mœurs auraient engendré les lois constitutionnelles, tandis que chez nous, les lois constitutionnelles doivent changer les mœurs ? Fera-t-on la chaussure pour le pied, ou le pied s'accommodera-t-il de la chaussure toute faite ?

Quant à la révolution littéraire entreprise sous le drapeau romantique, et en vertu de laquelle on prétendait qu'en changeant le système dramatique, on changerait le goût qui règne depuis plus de deux siècles en France, sur cette question, Étienne, loin d'être indécis a toujours pensé qu'en ce cas, le pied serait indubitablement estropié par la chaussure.

C'est à compter de son retour en France, en 1826, qu'Étienne, âgé de quarante-cinq ans, fit prendre à sa vie un cours plus tranquille et put exercer pleinement ses facultés intellectuelles. Sa curiosité de voyageur était satisfaite, il avait nourri son esprit de solides lectures, et sa part de collaboration au *Journal des Débats,* ainsi que ce qu'il avait écrit pendant ses voyages, ayant exercé sa plume, il se sentait disposé et prêt à produire.

Le hasard lui fit trouver une retraite où il put étudier, travailler en repos tout en goûtant les douceurs de la vie de famille. Ses deux sœurs avaient loué à Fontenay-aux-Roses un petit appartement où elles allaient les dimanches et jours de fête, la plus jeune pour voir ses deux fils [1], l'aînée ses neveux. Ces enfants, l'un âgé de douze ans, le second de neuf, étaient élevés au pensionnat Morin, établi dans le village. Étienne, impatient de revoir ses neveux, fut conduit par ses sœurs et ses beaux-frères à Fontenay-aux-Roses, où toute la famille réunie dîna dans le petit appartement. A la fin du repas, ces dames témoignèrent l'intention de donner congé de ce petit réduit; mais Étienne, privé depuis longtemps de la société de ses neveux, dit qu'il le prenait à son compte pendant un terme, afin de voir les enfants et de surveiller leurs études. La joie des deux petits écoliers fut au moins aussi vive que celle de l'oncle, qui s'accoutuma si bien au pays

---

[1] Eugène Viollet-le-Duc, architecte, auteur du *Dictionnaire d'architecture,* chargé de la restauration de l'église de Notre-Dame, puis son frère Adolphe Viollet-le-Duc, peintre de paysages distingué.

ainsi qu'à la vie d'étude et de famille qu'il y mena, qu'il a prolongé son séjour en ce village pendant vingt et un ans.

A cette époque les alentours de Fontenay-aux-Roses offraient une suite de petits déserts délicieux. Des deux côtés du village, élevé sur une colline allongée, sont des vallées, l'une du côté de Sceaux, l'autre au bas de Bagneux, qui s'étendent depuis le Plessis-Piquet jusqu'au Bourg-la-Reine. Quant au territoire de Fontenay, les mouvements du terrain sont si fréquents, que de la diversité des expositions résulte une variété extrême de cultures. Pas un mur ne divisait alors les propriétés, et, fidèles à un ancien usage, les habitants cultivaient des fleurs sur le bord de leurs champs. Ce pays, d'ailleurs sillonné seulement de sentiers étroits et compliqués, ne donnait pas encore au Parisien désœuvré l'idée de s'aventurer dans ce labyrinthe, en sorte que l'on pouvait parcourir tout ce charmant pays sans rencontrer d'autres humains que les travailleurs dans leurs champs. En poussant un peu plus loin, on parvenait jusqu'au Val-du-Loup, couvert encore par une immense châtaigneraie séculaire, et bientôt, après avoir parcouru les vertes prairies du territoire de Châtenay, on redescendait jusqu'à celles si ombragées de Fontenay pour remonter jusqu'au village.

Étienne s'établit décidément à Fontenay, à l'ouverture du printemps de 1827, pour y passer l'été. Il lui serait difficile d'exprimer l'espèce de ravissement qu'il éprouva à se sentir fixé en un lieu de son goût, après la vie active, si souvent contraire à ses goûts, qu'il avait menée jusque-là.

Une circonstance contribuait singulièrement à donner à ce tranquille Fontenay le charme d'un véritable désert; car non-seulement on ne pensait pas encore aux chemins de fer, mais il n'y avait même pas de voitures publiques pour Paris, en sorte que quand Étienne s'acheminait vers la ville pour voir ses sœurs, leur donner des nouvelles des enfants, puis serrer la main aux frères Bertin, au bon Armand, et s'inquiéter des matières de son ressort qu'il aurait à traiter, il allait et revenait à pied en lisant ou en regardant le ciel. Le village de Châtillon était encore séparé de celui de Fontenay par une allée de noyers énormes que l'on a abattus depuis pour bâtir d'assez tristes maisons. C'était là, lorsque Étienne, revenant de Paris, apercevait son village à travers les arbres, que la joie de retrouver sa chère retraite lui faisait bondir le cœur de joie ; et si le ciel lui eût accordé le don des vers, il eût certainement fait une ode sublime sur la solitude, en se retrouvant chez lui.

Quoique Étienne, pendant son séjour en Angleterre, eût écrit chaque jour ses observations, ce travail, qui n'occupe pas moins de cinq ou six cents pages, n'était pas, comme ses *Lettres écrites d'Italie*, de nature à être inséré dans le *Journal des Débats*. Mais rentré à Paris, il écrivit pour cette feuille, cinq articles sur les *grandes routes*[1], qui, grâce à la publicité qu'ils reçurent, éveillèrent l'attention du gouvernement sur la nécessité de remédier à de graves inconvénients qui rendaient les voyages extrêmement longs et périlleux en France. La perfection des routes anglaises, si supérieures alors à celles de notre pays, frappa vivement Étienne, et c'est à compter des observations critiques que cette comparaison lui suggéra que le perfectionnement de nos routes, entrepris à cette époque, n'a pas cessé de faire des progrès. Tels furent,

---

[1] *Journal des Débats*, 29 novembre 1826, — 10 février, 20 mars, 8 juillet et 31 juillet 1827. — En cette même année 1827, Étienne rendit compte de l'exposition, ainsi que des concours annuels, travail qu'il n'a pas cessé de faire depuis 1826 jusqu'aujourd'hui 1858.

avec la correction des *Lettres écrites d'Italie,* les premiers travaux littéraires auxquels Étienne se livra à Fontenay. Quant à la distribution de son temps, il courait les champs et les bois une partie du jour, consacrant ses soirées et une partie des nuits au travail de cabinet. Les dimanches et les jeudis, les jeunes neveux, accompagnés de deux ou trois camarades de leur choix, venaient après les offices chez Étienne, qui leur faisait faire des promenades avant et après le repas; et le soir, avant la rentrée, on se livrait ordinairement à des lectures, à moins que, par extraordinaire, les enfants ne jouassent des charades et de petits drames de leur façon devant l'oncle, qui représentait le public. Ces douces journées, à la suite desquelles Étienne, après avoir reconduit son petit troupeau au bercail, reprenait vers dix heures du soir ses travaux favoris, répandaient un calme dans son âme qui semblait augmenter l'énergie de ses facultés intellectuelles. C'était alors avec une véritable passion qu'il se mettait au travail, et la plupart du temps, il n'était averti de l'heure que par les cultivateurs ses voisins qui, pour se préparer à partir pour le marché, venaient à deux heures du matin, demander du feu au solitaire, pour allumer leur lanterne.

Quoique l'intelligence d'Étienne ait été ouverte de bonne heure, son développement complet fut lent. Ce retard, dont il a toujours eu la conscience, l'a privé d'une certaine confiance en ses forces, d'une témérité même indispensable pour renverser les obstacles que l'on rencontre à l'entrée de la vie. Aussi n'a-t-il jamais connu ce qu'on appelle *un succès;* car on n'en obtient que quand on est jeune, lorsque le mérite d'une action ou d'un ouvrage, exagéré par les espérances qu'ils font naître, exalte outre mesure la vanité du héros, et la bonne opinion de ceux qui l'admirent.

Ces ovations prématurées, favorables aux génies supérieurs, mais si souvent fatales aux esprits plus humbles, n'ont point ébloui Étienne, et ses productions n'ont jamais donné plus que son âge ne pouvait faire espérer raisonnablement. Aussi, étranger, indifférent même à ce qu'on appelle la gloire, s'est-il attaché, en cultivant les lettres, à mettre en jeu les ressources de son intelligence, dans l'espoir de prendre une idée de l'ensemble des choses de ce monde, où il ne fera que passer, et de purifier, autant qu'il est possible, son esprit et son âme par la méditation et l'étude. Cette disposition n'était pas nouvelle chez Étienne. Elle tenait sans doute à son caractère et à la nature de son esprit ; mais on doit se souvenir que quelques années avant son établissement à Fontenay, se reposant un soir sur les bords de la Moselle, quelques lignes de Labruyère avaient fixé ses idées sur le genre de vie qu'il désirait mener. Or, il était arrivé au moment de réaliser ces projets : *il se sentait assez de fermeté pour se passer de charges et d'emplois, et consentir à ne rien faire; il espérait jouer ce rôle avec dignité, et avoir assez de fonds pour remplir le vide du temps, sans ce que le vulgaire appelle des affaires.* Pensant au fond comme le moraliste : *qu'il ne manque à l'oisiveté du sage qu'un meilleur nom; et que méditer, lire et être tranquille, s'appelât travailler.*

Le choix d'un pareil genre de vie peut paraître étrange à une époque où il suffisait d'avoir un vernis d'instruction et de se servir passablement de sa plume pour afficher la prétention d'avoir part au gouvernement des affaires publiques ; car ce genre d'enivrement était devenu si général, que les écoliers eux-mêmes, durant leurs récréations, lisaient les journaux, faisaient aussi de l'opposition, se mettaient au courant du manège des élections et, dès l'adolescence, aspiraient impatiemment à l'âge ou ils pourraient devenir députés et arriver peut-être à mettre la main sur un portefeuille. Ce genre d'illusion était entretenu par les attaques incessantes de l'opposition, qui comptait déjà dans ses rangs Chateaubriand, de Lévis, Lainé, de Barante et beaucoup d'autres hommes considérables par leurs lumières et connus pour la franchise de leurs opinions monarchiques. Aussi tout concourait déjà à préparer la révolution qui devait éclater trois ans après; le projet de loi contre la liberté de la presse, la vive opposition de l'Académie française à cette mesure, les rigueurs exercées déjà par la censure, la querelle soulevée par l'examen que l'on voulait faire de la conduite des jésuites, et enfin le licenciement de la garde nationale, tout caractérisait déjà une lutte acharnée qui le deviendrait bien plus encore.

Depuis trente ans et plus, quoique voué au culte des arts et des lettres, Étienne n'était pas resté témoin impassible des quatre ou cinq grandes révolutions qui s'étaient déjà opérées de 1789 à 1815; aussi était-il loin en 1827, d'espérer que le gouvernement d'alors eût des chances de longue durée. Parvenu déjà à un âge mûr, sans avoir pris part aux affaires et sans qu'il eût pratiqué les hommes, ses services, en supposant que l'on eût eu l'idée de les croire utiles, n'auraient pu remédier à rien. Il était tout à fait en dehors du cercle d'activité où presque tout le monde était entraîné, et parfois, lorsqu'il se reprochait de n'avoir rien fait pour son pays, interrogeant sa conscience, il reconnaissait qu'il n'était pas dans la nature de son esprit de trouver chaque jour des ressources nouvelles pour faire face aux accidents qui surgissent sans cesse dans le cours des révolutions. Étienne vivait donc dans sa solitude de Fontenay-aux-Roses, non sans rester toujours attentif à ce qui se passait dans l'arène politique, mais trompant ses inquiétudes et se donnant même de douces jouissances en entremêlant aux travaux littéraires qu'il s'était imposés, les heures qu'il consacrait aux récréations et aux études de ses neveux.

Jusqu'à son installation à Fontenay, Étienne n'ayant rien publié que sous les auspices du *Journal des Débats*, le premier ouvrage qu'il fit paraître en un volume séparé, est *Roméo et Juliette*, nouvelle traduite de l'italien, de Luigi da Porto, suivie de la comparaison des principales scènes du drame de Shakspeare sur le même sujet. L'étude qu'il avait faite des ouvrages du poëte anglais, et les occasions qu'il avait eues à Londres de voir représenter entre autres *Otello* et la première partie de *Henri IV*, lui avaient fait reconnaître qu'en raison des goûts très-différents des deux nations, les langues française et anglaise ont des allures si opposées, qu'en exprimant une même idée, on ne peut, dans chacun de ces idiomes, lui conserver précisément le même caractère, le même sens. Ainsi, en anglais, les idées et les choses sont nobles, burlesques ou triviales ; mais les mots restent des signes neutres qui ne plaisent ou ne répugnent qu'en raison de la qualité des idées des choses qu'ils expriment. En français, au contraire, on a laissé prendre aux mots une puissance qui leur est devenue tellement propre, qu'ils peuvent rabaisser une idée sublime, et ennoblir une idée commune. La tyrannie du mot est telle enfin chez nous, qu'on en est réduit à citer comme une hardiesse, mais heureuse, les *chiens dévorants* dans l'*Athalie* de Racine, parce que le nom de cet animal est réputé bas et familier, tandis qu'à l'ouverture de la belle scène où Hamlet montre à sa mère les portraits de son père et du meurtrier devenu son beau-père, personne en Angleterre n'est étonné d'entendre le fils irrité, tuant d'un coup d'épée Polonius caché derrière une tapisserie, s'écrier : « *C'est un rat ! je gage un ducat qu'il est mort !*

L'assurance avec laquelle les romantiques vantaient

l'art de Shakspeare et affirmaient que la représentation de quelques-uns de ses drames suffirait pour faire ressortir l'excellence de son système dramatique, était loin d'avoir porté la conviction dans l'esprit d'Étienne ; et comme pendant les réunions du dimanche il écoutait plus qu'il ne parlait, ce fut dans l'intention de résumer ses observations qu'il composa le petit livre de *Roméo et Juliette*, dont il fit la lecture à quelques amis, entre autres à Mérimée et à Sautelet, qui en parurent assez satisfaits.

On ne tarda pas à annoncer l'arrivée d'une troupe de comédiens anglais à Paris. A la brutale réception faite à leurs prédécesseurs, avait succédé, dans le monde lettré, un désir très-vif de connaître le théâtre anglais, dont les derniers venus se proposaient de représenter les meilleurs ouvrages. Sur cette nouvelle, Sautelet qui, en sa qualité de libraire intelligent, était à la recherche des nouveautés propres à piquer la curiosité du public, proposa à Étienne d'imprimer son opuscule de *Roméo et Juliette*, afin que son apparition coïncidât avec l'ouverture du théâtre anglais, ce qui eut lieu effectivement.

A ces premières représentations, classiques et romantiques ne manquèrent pas de se trouver là où il leur semblait que dût se vider complétement leur querelle ; et Étienne renonça plusieurs fois aux douceurs de sa solitude pour être témoin de l'effet qu'allait produire la mise en scène du théâtre anglais sur le public de Paris.

Quoique les deux premières soirées eussent attiré beaucoup de monde, cependant, comme on ne représenta que des comédies dont les finesses de détail échappent quand la langue dans laquelle elles sont écrites ne nous est pas très-familière, le public ne fut préoccupé que de la pantomime des acteurs. Et des trois ou quatre pièces que l'on joua, la jolie comédie de Sheridan, *The Rivals*, obtint le plus de succès. Mais cette production, assez moderne, ne répondait pas d'ailleurs à la curiosité que faisait naître l'engouement du jour ; on voulait du Shakspeare, rien que du Shakspeare, alors la troupe annonça : *Hamlet, prince de Danemark.*

Quoiqu'on fût aux premiers jours de septembre, la chaleur était excessive, ce qui n'empêcha pas que la salle ne fût comble. A une foule d'étrangers se joignirent d'épais bataillons d'hommes de lettres, tant classiques que romantiques, et les acteurs de la plupart des théâtres de Paris, poussés par la curiosité de savoir comment on traitait leur art dans la Grande-Bretagne.

Les quatre premiers actes de la tragédie d'*Hamlet*, produisirent beaucoup d'effet. L'apparition de l'ombre, la scène de l'ombre avec Hamlet, celle où le jeune prince fait confidence à ses amis de l'apparition que lui a faite le spectre de son père; cette succession de scènes terribles remua fortement les spectateurs, dont le grand nombre cependant, peu accoutumé à la prononciation de la langue anglaise, devaient comprendre plus par la pantomime résultant de la violence des passions, qu'avec le secours des paroles.

Pendant le séjour d'Étienne en Angleterre, on n'avait pas représenté ce drame, et il était curieux de voir la mise en scène de la deuxième scène du troisième acte, lorsque le roi et la reine, assassins du père d'Hamlet, assistent à la représentation d'un drame où Hamlet leur fait suivre, sous l'apparence d'autres personnages, toutes les circonstances du crime qu'ils ont commis. Ce qui piquait le plus sa curiosité était de savoir comment l'acteur chargé du rôle d'Hamlet, se tirerait du mélange de bouffonneries et de choses terribles qu'il doit débiter dans le cours de cette scène. Or voici quelle était la disposition des principaux personnages sur le théâtre : au fond était le petit théâtre sur lequel les acteurs aux gages d'Hamlet, doivent donner la comédie au roi, à la reine et à leur cour. A droite du spectateur, sur le devant de la scène, étaient les deux assassins couronnés, assis sur le même siége, à gauche Ophélie sur une espèce de sopha, et au milieu, mais plus rapproché d'Ophélie, Hamlet, couché sur le plancher et ne se soutenant que sur un coude.

Charles Kemble, acteur assez renommé, remplissait le rôle d'Hamlet, et dans la position qui vient d'être indiquée, armé de l'éventail d'Ophélie, il se ménageait les moyens de suivre, pendant le débit des acteurs du petit théâtre, l'effet que produirait leurs paroles sur la physionomie du roi et de la reine. Il se roulait alternativement vers les comédiens pour les exciter, du côté du roi pour surprendre les mouvements de son âme, et en regardant Ophélie pour la rendre attentive à ce qui allait se passer. Les spectateurs français prirent assez bien cette scène originale, mais étrange, et applaudirent Kemble, qui, en effet, l'avait rendue avec intelligence et une certaine grâce anglaise dont l'auditoire n'avait pas eu l'idée jusque-là.

Cependant l'intérêt croissait. Au moment où, sur le petit théâtre on versa du poison dans l'oreille du roi endormi, et que le véritable roi Claudius et sa femme paraissent frappés du rapport de ce crime avec le leur, Hamlet (Kemble) s'est traîné jusque près d'eux, et les clouant sur leurs siéges par son regard, il s'est écrié avec un éclat de voix effrayant : « Il l'empoisonne pour avoir » son royaume! Son nom est Gonzague! l'histoire est vé- » ritable, on la trouve dans un recueil italien; et vous » allez voir tout à l'heure comme le meurtrier se fait » aimer de la femme de Gonzague! Ah! ah! maintenant » faites entrer la musique!!! [1]. »

---

[1] Ces citations sont faites d'après l'édition conforme à la représentation, et où le texte original est fort abrégé.

A cette dernière exclamation que Kemble proféra avec l'accent d'un homme qui triomphe dans une entreprise difficile, l'auditoire fut enlevé et applaudit à trois reprises. Étienne était placé près de Charles Nodier, qui déjà, pendant les premiers actes, lui avait dit dans l'oreille, aux différentes apparitions de l'ombre : « *C'est plus beau que l'*Oreste *des anciens ! Quelle pitié que la fatalité des Grecs auprès de cela !* » Mais quand vint la catastrophe de la scène, il s'écria à son tour : « *Ah ! ah ! la voilà enfin, la tragédie !* » Le tonnerre des applaudissements prolongés couvrit l'exclamation de Charles Nodier, que ses voisins seulement purent entendre, et quelques Anglais assez près de lui, furent au moins aussi étonnés que satisfaits de l'enthousiasme avec lequel leur poëte et leurs acteurs étaient accueillis.

Au quatrième acte, l'intérêt cesse de s'attacher à Hamlet, et dans ce drame, comme dans la plupart de ceux de Shakspeare, la duplicité d'action se fait trop sentir. Ophélie devient folle en apprenant la mort de son père tué derrière la tapisserie, et mademoiselle Smithson, chargée de ce rôle, a joué avec autant de grâce que d'originalité la scène où Ophélie, privée de sa raison, prend son voile pour le cadavre de son père. Tout ce passage, qui paraît long, insignifiant, exagéré même à la lecture, produisit beaucoup d'effet, tant soit peu réduit, il est vrai, sur la scène, et merveilleusement interprété par l'actrice. Ce qui a le plus frappé dans le jeu de mademoiselle Smithson est sa pantomime et le son de sa voix. Quant au cinquième acte qui s'ouvre par la scène célèbre du cimetière, comme les réflexions philosophiques d'Hamlet sur la mort et le peu d'importance de la vie de l'homme n'exigent pas l'accompagnement d'une pantomime vive et variée, et que pour apprécier le dialogue de cette scène il faut être en état de suivre toutes les finesses des paroles, la masse des spectateurs, n'ayant plus le geste des acteurs pour l'aider à deviner ce que disaient les personnages, l'attention du public s'est affaiblie peu à peu, et la fatigue a gagné même les spectateurs à partir du dénoûment, invention peu heureuse, et dont on ne sent même les nombreux incidents qu'avec peine à la lecture.

Dès cette première représentation, et plus encore après celle d'*Othello,* de *Roméo et Juliette* et de *Richard III* qui suivirent, les auditeurs impartiaux remarquèrent que les acteurs anglais avaient une manière et des routines comme ceux de France; que ces routines étaient différentes, mais que dans les deux pays elles se transformaient par la tradition en lois qui règlent les représentations théâtrales; et que, en dernière analyse, ces dispositions conventionnelles, sans lesquelles il n'y a point d'art, sont, chez chaque nation, le résultat de son caractère, de ses mœurs et de sa langue.

Pendant la représentation d'*Hamlet,* Étienne qui observait l'auditoire, dont une partie à lui bien connue n'était pas plus en état de suivre le dialogue anglais que Charles Nodier, demeura convaincu que les situations seulement soutenaient l'attention des auditeurs, et que s'ils eussent été obligés de les dégager du style si souvent recherché et alambiqué de Shakspeare, ce travail pénible pour leur esprit eût sans doute amorti leur enthousiasme, et eût particulièrement fait sentir à ceux qui poussaient les littérateurs français à adopter le système du poëte anglais, que l'opération préalable en ce cas eût été de transformer le caractère de notre langue. C'est cette observation importante qui suggéra à Étienne l'idée de composer le petit volume de *Roméo et Juliette,* où il chercha à faire sentir que parmi les langues étrangères à la nôtre, s'il y en a dont nous pouvons tirer quelque profit, il en est d'autres, l'anglais en particulier, qui pourraient nous nuire si nous poussions le goût de l'imitation jusqu'à emprunter sa phraséologie.

XXI.

C'est en 1827, lorsque l'opposition au gouvernement de Charles X devenait tout à fait menaçante, que la révolution littéraire acquit aussi le plus d'activité. Ce double brandon enflammait tous les esprits, et depuis 1789, leur excitation en France n'avait peut-être pas été plus vive et plus générale.

Le *Journal des Débats,* dans lequel Chateaubriand et M. Villemain unissaient les traits de leur éloquente polémique à ceux des propriétaires et des écrivains habituels de cette feuille, avait donné aux récriminations adressées au ministre Villèle et à la cour une importance d'autant plus redoutable, que la modération connue de ces publicistes des *Débats* ramenait à leurs opinions une foule de personnes qui n'avaient pu les accepter tant qu'elles avaient été défendues par des écrivains dont la sincérité leur paraissait douteuse. A la suite de la dissolution de la Chambre des députés et des élections favorables à l'opposition, des troubles graves éclatèrent dans Paris (19 et 20 novembre). La populace se répandit en différents quartiers, criant *Vive la Charte, vivent les députés !* et jetant des pierres dans les vitres pour forcer d'illuminer. La troupe de ligne intervint, des barricades furent élevées et l'on ne put s'en emparer sans que la force armée fît feu. Cette émeute, comprimée à son origine, échappa en partie à l'attention générale ; c'était cependant un essai de celles qui devaient se terminer par la grande révolution de 1830.

La grande majorité des jeunes écrivains marchait donc sous le drapeau de l'opposition, et il semblait que le succès du système littéraire qu'ils avaient adopté fût lié fatalement à celui de leur cause politique.

Pour ne rien omettre de ce qui caractérise cette époque, on dira quelques mots de l'engouement que l'on eut alors pour les *méthodes*. L'établissement passager des *écoles d'enseignement mutuel* y avait donné lieu. Comme on prétendait enseigner aux enfants beaucoup plus de choses qu'autrefois, dans l'idée d'obtenir ce résultat dans un espace de temps déterminé, on avait recours aux moyens mnémoniques propres à soulager le travail de l'intelligence. De plusieurs méthodes dont on fit alors l'essai, celle de Jacotot, accueillie d'abord avec enthousiasme, fut livrée bientôt au ridicule. Elle est essentiellement analytique, et a pour principe fondamental de faire trouver à l'élève lui-même, et sans l'intervention du maître, les choses qu'on veut qu'il sache. C'est au fond une application de la méthode de Socrate, avec cette différence que, d'après l'idée de Jacotot, on fait d'abord apprendre par cœur un ouvrage auquel tout sera rapporté dans la suite. Cet homme avait choisi le premier livre de *Télémaque*, et prétendait faire trouver dans les aventures de Calypso, les principes des langues, des sciences et des arts, au moyen de questions et de rapprochements plus ou moins ingénieux. L'emploi modéré et accidentel de ce procédé aurait peut-être pu présenter quelques avantages ; mais certains axiomes sur lesquels Jacotot appuyait son système, tels que : « Toutes les intelligences sont égales ; on peut enseigner ce qu'on ignore ; tout est dans tout, etc., » déconsidérèrent son système. Toutefois, l'empressement avec lequel on accueillit d'abord cette méthode, tendant, si elle eût réussi, à changer le mode d'enseignement universitaire, se joint à beaucoup d'autres symptômes qui décelaient l'envie démesurée que l'on manifestait de réédifier tout sur des fondements nouveaux.

Ceci ramène aux essais tentés pour opérer une révolution dans l'art dramatique. Les efforts les plus hardis faits, comme on l'a vu, d'après les instructions données par Beyle, tendaient à substituer sur la scène la pure réalité à l'art, la prose à la poésie. Ce fut en effet avec l'intention de mettre cette théorie en pratique, que Mérimée, Charles Rémusat, Dittmer et Cavé composèrent le *Théâtre de Clara-Gazul*, la *Révolution de Saint-Domingue* et les *Soirées de Neuilly*. Or, il est à remarquer qu'aucun de ces spirituels novateurs, ne semble avoir été préoccupé d'un des points les plus importants dans la composition d'un ouvrage dramatique, sa convenance relativement à la représentation sur le théâtre. Tous leurs drames sont écrits pour des lecteurs.

Un des habitués des réunions du dimanche, aussi remarquable par l'étendue et la lucidité de son intelligence que par son aptitude aux lettres et aux arts, M. Vitet, contribua singulièrement à débrouiller les questions auxquelles cette théorie dramatique donnait lieu. Après les essais qui viennent d'être énumérés, ce jeune homme, (Étienne parle à plus de trente ans de distance), Vitet donc, séduit aussi par l'idée de mettre l'histoire en drame, et se souvenant peut-être du succès promis par Beyle à celui qui s'emparerait de cette terre que l'on croyait encore inculte, composa successivement les *Barricades*, les *États de Blois* et la *Mort de Henri III*, ouvrages qui obtinrent dès leur apparition une estime qu'on leur accorde encore aujourd'hui.

En tête de la première de ces histoires dialoguées, M. Vitet dit dans un *avant-propos* : « Ce n'est point une pièce de théâtre que l'on va lire, ce sont des faits historiques présentés sous la forme dramatique, *mais sans la prétention de composer un drame.* »

A cette déclaration précise, succède un aveu qui ne fait pas moins d'honneur à la probité littéraire de l'auteur : « Après avoir tracé ces esquisses, » ajoute-t-il, « je croyais que l'idée d'un semblable essai n'était encore venue à personne et que je ne pourrais justifier ma tentative par aucune autorité ; je me trompais : un homme qu'on n'est pas habitué à voir envisager l'histoire sous son aspect dramatique, le président Hénault, a conçu cette même idée et l'a réalisée, il y a bientôt quatre-vingts ans, en composant une *tragédie en prose* intitulée *François II*. »

L'art dramatique, du point de vue d'où le président Hénault et les théoriciens de 1827 le considéraient, n'eût donc été qu'un moyen d'enseigner et d'apprendre l'histoire. L'auteur d'un drame n'eût pas été plus responsable d'une scène languissante qu'on ne lui aurait su gré d'une situation pathétique ; il aurait présenté une suite de faits, de tableaux de mœurs, de caractères qui n'auraient eu d'autre mérite que celui de la ressemblance, sans qu'aucun de ces détails se rattachât nécessairement à l'ensemble. Il ne s'agissait donc de rien moins que de chasser la tragédie de son trône, pour lui faire parcourir les carrefours et les marchés. C'est cette vérité que Vitet a fait apparaître dans tout son jour, en écrivant, sans s'abuser sur la nature de son œuvre, trois excellents morceaux d'histoire dialoguée, réduits à toute l'exactitude historique.

Nul doute que depuis la dernière moitié du XVIIIe siècle jusqu'à 1827 on ait eu des velléités, toujours plus fréquentes et plus vives, de substituer au système théâtral des Grecs, auquel on prétendait s'être conformé jusque-là, celui de Shakspeare. Cependant des hommes qu'une double vocation disposait à cultiver l'art dramatique et la poésie, formant une école à part au moment même où l'on ne voulait plus admettre que de la prose, ont fait de nobles efforts pour conserver à la tragédie son caractère élevé, son langage poétique. Tels sont Soumet, Casimir Delavigne, et au moment le plus vif de la querelle romantique, MM. Pierre Lebrun et Alfred de Vigny.

Parmi les poëtes de talent qui adoptèrent le système de composition dramatique nouveau, il faut distinguer Manzoni, l'auteur des *Promessi Sposi*. Quelques années avant la publication de ce roman, vers 1819, cet habile écrivain, nourri, comme la plupart des jeunes littérateurs italiens de ce temps, de la lecture de l'*Allemagne,* de madame de Staël, et du *Cours de littérature dramatique* de Schlegel, ouvrages dans lesquels le théâtre de Shakspeare est jugé supérieur à ceux des autres nations, Manzoni mit la main à l'œuvre et publia deux tragédies en vers : *Il Carmagnola* et *Adelchi*. De ces deux productions, la première fut surtout l'objet d'un examen critique que Chauvet fit publier dans le *Lycée français*. Chauvet défendait les unités de temps et de lieu mises de côté par l'auteur de *Carmagnola*, prétendant que cette double contrainte, en resserrant l'action, devait nécessairement la rendre plus vive, plus intéressante. Cette assertion donna lieu à une réponse que Manzoni écrivit en français, morceau doublement remarquable par l'élégance du style et la fermeté de la critique.

Quoique Manzoni ait écrit sa tragédie en beaux vers, qu'il y ait même introduit des chœurs, ce qui la pare d'un vernis poétique, cependant à la gradation rigoureusement historique des scènes, à l'observation scrupuleuse des mœurs, des préjugés particuliers aux Italiens du xve siècle, dans le courant duquel a vécu Carmagnola, on sent, outre le goût déjà répandu pour tout ce qui touche au moyen âge, la tendance vers ce système d'imitation exacte, adopté dans tous les arts, auquel de nos jours on a donné le nom de *réalisme*.

Un essai analogue fut tenté quelques années après (1825), par un poëte français. P. Lebrun, qui assistait parfois aux réunions chez Étienne, fit recevoir au Théâtre-Français une tragi-comédie intitulée le *Cid d'Andalousie*. Dans ce drame, l'auteur n'est pas descendu jusqu'au burlesque, mais une bonne partie de l'action est familière ainsi que le style, en sorte que le ton des interlocuteurs change assez brusquement, selon la nature des sentiments ou des idées que l'auteur leur prête. Contrairement à l'opinion émise par Manzoni, la fable de P. Lebrun est toute d'invention. Elle est même romanesque, et c'est en se laissant aller aux sentiments que ce dernier genre fait naître, que le public a conservé le souvenir le plus agréable de cet ouvrage, qui cependant n'est pas resté au répertoire. Quoi qu'il en soit, le *Cid d'Andalousie* est le seul drame taillé sur le patron romantique, qui jusque-là ait eu les honneurs de la représentation, et par cela même ait démontré que le public n'était pas choqué du passage des scènes tristes ou terribles à des situations gracieuses, lorsque les transitions étaient ménagées avec art. Quant aux romantiques purs, tels que Beyle et Duvergier de Hauranne, ce compromis entre la politesse française et la rudesse un peu sauvage de Shakspeare, ne leur plut pas davantage que les essais du même genre tentés par Delavigne, Soumet, Mély, Janin et quelques autres.

Au résultat, ces études dramatiques, depuis le *François II* du président Hénault, jusqu'au *Cid* de P. Lebrun, n'étaient à vrai dire, que des essais purement littéraires.

Mais aux drames de Shakspeare, représentés avec soin sur le théâtre de Paris par Kean, Kemble, Macready et mademoiselle Smithson, là on oubliait momentanément le caractère propre de la scène française, et l'on se laissait réellement émouvoir à la vue de la gigantesque charpente des drames de Shakspeare.

Ceux qui se flattaient que pour mettre le théâtre français dans la voie de la vérité il suffirait de lui faire suivre la direction que cet art a pris en Angleterre, frappés de l'enthousiasme inattendu avec lequel le public parisien accueillait les pièces de Shakspeare, en conclurent que ces drames traduits, compris alors dans leurs moindres détails, produiraient un effet bien plus grand encore lorsqu'ils seraient représentés sur la scène française.

Deux hommes de talent, MM. Emile Deschamps et Alfred de Vigny, entreprirent la traduction en vers français de plusieurs drames de Shakspeare. De ces tentatives, une seule a été soumise au jugement du public. L'*Othello*, d'Alfred de Vigny, fut représenté au Théâtre-Français. Etienne, ainsi que ceux qui suivaient avec une certaine anxiété, les phases de la question littéraire, était présent à cette représentation. La traduction élégante était fidèle, et on n'avait supprimé du texte que quelques passages et la scène de la nourrice que l'on retranche depuis longtemps en Angleterre. D'ailleurs, tout était reproduit avec une exactitude remarquable et les acteurs mirent beaucoup de zèle pour faire ressortir les beautés de ce drame. Mais dès les premières scènes il tomba entre les acteurs et le public comme un brouillard glacé qui ne se releva plus. Les scènes parurent longues, sans lien nécessaire entre elles, et ce fut à peine si la partie mimique de ce drame, qui faisait naître des transports si vifs lorsqu'il était joué en anglais, fut saisie et comprise au Théâtre-

Français. La partie assez nombreuse de l'auditoire vivement intéressée au succès de cet ouvrage ne fit même pas d'efforts pour le soutenir, et la soirée se termina silencieusement.

Toutes ces escarmouches littéraires faisaient prévoir une bataille décisive ; mais quoiqu'elle n'ait été livrée qu'en février 1830, à la première représentation d'*Hernani*, l'auteur célèbre de ce drame, M. Victor Hugo, avait déjà choisi son terrain et disposé ses moyens d'attaque dès le mois d'octobre 1827, en publiant, en tête d'un drame intitulé *Cromwell*, une préface dans laquelle il a exposé ses opinions sur le caractère général de la poésie, et particulièrement sur la poésie dramatique.

Dès 1825, Chateaubriand interrogé par le roi Charles X sur le mérite du jeune V. Hugo, auteur d'une ode composée à l'occasion de son couronnement, le présenta au prince comme un *enfant sublime* ; ce fut sous cet illustre patronage que le jeune poëte a été reçu dans le monde littéraire. On lut de lui *les Destins de la Vendée*, *la Statue de Henri IV*, *les Vierges de Verdun*, et *Moïse sur le Nil*, odes dont la dernière surtout est d'une pureté charmante. Deux romans, *Han d'Islande* et *Bug-Jargal*, en donnant de la popularité au nom du jeune poëte, éveillèrent aussitôt l'attention et les susceptibilités d'une partie du public, peu accoutumé encore à l'étrangeté des tableaux et aux hardiesses de style prodiguées dans ces derniers ouvrages. Mais son premier recueil, *les Odes et ballades*, celui peut-être où son talent poétique éclate avec le plus d'énergie et de grâce, malgré les louanges et les critiques excessives qu'on lui prodigua, fit prendre à V. Hugo le rang de *poëte*, que personne, même ceux dont il blessait les goûts et les préjugés, ne lui contesta.

Étienne n'eut que de rares occasions de se trouver avec V. Hugo chez M. Bertin aîné, à sa campagne de Bièvre, et les rapports qu'il eut avec le poëte, se bornèrent à des politesses. Hugo était alors à l'apogée de sa gloire, et sa vie paraissait consacrée au culte de son art et à ses affections de famille. Ce n'est donc que sur des ouï-dire qu'Étienne peut parler du poëte en rapport avec les hommes de lettres ses amis, qui partageaient ses opinions sur la littérature et faisaient cause commune avec lui pour en préparer le triomphe. Mais on touchera ce sujet avec d'autant plus de sécurité que les renseignements sur lesquels on se fonde ont été transmis par des amis du poëte qui ne parlaient de lui qu'avec respect et admiration. C'est particulièrement à compter de son séjour dans une des maisons de la place Royale, que V. Hugo, pendant près de quinze années, fut réellement le roi des poëtes et des écrivains romantiques, et y tint une cour [1].

S'il est vrai qu'il suffise de voir le choix des meubles, des gravures et des livres rassemblés dans un appartement, pour prendre une idée des goûts et même du caractère de celui qui s'y plaît, la description de l'habitation de M. V. Hugo ne sera pas tout à fait sans intérêt. Après avoir traversé une vaste antichambre, on entrait dans une salle à manger spacieuse, tendue de tapisseries à grands personnages, au-dessous desquelles étaient rangés des meubles du moyen âge et de la Renaissance. Un poêle, dissimulé avec art, était surmonté d'un trophée d'armes de tous les temps, de tous les pays, de toutes les formes. On entrait ensuite dans un grand salon tendu d'une étoffe

---

[1] Voici les noms des amis de M. V. Hugo qui fréquentaient sa maison : Paul Foucher, A. Dumas, Emile et Antony Deschamps, Alfred de Vigny, Méry, G. Planche, A. Frémy, J. Le Fevre, Sainte-Beuve, Boulanger, le peintre, Robelin, architecte, Alph. Karr, Alf. de Musset, Th. Gautier, P. Meurice, L. Pichat, Gérard de Nerval, A. Houssaye, F. Piat, Gozlan, Sandeau, Vaquerie, etc.

rouge, sur laquelle se détachait une curieuse tapisserie dont le sujet principal était tiré du *Roman de la rose*, et en face, sur une estrade, régnait un divan surmonté d'une espèce de dais au fond duquel flottait un drapeau rouge brodé d'or, pris à la Casbah d'Alger ; deux portraits en pied de monsieur et de madame Hugo, de la main de Boulanger, le peintre et l'ami de la maison, étaient représentés d'une manière si naturelle, dit un témoin oculaire, qu'ils semblaient prêts à descendre de leur cadre gothique pour vous saluer et vous faire accueil. A l'extrémité d'un long corridor était située la chambre à coucher d'où l'on passait dans le cabinet de travail, dans lequel le jour pénétrait par une fenêtre en ogive dont les vitraux peints répandaient une lumière capricieuse sur les meubles en bois sculpté, sur les statuettes, les tentures ouvragées et les porcelaines de la Chine, de Saxe et de Sèvres.

On laisse au lecteur le soin de découvrir les analogies qui peuvent exister entre le caractère de cet ameublement et le goût littéraire qui a dirigé le poëte dans la composition de ses ouvrages ; on fera seulement observer ici, que, brisant avec l'antiquité et négligeant les temps modernes, il s'est voué, d'instinct ou de parti pris, à la peinture du moyen âge. dont les lois, les institutions, les mœurs, et par suite les goûts, sont si différents de ceux e nos jours, qu'il a fallu faire subir pendant plusieudrs années, au public de notre siècle, un apprentissage d'archéologie pour qu'il familiarisât son esprit avec des actions, avec des formes de langage qui contrarient ouvertement les habitudes de son esprit. Pour surmonter de pareilles difficultés, pour prétendre remonter et faire remonter aux autres, un fleuve presque jusqu'à sa source, il ne fallait rien moins que le talent et la volonté de fer dont Victor Hugo a été doué. Mais il y a des projets humains à la réussite desquels la nature des choses ne se prête pas. Le poëte, favorisé d'abord dans son entreprise par le concours d'amis enthousiastes et plein d'espérance comme lui, marcha dans toute sa force; et grâce au succès relatif de sa tentative, on se fit illusion sur son progrès véritable. Mais le labeur augmentant chaque jour, il vint un moment où les aventureux Argonautes fatigués sur la rame, sentirent la nef aller à la dérive, et plus d'un s'arrêtèrent, laissant en chemin leur vaillant capitaine.

Mais en 1827 on était loin d'avoir à redouter des découragements et de pareilles défections. L'armée du chef des romantiques, pleine d'ardeur, au contraire, était impatiente d'obéir à ses ordres. Ce fut aussi le moment que le poëte jugea favorable pour tracer les lois de sa poétique nouvelle, et joindre à cette théorie un drame qui en offrirait l'application. Il composa donc son *Cromwell*, qu'il fit précéder de cette fameuse préface qui mit la république des lettres en pleine révolution. Or, voici les opinions et les idées principales qui sont émises dans cet écrit :

L'auteur divise la durée de notre monde en trois époques : les temps primitifs, l'antiquité et les temps modernes. Aux temps primitifs il donne pour expression générale la Genèse, à l'antiquité l'épopée, aux temps modernes le drame. Dans l'ode et l'épopée, c'est-à-dire dans l'antiquité, on ne trouva que le germe du drame. Mais : « Le christianisme amène la poésie à la vérité, et comme lui, » ajoute V. Hugo, « la muse moderne verra les choses d'un coup d'œil plus haut et plus large. Elle sentira que tout dans la création n'est pas humainement *beau*, que le *laid* y existe à côté du beau, le difforme près du gracieux, le grotesque au revers du sublime, le mal avec le bien, l'ombre avec la lumière. Elle se demandera si la raison étroite et relative de l'artiste doit avoir gain de cause sur la raison infinie, absolue du Créateur ; si c'est à l'homme à rectifier Dieu ; si enfin c'est le moyen d'être harmonieux que d'être incomplet. »

Après cet exposé de principes qui, considérés du point de vue moral, tendent à donner une puissance égale au mal comme au bien, espèce de fatalisme, le poëte théoricien avance que chez les modernes, c'est-à-dire chez les chrétiens, « le grotesque a un rôle immense, » tandis que dans l'antiquité, chez les païens, « il est timide et cherche toujours à se cacher. » Puis il arrive à ce qu'il désigne comme la sommité poétique des temps modernes, et s'écrie : « Shakspeare, c'est le drame ! et le drame qui fond sous un même souffle le grotesque et le sublime, le terrible et le bouffon, la tragédie et la comédie. Le drame est donc le caractère propre de la troisième époque de poésie. La poésie née du christianisme, la poésie de notre temps, la poésie complète, est donc le drame ; » ce qui entraîne le nouveau législateur-poëte, à faire l'apothéose de Shakspeare, « ce dieu du théâtre, » dit-il, « en qui semblent réunis, comme dans une trinité, les trois grands génies de notre scène : Corneille, Molière, Beaumarchais. »

Telles sont les idées fondamentales sur lesquelles repose la théorie bizarre exposée avec beaucoup de verve et d'esprit dans la préface de *Cromwell*. Quant aux observations et aux critiques accessoires qui en découlent, elles ont d'abord pour objet de combattre, ainsi que l'avait fait Manzoni, la loi des deux unités de temps et de lieu, dont la suppression est le seul point sur lequel classiques et romantiques soient tombés d'accord. La localité exacte est recommandée comme un des premiers éléments de la *réalité;* et c'est sans doute à ce passage de la préface, raisonnable au fond, mais dont l'application a été si niaisement exagérée par les directeurs de théâtres, que l'on doit ce luxe effréné de décorations et cette exactitude puérile du costume, d'où il résulte qu'aujourd'hui, pendant les représentations théâtrales, les yeux sont toujours plus occupés que l'esprit.

La question des unités conduit naturellement à celle des changements de décorations, surtout quand il s'agit de drames composés d'après le système de Shakspeare. Sur ce sujet, l'auteur de la préface passe rapidement, quoique cet accident de quelque importance eût exigé qu'on s'y arrêtât. Il est certain que l'omission des deux unités, a laissé Shakspeare parfaitement libre de faire voyager indéfiniment ses personnages dans le temps et dans l'espace. Mais il faut reconnaître aussi qu'à mesure que l'art du décorateur et du machiniste a pris plus d'importance, les embarras causés par les changements de scènes, se sont multipliés au point que, depuis un siècle bientôt, on a été obligé d'en diminuer le nombre en Angleterre. En effet, l'interruption continuelle de l'attention des spectateurs, causée par le fréquent remue-ménage des feuilles de décorations, était devenu si fatigant, qu'il fallut obvier à cet inconvénient ; mais il arriva que pour obtenir cette amélioration purement matérielle, on se trouva obligé de retoucher et de mutiler même assez souvent les drames du poëte, en sorte que l'on est en droit d'avancer que le perfectionnement de la mise en scène, à laquelle on attache une si grande importance aujourd'hui, nuit effectivement aux ouvrages de Shakspeare. On peut même aller jusqu'à dire qu'en thèse générale la puissance de l'art dramatique sur l'imagination des hommes s'anéantit peu à peu, à mesure que le goût de la réalité sur le théâtre fait augmenter le luxe des décorations.

Sans remonter jusqu'à l'antiquité, alors que les pièces de théâtre étaient représentées sur une scène bâtie en pierre, conséquemment permanente, on peut rechercher dans quelles conditions les drames de Shakspeare, où le lieu de la scène change si fréquemment, étaient offerts au public à la fin du XVIᵉ siècle. Que l'on prenne, par exemple, le deuxième acte de son gracieux drame intitulé la *Douzième nuit*, dont la première scène se passe *au bord de la mer*, la deuxième dans *une rue*, la troisième dans *l'appartement d'Olivia*, la quatrième dans *le palais du duc*, et la cinquième dans *les jardins d'Olivia*, et l'on a cinq changements complets de décorations dans un acte ! Avec l'habileté si remarquable des peintres-décorateurs de nos jours, on se figure facilement le parti que ces artistes tireraient de cinq programmes si attrayants, mais on entrevoit aussi des dépenses excessives que leur réalisation occasionnerait sans que le mérite et l'intérêt du drame y gagnassent beaucoup. Or, on sait à quoi se réduisait tout ce luxe au temps de Shakspeare, lorsque les auteurs ses contemporains travaillaient d'après le système qu'il suivait lui-même. Au milieu d'une salle ronde ou carrée s'élevait un échafaud haut de quatre pieds environ au-dessus du sol, autour duquel se plaçaient les spectateurs, parallèlement à trois de ses faces, et au milieu du quatrième côté fermé par la paroi de l'édifice, était une porte garnie d'une tapisserie que soulevaient les acteurs pour entrer en scène sur l'échafaud. Rien d'ailleurs n'indique qu'il y eût des décorations, ce qui fait supposer que les changements de lieu étaient indiqués par des écriteaux. La seule précaution que l'on prît pour prédisposer les auditeurs aux émotions qu'on voulait leur faire éprouver, était de tendre le théâtre en noir quand on devait représenter une tragédie[1].

---

[1] Dans les meilleures éditions de Shakspeare, on trouve le *far*

Avec des procédés si simples, avec une mise en scène tellement insouciante de la réalité, il est évident qu'en ce temps on s'en reposait sur l'imagination des spectateurs pour créer les objets matériels qu'on ne voyait pas ; alors le système de Shakspeare était non-seulement raisonnable, mais attrayant. Et en effet, la plupart des Anglais lettrés préfèrent de beaucoup aujourd'hui, la lecture de leur poëte à la représentation de ses ouvrages. En lisant en tête de chaque scène : *la mer, un palais, une prison*, etc., l'imagination, cette fée puissante, les transporte immédiatement en chaque lieu, sans que leur intelligence soit forcée de se faire à des décorations qui trompent ordinairement son attente, et que l'œil reconnaît toujours pour du carton peint.

L'art dramatique est-il susceptible de recevoir une perfection toujours croissante ? En considérant chez les différentes nations la puissance vitale des ouvrages produits par les poëtes entrés les premiers dans cette carrière, et si l'on fait attention au rang supérieur qu'ils ont conservé relativement à leurs successeurs, on serait tenté d'en douter. Après Eschyle, Sophocle, Euripide et Aristophane dans l'antiquité ; après Shakspeare chez les Anglais, Calderon et Lope de Vega chez les Espagnols, puis Corneille, Molière et Racine en France, l'art dramatique semble avoir perdu son prestige chez ces peuples ; ou plutôt ces peuples, en passant de la jeunesse à la virilité et jusqu'à la vieillesse, ont forcé les poëtes à donner à ces imaginations éteintes, à ces âmes refroidies, des aliments d'une autre nature. De quelque côté que soit le tort, toujours est-il certain que la poésie dramatique pré-

---

simile d'anciennes gravures du temps de ce poëte, où la forme extérieure et la disposition intérieure des deux théâtres, ceux du *Globe* et du *Bœuf rouge*, sont reproduites d'une manière très-précise.

sente ce phénomène singulier, que grande, forte, sublime en naissant et pendant son enfance, une fois son aurore passée, ce n'est qu'avec peine qu'elle se soutient à la même hauteur.

C'est dans sa retraite de Fontenay qu'Étienne lut cette préface, qui lui inspira quelques-unes des réflexions de sa brochure de *Roméo et Juliette,* où il agita la question de savoir jusqu'à quel point il est possible de transporter les beautés d'une langue dans une autre. Aussi pense-t-il aujourd'hui, comme en 1827, que les grandes qualités qui caractérisent les ouvrages de Shakspeare, sont liées à la nature de sa langue, et que dès qu'on lui ôte le vêtement saxon qui moule si exactement sa pensée, pour lui faire endosser un habit d'origine latine comme le français, aussitôt ses idées hardies, ses images pittoresques s'affaiblissent, se dénaturent. Ce résultat, qui pouvait être prévu avec le secours du simple raisonnement, l'expérience l'a confirmé lorsque l'*Othello* traduit par M. Alfred de Vigny fut représenté sur le Théâtre-Français. C'était bien le véritable *Othello* de Shakspeare ; mais lui, ainsi que tout son entourage, parlant français, semblait apparaître à travers un voile qui effaçait les traits énergiques de son caractère.

On a vu dans la préface comment Shakspeare est le drame incarné, le drame moderne, le drame complet. Puis quelques pages plus loin, on recommande aux poëtes « de se garder de copier qui que ce soit, pas plus Shakspeare que Molière, pas plus Schiller que Corneille. »

Qu'on ne copie personne, rien de mieux ; mais en plaçant Shakspeare au sommet de la poésie dramatique, n'est-ce pas, tout en s'opposant à ce que l'on copie ses ouvrages, recommander implicitement que l'on adopte son art, que l'on emprunte même sa manière? Or, là est la difficulté à résoudre : cette manière, cet art sont-ils de nature à se marier avec notre langue et nos goûts? Étienne ne le pense pas, et il est même forcé d'avouer qu'il a été confirmé dans son opinion après la lecture du drame de *Cromwell*, composé évidemment avec l'intention de se servir des ressources que peut fournir l'art de Shakspèare. Mais la manière du poëte anglais est constamment exagérée par le poëte français. Le drame de *Cromwell* a près de six cents pages, le nombre des personnages s'élève à soixante, il y a une ou deux tirades de quatre-vingts vers, et les traits d'érudition, multipliés à l'infini pour reproduire les opinions et le langage des fanatiques de l'époque du Protecteur, indisposent souvent le lecteur, qui ne peut comprendre assez rapidement pour suivre, sans fatigue d'esprit, le fil de l'action.

Dans cette énorme composition, qui était loin de résoudre la question littéraire agitée en 1827, on remarquait de nombreux passages où se montre avec éclat le poëte véritable. Mais la pièce de Cromwell, considérée comme œuvre dramatique, n'était encore qu'un essai analogue à ceux qu'avaient tentés les écrivains en prose. L'idée de la représentation n'était pas plus entrée dans l'esprit du poëte, que dans celui des prosateurs. Aussi les espérances exagérées de ceux qui prétendaient faire prendre à notre théâtre les allures de celui de Shakspeare, avaient-elles assez peu de consistance. On sut gré seulement à l'auteur de *Cromwell* de n'avoir pas repoussé la poésie, le vers, de son drame, mérite partagé du reste à la même époque par Casimir Delavigne, Soumet et P. Lebrun.

Mais depuis trois siècles à peu près que les représentations théâtrales sont devenues un besoin tellement impérieux pour les esprits de tout étage, que, comme en temps de famine où l'on accepte tous les aliments, les moindres nouveautés dramatiques sont écoutées et souvent applaudies avec fureur, il s'est toujours trouvé des auteurs briguant la faveur du public, s'efforçant de lui plaire, et par cela même, plus disposés à suivre les lois du théâtre déjà reçues qu'à les réformer. Si, comme il arrive tous les trente ans, il se présente de ces auteurs obéissant simplement à ce qu'ils possèdent d'instinct dramatique, et qu'ils soient poussés par le désir de voir leurs ouvrages représentés, ces ouvrages, sans être des chefs-d'œuvre de premier ordre, se plient réellement aux exigences impérieuses de l'art théâtral, ils vivent, ils marchent et deviennent populaires. Les Montfleury, les Dancourt, les Collé, les Picard, hommes sans systèmes préconçus, mais naturellement entraînés par leur instinct dramatique, ont produit des ouvrages non destinés sans doute à vivre éternellement, mais qui ont réellement vécu, qui ont agi sur le public de leur temps, et nous conservent quelques-uns de ses traits; en 1827, un homme de même trempe, mais supérieur à eux, Scribe, a été le seul écrivain dramatique qui pensât à la représentation en composant ses pièces; aussi ses principaux ouvrages ont-ils conservé de la vie et de l'attrait.

XXII

Vers 1826-1827, lorsque la guerre que les romantiques faisaient aux anciennes doctrines littéraires était aussi ardente que celle des libéraux contre le gouvernement de Charles X, le *Journal des Débats* qui, depuis 1823, s'était porté du côté de l'opposition dont Chateaubriand faisait partie, avait renouvelé la plupart de ses rédacteurs. Aux écrivains de la fondation du journal, les Geoffroy, les Dussaut, les Bonald, les Malte-Brun et quelques autres qui avaient cessé de prendre part à sa rédaction, en succédèrent de nouveaux. Cependant, Fiévée, l'un des anciens, y écrivait encore et toujours avec la même finesse. Duvicquet, successeur de Geoffroy, chargé des feuilletons sur les théâtres de Paris, Duvicquet originairement professeur, vieux républicain converti, classique inexorable, sec comme un clou de sa personne, se dédommageait sur ses vieux jours de l'incertitude de son existence passée en vivant sans soucis sous la tutelle des frères Bertin; mangeant bien, buvant mieux et commandant son dîner en latin aux garçons du restaurateur Véfour, chez lequel il prenait son repas avant d'aller s'asseoir au théâtre.

Parmi les écrivains distingués qui apparurent entre ceux de la fondation du journal et les derniers venus, se place Étienne Becquet, esprit délicat dont le goût sûr et élégant répandait un charme particulier sur les matières qu'il touchait, car c'était un véritable polygraphe traitant avec supériorité les sujets les plus légers comme les plus graves, et donnant même de l'énergie et de l'élévation à ses pensées lorsqu'il abordait la politique. Le caractère et les habitudes de cet homme n'étaient pas de son temps. Au milieu des ardeurs ambitieuses qui enflammaient alors tous les esprits, E. Becquet, insouciant, paresseux même, n'avait qu'un instinct, un goût vif et profond, celui des lettres; aussi sa vie s'est-elle passée comme celles de quelques beaux esprits du XVIIe siècle, mangeant son fond avec son revenu, vivant à l'aventure, et ne se décidant à écrire, occupation qui lui paraissait futile et surtout fatigante, que lorsque sa raison, troublée par quelques libations, laissait à son instinct littéraire toute sa liberté. On n'a point recueilli ses feuilletons, et il ne reste de lui qu'une charmante petite nouvelle, *Marie ou le mouchoir bleu*, imprimée plusieurs fois. Becquet était aimé de tous ceux qui l'ont connu, et quelques jours avant sa mort (octobre 1838), Étienne étant allé le voir, après un entretien qui fut le dernier, au moment où le pauvre malade lui faisait ses adieux, il lui donna comme gage d'amitié le manuscrit de sa nouvelle, soigneusement conservé.

Chargé de tenir le public au courant des nouveautés dramatiques, Duvicquet vit assez longtemps son domaine s'étendre jusque sur les théâtres lyriques. Mais, médiocrement doué de l'instinct musical, n'ayant l'oreille faite qu'à la musique parfois un peu traînante du grand opéra, il ne se trouva plus en mesure d'apprécier le mérite des nouvelles compositions françaises, et encore moins de faire ressortir celui des ouvrages italiens que l'on représentait au théâtre de l'*Opéra buffa* de Paris. La critique des ouvrages lyriques fut donc détachée de ses attributions et confiée à Castil-Blaze, enfant de la Provence, joignant à l'esprit et à la gaieté propres aux hommes du midi l'avantage de posséder la connaissance approfondie de l'art de la musique et d'être même compositeur. Le Théâtre-Italien avait alors la faveur du public; il était dans tout son éclat, et la haute société, une partie même des personnes de la cour, le fréquentaient assidûment pour entendre Garcia et sa fille, la Malibran, ainsi que la Pasta et mademoiselle Sontag, chantant les opéras de Rossini, alors à l'apogée de sa gloire. La critique spirituelle et savante de Castil-Blaze contribua à répandre et à épurer le goût pour la musique et à en rendre l'étude populaire [1]. Castil-Blaze

---

[1] C'est aussi vers ce temps que les méthodes de Wilhem et de Massimino ont rendu l'étude de la musique plus facile et par cela même plus générale. Les orphéons datent de cette époque.

avait cela de commun avec Becquet, que tous ses instincts se confondaient dans l'amour de son art; mais ce qui lui appartenait en propre était son inépuisable gaieté. Plaisant dans la conversation et dans ses récits, il allait bien parfois jusqu'à la bouffonnerie, mais avec tant de verve, qu'au bureau du journal, où l'on riait parfois encore quoique l'horizon politique fût déjà bien sombre, les assistants les plus graves se déridaient en l'entendant.

Depuis 1824, Chateaubriand écrivait assez fréquemment dans le journal, mais on n'y voyait jamais sa personne, et c'était du haut de sa gloire et au milieu des nuages où il restait caché, qu'il faisait briller ses éclairs et lançait ses foudres.

M. Villemain venait souvent voir les frères Bertin au bureau de la rédaction, et concourait puissamment aussi à entretenir la polémique journalière, devenant chaque jour plus vive de la part de l'opposition royaliste. Sa conversation est naturellement animée et très-spirituelle; mais quand quelque question importante le forçait d'obéir à sa verve, tout en causant familièrement, il finissait toujours par lancer quelques traits d'éloquence. On était très-préoccupé alors du sort des Grecs, et cette cause, devenue celle de toutes les âmes élevées, avait été vivement embrassée par M. Villemain, qui, non-seulement la plaidait chaudement dans ses entretiens et dans le journal, mais publia son livre de *Lascaris* et fit annoncer qu'il avait entrepris de composer l'*Histoire de Grégoire VII*, dont le prix de la souscription serait au profit des Grecs.

Pour entretenir une polémique que l'irritation des partis rendait chaque jour plus ardente, il fallait nécessairement augmenter le nombre des combattants. Au compte rendu de ce qui s'était dit et fait dans les deux chambres. il était indispensable de joindre l'interprétation, le commentaire favorable ou contraire aux questions agitées, aux propositions de lois nouvelles, aux discours des ministres, aux intentions de la cour. Des travaux si nombreux, si difficiles, fatigants même, devaient nécessairement être partagés; de là vint l'accroissement du nombre des écrivains publicistes.

Il en est un dont la carrière est devenue brillante. De Salvandy, dès sa jeunesse, s'était fait remarquer par la loyauté de son caractère, même par la tournure chevaleresque de son esprit. Dans les derniers temps de l'Empire, alors qu'il n'y avait plus de faveurs à espérer, mais qu'il s'agissait de garantir la France d'une invasion que l'on prévoyait déjà, de Salvandy avait fait partie de cette *garde d'honneur*, qui déploya un courage d'autant plus noble qu'elle n'avait que des revers en perspective. A la rentrée des Bourbons, il épousa avec ardeur et sincérité le système libéral établi par la Charte de 1814, et en soutint l'exécution fidèle par ses écrits dans toutes les occasions où il crut s'apercevoir qu'on voulait y porter atteinte. Dans ses premiers ouvrages, où il se montra disciple de Chateaubriand, souvent même imitateur de son style, il développa cette chaleur d'âme et cette facilité pour écrire, expression fidèle de la franchise de ses opinions. Depuis 1826 jusqu'en 1830, il fut donc un des écrivains politiques dont la plume féconde s'employa le plus souvent à soutenir la cause que défendait alors le *Journal des Débats*. Doué d'une facilité singulière, on le voyait improviser au journal même, au milieu des conversations bruyantes auxquelles les événements de ce temps donnaient lieu, de longs articles qui, pour tout autre, eussent exigé la solitude et le silence du cabinet. En 1827, en particulier, où le rétablissement de la censure avait redoublé l'activité des passions, Salvandy était inépuisable sur ce sujet; et indépendamment des articles qu'il écrivait dans le journal et des fragments de journaux supprimés par la censure qu'il faisait imprimer à part, il publia quatre grandes lettres adressées à M. Bertin aîné, *Sur l'état des affaires publiques,* qui parurent en même temps qu'une brochure de M. de Chateaubriand *contre le rétablissement de la censure.* Mais ce fut pendant les troubles qui eurent lieu à Paris, en novembre de cette même année, que de Salvandy servit avec le plus de chaleur le parti libéral en déployant toute sa faculté d'improvisation. Établi au bureau du journal, il écrivait tous les détails de l'émeute après avoir écouté les renseignements qui lui étaient apportés de tous les quartiers de Paris. Il s'agissait de soutenir l'élection de nouveaux députés liés au parti libéral, et ce triomphe justifiait tous les moyens employés pour l'affermir.

Vers le même temps les frères Bertin virent entrer dans leur phalange politique et littéraire un homme destiné aussi à un brillant avenir. A Malte-Brun, qui jusque-là avait été chargé de tenir le public au courant des nouvelles et de la politique étrangères, succéda M. de Bourqueney. Ce jeune diplomate avait fait ses premières armes auprès de deux ambassadeurs de France, Hyde de Neuville aux États-Unis, puis en Angleterre, sous Chateaubriand: Compris dans la disgrâce de ce dernier, de Bourqueney, éloigné du ministère des affaires étrangères, trouva un emploi honorable de ses talents en traitant de la politique étrangère dans le *Journal des Débats,* et y remplit cette tâche avec distinction jusqu'en 1830. Au calme et à la discrétion contractés dans le monde de la diplomatie, M. de Bourqueney alliait de la bonhomie et témoignait franchement son affection à ses amis. Fort instruit sans faire parade de son savoir, aimant les lettres, les arts et surtout la musique, sa physionomie comme ses actions témoignaient d'un mélange de bonne humeur et d'un fond de gravité qui, avec la distinction naturelle de ses manières, donnaient un caractère original à toute sa personne. Cet homme, aujourd'hui dans toute la maturité de l'âge, et prenant part aux transactions relatives aux plus graves intérêts de l'Europe, était fort gai vers 1827, et Étienne se rappelle avec plaisir quelques petites scènes qui avaient lieu en ce temps, lorsqu'à la réception des journaux anglais, surtout quand ils contenaient le discours de la couronne d'Angleterre ou celui du président des États-Unis, M. de Bourqueney les coupait par bandes et distribuait ces fragments à Duvicquet et à Étienne pour qu'ils l'aidassent à en faire la traduction destinée à paraître le lendemain dans le journal. Que de jours se sont écoulés, que d'événements se sont déroulés depuis ce temps !

L'aîné des trois Nisard, Désiré, aujourd'hui de l'Académie française, directeur de l'École normale et l'un des défenseurs les plus zélés de l'enseignement classique, bien jeune alors, venait de terminer ses humanités avec éclat; et s'était laissé quelque peu éblouir par les doctrines romantiques. Ce fut avec et malgré cette disposition que Bertin l'aîné, sur quelques écrits de ce jeune homme, ayant préjugé de son mérite, le comprit au nombre des rédacteurs du *Journal des Débats*. M. Nisard y traitait alternativement la critique littéraire et les questions de politique. Dans ce dernier cas, Bertin l'aîné, avec sa bonté affectueuse, guidait le jeune publiciste dans une voie encore nouvelle pour lui. Mais au fond M. Nisard n'avait pas une vocation naturelle pour la politique, et il est vraisemblable que s'il eût vécu dans un temps où l'accès aux emplois publics n'eût pas été aussi facile que sous un gouvernement constitutionnel, il eût obéi à ses véritables instincts en cultivant exclusivement les lettres. Mais à chaque époque il y a un courant impérieux qui détourne la plupart des hommes de la direction qui leur est propre. Sous le premier Napoléon, dès le lycée, on n'aspirait qu'à être soldat dans l'espoir de devenir général; sous l'influence du gouvernement constitutionnel, les écoliers, en terminant leur rhétorique, rêvaient élections, pensaient à devenir députés et même ministres. Que d'existences ont été faussées à ces deux époques ! Que de fautes graves ces ambitions stériles ont fait commettre, et que de désordres il en est résulté dans le gouvernement des affaires publiques !

M. Philarète Chasles, ainsi que le plus grand nombre des écrivains de notre temps, observe, juge ; c'est un critique savant, ingénieux, qui, en sa double qualité de professeur de littérature étrangère au Collége de France et de rédacteur au *Journal des Débats,* exerce la faculté qui lui est propre, celle de passer au crible le plus serré, les faits, les opinions, les écrits dont il se propose de signaler le mérite ou les défauts. Soutenu par ses études profondes et variées sur l'histoire et la littérature de peuples divers, il est ordinairement en mesure de multiplier les comparaisons à propos d'un sujet donné, et ordinairement il le présente sous un jour nouveau et fort inattendu. C'est presque un humoriste relevant de Swift et de Stern. Conduit jeune en Angleterre, il a contracté dans ce pays, depuis si longtemps en rapport avec toutes les contrées du monde, un certain goût d'explorations aventureuses et de recherches encyclopédiques, qui donnent à ses écrits cette qualité si rare, d'apprendre quelque chose de nouveau à ceux qui les lisent.

Il y avait alors au nombre des rédacteurs des *Débats* un homme spirituel et fort aimable, adorant la musique et chantant bien, Lesourd, mort jeune il y a quelques années. C'était d'ailleurs le Parisien le mieux informé et le plus au courant des bruits de toute espèce qui circulaient dans la ville. Duvicquet était resté juge suprême à la Comédie française, les scènes lyriques étaient échues à Castil-Blaze, et Lesourd avait les théâtres secondaires sous son sceptre. Mais cette combinaison ne tarda pas à être considérablement modifiée.

Vieux, fatigué et déjà malade, Duvicquet fut obligé d'abandonner sa férule, que les frères Bertin remirent entre les mains de M. Jules Janin, alors dans tout l'éclat de sa jeunesse et de son talent. *Ce roi du feuilleton dramatique,* car à l'exception des théâtres exclusivement lyriques, tous les autres furent soumis à sa critique, J. Janin, dès les premières fois qu'il écrivit dans le journal, fit éprouver aux lecteurs une espèce de commotion électrique causée par l'abondance et le brillant de ses idées, par le tour original et chatoyant de son style. C'était au fort du romantisme, et l'on n'avait encore rien lu de pareil dans les journaux. Cette manière d'allier la fantaisie à la raison, de joindre l'abondance du style à l'accouplement de mots qui ne s'étaient jamais trouvés réunis; ces longues phrases où la même idée, le même reproche ou la même louange, sont enfilés les uns au bout des autres comme les perles d'un collier; ces traits de haute raison et souvent de courage, entremêlés à des pensées capricieuses, à des images parfois burlesques, le tout roulant au milieu d'un torrent de paroles, faisant dresser l'oreille et réveillant l'esprit du lecteur; enfin l'exubérance d'imagination ayant pour lest le bon sens, charma le public, et les feuilletons de J. Janin obtinrent, dès qu'ils parurent, un succès qui s'est soutenu pendant plus de trente ans, puisqu'il dure encore. On lui reproche souvent ses réflexions plus qu'épisodiques, l'oubli du sujet qu'il traite et d'autres peccadilles; mais si l'on réfléchit que pour quatre ou cinq occasions qu'il a dans l'année, de s'occuper d'œuvres dramatiques dignes d'attention, il est obligé d'ailleurs presque chaque semaine d'écouter des productions de la dernière faiblesse, on comprend que ce qui peut arriver de plus heureux pour les auteurs, et de plus agréable aux lecteurs de Janin, est qu'il parle spirituellement de tout autre chose. En outre, on a dû remarquer que Janin est irréprochable toutes les fois qu'il a pour texte les ouvrages de Corneille, de Racine et de Molière. Puis enfin, n'oublions pas que depuis trente-deux ans le spirituel critique, sans parler de ses autres écrits, a composé un feuilleton chaque semaine, ce qui en fait monter le nombre aujourd'hui à seize cents au moins.

Quelque fixes que soient les principes politiques et littéraires adoptés par un journal, ce journal doit rester toujours jeune : c'est-à-dire qu'il est forcé de modifier les formes de sa critique en les appropriant au développement des idées, aux variations de goût qui s'opèrent à chaque génération. Il est évident que les écrivains qui depuis 1800 combattirent l'esprit révolutionnaire dans l'intérêt du rétablissement de l'ancienne monarchie, les Feletz, les Bonald et d'autres, gênés déjà à mesure que Napoléon s'affermit, se sentirent tout à coup impropres à faire ressortir les avantages du gouvernement constitutionnel établi par Louis XVIII. De même, des écrivains tels que Geoffroy, qui poursuivit Voltaire à outrance, ainsi que Dussaut, dont les nerfs se crispaient en entendant nommer Shakspeare et Gœthe, n'auraient pu exercer une critique utile contre les nouvelles doctrines littéraires qui se répandirent vers 1820.

L'une des premières concessions faites au goût du public par le *Journal des Débats* fut d'y admettre le compte rendu des séances de l'Académie des sciences. Chargé de ce nouveau travail, le docteur Donné, tout en respectant la gravité de la science, trouva le secret d'initier les lecteurs aux questions agitées à l'occasion des découvertes nouvelles, sans trop les effaroucher par un langage purement technique. Depuis ce temps, chaque science, qui déjà tendait à poursuivre sa route sans trop s'inquiéter de celles qu'avaient prises les autres, se trouve aujourd'hui tellement hors de la portée des intelligences courantes, que, comme celui qui s'est longtemps fatigué la vue à suivre un ballon s'enfonçant dans les profondeurs du ciel, le public laisse aller la science où elle veut. Nous ne sommes plus au temps où les esprits cultivés trouvaient dans la lecture des *Mondes* de Fontenelle une récréation agréable quoique sérieuse. Aujourd'hui c'est bien moins la science que l'on aime que les avantages matériels qu'on en tire.

M. le docteur Donné était jeune alors ainsi que ses deux amis, MM. Saint-Marc Girardin et de Sacy, fils du célèbre orientaliste. Assez ordinairement on les voyait arriver ensemble, animés de cette gaieté franche qui accompagne le repos de ceux qui ont l'habitude de se livrer à des études sérieuses. En effet, M. Donné, tout en exerçant la médecine, poursuivait avec ardeur une série d'expériences dont les résultats utiles à sa profession satisfaisaient sa curiosité et celle de ses amis.

Des trois amis, M. Saint-Marc Girardin était le plus calme. Déjà professeur et écrivain distingué, il entrait au journal pour traiter tout à la fois les matières politiques et littéraires. Étienne, lorsqu'il eut l'occasion de faire connaissance avec lui chez Viollet-le-Duc le père, en 1822, prenait un grand plaisir à l'entendre causer ; et souvent, dans le fond de la curieuse bibliothèque du maître du logis, ils s'entretenaient sur des questions d'histoire, de philosophie et de littérature, car déjà Saint-Marc Girardin, possédant une grande variété de connaissances, se distinguait par cette aptitude à comprendre et à développer les questions de tout genre, faculté que favorisait une élocution toujours simple et élégante. Étienne fut frappé alors de la réserve que conservait le jeune professeur au milieu de cette réunion, où Beyle, MM. Mareste, Albert Stapfer, M. Sainte-Beuve et quelques autres partisans des nouvelles doctrines, émettaient leurs opinions avec vivacité et éclat. La bibliothèque de Viollet-le-Duc était devenue pour le jeune professeur un arsenal où il puisait des renseignements précieux pour étendre ses connaissances sur toutes les époques de la littérature française; aussi l'inspection de ces livres, dont les titres seuls suffisaient pour éveiller son attention sur des auteurs ou des questions qui lui étaient encore inconnus, le rendait souvent silencieux pendant la durée de ces réunions. Sa curiosité, son désir d'apprendre ne se bornaient pas là, et l'étude de l'histoire de tous les temps et de tous les pays, en lui imposant la nécessité de changer momentanément de point de vue pour apprécier les préjugés, les intérêts si divers des hommes, augmenta chez lui cette lucidité d'intelligence, ce tac fin et surtout ce sens moral si pur qui font de M. Saint-Marc Girardin un des hommes qui honorent notre temps.

Des trois amis, M. de Sacy est celui dont les passions avaient le plus d'ardeur. Elevé sous l'influence austère des doctrines religieuses de son père, l'un des derniers jansénistes qui se soit rendu célèbre par sa science, M. de Sacy, naturellement vif, gai, et, il faut le répéter, disposé à céder au souffle orageux des passions, est, au résultat, un de ces hommes devenus rares de notre temps, chez qui les effets d'une éducation sévère ont porté les plus excellents fruits.

De tous les mérites de M. de Sacy, le moindre est celui d'être un excellent écrivain. C'est un homme bon, aimable, spirituel, courageux, dont l'instruction solide a gagné en profondeur ce qu'il n'a pas voulu lui donner en étendue, et qui a la modestie si rare de ne parler que de ce qu'il connaît et a étudié. Consciencieux jusqu'au scrupule, dans le commerce de la vie habituelle sa sincérité est à toute épreuve, et lorsqu'il traite des questions politiques ou littéraires, si quelques-uns sont disposés à trouver des erreurs dans l'exposé de ses opinions, il est impossible d'y découvrir un défaut de sincérité.

Ces belles qualités, le talent littéraire de Sacy, la sagacité avec laquelle il débrouillait les fils compliqués de la politique moderne et son dévouement sincère aux idées raisonnablement libérales, le firent rechercher par les frères Bertin, qui le chargèrent, pour défendre cette cause, de suivre les discussions qui avaient lieu aux deux chambres. La polémique qu'il a soutenue avec tant de ferveur et de talent, depuis 1827 jusqu'à la révolution de 48, est un travail remarquable par son importance et son étendue; et si tous les morceaux qui le composent, épars aujourd'hui, étaient rassemblés, ils formeraient sans doute un des recueils les plus intéressants et les plus précieux pour faire connaître l'histoire du gouvernement parlementaire en France. M. de Sacy se destinait originairement au barreau; d'avocat, il est devenu un de nos plus habiles et de nos plus honnêtes publicistes; et si dans ces derniers temps, lorsqu'il fut reçu de l'Académie française, sa modestie lui faisait dire qu'il *n'a pas composé de livres,* on eût pu lui répondre qu'il ne manque à ses articles de journaux, pour en prendre le titre, que d'avoir été mis en ordre dans une suite d'in-octavos. Au surplus, un essai de ce genre a parfaitement réussi. Une série d'articles que M. de Sacy écrivait pour se reposer des préoccupations que lui donnait la politique, a été publiée sous le titre de *Variétés littéraires, morales et historiques,* et bien que les sujets qui y sont traités soient très-variés, l'exposition de la haute et pure morale à laquelle cet écrivain les fait tous concourir donne à ce recueil cette unité qui constitue un livre, et un très-bon livre.

A une époque où la plupart des hommes, lancés hors de leur sphère, cherchent en vain un centre nouveau dans des espaces inconnus, l'âme et l'esprit éprouvent un repos bienfaisant en rencontrant un homme modeste en ses désirs, inviolablement attaché à ses devoirs, ne s'exagérant pas son mérite, et qui, tout en reconnaissant l'imperfection des choses humaines, se soumet religieusement aux décrets de la Providence. Ce calme, on l'éprouve en lisant le livre de Sacy. Après avoir reconnu la justesse et la fermeté de ses jugements, son aversion pour tout ce qui n'est pas juste et parfaitement honnête, et en s'apercevant de la finesse avec laquelle il démasque ceux qui veulent se faire passer pour meilleurs qu'ils ne sont, ce n'est pas sans quelque surprise que l'on apprend quelle est la simplicité presque enfantine de ses goûts. Sa récréation, sa passion, son bonheur, c'est sa bibliothèque. Ce qu'en bon père de famille il peut consacrer à la satisfaction de ses fantaisies de bibliophile, il l'emploie en achat de livres. Le nombre de ceux qu'il possède n'est pas grand, mais la plupart sont également précieux par le choix des auteurs, par la rareté des éditions et la perfection des reliures. Étienne a pénétré plus d'une fois dans le sanctuaire où sont déposées ces richesses, et de Sacy, en amateur passionné, après avoir promené son regard amoureux sur ses tablettes, en tirait soigneusement les volumes pour en faire admirer la beauté. Comme de Sacy l'a dit lui-même, « il deviendrait aveugle, qu'il prendrait encore du plaisir à tenir dans ses mains un beau livre ; il en sentirait au moins le velouté de la reliure et s'imaginerait la voir. » Rien n'est plus amusant que les querelles amicales qui s'élèvent entre de Sacy et Saint-Marc Girardin au sujet des livres ; l'un ne trouvant pas d'impressions et de reliures assez belles pour témoigner l'admiration que lui inspirent les ouvrages de Cicéron, de Bossuet, de Fénélon et de Montaigne; l'autre, peu soucieux de la condition extérieure d'un volume, mais avide de connaître ce qu'il contient et l'achetant tel qu'il lui tombe sous la main. Plus d'une fois, ces deux charmants esprits ont donné la comédie, lorsqu'au ton goguenard avec lequel Saint-Marc prononçait le mot de *bibliophile*, de Sacy, se laissant aller à sa gaieté pleine de verve, répondait à son ami : « Vous n'êtes qu'un *bouquiniste*. » C'est bien le cas de dire que tout chemin mène à Rome, car, malgré cette différence de goût, ces deux hommes, outre leur talent, ont une instruction également solide.

L'esprit des deux frères Bertin circulait au sein de cette réunion d'hommes jeunes encore, animés d'un vif amour des lettres, et, pour la plupart, chauds partisans des institutions politiques qui avaient succédé à celles de l'Empire. L'aîné des Bertin, quoique supportant avec une vigueur extraordinaire le poids des années, pensait au temps où il faudrait choisir un successeur, et, dans cette prévision, il s'appliquait à former le plus jeune de ses fils, Armand, à la tâche rude et difficile de la direction du journal. Il le fit asseoir sur ce fauteuil qu'il avait occupé si longtemps, et tout en continuant de surveiller attentivement les détails qui se rapportent à la publication quotidienne du journal, il laissait à son fils le soin de leur exécution, sauf à le remettre dans la voie quand par hasard il s'en écartait. C'est ainsi que les habitudes traditionnelles de cette importante entreprise furent transmises à Armand Bertin, qui les respecta religieusement.

Armand ressemblait à son père; il y avait même une analogie frappante entre la coupe si remarquable de leurs traits, la nature de leur esprit et l'aménité de leur caractère. Armand avait, comme on dit vulgairement, la figure avenante, et à son aspect on éprouvait une certaine satisfaction dont on ne pouvait se rendre compte, mais laissant une impression agréable qui ne s'effaçait pas. D'ailleurs, l'association d'une gaieté naturelle aux nuages de gravité que la préoccupation d'affaires sérieuses faisait accidentellement passer sur son front variait sans cesse les accidents de sa physionomie ; mais, sérieux ou gai, le fond de son caractère, la bienveillance, surnageait toujours.

Jeune encore, après avoir fini ses humanités à Paris, Armand fut envoyé en Angleterre pour apprendre la langue de ce pays et étudier la philosophie écossaise, fort en faveur alors. Il apprit bien l'anglais, mais on peut mettre en doute les progrès qu'il fit en philosophie. Ce bon Armand avait-il lu les écrits sceptiques de Locke, de Bekerley et de D. Hume? La chose est peu probable, et il ne l'est guère plus qu'il ait pris une connaissance approfondie de la réfutation qu'en a faite Reid. Tout cela, d'ailleurs, était bien grave pour un jeune homme de vingt ans qui n'avait nulle envie de devenir professeur de philosophie, et on lui donna un poste mieux approprié à son caractère, à ses goûts, qui avait en outre le double avantage de le mettre au courant des affaires politiques du temps et de lui faire habiter Londres. M. de Chateaubriand était alors ambassadeur de France en Angleterre, et Armand Bertin fut nommé secrétaire à la chancellerie française. Ce fut à son retour de Londres, en 1822, qu'Étienne, qui ne l'avait pas vu depuis qu'il était encore écolier à Paris, le retrouva au *Journal des Débats*, lorsque son père entreprit de le former pour qu'il le remplaçât un jour comme rédacteur en chef.

Aidé des conseils de son père et formé par la pratique, Armand acquit les qualités que peut développer l'expérience. Mais cela n'aurait pas suffi s'il n'eût été doué aussi de cette indépendance d'esprit, de cette largeur de jugement indispensables pour savoir mettre à profit la variété des talents d'un assez grand nombre d'écrivains qui, indépendamment des matières différentes qu'ils sont appelés à traiter, ont des préjugés, des prédilections qui leur sont propres. Armand, ainsi que son père, classait philosophiquement les connaissances humaines, mais il n'avait, ou du moins il ne manifestait aucun goût exclusif ; il voulait que le journal répondît également à tous les besoins de l'esprit ; et à cet égard, il avait été heureusement servi par la nature, car, sans que ses goûts s'élevassent jamais jusqu'à la passion, ils étaient assez vifs, et surtout tellement variés, que son intelligence, également éveillée par les productions de l'esprit en tout genre, n'en laissait négliger aucune par les écrivains chargés d'en entretenir le public.

Armand avait une disposition caractéristique propre à sa famille. Ami franc, dévoué et d'une constance à toute épreuve envers ceux qui avaient son affection, la bienveillance et la répulsion, chez lui, étaient également persistantes. Rien n'interrompait les relations amicales qu'il avait contractées dans la vie privée ; la différence d'opinion et de goûts ne pouvait même les rompre ; et dans ce cas, il lui suffisait que les gens fussent honnêtes et sincères, pour qu'il ne fît aucune difficulté de les voir et même de les servir. Mais, dans le cas contraire, il se montrait froid et devenait inexorable.

Pendant le règne constamment orageux de Louis-Philippe, Armand Bertin n'a guère cessé de tenir d'une main ferme et habile le gouvernail du *Journal des Débats*. Ce cœur franc et honnête, cet esprit charmant qui se manifestaient en toute occasion, le faisaient rechercher généralement, et dans les courts instants qu'il dérobait à l'amour de sa famille et aux durs travaux du journal, la grande affaire de sa vie; l'aménité de son caractère et le tour original de son esprit lui faisaient prendre une place distinguée dans les réunions d'élite.

Les grands événements politiques, sur lesquels il fallait qu'Armand se formât une opinion presque instantanément, donnèrent à la fois de la souplesse et de la fermeté à ses jugements, et durent naturellement absorber la plus grande part de son attention. Mais ce travail d'esprit, joint à la surveillance des opérations matérielles du journal, rendait pour lui des distractions indispensables, et en choisissant les plus nobles, il s'était encore attaché à celles qui devaient concourir à épurer son goût, à éclairer son esprit sur les questions secondaires dont il devait surveiller la critique. C'est ainsi que, guidé par les fortes études qu'il avait faites dans sa jeunesse, son amour pour les lettres l'entraîna à composer une des plus riches bibliothèques que l'on ait formées de nos jours. Depuis les premiers essais de notre littérature jusqu'aux écrits du XVIIe siècle, recueillis pour la plupart sous leurs premières formes; soit en éditions et en reliures des différentes époques, tout ce qu'il y a de curieux et de véritablement digne d'admiration se trouvait réuni là, et c'est au milieu de ces richesses littéraires d'une variété infinie qu'Armand passait ses plus doux loisirs. Mais, moins exclusif que ne le sont ordinairement les hommes voués à la politique ou aux lettres, Armand, comme son père, avait le goût des arts, et, autant pour satisfaire cette disposition que dans l'intention de familiariser son intelligence avec ce que les arts produisent, il n'y restait jamais étranger. Aux murs de son appartement, et lorsqu'il ouvrait ses riches portefeuilles, on voyait des suites de gravures précieuses qui reproduisaient les chefs-d'œuvre des grands maîtres de toutes les écoles; il n'était même pas jusqu'aux objets qui ne se rattachent qu'indirectement aux arts, la céramique, la ciselure, la joaillerie par exemple, sur lesquelles il ne voulût s'instruire, pour ne pas être pris au dépourvu quand il fallait apprécier ce qu'on écrivait sur ces matières. Aussi son intelligence et ses yeux étaient-ils attentifs à tout; et en effet, si la spécialité du savoir et du talent est précieuse en chacun de ceux qui concourent à l'édifice d'un journal, une certaine universalité de connaissances est indispensable chez celui qui préside à l'ensemble de ce travail.

La série des écrivains qui ont pris part à l'entreprise des frères Bertin depuis 1800 jusqu'en 1848 peut être divisée en deux parts. Les premiers, qui jusqu'à la chute de Napoléon, penchaient en faveur des Bourbons de la branche aînée et d'une restauration purement monarchique; les seconds, de quelques-uns desquels Étienne vient de parler, partisans pleins d'ardeur de la monarchie constitutionnelle. Aux deux époques, les opinions politiques admises n'ont pas été défendues avec moins de chaleur; mais la critique littéraire, comme le goût en littérature, a éprouvé des modifications sensibles à compter de 1815. La diffusion des goûts, et bientôt après celle des doctrines, en faisant disparaître tout point fixe qui servît de ralliement aux esprits, a laissé chacun libre de suivre ses instincts, sa fantaisie, et il n'a pas fallu moins de vingt années d'expériences infructueuses, faites cependant par des esprits distingués, pour que l'on renonçât à cette émancipation littéraire qui a porté si peu de fruits.

XXIII

En traçant ces souvenirs, Étienne ne peut tenir à la rigueur l'engagement qu'il a pris avec lui-même d'éviter ceux qui se rattachent à la politique. La littérature se trouve si souvent entraînée ou arrêtée dans sa marche par l'action des gouvernements ou des révolutions, qu'il est impossible, à certaines époques, de s'occuper de l'une sans parler de l'autre. La pensée, si fortement comprimée sous le premier empire, fit explosion à la suite de la promulgation de la Charte en 1815. Avec la presse libre, la pensée le devenait aussi, et en mettant de côté les préjugés littéraires qui s'opposaient aux innovations vers lesquelles une jeunesse pleine d'ardeur se précipitait, il faut reconnaître que cet élan fut grand, généreux dans son principe, qu'il a même eu des résultats solides et assez brillants pour faire compter le mouvement littéraire et philosophique sous la Restauration comme une des époques brillantes de la France intellectuelle. Cette France, dont l'intelligence semblait emprisonnée dans le cerveau d'un seul homme sous Napoléon, comme un esclave dégagé tout à coup de ses fers, ressaisit sa liberté avec de tels transports de joie, que, même après le premier enivrement, elle ne put en régler sagement l'exercice. Ce fut en effet, en politique comme en littérature, par une marche toujours plus précipitée, violente même, que l'on courut à la conquête de cette liberté sans limite, but de l'opposition républicaine et de la littérature romantique. Car, ainsi qu'on l'a fait observer plus d'une fois, ces deux armées envahissantes, marchaient sous le même drapeau.

Pendant l'année 1828, époque à laquelle nous sommes arrivé, des nuages toujours plus sombres annonçaient la tempête de 1830, et pour faire apprécier l'importance que prirent les lettres au milieu des événements graves qui se déroulèrent alors, il faut donner un aperçu rapide de ce qui se passa dans le monde politique. Les premiers jours de cette année furent signalés par la chute du ministère Villèle, le plus long de ceux qui ont été formés sous la Restauration, et celui dont l'esprit convenait le mieux à Charles X[1]. Le ministère Martignac lui succéda. Ce cabinet, auquel la présence d'un homme de mœurs douces et sincèrement royaliste-constitutionnel donnait un caractère de loyauté et de modération, ne satisfit aucun des partis extrêmes. Les royalistes purs de leur côté, ainsi que les opposants républicains de l'autre, furent mécontents ; chacun des partis ne voyant dans la liste des nouveaux ministres aucun nom qui révélât les doctrines qu'il prétendait mettre en pratique, regarda cette réunion

---

[1] Lorsque Charles X, aux premiers jours de la révolution de 1789, alors comte d'Artois, émigra, il devint avec son frère, le comte de Provence, depuis Louis XVIII, le chef du parti royaliste qui ne cessa de condamner la conduite de Louis XVI, jusqu'au moment où ce prince périt sur l'échafaud. Les deux princes survivants, mais plus particulièrement le comte d'Artois, formèrent à Coblentz une réunion d'émigrés connue sous le nom de *cour de Coblentz*, qui ne voulait faire aucune concession aux idées de 1789, et prétendit rétablir la monarchie telle qu'elle était avant ce grand événement. M. de Villèle faisait partie de la *cour de Coblentz*, et l'attachement que le comte d'Artois avait pour lui alors, et qu'il n'a pas cessé de lui témoigner, est la cause pour laquelle Charles X, à son avènement au trône, l'a choisi pour ministre, et a fait tant d'efforts pour le faire maintenir à ce poste en 1828.

incohérente d'hommes comme un ministère provisoire, les royalistes se flattant d'établir le ministère précédent, les hommes de l'opposition d'en faire nommer un d'un libéralisme très-avancé. La division éclata dans la chambre des députés. De toutes les fractions dont cette assemblée se composait, la plus importante était celle désignée sous le nom de *défection royaliste*. En effet, on y voyait figurer une trentaine de députés, la plupart s'étant jetés dans l'opposition à la suite de la destitution de Chateaubriand en 1824, et parmi ses membres les plus influents, on comptait Hyde de Neuville, Delatot, de Beaumont, de Praissac et Bertin-Devaux. Cette fraction, moins importante par le nombre de voix qu'elle pouvait apporter dans une délibération, que par la capacité remarquable de ceux qu'elle réunissait, se composait d'hommes qui avaient rendu de grands services à la monarchie, mais elle demandait la Charte avec toutes ses conséquences, et la liberté de la presse comme une nécessité politique. Ces hommes, aussi recommandables par leur caractère que par leurs talents, auraient pu exercer une influence très-salutaire sur les décisions de la chambre ainsi que sur le choix des ministres, mais leur nombre ne s'élevait qu'à trente au plus, et comme on ne peut rien obtenir dans une assemblée délibérante sans s'assurer la majorité, ils furent obligés de pactiser avec des hommes douteux, en sorte qu'ils se trouvèrent peu à peu comme perdus au milieu de gens dont l'opposition factieuse acquit une assez grande importance en se trouvant couverte de noms honorables.

Ces divisions dans la chambre causaient à la cour des inquiétudes que rendaient plus vives encore des écrits qui demandaient et prédisaient ouvertement une révolution. Une brochure entre autres, intitulée : *Sur la crise actuelle, lettre à S. A. R. monseigneur le duc d'Or-*

léans, dévoila nettement les intentions du parti libéral extrême, et le but qu'il se proposait. L'auteur de cette lettre, Cauchois-Lemaire, fut condamné à quinze mois d'emprisonnement et à 2,000 francs d'amende[1].

Quelque temps après, un écrivain plus considérable, de Béranger, que ses chansons ont rendu célèbre, fut aussi accusé d'avoir porté atteinte, dans plusieurs de ses compositions, à la religion de l'État et d'avoir offensé la personne du roi, ce qui le fit condamner à neuf mois de prison et à 10,000 francs d'amende[2].

Ces hardiesses et ces sévérités donnent la juste mesure de l'irritation des partis. C'était un duel à mort entre celui de la cour et le libéralisme excessif. D'un côté comme de l'autre, on ne voulait plus entendre parler d'arrangement, et avec des formes différentes, au fond la violence des passions était égale. Les deux partis, les yeux exclusivement fixés vers leur but, ne tenaient plus aucun compte des obstacles qu'il fallait renverser pour l'atteindre. Charles X regrettait Villèle, son homme de confiance, et

---

[1] Voici quelques passages de cette lettre, particulièrement incriminés par le ministère public : « Allons, prince, un peu de courage : il reste dans notre monarchie une belle place à prendre, la place qu'occuperait Lafayette dans une république; celle du premier citoyen de France. Votre principauté n'est qu'un chétif canonicat auprès de cette royauté morale. — Le peuple français est un grand enfant qui ne demande pas mieux que d'avoir un tuteur; soyez-le pour qu'il ne tombe pas en de méchantes mains. — Là (en Angleterre), un prince qui verrait l'état en péril ne se résignerait pas à se croiser les bras. Afin que le char si mal conduit ne verse pas, nous avons fait de notre côté tous nos efforts. Essayez du vôtre, et saisissons ensemble la roue sur le penchant du précipice. — Tandis que nous déclinons ainsi, le duc de Bordeaux, le duc de Chartres et même le duc de Reichstadt grandissent.

[2] Les chansons de Béranger particulièrement cause de sa condamnation sont : *l'Ange gardien, le Sacre de Charles-le-Simple* et *la Gérontocratie.*

tenait à ce qu'il rentrât au ministère; l'opposition révolutionnaire, cachée sous le manteau de l'opposition royaliste, voulait à tout prix se débarrasser de la branche aînée des Bourbons.

Pendant cette sombre année, il y eut cependant quelques jours purs et glorieux; les armes de la France furent noblement employées à délivrer les Grecs du joug des Turcs.

Cependant, Étienne était à Fontenay. Il se tenait au courant des événements de tout genre qui se succédaient à Paris, soit par la lecture des journaux ou des brochures, instruit d'ailleurs de la fluctuation orageuse des passions par des amis dont les opinions en politique étaient opposées. Ce combat à mort, qui ne laissait entrevoir qu'un survivant redoutable, la royauté absolue ou le parti révolutionnaire, jetait un voile sombre sur l'avenir. Simple spectateur en ces circonstances, Étienne était loin d'avoir le bénéfice des illusions que se font ceux qui prennent part au combat; également inquiet sur les résultats de l'une ou de l'autre victoire, il était comme un pauvre passager étranger à la manœuvre dans un navire battu par la tempête, n'ayant qu'à recommander son âme à Dieu et à s'envelopper dans son manteau. C'est ce qu'Étienne fit; et ayant recours au préservatif qui, dans tous les instants difficiles de sa vie, l'avait sauvé de l'abattement, il se livra avec ardeur au travail.

Pendant son séjour en Italie, ce qu'il avait appris précédemment dans les livres était devenu vivant en quelque sorte. A la vue des monuments de l'antiquité, à l'aspect des inscriptions qui les couvrent, ces témoignages avaient enlevé de dessus les auteurs latins cette couche de poussière qu'ils ramassent dans les colléges; car autre chose est de lire Tite-Live à la vue des murs du Capitole et les vers d'Horace à Tivoli, ou d'entendre refaire péniblement la construction de leurs phrases dans un collége de la rue Saint-Jean-de-Beauvais.

A Florence, son attention avait été vivement excitée par les richesses du moyen âge et de la renaissance, sujet neuf pour lui. Dans cette ville, il avait lu souvent, à l'ombre de ses vieux monuments, les nombreuses chroniques où se déroule l'histoire florentine. Ces chroniques, il les avait transportées à Fontenay-aux-Roses, où elles se trouvaient placées à côté des ouvrages de Dante et de Pétrarque; et tandis qu'avec une curiosité insatiable il interrogeait ces curieux documents et se nourrissait des fleurs de la littérature italienne, des projets, vagues encore dans leur forme, mais ayant un but précis, lui faisaient entretenir l'espérance de s'occuper bientôt de l'histoire florentine et même de l'ensemble de la renaissance. En roulant ces idées dans sa tête, des lectures très-variées contribuaient à leur donner de la consistance. C'étaient les ouvrages en prose de Dante et les œuvres latines de Pétrarque, où il se trouve tant de faits curieux sur l'histoire politique et morale du xiv° siècle; puis Rabelais, le *Pape* de de Maistre, le *Roman chinois*, traduit par Abel Rémusat; le *Banquet de Platon* et les *Sept livres de lettres* du pape Grégoire VII, dont il fit même des extraits. A ces lectures instructives et calmantes, il était cependant impossible de ne pas joindre celle des journaux et des brochures venant chaque jour de Paris; car dans son navire balloté par l'orage, quoique inhabile à la manœuvre, le passager voulait toujours savoir où en était le gouvernement de l'équipage. Quoi qu'il en soit, Étienne satisfit en outre à tous les engagements qu'il avait contractés; il acheva et fit imprimer un *Traité de peinture* destiné à faire partie d'une collection encyclopédique, et rendit compte dans le *Journal des Débats* de l'exposition du Louvre et de celles qui eurent lieu à l'École des beaux-arts.

Les études préparatoires d'Étienne avaient déjà été poussées assez avant pour que l'idée d'une vaste composition se présentât à son esprit; mais ce ne fut qu'une illusion passagère qui s'évanouit lorsqu'il consulta ses forces, et même son goût qui s'opposait à ce qu'il entreprît un ouvrage trop volumineux. En consultant les dispositions générales pour la lecture, et considérant surtout la multiplicité des occupations de la vie ordinaire de nos jours, qui ne permettent de se livrer à cet exercice de l'esprit, qu'accidentellement et à bâton-rompu, il crut devoir adopter un plan qui s'accorderait mieux tout à la fois avec les dispositions de son esprit et les habitudes des lecteurs de notre temps. Ce fut donc dans cette intention qu'il conçut l'idée de donner sous forme de *biographies* l'histoire de la *renaissance* des connaissances humaines en Europe, depuis le XIe siècle de notre ère jusqu'au XVIIe exclusivement, c'est-à-dire à compter des premiers essais de métaphysique tentés par saint Anselme de Cantorbéry jusqu'à la constitution de la science à l'époque où parurent Galilée en Italie et lord Bacon en Angleterre.

En désignant l'ensemble de ce travail sous le titre de *renaissance*, Étienne a besoin d'en justifier le choix. Jusqu'à nos jours, on a considéré les XVe et XVIe siècles comme l'époque où la découverte et l'étude des auteurs anciens et des ouvrages d'art de l'antiquité ont donné une vie nouvelle aux compositions littéraires ainsi qu'aux productions des artistes des temps modernes. C'est en effet pendant le cours de ces deux siècles que les grands maîtres italiens, soit dans les lettres, soit dans les arts, ont produit leurs plus beaux ouvrages. Mais quelle que soit l'importance de ces brillants travaux, ce ne sont que quelques anneaux de la longue chaîne que forme l'ensemble des connaissances de tout genre que les hommes ont successivement acquises. Étienne ayant donc reconnu qu'une cause semblable à la découverte des écrits et des objets d'art qui produisit tant d'effet sur les esprits, du XIVᵉ au XVᵉ siècle, avait fait revivre, trois cents ans avant, des connaissances en métaphysique et en philosophie expérimentale, rationnelle et morale, en tira la conséquence que la *renaissance* des connaissances humaines devait être prise de plus haut. En effet, personne n'ignore que c'est à la lecture des ouvrages d'Aristote, traduits par les Arabes et reproduits en latin, que les Anselme, les Roger Bacon, les Raymond Lulle, les Albert le Grand et les Thomas d'Aquin doivent d'avoir échappé à l'ignorance des hommes qui les avaient précédés, car c'est dans les écrits du philosophe de Stagyre qu'ils ont trouvé toutes les ressources nécessaires pour pénétrer les mystères de la métaphysique et donner de la lucidité et de la force à leurs raisonnements[1]. Une fois fixé sur ce point de dé-

---

[1] Voici les titres des ouvrages qui, sous forme de biographies, concourent à l'histoire de la *Renaissance* ; — Roland, *la Chevalerie* ; — Grégoire VII, *la Théocratie :* — saint François d'Assises, *le Monarchisme* ; — saint Thomas d'Aquin, *Philosophie rationnelle* ; — Roger Bacon, *Philosophie expérimentale* ; — Raymond Lulle, *Encyclopédie* ; — Rutebœuf, *Poésie populaire* ; — Beaumanoir, *Droit civil* : — Montreuil, *l'Art gothique* ; — Dante, *Poésie amoureuse et mystique* ; — Marco Polo, *Exploration du globe* ; — F. de Barberin, *Philosophie morale*. — Guillaume Tell, *les Jacqueries du* XIVᵉ *siècle* ; — F. Pétrarque, *Philosophie morale et religieuse* ; *les Deux prisonniers de Windsor* ; — G. Chancer, *les Libres penseurs* ; — E. S. Piccolomini, *Politesse moderne* ; — Brunelesco, *Architecture classique* ; — Gutemberg, *l'Imprimerie* ; — Léonard de Vinci, *Arts et sciences* ; — Arioste, *Mœurs en Italie* ; — Rabelais, *Mœurs en France* ; — Bernard Palissy, *Chimie, Géologie* ; — Andre Vésale, *Anatomie, Médecine* ; — Palestrina, *Musique*. — A ces morceaux, dont trois seulement sont restés manuscrits, il faut ajouter *Florence et ses vicissitudes*, qui se lie à l'histoire de la *Renaissance*. Tous ces ouvrages ont été composés à Fontenay, de **1828 à 1846**.

part, Étienne n'eut plus qu'à suivre la marche successive des idées si variées qui se sont développées depuis les grands travaux de ces théologiens philosophes, et c'est cet ouvrage qu'il a commencé en 1828. En incarnant, si l'on peut dire ainsi, dans la personne des grands hommes modernes qui, jusqu'à Galilée, ont le plus puissamment contribué à faire refleurir en Europe les précieuses connaissances léguées par les deux peuples les plus civilisés de l'antiquité, les Grecs et les Romains, Étienne a pensé que l'histoire de chacune d'elles, liée à la vie de l'homme qui les a retravaillées le plus tôt et avec le plus d'ardeur, deviendrait par cela même plus originale, plus attachante. Il est même incontestable que cette forme biographique est favorable au développement de l'ouvrage, puisqu'elle détermine l'ordre chronologique selon lequel les différentes études sur lesquelles repose le savoir humain se sont développées, depuis le XIe siècle jusqu'au XVIIe exclusivement.

Malgré les avantages de la retraite de Fontenay-aux-Roses, les vents orageux de la grande ville venaient souvent jusqu'à lui. Chaque matin la lecture des journaux lui faisait battre le cœur; puis arrivaient encore les brochures, les pamphlets politiques. L'activité littéraire d'ailleurs était telle alors, que les publications de tout genre se succédaient sans interruption. Non-seulement le philosophe Azaïs envoyait ses livres à Étienne, mais il venait le relancer jusque dans sa solitude pour lui dérouler son système des *compensations*, et surtout celui de l'*expansion*, qu'il opposait à l'*attraction* trouvée par Newton. On publiait deux ouvrages inédits de Chateaubriand, son *Voyage en Amérique* et le *Règne des Stuarts*. La *Traduction des théâtres étrangers*, en tête de laquelle on lisait les noms d'Andrieux, de Guizot, de Villemain, de Charles Nodier et de Charles de Rémusat, était recherchée et lue avec avidité, dans la même semaine où le vicomte d'Arlincourt lançait un roman nouveau sous le titre d'*Ismalie, ou l'amour et la mort*. L'abbé Guillon publiait *les Pères grecs et latins*, et on lisait avec fureur les *Mémoires d'une contemporaine*. Enfin, l'impartial M. P. Mérimée exposait, dans ses *Scènes féodales*, les torts partagés, les violences à peu près égales des nobles et des vilains, et M. Victor Hugo faisait paraître ses *Orientales*. Mais l'événement littéraire et presque politique qui produisit sur le public la sensation la plus vive et la plus profonde, fut l'ouverture des trois cours de philosophie, d'histoire et de littérature professés à la Sorbonne par MM. Cousin, Guizot et Villemain.

XXIV

Au nombre des hommes qui, depuis 1815, ont profité avec le plus d'éclat de la liberté rendue à la pensée, MM. Cousin, Guizot et Villemain occupent une place éminente. Déjà ils avaient exercé une action vive du haut de leurs chaires de professeurs, lorsqu'en 1828, ces trois hommes, sincèrement dévoués aux idées libérales, firent éclater leurs sentiments dans leur enseignement, et exercèrent une influence d'autant plus grande sur les opinions politiques de la jeunesse de cette époque. Cette influence fut telle que les trois professeurs, à partir de ce moment, se sentirent comme soulevés par l'opinion publique, et prédestinés à prendre une part active au gouvernement de la chose publique. Pendant le ministère de M. de Villèle, les trois cours de philosophie, d'histoire et de littérature avaient été frappés d'interdit; à l'avénement de son successeur, M. de Martignac, ils furent rouverts : ce fut un véritable événement. Les importantes questions qui allaient être agitées à la Sorbonne devant une jeunesse dont l'ardeur naturelle était surexcitée par les symptômes menaçants d'une révolution à laquelle tout le monde s'attendait, ne pouvaient manquer d'augmenter, chez de jeunes auditeurs, cette soif de liberté, cette frénésie d'indépendance développées par cette *Charte* dont, au fond, cette jeunesse inquiète repoussait, méprisait même l'origine.

Les trois cours ont eu une telle publicité qu'il serait superflu de les analyser minutieusement. Ce qu'il importe de rappeler ici, ce sont les points principaux des doctrines émises par les trois professeurs, et les conclusions qu'ils en ont tirées. Les trois cours furent ouverts simultanément à deux jours de distance, et les leçons se succédèrent dans cet ordre jusqu'à la fin de juillet. Les trois auditoires étaient en grande partie composés des mêmes personnes, en sorte que ce triple enseignement, dirigé dans des intentions analogues, eut une unité d'action qui en augmenta singulièrement la puissance.

Des témoins venus de Paris tenaient Étienne au courant de ce qui se passait à la Sorbonne. On lui disait l'espèce de fureur avec laquelle on se ruait dans la salle, les acclamations qui retentissaient lorsque les professeurs montaient en chaire et en descendaient. Ces détails lui étaient plus particulièrement transmis par un aimable jeune homme, Farcy, professeur de philosophie au collége de Fontenay, qui deux ans après devait faire le sacrifice de sa vie à la cause libérale qu'il avait embrassée avec tant d'ardeur.

L'objet principal de M. Cousin était une *Introduction à l'histoire de la philosophie*. Ecartant le mot *système*, le professeur déclara toutefois qu'il se proposait de n'en adopter ni de n'en rejeter aucun de ceux déjà connus, mais de recueillir de chacun d'eux ce qu'il présente de vrai, de bon, d'utile, afin qu'à l'aide de ce choix, de cet *éclectisme*, on recomposât un tout dans lequel les vérités acquises chez tous les peuples et dans tous les temps, formant un nouveau corps de doctrine, leur résultat rendît raison des progrès de la raison humaine et déterminât le point où elle est arrivée de nos jours. Toutes les civilisations anciennes et leurs systèmes philosophiques passés en revue, ainsi que la marche de l'esprit humain dans les temps modernes, depuis Descartes jusqu'à Condillac et Helvétius, le professeur en tira la conséquence qu'il n'y a que trois états par lesquels passe l'humanité et qu'il ne peut y avoir plus de trois époques, celle où, comme dans l'Inde, les populations restent engourdies sous le poids de croyances superstitieuses ; la seconde lorsque l'homme, devenu plus confiant en lui-même, s'aperçoit que la liberté est un de ses attributs essentiels, mais que ses facultés les plus nobles et les plus brillantes sont cependant limitées, état des esprits qui répond à la civilisation chez les Grecs ; enfin la troisième époque, procédant des deux premières, mais dont le professeur ne fait coïncider l'aurore tardive qu'avec la philosophie de Descartes, qui est celle où nous sommes arrivés, où l'homme a la conscience de sa liberté ; époque de conciliation devenue inévitable entre l'esprit et la matière, entre l'*infini* et le *fini*, et qui donne une impulsion nouvelle à l'industrie, à l'art, à la religion, à la philosophie, et caractérise particulièrement cette époque dans l'histoire. Tel est le résumé du système de *philosophie éclectique* exposé par M. Cousin. Les conséquences en sont naturellement favorables au développement le plus large des idées libérales, telles qu'on les avait adoptées en 1828.

L'énumération des conditions à remplir pour traiter de l'histoire, de la philosophie, conduisit l'orateur à parler incidemment des difficultés analogues que l'on rencontrerait en traçant une *histoire universelle*. Il fait observer qu'un pareil ouvrage ne pouvait être tenté qu'aux dernières générations ; qu'en effet, ce n'est qu'au dix-septième siècle que Bossuet a pu en concevoir l'idée ; mais que l'éloquent évêque, envisageant tout du point de vue théologique, n'a donné qu'une histoire du christianisme d'où les individus disparaissent, où ne figure qu'un seul peuple et où les grands résultats de la civilisation, la législation, le commerce, les sciences, les arts, n'entrent pour rien.

L'auditoire étant préparé par ces observations graves, une question épineuse qui, depuis le xie siècle, n'a pas cessé d'être violemment agitée chez toutes les nations de l'Europe, devint l'objet d'un examen sérieux et fut tranchée dans le sens qui s'accordait le mieux avec l'opinion généralement adoptée alors à ce sujet : « Si la religion, dit M. Cousin, intervient comme sanction aux grands actes de la vie, en réalité, ce qui en fait la base immédiate et directe, c'est la loi, c'est l'État. Dans la pratique de la vie, la loi spirituelle doit donc le céder à la loi temporelle. » En se reportant à l'époque où ces paroles furent prononcées, lorsqu'une partie du clergé, les jésuites et des laïques mêmes travaillaient au rétablissement du pouvoir spirituel, on peut se figurer l'enthousiasme avec lequel les paroles du jeune professeur furent accueillies.

Ce point capital, établi comme un fait devenu inattaquable, M. Cousin termina son cours par une péroraison éclatante et pleine de hardiesse. Il rappela les trois grandes époques et les trois états par lesquels l'humanité a passé ; il insista sur le travail successif de l'intelligence de l'homme en société ; puis, arrivé à son temps, à cette année 1828, il exposa à grands traits les tristes résultats de l'État monarchique absolu en 1789, la nécessité d'une révolution et ses effets, la ruine du trône, de la noblesse et d'une religion d'État ; puis, passant de la domination exclusive du principe monarchique à celle d'une démocratie absolue, proclamant la souveraineté du peuple et interdisant tout culte public, il présenta le gouvernement de 1793 comme une espèce de conseil de guerre exclusivement préoccupé de l'idée de résister aux attaques dirigées par toute l'Europe contre la France ; puis ce conseil de guerre se résumant en une dictature militaire, cause de nos conquêtes, de nos victoires, de nos désastres.

En 1828, les souvenirs de Waterloo et des deux invasions, étaient encore bien poignants ; et, en abordant ce sujet, le professeur mit en jeu toutes les ressources de sa brillante imagination. « Ce ne sont pas, dit-il, les populations qui paraissent sur les champs de bataille, ce sont les idées, ce sont les causes. A Leipsick et à Waterloo, ce sont des causes qui se sont rencontrées ; celle de la monarchie paternelle du nord et celle de la démocratie militaire. Qui l'a emporté, messieurs? Ni l'une ni l'autre. Qui a été le vainqueur, qui a été le vaincu de Waterloo? Non, il n'y a pas eu de vaincu ! Non, ajouta l'orateur, après avoir été interrompu par des applaudissements frénétiques, non, je proteste qu'il n'y en a pas eu. Les seuls vainqueurs ont été la civilisation européenne et la Charte ; oui, messieurs, la Charte! présent volontaire de Louis XVIII, la Charte maintenue par Charles-X, la Charte appelée à la domination en France et destinée à soumettre, je ne dirai pas ses ennemis, elle n'en a pas, elle n'en a plus, mais tous les retardataires de la civilisation française. » Après l'explosion d'applaudissements causés par l'originalité et la vigueur de ce mouvement oratoire, le professeur, revenant à l'idée mère de son cours, se résuma en disant que, si les lois françaises contiennent tous les éléments opposés fondus dans une harmonie, l'esprit de ces lois, de cette constitution est un véritable *éclectisme;* que cet esprit, en se développant, s'applique à toutes choses, et que déjà il se réfléchit dans la littérature qui contient elle-même deux éléments qui peuvent et doivent aller ensemble : la légitimité classique et l'innovation romantique; qu'en somme, tout étant mixte, complexe, mélangé autour de nous, l'*éclectisme* est la philosophie nécessaire de notre siècle, parce qu'elle est la seule conforme à ses besoins, à son esprit.

Ce cours obtint un succès d'enthousiasme; on y prêchait, il est vrai, des convertis charmés d'entendre sanctionner leurs opinions par la parole éloquente du professeur. Mais il s'en fallait bien qu'à cette époque de la Restauration il y eût en faveur des réformes religieuses et politiques cette volonté presque unanime qui les avait fait demander et obtenir en 1789. Malgré la Charte octroyée par Louis XVIII à la rentrée des Bourbons en France, la noblesse prétendit rentrer aussi dans ses anciens droits, et le clergé travailla à rétablir la suprématie de l'Église. Bientôt cette double tentative, encouragée par la partie de la population qui demandait le rétablissement intégral du trône et de l'autel, prit tout à coup une importance très-grande par la publicité donnée en 1819 aux ouvrages de Joseph de Maistre. L'unité de doctrine du catholicisme absolu, l'excellence du gouvernement théocratique, présentés dans ses ouvrages comme les seuls remèdes au trouble qui règne en Europe dans les idées et dans les actions depuis le XVIIIe siècle, devinrent, à la faveur du talent supérieur avec lequel ce système est exposé, le sujet d'études sérieuses pour une portion de la jeunesse.

Cette politique du xiᵉ siècle, devenue nouvelle par son antiquité même, piqua la curiosité de ceux pour qui les questions graves ont de l'attrait. Le clergé, d'ailleurs, y puisait des espérances favorables au rétablissement de son pouvoir, en sorte qu'au milieu de cette France aspirant à des libertés à peu près illimitées, il se forma un parti, peu nombreux il est vrai, mais composé d'hommes intelligents, qui accueillirent l'idée d'un gouvernement théocratique au moment même où en France, et dans une bonne partie de l'Europe, on regardait comme des faits irrévocablement acquis la séparation des deux pouvoirs, spirituel et temporel, le libre examen, et la liberté des cultes. Ces idées du xiᵉ siècle, lancées brusquement dans le cours de celles du xixᵉ, produisirent les complications les plus étranges dans les systèmes religieux, philosophiques et politiques qui fermentaient alors dans tous les cerveaux. Quant au cours de M. Cousin, la ferveur de quelques enthousiastes qui accueillirent l'utopie théocratique de Grégoire VII, jointe aux efforts que semblaient faire alors les jésuites pour que l'on se rapprochât le plus possible de ce système, rendent raison de la hardiesse vigoureuse avec laquelle le jeune professeur défendit sa cause et de l'enthousiasme qu'éprouvèrent ses auditeurs.

Tandis que M. Cousin développait intrépidement son introduction de l'histoire de la philosophie, M. Guizot traçait le plan d'une *Histoire générale de la civilisation en Europe*. Ce plan est devenu un livre où l'on est certain de puiser une instruction solide et pure. Sans suivre donc pas à pas le professeur dans l'exposition des faits historiques, on se bornera à faire connaître ici le point de vue duquel il envisage les plus importants d'entre eux et les enseignements qu'il en tire. Après avoir clairement et ingénieusement exposé l'établissement du christianisme, la double influence exercée sur l'Europe par la religion chrétienne et l'invasion des barbares, l'essai du réveil de l'empire par Charlemagne, le régime féodal, la première institution durable du chaos de laquelle s'est développée peu à peu la civilisation en Europe; le professeur fixa l'attention de ses auditeurs sur l'une des circonstances les plus importantes dans les temps modernes, puisqu'il y a huit siècles elle a donné naissance à des haines implacables, à des guerres sanglantes, à l'occasion d'une question encore pendante de nos jours. Il s'agissait des prétentions et des efforts de l'Église pour joindre le pouvoir temporel au pouvoir spirituel qu'elle avait exercé librement jusqu'à la fin du XIe siècle. Il fallait s'arrêter à cette grande époque où le souverain pontife, Grégoire VII, mit en jeu toutes les ressources de son puissant génie pour établir un gouvernement théocratique auquel tous les princes laïques étant soumis, le pouvoir sans borne du pape aurait assuré l'unité du catholicisme. L'opiniâtreté, la fureur même avec lesquelles les empereurs d'Occident s'opposèrent à la réussite de ce gigantesque projet est bien connue; cependant, il s'écoula plus d'un siècle avant que les souverains de l'Europe aient pu commencer à s'affranchir du joug que le saint-siège voulait leur imposer, et que les républiques italiennes fissent les premières tentatives pour séparer la loi civile de la loi religieuse.

L'étude des faits relatifs à cette grande révolution aurait intéressé en tous temps; mais il serait difficile de dire l'effet qu'elle produisit en 1828 à la Sorbonne, sur une jeunesse aspirant à toute espèce d'émancipations d'une part, et dont les passions et les inquiétudes d'ailleurs, étaient violemment excitées par les doctrines exposées par J. de Maistre, par les intrigues des jésuites et par les dispositions de la cour de Charles X, favorisant le parti ultramontain.

Aux querelles funestes entre les empereurs et le sacerdoce, succède une série de faits nouveaux : Abélard répandant l'esprit d'examen, l'affranchissement des communes, les chartes qui leur sont accordées, le peuple élisant ses magistrats, la haute et basse bourgeoisie se constituant, les premières croisades, la séparation des deux pouvoirs et l'évanouissement de toute idée de théocratie. Dans ce chaos d'éléments se forment deux puissances nouvelles, le gouvernement et le peuple ; et de la fusion de ces deux pouvoirs sort enfin l'institution qui a le plus puissamment contribué à la formation de la société moderne, *la royauté,* mais portant un caractère nouveau, laquelle, loin d'être fondée sur un intérêt personnel comme les royautés barbares, religieuses, impériales et féodales, prend dès son origine le caractère d'un pouvoir public, d'une magistrature supérieure veillant à l'entretien de la paix, protégeant les faibles et prononçant en dernier ressort sur les différends.

Ce caractère abstrait donné à la royauté, cette marche qui lui était imposée dans l'avenir, ne manquèrent pas de flatter un auditoire auquel ces prémices assuraient d'avance que tout pouvoir absolu serait condamné, flétri. En effet, vers la fin du cours, lorsque les vicissitudes de la politique de la France et de l'Angleterre, les deux plus puissantes monarchies de l'Europe, eurent été comparativement appréciées, l'orateur, arrivé au XVIIe siècle, conclut que ce qui a manqué à la France de Louis XIV, ce sont des institutions, des forces politiques indépendantes, capables d'action spontanée et de résistance ; résistance indispensable pour garantir la nation de l'action du gouvernement lorsqu'il devient illégitime. Aussi, ajoutait M. Guizot : « Ce n'est pas Louis XIV tout seul qui a
» vieilli, qui s'est trouvé faible à la fin de son règne,
» c'est le pouvoir absolu tout entier ; la monarchie pure

» était aussi usée en 1712 que le monarque lui-même. »

Au XVIIIᵉ siècle tout apparaît sous un jour nouveau ; les rôles sont transposés, le gouvernement est faible, inactif, apathique, tandis que l'activité de l'esprit humain est dans une effervescence continuelle. Tout est remis en question, tout devient sujet d'étude, de doute, de systèmes, mais sans que cette agitation franchisse jamais les bornes de la spéculation ; car nulle société n'a joui d'un calme matériel plus complet qu'à cette époque. A mesure que le pouvoir monarchique s'efface, la nation, par l'activité de son travail intellectuel, intervient dans tout et se trouve enfin en possession de la véritable autorité, l'autorité morale. Considérant alors la prodigieuse hardiesse des hommes de ce temps, prenant en mépris l'état social tout entier, se croyant appelés à réformer toutes choses, l'homme lui-même ; M. Guizot, s'appuyant sur une hypothèse inattendue, transforma l'esprit humain, ainsi dégagé de toute règle et n'obéissant qu'à sa fantaisie, à une autre espèce de *pouvoir absolu* qui, ainsi que tout pouvoir illimité et sans contre-poids, doit nécessairement crouler sous lui-même.

Sur le point de terminer son cours, le professeur, voulant insister sur les résultats pratiques que l'on pourrait en tirer, dit à ceux qui avaient assisté à ses leçons : « Je veux attirer votre attention sur le fait le plus instructif qui se révèle des études que nous venons de faire. C'est le péril, le mal, le vice insurmontable du pouvoir absolu quel qu'il soit, quelque nom qu'il porte et dans quelque but qu'il s'exerce. Vous avez vu le gouvernement de Louis XIV ruiné presque par cette seule cause ; la puissance qui lui a succédé, véritable souverain du XVIIIᵉ siècle, a subi le même sort, et il en a été ainsi de tous les pouvoirs qui ont suivi. C'est le devoir, et ce sera, je crois, le mérite particulier de notre temps, de reconnaître que toute espèce de pouvoir humain porte en lui un vice naturel, un principe de faiblesse et d'abus, qui doit lui faire assigner une limite. Or, il n'y a que la liberté générale de tous les droits, de tous les intérêts, de toutes les opinions, la libre manifestation de toutes ces forces et leur coexistence légale qui puissent restreindre chaque force, chaque puissance dans ses limites. C'est là, pour nous, la grande leçon de la lutte qui s'est engagée, à la fin du xviiie siècle, entre le pouvoir absolu temporel, et le pouvoir absolu spirituel. »

De l'ensemble des études philosophiques et historiques suivies par MM. Cousin et Guizot, on était conduit à cette conséquence : que le temps était venu où un gouvernement franchement libéral, comme il était déjà établi en France, devait l'être dans toutes les parties de l'Europe; et que c'est particulièrement à la civilisation française que l'Europe sera redevable de ce bienfait.

Animé du même esprit que ses collègues, M. Villemain soutint la même cause dans son cours de littérature. Après avoir signalé l'influence de la civilisation française en général, l'éloquent et spirituel professeur insista sur la puissance de cette civilisation qui augmenta encore au xviiie siècle, lorsque la philosophie fit germer dans toute l'Europe civilisée les grands principes de l'égalité devant la loi, de la liberté politique, du droit d'examen et de la réforme de la torture, proclamés par nos grands écrivains. Heureusement servi par la lucidité de son esprit et le charme de sa parole, le jeune professeur rappela les efforts faits au xviie siècle, en Angleterre, pour fonder la liberté, tandis qu'en France, sous le règne si absolu de Louis XIV, la liberté de penser prenait racine par la littérature, et s'infiltrait chez toutes les nations de l'Europe, à la faveur de la popularité de notre langue.

Au temps de ces trois cours, la littérature ne marchait

plus sans être soutenue par la politique. Le mécanisme du gouvernement constitutionnel, nouveau pour la France, avait appelé l'attention de la jeunesse libérale sur les traditions, déjà assez anciennes, qu'en a fournies l'Angleterre. M. Villemain ne manqua pas de donner un intérêt actuel à son cours, en établissant une espèce de parallèle littéraire, entre les orateurs du Parlement anglais, Pitt, Burck, Sheridan, et ceux de l'Assemblée constituante, qui tous, ajouta le professeur, furent obligés de céder à l'éloquence électrique de Mirabeau. En rappelant le souvenir de la séance du Jeu de paume, et des paroles de l'illustre tribun, M. Villemain fut interrompu par plusieurs salves d'applaudissements, puis il reprit : « Redirais-je ces paroles, si elles n'étaient pas devenues toutes froides et historiques? Qu'importe maintenant que ces paroles de Mirabeau, si véhémentes, retentissent encore devant vous? Croit-on que, lorsque vous voyez aujourd'hui un roi vénéré sur le trône, et des assemblées à la fois fortes et paisibles, il soit dangereux et irritant pour personne de réveiller le souvenir de ce turbulent discours qui a commencé l'ère nouvelle de la France? Non, sans doute : c'est ici qu'il faut admirer cette sublime alchimie de la Providence, qui tire le bien du mal; qui, des passions les plus violentes et des fureurs démocratiques, fait sortir plus tard, non-seulement le repos, mais la liberté des empires. »

Parmi les auditeurs de la Sorbonne, le goût pour les nouvelles doctrines littéraires était aussi vif que pour les nouveautés politiques. M. Villemain, tout en restant d'accord avec lui-même comme littérateur, sut répondre au goût de ceux à qui il s'adresssait, par le rapprochement ingénieux qu'il fit des esprits supérieurs, dont les uns regardent l'avenir, tandis que les autres se retournent vers le passé. Avec la verve brillante qui lui est propre, il fit une critique des regrets et des vœux stériles exprimés dans les ouvrages de Joseph de Maistre, qu'il compara malignement à *une oraison funèbre;* puis il s'étentendit longuement sur les œuvres de madame de Staël et de Chateaubriand, ayant en elles une puissance active, créatrice, qui, bien que sous des formes littéraires, favorisent les espérances que font naître les institutions nouvelles.

Malgré l'objet différent de chacun des trois cours, on est frappé de la communauté des idées essentielles qui y sont exprimées. Le philosophe, l'historien, le littérateur, portant leurs regards vers l'avenir, s'attachent à prouver l'inévitable nécessité d'admettre la liberté d'examen et celle des cultes, la séparation des pouvoirs civil et spirituel, et le régime constitutionnel garanti par la presse.

A ce système d'affranchissement universel, un parti moins nombreux que celui des libéraux, mais plus réfléchi et aussi tenace, s'appuyant au contraire sur le passé, et rapportant tout au christianisme, s'opposait de tout son pouvoir à la propagation des idées nouvelles. Ce parti, qui, dans ses rêves, ne reculait pas devant l'idée d'un gouvernement théocratique, avait pris naissance avec la publication des œuvres de Joseph de Maistre, était devenu plus nombreux et plus actif lorsque parut le livre de *l'Indifférence* de l'abbé de Lamennais, et avait pris une véritable consistance lorsqu'il fut habilement dirigé par les jésuites, sous le règne de Charles X.

Le résumé des trois cours de la Sorbonne, et celui des ouvrages de Joseph de Maistre et du premier écrit de l'abbé de Lamennais, tels sont donc les deux pôles opposés sur lesquels gravitait la France intellectuelle en 1828 et en 1829.

XXV

Tandis que d'écho en écho le retentissement des trois cours de la Sorbonne parcourait rapidement les écoles, les salons de Paris, et pénétrait jusque dans les provinces, déjà quelques lecteurs solitaires, dont le nombre augmenta peu à peu, entreprenaient, le livre de de Maistre à la main, une espèce de voyage de découverte. Mais, malgré toute la souplesse de la doctrine éclectique, il était difficile de croire qu'à l'aide de ce système de fusion on pût jamais établir l'harmonie entre des extrêmes tels que le gouvernement constitutionnel et une théocratie. Aussi rien de semblable n'eut lieu; au contraire, le résultat le plus positif des principes théocratiques jetés en avant fut d'ajouter aux complications et aux inimitiés politiques, déjà si grandes, un nouvel élément de discorde.

Au milieu de l'agitation générale où l'état de la France jetait alors tous les esprits, les réunions du dimanche, chez Etienne, avaient toujours lieu pendant quelques mois des hivers. Mais ces conversations, de littéraires qu'elles avaient été dans l'origine, étaient devenues presque exclusivement politiques; et pendant les derniers mois de 1828 et les premiers de 1829, Duvergier de Hauranne, de Rémusat, Vitet, Albert Stapfer et Beyle (de Stendhal) surtout, dont les opinions démocratiques devenaient de jour en jour plus violentes, ne s'entretenaient guère que des événements politiques de la semaine.

Quoique prenant l'intérêt le plus vif à la situation où

se trouvait alors la France, Étienne, que son caractère, ses goûts et ses études avaient constamment tenu étranger à la pratique des affaires, écoutait en silence cette jeunesse rompue déjà aux habitudes parlementaires, et se préparant dans l'intimité à discuter un jour à la tribune les questions politiques les plus épineuses, les plus ardentes. Quant au doyen muet de cette assemblée, il ne pouvait que suivre, souvent avec inquiétude pour l'avenir, la vivacité toujours croissante des jeunes tribuns. Mais ils marchaient dans cette voie, poussés par un vent populaire si fort, si violent ; leurs paroles étaient si vives, si passionnées, que toute réflexion faisant obstacle à leurs idées eût été balayée comme la paille par l'ouragan.

Les deux partis en présence, la cour et le peuple, étaient tellement animés l'un contre l'autre, que chacun de son côté eût rejeté toute conciliation avec mépris et indignation. Cette haine devait cependant s'accroître encore, et ce fut le jour où le roi Charles X, qui entourait de sa faveur et de toute sa confiance le prince de Polignac, rappela ce personnage de l'ambassade d'Angleterre et le fit venir à Paris. De ce moment on croisa le fer, et le duel à mort devait finir en 1830.

Rien n'est plus pénible et plus inutile que d'assister à un combat auquel on ne prend pas une part active. Dès les premiers jours du printemps de 1829, Étienne alla s'établir à Fontenay-aux-Roses, dans l'intention de se livrer à l'étude et de surveiller l'éducation de ses neveux.

A deux lieues de la grande ville, il semblait que l'on fût transporté dans un autre monde. Au nom de Polignac, qui retentissait dans tous les coins de la capitale, avait succédé le ramage des oiseaux ; et chaque habitant, sans se préoccuper du prochain ministère dont on était menacé, allait tranquillement à ses travaux le matin et en revenait de même le soir. Là, le calme était complet, et pendant les premiers mois de sa retraite, Étienne éprouva une espèce de joie passionnée en se laissant aller à ce régime de douce solitude. Jamais, d'ailleurs, il ne s'était autant félicité de ne pas avoir cédé, comme tant d'autres, à l'attrait dangereux de se mêler des affaires publiques. Alors, quoiqu'elles fussent dans un si grand désordre, tant d'hommes, plus ou moins habiles, se flattaient de les régler, qu'Étienne, ayant la conscience de son incapacité en pareille matière, sentait que le plus grand service qu'il pût rendre à l'État était de ne pas se mêler de ses affaires. Dès sa jeunesse il s'était fait une si haute idée des solides et nombreuses qualités dont il fallait qu'un homme fût doué pour se présenter comme défenseur de ses concitoyens, comme interprète des lois et surtout comme législateur, que cette mission lui avait toujours paru au-dessus de ses forces. D'ailleurs, depuis 1789, tant d'exemples lui étaient passés sous les yeux, d'hommes doués de la plus haute intelligence et qui, malgré ce don précieux, avaient fait fausse route et mal gouverné l'État, qu'il s'est toujours tenu sur la réserve. Dans un temps où les institutions eussent été stables, on peut croire qu'Étienne, chargé d'une fonction, l'eût remplie avec zèle et avec honneur; mais quant à prendre l'initiative pour conduire les autres, c'est plus qu'il n'aurait jamais pu faire, car il s'est toujours senti plus disposé à suivre qu'à guider. On a bien assez de répondre de soi.

A la campagne, la solitude studieuse retrempe l'âme et l'esprit. En leur donnant du calme, elle augmente leur force, et c'est ce qu'éprouva Étienne à Fontenay-aux-Roses. Quoique déjà âgé de quarante-huit ans, il se sentit intérieurement plus jeune que jamais, et c'est à compter de cette année qu'il entreprit les travaux littéraires qu'il n'a plus abandonnés depuis. Outre de nombreux sujets traités pour le *Journal des Débats*, il s'appliqua vers ce temps à des lectures fréquentes, à de longues recherches, et à faire une foule de travaux préliminaires, pour la composition des différents morceaux destinés à l'ensemble de l'histoire de la Renaissance. Le premier travail qu'il acheva fut sur la vie et les voyages de Marco Polo. Ce fut aussi vers ce temps qu'il commença la traduction de la *Vita nuova* de Dante, qui ne fut publiée que bien des années après.

Tandis que ces heures d'étude et de repos s'écoulaient si doucement, la tourmente politique n'avait pas cessé d'agiter Paris, et tout annonçait que cette suite d'orages qui s'amoncelaient depuis longtemps allait faire éclater le plus grand et le plus terrible.

La session législative, qui n'avait satisfait personne, était close; et quelques jours après, M. de Martignac et ses collègues, ayant donné leur démission, le 8 d'août, le roi Charles X confia au prince de Polignac les fonctions de ministre secrétaire d'État au département des affaires étrangères. C'était presque l'annonce d'un coup d'État; aussi, serait-il difficile de se faire une idée de la commotion électrique que l'apparition de ce nouveau ministère fit éprouver aux libéraux de toutes les nuances. Ils y virent un défi porté à la nation par la cour. Toute la presse jeta un cri d'alarme et d'indignation, et de ce moment, la défiance qu'inspirait le gouvernement se changea en haine implacable.

Mais de tous les reproches que cet événement fit éclater, de toutes les prédictions terribles que l'apparition du prince de Polignac fit prodiguer, ce furent les paroles qu'on lut dans le *Journal des Débats* le lendemain même de la nomination de ce personnage au ministère, qui produisirent la sensation la plus profonde. Cet article, d'une trentaine de lignes, se terminait ainsi :

« ... Que feront-ils, cependant (les ministres)? Iront-ils chercher un appui dans la force des baïonnettes?

Les baïonnettes, aujourd'hui, sont intelligentes; elles connaissent et respectent la loi. Incapables de régner trois semaines avec la liberté de la presse, vont-ils nous la retirer? Ils ne le pourraient qu'en violant la loi consentie par les trois pouvoirs, c'est-à-dire en se mettant hors la loi du pays. Vont-ils déchirer cette Charte qui fait l'immortalité de Louis XVIII et la puissance de son successeur? Qu'ils y pensent bien! La Charte a maintenant une autorité contre laquelle viendraient se briser tous les efforts du despotisme. Le peuple paye un milliard à la loi; il ne payerait pas deux millions aux ordonnances d'un ministre. Avec les taxes illégales naîtrait un Hampden pour les briser. Hampden! faut-il que nous rappelions encore ce nom de trouble et de guerre..... Malheureuse France! malheureux roi! »

Ces paroles furent accablantes, lues surtout dans un journal estimé pour sa modération, et dont la rédaction était dirigée par Bertin aîné, dévoué, depuis 1799, à la cause de la monarchie et à la famille des Bourbons, pour la défense desquelles il avait été frappé d'exil sous le Directoire, sous le Consulat, et privé de la propriété de son journal pendant le régime impérial. N'avait-il pas, d'ailleurs, été un des premiers à saluer les Bourbons à leur rentrée en 1814? Mais tout était bien changé en 1829, et les Chateaubriand, les Royer-Collard, les Hyde de Neuville et bien d'autres, qu'une communauté d'opinions faisait marcher de front avec les frères Bertin à l'aurore de la Restauration, se trouvaient encore unis d'opinion à son déclin.

L'article du *Journal des Débats* blessa la cour, irrita le ministre. L'écrit fut déféré à la police correctionnelle. Celui qui l'avait composé, E. Becquet, obéissant à la générosité de son cœur, courut au greffe se déclarer l'auteur de l'article, et fut englobé dans le procès. Cette cause attira une foule immense au tribunal, et parmi ceux qui y assistèrent on distinguait le duc de Chartres, depuis duc d'Orléans, le général Baudrand, MM. Viennet, Guizot, Cousin et d'autres personnes distinguées. Bertin l'aîné et Becquet étaient placés en face du tribunal, et assistés par M. Dupin aîné et M. Sylvestre de Sacy, l'un des principaux rédacteurs du *Journal des Débats*. L'affluence des curieux était telle dans la salle que l'on ne put commencer l'audience que quand plusieurs personnes, qui se sentaient près d'étouffer, crièrent qu'on les fît sortir pour respirer plus à l'aise. L'avocat du roi, M. Levavasseur, soutint l'accusation d'offense à la personne du roi. Bertin l'aîné assuma sur lui la responsabilité de l'article, en disant qu'il y avait fait des changements et des corrections. Cependant, malgré le plaidoyer éloquent de M. Dupin, le tribunal, après avoir renvoyé Becquet des fins de la plainte, condamna Bertin aîné, à six mois de prison et à cinq cents francs d'amende, arrêt qui fut entendu, puis reçu dans toutes les galeries du palais avec un morne silence.

Cette condamnation, suivie de quelques autres prononcées dans le même sens, ne firent que rendre les attaques de la presse libérale plus vives à Paris, plus fréquentes en province. Sur tous les points de la France, les députés, menacés d'une dissolution prochaine de la Chambre, étaient rentrés dans leurs foyers, où ils disposaient leurs commettants à organiser une forte résistance aux actes de la nouvelle administration. Le général la Fayette, chef naturel de cette opposition, était parti de Paris quelques jours avant la nomination du prince de Polignac, dans l'intention de s'assurer des dispositions de certains départements. Déjà il était passé par quelques villes de l'Auvergne, où on lui avait offert des banquets, lorsque arrivé au Puy-en-Velay, on y reçut la nouvelle du changement de ministère au 8 août. A ce nom de Polignac, on opposa celui de la Fayette; et le vieux général poursuivit avec d'autant plus de confiance son voyage, qu'il reçut des ovations depuis Grenoble jusqu'à Lyon. Cette marche de la Fayette en France, qui eut tous les dehors d'un triomphe, devint le sujet d'un écrit tiré à cent mille exemplaires [1].

A quelque temps de là, plusieurs journaux publièrent le prospectus de l'*Association bretonne,* pour le refus de l'impôt. La plupart subirent des condamnations, et, quinze jours après, le roi accorda au prince de Polignac le titre de président du conseil des ministres.

Cependant Bertin aîné en avait appelé de la sentence prononcée contre lui quatre mois avant, et sa cause était portée de nouveau devant la Cour royale de Paris, présidée par M. Séguier [2]. A ce second procès, l'affluence des curieux fut plus grande encore qu'au premier; et si la plupart de ceux qui y assistaient attachaient à son issue un intérêt politique, il y en avait une partie composée des parents et des nombreux amis de Bertin aîné, qui attendaient aussi avec anxiété le jugement définitif qui allait être prononcé pour ou contre ce courageux vieillard. L'avocat général soutint vivement encore l'accusation; mais, après un éloquent plaidoyer où M. Dupin rappela l'attachement des Bertin à la monarchie légitime, les efforts courageux qu'ils avaient faits, les condamnations qu'ils avaient subies depuis leur jeunesse en soutenant cette cause, Bertin aîné se leva. A la vue de cette figure vénérable, de ces cheveux blancs qui ombrageaient un front calme; à l'aspect de ces traits qui, malgré le grand nombre des années, avaient conservé toute l'énergie de la jeunesse, il se fit un respectueux silence. Bertin prononça alors un dis-

---

[1] Voyage de la Fayette en France, précédé de sa vie et orné de son portrait.
[2] 24 déc. 1829.

cours qu'il termina ainsi : « .... Je ne sais si ceux qui se croient sans doute plus dévoués que moi au petit-fils de Henri IV rendent un grand service à la couronne ; je ne sais s'il est bien utile que des royalistes qui ont subi les peines de la prison pour la royauté les subissent encore au nom de cette même royauté ; mais enfin, messieurs, si, par impossible, mon défenseur n'était pas parvenu à vous faire partager sa conviction et la mienne, j'ose me flatter que, d'après le peu de mots que je viens d'avoir l'honneur de vous adresser, aucun de vous, aucun de ceux qui m'entendent, ne pourra croire qu'arrivé au terme prochain d'une pénible carrière, j'aie sciemment voulu offenser, outrager, insulter celui qui fut toujours l'objet de mon respect, j'allais presque dire de mon culte. »

La délibération fut longue, et lorsque le premier président Séguier eut donné lecture de l'arrêt de la Cour royale qui déchargeait Bertin aîné des condamnations prononcées contre lui, l'auditoire, tenu dans un état pénible de compression par l'attente du jugement, se laissa aller à toute l'effusion de sa joie, qui se communiqua rapidement dans le palais et jusque dans les rues. En effet, c'était une victoire pour la cause libérale, une défaite pour le ministère.

A ce sujet, Étienne croit devoir reproduire ici une des notes qu'il avait l'habitude d'écrire le soir lorsque quelque événement l'avait frappé. Il revenait de Paris, l'esprit tout préoccupé de l'état moral où il avait trouvé la grande ville ; rentré dans sa solitude, il traça comme malgré lui ce qui suit : « Fontenay-aux-Roses, 1er décembre 1829. — Depuis l'ordonnance du mois d'août qui a établi le nouveau ministère du prince de Polignac, de Labourdonnais, de Bourmont, etc., dont les opinions et la politique sont *ultramonarchiques,* tous les esprits en France s'attendent à une *contre-révolution.* Cet acte du roi pourra lui coûter cher, car la masse de la population, déjà assez mal disposée à son égard et envers sa famille, semble regarder cet événement comme le signal d'un changement futur et même assez prochain de dynastie. C'est du moins sur ce ton et avec la plus grande liberté que l'on s'exprime à Paris dans les salons les mieux fréquentés ; là, il y a un an, on ne parlait encore qu'avec respect du roi et de la famille des Bourbons. Mais tout est changé pour eux ; et comme il n'est ni dans leur nature ni en leur puissance d'agir vigoureusement, beaucoup de personnes les regardent comme perdus. Tous les journaux qui ne sont pas aux gages du ministère ou de la congrégation jésuitique, ce qui est tout un, dit-on, blâment unanimement l'ordonnance royale, et accablent de reproches les ministres qui l'ont contre-signée. Le rédacteur du *Journal des Débats* a été condamné en punition d'un article où l'on prétend qu'il a insulté le roi. Sept ou huit conseillers d'État ont donné leur démission, et M. de Chateaubriand s'est démis de son ambassade à Rome. En somme, l'éloignement pour la famille des Bourbons, est porté à son comble, et cette disposition seule, abstraction faite des fautes commises par le roi, suffit pour la conduire à une perte certaine. Personne ne paraît plus douter d'une déchéance, mais quel sera le successeur? Voilà la question. Sera-ce le duc d'Orléans? le roi de Rome? *Nescio*, et personne n'en sait plus que moi. »

Par la nature de ces réflexions écrites il y a trente-neuf ans par un homme très-attentif aux événements publics, mais resté toujours en dehors de la politique active, on peut se figurer combien le gouvernement de Charles X était devenu impopulaire et à quel degré de violence les discussions dans la Chambre et la polémique journalière des feuilles publiques étaient portées. Dans le monde même, les inquiétudes sur l'avenir, les questions politiques ramenées sans cesse dans la conversation, rendaient tristement orageuses des sociétés si agréables quelques années avant. Quant aux réunions du dimanche, où les discussions politiques étaient naturellement devenues le sujet constant des entretiens, Étienne, pour avoir un peu de repos d'esprit, résolut, malgré la rigueur de l'hiver de 1829 à 1830, de le passer à Fontenay-aux-Roses.

Rendu à une solitude presque complète, Étienne se livra avec une ardeur nouvelle aux travaux préparatoires qu'exigeait la composition définitive de l'ensemble de son travail sur la Renaissance. A ces études, emploi principal de son temps, il entremêlait des lectures propres à le distraire de ses préoccupations habituelles. Parmi celles de ce genre, il en est une que le hasard lui procura dont il croit devoir faire mention ici. Quoique la bibliothèque d'Étienne fût assez bien fournie, il s'en fallait bien cependant qu'elle contînt tous les livres indispensables à ses recherches; mais, grâce à une permission du ministre et à la complaisance toute amicale des conservateurs et des employés de la Bibliothèque royale, il obtenait là les ouvrages qui lui manquaient. Un jour que, venu de Fontenay à Paris pour faire un emprunt de cette nature, il attendait près du bureau l'ouvrage qu'il avait demandé, il prit machinalement un volume qui se trouva sous sa main et l'ouvrit. Le texte était anglais et portait pour titre : *Antar, roman bédouin traduit de l'arabe par Terric Hamilton*. La personne alors présente au bureau était précisément un orientaliste, M. Dubeux, auquel Étienne demanda quel était cet ouvrage. — Je vous avouerai à ma honte, répondit-il, que je ne le connais pas. Est-ce un livre réellement composé en arabe ou un roman fait de nos jours à plaisir? Je l'ignore. Mais vous, ajouta-t-il, qui êtes un curieux, un lecteur infatigable, emportez-donc ce volume pour nous dire ce qu'il est. » Étienne joignit donc *Antar* au livre qu'il était venu chercher, et retourna en toute hâte à Fontenay-aux-Roses, plein d'impatience de savoir ce qu'était ce roman bédouin.

A peine arrivé, il en entreprit la lecture qu'il continua pendant la nuit et ne termina qu'au jour. Mais ce roman chevaleresque, cette composition, outre son allure poétique, renferme une action dramatique du plus vif intérêt, qui, ne faisant que se nouer à la fin du volume, laissa le lecteur en proie à une vive curiosité.

Ce volume était le seul que possédât la bibliothèque royale. Étienne l'eut à peine dévoré, qu'il reprit le chemin de Paris, courut à la librairie étrangère, et pria Baudry d'écrire sur-le-champ, à Londres, pour qu'on lui envoyât, le plus promptement possible, non-seulenonment le premier volume déjà connu, mais tout ce qu'il y aurait de publié de la traduction anglaise d'Antar. Dix jours d'attente avant d'avoir réponse parurent bien longs à Étienne, qui enfin reçut tout ce que le traducteur anglais a publié, compris en quatre volumes[1]. Après la lecture des trois derniers, aussi originaux, aussi intéressants que le précédent, il fallut encore rester sur sa curiosité, car ces quatre volumes ne forment, comme on l'a appris depuis, que le tiers de tout le roman. Cependant il était déjà possible de se faire une idée de l'ensemble de l'ouvrage, surtout de son importance. Toutefois, se défiant du charme causé par une première lecture faite si rapidement, Étienne, voulant asseoir son jugement et mettre cette composition à une épreuve sérieuse, prit le parti de consacrer deux heures de chaque jour à la traduction en rançais de deux des plus important épisodes de ce roman, se proposant, par la pubication de cet essai, de

---

[1] Antar, a bedoueen romance, translated by Terrick Hamilton. 4 vol. in-8º, London, Joh. Murray, 1820.

faire connaître au public une composition arabe des plus curieuses, et surtout d'éveiller l'attention des orientalistes sur un ouvrage dont on connaissait à peine le nom en Europe. Mais la gravité et la fréquence des événements politiques, pendant les premiers mois de l'année 1830, faisaient jouer un assez triste rôle à la littérature, et cette publication fut ajournée[1].

En effet, le grand orage qui grondait depuis si longtemps était près d'éclater ; aussi Étienne se livrait-il avec plus d'ardeur à ses études chéries, quoique de graves pressentiments l'avertissaient qu'il faudrait bientôt les abandonner. Pendant la portion de la journée et de la nuit où il consultait ses livres et tenait sa plume, une espèce d'ivresse suspendait les préoccupations que faisaient naître en son esprit les événements publics ; mais le matin, à la réception des journaux et des lettres qui lui étaient envoyés de Paris, il avait une ou deux heures sombres à passer, dont l'impression ne s'affaiblissait qu'avec peine. Chaque jour un incident nouveau semblait annoncer pour le lendemain l'éruption du volcan sur lequel on vivait, et souvent les prévisions qui lui venaient de Paris à ce sujet étaient exprimées avec une apparence de calme qui ne faisait qu'augmenter les angoisses de l'attente pour ceux qui vivaient hors du foyer des haines politiques. Le 4 mars 1830, il recevait une lettre d'un de ses amis qui lui parlait, comme témoin, de la séance où le roi avait fait, deux jours avant, l'ouverture de la session législative ; il lui disait : « A l'exception de

---

[1] Ces extraits d'Antar furent cependant publiés peu de jours avant la révolution de juillet 1830, dans la *Revue française*, dirigée par M. Guizot, recueil qui cessa de paraître immédiatement après ce grand événement. Quoi qu'il en soit, le but principal d'Étienne fut atteint, car les orientalistes ne cessèrent plus de s'occuper d'Antar.

la promesse qu'a exprimée le roi de venger l'insulte faite au pavillon français par le dey d'Alger, nous autres libéraux n'avons été que très-médiocrement satisfaits du discours de la couronne. Mais tous les assistants ont été singulièrement frappés d'un incident qui peut être considéré comme une prédiction. Au commencement de la solennité, lorsque Charles X montait sur le trône qui lui avait été préparé dans la grande salle du Louvre, son pied s'engagea dans le tapis de l'estrade, et en faisant un mouvement pour éviter une chute, il laissa tomber son chapeau qu'il tenait à la main. Le duc d'Orléans, qui se trouvait auprès de lui, le ramassa avec empressement, mit un genou en terre, et le présenta à Charles X. »

Dans les dernières années que l'on vient de parcourir, l'importance des événements politiques s'est trouvée tellement confondue avec l'intérêt des questions littéraires, qu'il a fallu faire marcher les deux sujets de front. Cependant Étienne s'abstiendra de signaler les nouvelles tempêtes que firent naître dans la chambre des députés le vote de l'adresse qu'il fallait présenter au roi en réponse à son discours ; on en apprendra les détails dans les journaux du temps. Il suffira de dire que du côté du roi et du ministère, dont le pouvoir allait toujours s'affaiblissant, comme de celui du parti libéral, devenu plus puissant et plus entreprenant de jour en jour, tout était préparé pour une lutte terrible qui devait être la dernière.

Cependant, avant qu'elle s'engageât, quelques jours glorieux devaient encore briller pour la France. Un beau fait d'armes, un grand événement destiné à avoir les plus heureux résultats pour la France et pour toutes les nations civilisées de l'Europe, venait d'être accompli en moins d'un mois. La flotte française, partie de Toulon le 25 mai, avait opéré le débarquement en Afrique de l'armée composée de dix mille hommes, sous le commandement du général de Bourmont, et le 5 juillet, la ville d'Alger était au pouvoir des Français. Mais à peine vingt jours étaient écoulés depuis que l'on avait appris cette subite et importante conquête, que le ministère Polignac lançait les trois fatales ordonnances qui firent expulser les Bourbons de la branche aînée.

Le 26 juillet au matin, tous les habitants de Fontenay-aux-Roses, paysans et Parisiens, étaient dans la grande rue, plongés dans la stupeur et répétant avec plus ou moins d'intelligence du fait : « Les ordonnances ont été lancées hier!!! » Étienne rencontra là le jeune Farcy, qui lui confirma la nouvelle et ajouta qu'il partait pour Paris. Étienne, ayant déjà pris la même résolution, proposa au jeune professeur de faire route ensemble, ce qui fut accepté. Pendant les courts instants que le pauvre solitaire passa chez lui pour se préparer, mille sentiments divers vinrent l'assaillir. Son premier mouvement fut de mettre en ordre ses livres courants et les papiers qui couvraient sa table de travail ; mais il lui sembla que ce serait en quelque sorte consentir à un exil. Il laissa donc tout dans l'état où il était, très-impatient d'aller trouver sa famille dans ces graves circonstances. Mais, près de s'éloigner de cette retraite paisible où il ne savait pas quand il rentrerait, et dont en effet il est resté absent pendant plus d'une année, il éprouva une profonde émotion en jetant un dernier regard sur ces livres, sur ces murs chargés de tant de souvenirs, et sortit brusquement pour aller rejoindre Farcy.

Ils partirent. Jamais le jour n'avait été plus pur et le soleil plus ardent. En traversant la plaine à grands pas, les deux voyageurs n'échangèrent que peu de paroles pour s'élever contre l'obstination du ministère, qui se rendait responsable du sang qui allait infailliblement couler. Entrés à Paris et parvenus jusqu'à l'Observatoire, ils prirent des directions différentes. En se quittant, le jeune professeur dont la figure était altérée, dit : « Adieu, je vais chez un ami où je trouverai sans doute des armes. » C'était la dernière fois qu'Étienne le voyait. Trois jours après, débouchant de la rue Saint-Nicaise dans le Carrousel, au milieu d'une colonne de citoyens armés qui se portaient vers le château des Tuileries, il fut frappé d'une balle dans la poitrine et ne survécut que peu d'instants à sa blessure.

XXVI

Les trois terribles journées de juillet avaient donné gain de cause au parti libéral, Charles X se réfugiait en Angleterre, et le duc d'Orléans, nommé d'abord lieutenant du royaume, conseillé par le général Lafayette, avait accepté le titre de roi des Français en promettant de faire exécuter rigoureusement la Charte. Parmi les libéraux constitutionnels, il y eut des démonstrations sincères de joie et même d'enthousiasme ; mais dès les premiers jours de l'avénement de Louis-Philippe au trône, les libéraux républicains exprimèrent avec une aigreur menaçante, la colère sourde qu'ils éprouvaient de n'en avoir pas fini de ce coup avec la monarchie. Cette faction, plus puissante par son activité que par le nombre, devint, dès les premiers jours du gouvernement de juillet, l'un des éléments délétères qui devaient le miner pendant les dix-sept ans de sa durée. Quant au parti opposé, celui du prince détrôné, les légitimistes, ainsi que sous le premier Napoléon, *boudèrent,* se tenant cois chez eux, attendant, selon leur usage, que le parti révolutionnaire continuât et achevât une besogne dont ils se flattaient de recueillir le profit. Un seul acte violent fut tenté par un légitimiste dans les premiers jours du règne de Louis-Philippe. Le prince, voulant faire prendre à la royauté nouvelle les allures populaires qu'elle affecte, même dans quelques monarchies des plus absolues, comme en Autriche, où l'empereur parcourt seul les rues et les marchés, Louis-Philippe crut pouvoir donner une preuve de la confiance qu'il avait dans le peuple, en se hasardant à pied dans les rues de Paris; mais il fut bientôt forcé de renoncer à un usage qui blessa les préjugés des badauds de Paris, et mit même la vie du prince en danger. Entourer le nouveau roi dans les rues, le suivre avec une curiosité niaise, était de la part d'une population qui, peu de jours avant, avait combattu avec un courage inouï pour obtenir un surcroit de liberté et une simplification des habitudes de la cour, une inconséquence dont on aurait peut-être pu avoir raison avec de la persévérance, lorsqu'un événement plus grave, et qui fut comme le signal des douze ou treize tentatives d'assassinat contre la vie de Louis-Philippe, força le nouveau roi de renoncer à cette royauté populaire qu'il voulait établir en France. Un jour que, seul et rentrant à pied au château des Tuileries, il se trouva engagé dans la partie la plus étroite de la rue Saint-Nicaise, détruite aujourd'hui, il fut serré de si près contre le mur par un cabriolet conduit à dessein vers lui par un homme de qualité du parti légitimiste, qu'il s'en fallut de bien peu que le roi ne fut broyé sur la place. On assoupit cette affaire, mais de ce jour, le roi ne sortit plus qu'en voiture qu'il fallut même entourer bientôt d'une escorte de cavalerie. Ainsi l'idée que l'on avait eue au commencement du nouveau règne, d'assimiler la royauté à la plus élevée des magistratures, devint inexécutable.

Pour tous les hommes de l'âge d'Étienne, ces tristes manifestations prouvaient combien les quinze dernières années d'expérience du gouvernement constitutionnel avaient fait faire peu de progrès aux masses dans l'art d'user de la véritable liberté. Toutefois la joie, l'enivrement causés par le gain de la grande bataille, ainsi que la satisfaction de s'être débarrassé de la congrégation jésuitique et du pouvoir absolu, entretenaient une ivresse à laquelle on se laissait aller avec d'autant plus d'abandon, que deux heures après la victoire du peuple, on avait vu les commissionnaires de la Banque de France circuler tranquillement avec leurs sacoches sur l'épaule, faisant en toute sécurité leurs recettes et leurs payements dans Paris.

Cependant, après des secousses si violentes et un grand désordre matériel, il fallait bien des efforts pour rétablir le calme. La garde de Paris n'existait plus, l'indiscipline s'était glissée dans les rangs de la troupe de ligne, aussi la réorganisation de la garde nationale devint indispensable. Un nombre considérable des habitants de Paris s'y enrôlèrent volontairement, et bientôt soixante mille hommes armés et en uniformes purent se rendre au Champ de Mars pour être passés en revue par le nouveau roi et recevoir de sa main les drapeaux tricolores.

Étienne faisait partie de cette armée improvisée, et ce ne fut pas sans émotion qu'il assista à cette cérémonie plus civile encore que militaire. Le métier de garde national n'était pas nouveau pour lui; quinze ans avant, en 1814, il l'avait exercé dans des circonstances fort dures, et alors que les Parisiens, portant la cocarde blanche, furent forcés de faire, nuit et jour, la police de leur ville avec les troupes russes et prussiennes. Grâce au ciel, il n'en était plus ainsi en 1830 ; le sol de la France était libre, et aux espérances flatteuses que faisait concevoir le gouvernement d'un prince qui avait jugé depuis longtemps le régime constitutionnel le plus propre à établir l'équilibre dans la constitution politique de la France, venait se joindre une joie que l'on peut juger puérile, mais qui n'en fut pas moins profonde, celle de revoir briller le drapeau aux trois couleurs.

Quoique Étienne, parvenu alors à la cinquantaine, ne pût se dissimuler qu'après tant de révolutions dont on s'était toujours promis merveilles, il allait, ainsi que ceux de son âge, faire l'épreuve d'un onzième gouvernement, la cérémonie de la distribution des drapeaux au Champ de Mars lui procura de vives émotions. Cette armée de citoyens, sortie en quelque sorte de dessous terre ; ce vieil uniforme, cette cocarde tricolore, datant de 1789, signes consacrés, illustrés dans toute l'Europe par la vaillance française, reparaissaient tout à coup dans le lieu même où on les avait portés pour la première fois, quarante ans avant ; ce spectacle réveilla aussi dans l'âme des vétérans de cette nouvelle armée de grands souvenirs.

Depuis l'arrivée et le placement des douze nouvelles légions dans l'enceinte du Champ de Mars, jusqu'aux apprêts toujours assez longs du défilé, on resta en station l'arme au pied, pendant deux heures. De son rang, et causant avec quelques-uns de ses jeunes compagnons, Étienne, rapprochant les souvenirs de la fédération de 1790, dont il avait été témoin, de la cérémonie à laquelle il prenait part en ce moment, leur rappelait les impressions qu'il avait reçues dans son enfance. Il leur racontait avec quel enthousiasme et quelle unanimité de conviction toutes les classes de la population parisienne, ecclésiastiques, nobles, bourgeois, femmes et enfants, avaient pris part au défoncement du Champ de Mars pour élever les talus de l'amphithéâtre ; il leur disait l'empressement que tous, même les élégants de Paris, mettaient à manier la pioche, à s'atteler aux camions, pour opérer les terrassements indiqués par les ingénieurs. Il insistait surtout sur l'élan spontané, sur la foi ardente, on peut le dire, avec lesquels, outre les bataillons des gardes nationales de France dans la force de l'âge, les vieillards au delà de soixante ans et les jeunes gens de quatorze à quinze s'étaient présentés pour former des corps de réserve et prendre part à ce grand acte, à cette fédération, — symbole de la réunion politique des trois ordres de l'État. Trop jeune encore pour faire partie de cette troupe d'adolescents, désignée sous le titre de *régiment Royal-Bonbon,* Étienne avait été conduit par son père aux travaux du Champ de Mars pour qu'il y prît part et conservât le souvenir de ce grand événement. Aussi, en racontant ces détails à ses compagnons, Étienne leur désignait la partie du talus à laquelle il avait travaillé. Ces récits, qui intéressaient les jeunes libéraux, réveillaient dans la mémoire d'Étienne mille et mille souvenirs de ce temps déjà si éloigné. « Tenez, leur disait-il, en désignant le toit bombé qui couronne le pavillon central de l'École militaire, c'est sous ce vaste comble que j'ai passé la nuit du 13 au 14 juillet 1790. Mon père, lié avec Le Paute, horloger du roi, avait été invité par lui, ainsi que ma mère et moi, à venir voir la cérémonie de la fédération du haut de l'École militaire. Le comble, où était l'horloge, avait été mis à la disposition de celui qui en soignait le mécanisme, et l'immensité de ce local lui avait permis d'envoyer des invitations à près de trois cents personnes. Toute la charpente intérieure était masquée par des draperies ornées de fleurs et maintenues par des rubans aux trois couleurs. Un immense buffet était préparé, ainsi qu'un orchestre, pour le bal qui eut lieu pendant la nuit.

La cour de l'Ecole militaire devant être libre pour l'arrivée du roi et de sa suite le 14 juillet au matin, les personnes invitées par le Paute avaient été averties de se trouver au rendez-vous le 13 au soir. L'assemblée fut des plus brillantes. Les dames, tout en restant fidèles aux modes du jour, avaient eu soin de joindre à quelque partie de leurs vêtements les trois couleurs favorites, et tous les hommes portaient la cocarde nationale à leurs chapeaux. Vers dix heures du soir, on ouvrit le bal qui dura jusqu'au jour.

Malgré l'entrain de cette fête nocturne, la préoccupation du lendemain n'en était pas moins vive, l'incertitude du temps faisant naître d'assez justes appréhensions au sujet de la journée qui allait suivre. Depuis quelques jours le ciel avait des caprices; à l'éclat inconstant du soleil de juillet, succédaient de fortes averses, et ces intermittences de pluie et de beau temps faisaient passer sans cesse les imaginations de la joie à la crainte. Pendant le bal, au milieu de la nuit, quelques hommes, au nombre desquels était le père d'Étienne, impatients de savoir quel était l'état du ciel, parvinrent, par des degrés d'un accès peu facile, jusqu'à la plate-forme du dôme où l'on hisse le drapeau. Étienne avait voulu être de la partie, mais ce ne fut pas sans éprouver une vive émotion, quoique entouré des bras et des vêtements de son père, qu'il se vit sur un espace si étroit, si élevé, et exposé aux intempéries d'une nuit pluvieuse. Outre l'ensemble du Champ de Mars, on apercevait dans des lointains vagues toutes les campagnes environnantes, et dans l'immense étendue du ciel volaient rapidement des nuages isolés qui lançaient en passant de vives ondées. Toutefois, de ce spectacle vague, incertain, l'œil d'Étienne se reportait toujours involontairement vers le Champ de Mars, sur le feu des bivouacs des gardes françaises, dont l'éclat se réfléchissait dans trois ou quatre grandes mares d'eau formées par la pluie. Cette longue nuit d'attente, car bien avant le jour les talus du Champ de Mars étaient garnis de spectateurs, avait donné à la curiosité publique l'ardeur d'une passion violente. Dès que le jour parut, les batteries placées au bord de la Seine, des deux côtés de l'arc de triomphe élevé en tête du Champ de Mars, firent feu, et Étienne fut conduit de nouveau par son père sur la plate-forme du dôme, afin qu'il pût suivre tous les incidents variés de cette mémorable journée. « Les historiens vous en ont fait connaître les détails, ajouta Étienne, continuant de s'entretenir avec ses compagnons ; mais quoique mon extrême jeunesse s'opposât à ce que je comprisse toute l'importance d'un pareil événement, l'enthousiasme, poussé jusqu'au délire, de toutes les députations armées de la France, jurant d'une voix unanime de maintenir le nouvel ordre social qui venait d'être établi, eut quelque chose de si solennel qu'il a laissé dans mon esprit un souvenir qui ne s'effacera jamais. »

Quels que soient les mécomptes qui se succèdent avec le temps, ce que l'on a éprouvé sous l'empire d'un sentiment vrai et fort laisse toujours des traces plus profondes que ce que le raisonnement fait accepter. En 1830, à la distribution des drapeaux, on n'était plus entraîné, comme en 1790, par des espérances de bonheur que n'avait pas encore altérées la triste expérience. Aussi, malgré les bouffées de joie qui gonflaient momentanément le cœur des libéraux sincères, ce n'était au fond que des joies de reflet, des souvenirs des premiers temps de la révolution. Quant à Étienne, du milieu du Champ de Mars où il stationnait cette fois avec sa légion, un instinct insurmontable lui faisait diriger sans cesse ses regards vers le sommet de l'École militaire, d'où, quarante ans avant, il avait été témoin de la confiance irréfléchie avec laquelle on se précipita dans l'avenir. A cette seconde réunion, bien qu'un ciel pur fût d'un augure plus favorable, et que les aigrettes aux trois couleurs, agitées par l'air, ranimassent les fronts glacés pendant quinze ans par la cocarde blanche, aux souvenirs de l'élan généreux de 1789 se mêlaient ceux de l'époque sinistre de 93 qui avait succédé, et l'on n'était même pas exempt de crainte sur les dispositions de la populace qui, à ce moment même, demandait la mort des ministres signataires des ordonnances de Charles X. Ce n'était donc plus le temps de l'enthousiasme, expression sincère d'une confiance sans bornes ; tout en 1830 était soumis au calcul des probabilités.

Sans s'arrêter ici sur les dix-sept années du gouvernement de Louis-Philippe, sous lequel ont été faits par quelques hommes les efforts les plus sincères et les plus habiles pour l'établissement d'une vraie et sage liberté, il ne sera peut-être pas inutile, pour les générations qui nous suivront, qu'un témoin sincère de cette dernière époque, resté étranger aux passions politiques, dise qu'en considérant le besoin réel de liberté que les Français paraissent avoir eu alors, comparé à l'usage immodéré qu'un si grand nombre d'entre eux en ont fait, le libéralisme du gouvernement de 1830 peut passer pour avoir été excessif, puisqu'il a en quelque sorte favorisé les projets d'une foule de gens inconsidérés, pour ne parler que des moins coupables qui, en 1848, ont tout à coup plongé la France dans l'anarchie, sans se douter que le seul remède à ce mal a toujours été la dictature, et au besoin la tyrannie.

A la suite du grand événement de la révolution de 1830, les habitudes de la vie d'Étienne furent tellement bouleversées pendant plus d'un an, qu'il n'a pu passer par-dessus cette époque sans en dire quelques mots. Depuis le mois d'août de cette année, jusqu'en juin de la suivante, le service incessant de la garde nationale le priva complétement du séjour de Fontenay-aux-Roses. Les émeutes se renouvelaient si fréquemment, la générale retentissait si souvent dans les rues de Paris, que l'on ne déposait ses armes que pour prendre en hâte de la nourriture et quelque repos. Entre les nombreuses corvées que la garde nationale eut à subir en ce temps furent celles qu'occasionna le procès des derniers ministres de Charles X, dont la populace demandait la mort à grands cris. En ces occasions, le bataillon dont Étienne faisait partie eut pour tâche de s'opposer aux fureurs populaires, et ce ne fut pas sans avoir à surmonter de grands obstacles que l'on parvint à faire évacuer les abords du Luxembourg, où les ministres étaient retenus prisonniers. Après cette rude expédition, la troupe rentra au palais du Luxembourg, pour servir de renfort pendant la nuit à celle qui en avait la garde. Fatigué à la suite des longues évolutions de la journée, Étienne, ainsi que ses compagnons, dormait profondément, lorsque vers une heure du matin, le cri : Aux armes ! fit mettre tout le poste de réserve sur pied.

Depuis les trois fameuses journées, aucun des habitués du dimanche ne s'était présenté chez Étienne, et le hasard avait voulu qu'il n'en eût rencontré aucun. Or, la prise d'armes était occasionnée par l'arrivée d'une ronde major; et ce n'était rien moins que le général la Fayette qui venait faire l'inspection des postes. Outre son état-major qui le suivait, deux hommes d'assez mauvaise mine étaient chacun à ses côtés. Coiffés de chapeaux à trois cornes, enveloppés de larges manteaux gonflés, selon toute apparence, d'un assortiment d'armes de différentes espèces, ils paraissaient se tenir sur leurs gardes, en promenant silencieusement leurs sinistres regards sur ceux qui les entouraient. Ces hommes, appartenant à la police, étaient sans doute les gardes du corps du vieux général, car sa popularité était déjà bien diminuée auprès du parti républicain, qui ne lui pardonnait pas d'avoir rétabli une ombre de monarchie, en consentant à ce que Louis-Philippe montât sur le trône. Ces précautions étaient d'autant plus nécessaires que quelque temps après, pendant le cours tumultueux d'une ovation faite au général, à l'instant où la foule l'accompagnait en traversant un pont, quelques républicains forcenés agitèrent la question de savoir si l'on ne précipiterait pas l'idole populaire dans la Seine.

Au moment où la sombre physionomie des deux gardiens du général attirait l'attention des assistants, Étienne aperçut parmi les officiers d'état-major M. Charles de Rémusat, se tenant à quelque distance de la Fayette. Les regards des deux habitués des réunions du dimanche, se rencontrèrent, et dans le sourire amical qu'ils échangèrent de loin se peignit la surprise de se retrouver en pareil lieu, sous l'habit militaire et dans des circonstances aussi graves, eux qui jusque-là ne s'étaient réunis que pour s'entretenir paisiblement de littérature et de philosophie.

Le service, devenu indispensable par la durée de l'agitation populaire, se prolongea pendant onze mois sans interruption, et ce ne fut que rompu par l'habitude qu'Étienne put faire diversion à ce genre de vie, en ramenant peu à peu son esprit à ses habitudes ordinaires. Jusque-là il n'avait eu qu'une teinture de la langue espagnole, dans les longues heures de nuit passées dans les corps de garde il en fit une étude sérieuse. Ce fut aussi vers ce temps que l'idée de la nouvelle de *Mademoiselle de Liron* commença à poindre dans son esprit, mais sans qu'il interrompît la lecture des ouvrages où il recueillait les documents nécessaires à l'achèvement du travail qu'il méditait sur la Renaissance. Que de fois, le lendemain d'une émeute, lorsqu'un calme trompeur se rétablissait pour quelques jours, Étienne, se retrouvant au milieu de ses livres et près de sa table de travail, se répétait en dedans de lui-même sa chère devise : « *Dulces ante omnia Musæ !* »

A cette époque où le désordre avait fait invasion dans les écoles, la sœur d'Étienne, craignant que son fils Eugène Viollet-le-Duc, âgé alors de seize ans, ne fût forcé de faire partie d'associations dont le but n'était rien moins que rassurant, pria Étienne, son frère, de faire inscrire son fils sur les contrôles de la garde nationale, ce qui fut cause qu'Eugène, qui avait suivi ses études classiques près de son oncle à Fontenay, fît encore à ses côtés l'apprentissage des armes à Paris. Cette épreuve fut dure pour l'un et pour l'autre, et aux jours de certaines émeutes, la responsabilité qu'avait prise Étienne, ayant son neveu près de lui, pesa parfois bien gravement sur son âme. Enfin, après onze mois de ce service incessant, grâce à la double considération de l'extrême jeunesse du neveu et de l'âge déjà mûr de l'oncle, on leur accorda un congé pour une partie de l'année 1831. Étienne, dès l'enfance de son neveu, ayant pris l'engagement de lui faire faire son premier voyage, profita de la liberté qu'on leur avait accordée, pour remplir sa promesse, et il fut résolu que l'on se dirigerait vers le midi de la France. La vocation d'Eugène était plus que jamais décidée en faveur de l'art de l'architecture, et son oncle se proposait de lui faire voir et étudier les précieuses antiquités romaines de nos départements méridionaux.

Il serait impossible d'exprimer la joie qu'éprouvèrent les deux voyageurs, lorsque, débarrassés de l'habit militaire, et pleins de l'espérance de se trouver en plein air, de traverser des plaines et des montagnes, ils s'échappèrent du gouffre de Paris. Ils poursuivirent leur route jusqu'à Clermont, le premier point où ils s'arrêtèrent. Tout le curieux pays volcanique de l'Auvergne fut exploré, jusqu'au delà des monts Dore; et passant par le Puy en Velay, Lyon, Nîmes, Avignon, Vaucluse, Marseille et Toulon, ils poussèrent jusqu'à Hyères, où se borna leur course. Le résultat de ce voyage, pour l'oncle et le neveu, outre la bonne santé et la gaieté qu'ils en rapportèrent, fut un recueil de cent trente dessins, dont Eugène Viollet-le-Duc, déjà dessinateur intelligent et habile, avait achevé les deux tiers. Quant à Étienne, quoique ses instincts pittoresques ne l'eussent pas complétement abandonné, il s'était chargé de la correspondance avec la famille et les amis, et en outre il s'occupait en voyageant de la composition du roman de *Mademoiselle de Liron*.

En parcourant les nombreux monticules volcaniques semés autour du Puy-de-Dôme, Étienne revit, au centre d'une vallée d'un aspect lugubre, le groupe de chaumières qui forment l'habitation de M. de Montlozier, le seul homme qui ait eu l'idée de s'établir dans cet affreux désert pour en rendre le terrain propre à la culture. Dix ans avant, Étienne avait déjà visité ces lieux; en les parcourant de nouveau, il fut frappé du peu de progrès de la végétation. Comme pendant les dix années qui s'étaient écoulées, Étienne avait eu l'occasion de se trouver à Paris avec M. de Montlozier, il ne voulut pas passer sur ses terres en 1831 sans lui faire ses politesses.

Après une conversation sur ses chers volcans éteints, et quelques mots de regret sur le mauvais succès de ses entreprises agricoles, M. de Montlozier se rabattit sur la question dont il s'occupait avec passion. Son idée fixe était la séparation de deux intérêts qui, en principe, semblent ne devoir en faire qu'un. Ce gentilhomme féodal, au milieu du XIXe siècle, se portait comme ardent défenseur de la noblesse héréditaire; et d'autre part, janséniste au fond de l'âme, et très-dévot, il n'est pas d'efforts qu'il n'ait faits pour diminuer la prépondérance du clergé et annuler celle des moines. Ces deux idées contradictoires faisaient dérouler à cet homme une foule de paradoxes dont on n'était pas dupe, mais que l'on écoutait avec plaisir, bien que, le charme une fois passé, on ne trouvât, au fond de cette éloquence fougueuse, qu'un nouvel exemple de ces systèmes bizarres qui, ainsi que ceux de de Maistre, de Lamennais, de Saint-Simon et des néochrétiens, ont mis tant de troubles dans les esprits.

Au retour, après un séjour d'une semaine à Nevers chez des amis qui trouveront bientôt place dans ces souvenirs, les voyageurs rentrèrent vers octobre à Paris, qu'ils trouvèrent un peu plus calme. Il fallut cependant reprendre l'habit d'uniforme ; mais le service, sans être précisément adouci, était devenu plus régulier, ce qui donnait la faculté de prévoir et de régler l'emploi du temps.

Cette amélioration, sauf le cas des émeutes imprévues, permit à Étienne de faire des séjours assez prolongés à Fontenay-aux-Roses, ce qui lui fut très-salutaire, car le travail était devenu pour lui un besoin plus impérieux que jamais, depuis qu'il se trouvait fréquemment isolé. Ses deux neveux achevaient leurs études à Paris, et, dans la grande ville même, ceux de ses amis qui avaient fréquenté sa maison les dimanches, exclusivement préoccupés des affaires publiques depuis le gouvernement de Louis-Philippe auquel tous prenaient déjà une part très-active, avaient mis fin, par leur absence, à cette société littéraire qui comptait plus de dix ans de durée.

Cette solitude dans laquelle Étienne se trouva plongé tout à coup ne l'abattit cependant pas. Ayant recours au moyen qui lui avait toujours réussi en des occasions analogues, il se livra au travail avec fureur, acheva le roman de *Mademoiselle de Liron*, composa la nouvelle du *Mécanicien roi*, poursuivit ses recherches pour l'histoire de la Renaissance et celle de Florence, ce qui ne l'empêchait pas de lire attentivement plusieurs productions nouvelles, et en particulier les poésies de Lamartine et de Victor Hugo.

Aux époques de civilisation très-avancée, les poëtes qui apparaissent, quelle que soit l'originalité de leur génie, n'échappent jamais à l'influence des idées et des goûts qu'ils trouvent établis. Corneille se ressentit toujours de l'humeur chevaleresque des poëtes espagnols, et plus tard, lorsque le goût de la littérature antique devint général en France, les tragiques grecs échauffèrent la verve de Racine. A l'époque où MM. de Lamartine et Victor Hugo, jeunes encore, éprouvèrent le besoin de faire des vers, un poëte étranger, mais de premier ordre, lord Byron, cet homme dont l'âme était gonflée d'orgueil et de rancune, tenait sous son sceptre poétique la plupart des jeunes écrivains français de ce temps. L'enthousiasme fiévreux qu'il leur inspira fit même passer dans leurs écrits l'expression habituelle d'un certain mépris des hommes et du monde qui en restera l'un des principaux caractères. Il serait sans doute injuste de signaler ces deux poëtes français comme des imitateurs du poëtes anglais, mais involontairement ils ont retenu quelque chose de la manière du chantre de *Child Harold*. L'auteur des *Méditations*, lorsqu'il abuse de la faculté de charmer par ses vers pour faire accepter une fable invraisemblable comme celle de son roman de *Jocelyn*; le poëte des *Orientales*, quand il se laisse aller au dénigrement des différentes classes de la société, dans ses drames, en fournissent plus d'une preuve. La poésie lyrique, qui jette un si grand éclat dans les œuvres de lord Byron, même dans celles auxquelles il a essayé de donner une forme dramatique, ce mode est aussi celui où MM. de Lamartine et Victor Hugo ont le plus complètement réussi, et qui restera le fondement le plus solide de leur renommée. Ces deux hommes, auxquels on pourrait peut-être adjoindre Béranger, ont donné à la poésie lyrique, restée si timide jusqu'à eux, un essor hardi, tendre ou gracieux qui fera époque dans l'histoire de notre littérature.

Quant au but principal que l'on poursuivit pendant la révolution romantique, celui de donner aussi, mais à force d'art et d'étude, une nouvelle vie au théâtre, on est loin de l'avoir atteint. De tous les essais dramatiques écrits en prose, comme l'avait tant recommandé Beyle, aucun, même des plus spirituels, n'a été présenté pour subir l'épreuve de la scène, et tous aujourd'hui sont relégués dans les bibliothèques où l'on ira les chercher quand le temps sera venu d'écrire l'histoire littéraire de cette époque.

Les tentatives les plus sérieuses pour imprimer un caractère et un aspect nouveaux à la scène française ont été faites par M. Victor Hugo. De 1829 à 1843, il a composé neuf drames, la plupart en vers, dont huit ont été représentés [1].

Il est superflu de revenir sur la pièce de *Cromwell,* si ce n'est pour rappeler que le droit égal accordé au laid comme au beau de comparaître dans les œuvres d'art a cessé de passer pour inattaquable à compter de la révolution de 1830. La représentation d'*Hernani* avait eu lieu cinq mois avant les trois journées, Étienne y assistait, et fut témoin d'un double spectacle assez étrange, celui qu'offrit la scène, et l'autre que présenta une bonne partie des auditeurs.

---

[1] En 1829, *Cromwell,* imprimé seulement ; puis en février 1830, *Hernani* ; en 1831, *Marion de Lorme* ; en 1832, le *Roi s'amuse* ; en 1833, *Lucrèce Borgia* ; même année, *Marie Tudor* ; en 1835, *Angelo* ; en 1838, *Ruy Blas,* et en 1843, les *Burgraves*.

Ce drame, avant et pendant les répétitions qui eurent lieu peu de temps avant l'ouverture de la session législative par Charles X, avait préoccupé une portion du public, vivement émue d'ailleurs par le cours orageux des événements publics. Non-seulement les amis particuliers de Victor Hugo, mais ceux qui désiraient le triomphe de ses doctrines, considéraient la réussite d'*Hernani* comme le grand et dernier coup porté au système de l'ancien théâtre français. Au jour indiqué pour la première représentation, le 25 février 1830, toutes les places étaient retenues d'avance, et si des amis d'Étienne ne lui en eussent pas cédé une dans leur loge, il lui eût été impossible de s'en procurer. Les personnes avec lesquelles il se trouvait, complétement désintéressées dans la question qui allait s'agiter, étaient venues là, entraînées bien plutôt par l'habitude d'assister aux premières représentations que pour satisfaire une curiosité littéraire. Exempts de toutes préventions, ces auditeurs, par cela même, devenaient pour Étienne comme une pierre de touche à l'aide de laquelle il pourrait juger des impressions que le drame nouveau produirait sur la portion impartiale de l'auditoire, fort restreinte, il est vrai. Il ne fallut rien moins que l'ensemble du premier acte pour que l'esprit s'accoutumât à la complication romanesque de la fable, à l'étrangeté des sentiments exprimés par les personnages et au langage parfois plus que familier, employé par le poëte. Quant à la grande majorité des spectateurs, rompus déjà aux mérites de l'ouvrage par des lectures auxquelles ils avaient assisté, ou préparés par des louanges anticipées faites par les journaux et répandues dans les réunions littéraires, ils prodiguèrent les applaudissements avec une telle furie, que, loin d'admettre une ombre de critique, il ne mirent même aucune nuance dans les excès de leur admiration. Bien plus, ils ne purent supporter tranquillement le calme de la physionomie de ceux qui ne partageaient pas leur enthousiasme frénétique ; et pour peu que l'on ne battît pas des mains, que l'on ne trépignât pas des pieds à chaque couplet, on était rangé, avec accompagnement de paroles menaçantes, dans la classe des êtres idiots, stupides.

Un assez grand nombre d'hommes d'esprit et de talent, quelques-uns même qui ont justement conquis les derniers honneurs académiques, objet de leurs plaisanteries il y a trente ans, concouraient au succès turbulent d'*Hernani*. Que pensent-ils aujourd'hui de cet ouvrage et de l'enthousiasme, factice ou sincère, qu'ils ont fait éclater en l'écoutant pour la première fois au théâtre ? Quelques mémoires posthumes donneront peut-être un jour le secret de cette comédie.

Quant à M. Victor Hugo, il était de bonne foi quand il écrivit la préface de *Cromwell*. Il croyait en lui, en sa doctrine, et était certain d'avoir reçu la mission de réformateur de la scène française ; l'ardeur avec laquelle il a composé ses huit drames en est la preuve. Mais il s'est abusé, et en comparant l'ensemble de ses poésies lyriques à ses pièces de théâtre, le premier lot est infiniment supérieur au second. En effet, ce poëte dit toujours mieux et avec une verve plus franche et plus riche, quand il exprime ses propres sentiments et parle pour son compte, que lorsqu'il se fait l'interprète des passions des autres. La faculté de s'oublier soi-même, pour s'assimiler à un personnage dont on doit contrefaire les sentiments et jusqu'au langage, est un don naturel que l'art ne remplace jamais.

Dans les drames de M. Victor Hugo, la fable, ordinairement romanesque jusqu'à l'invraisemblance, se déroule péniblement ; le caractère, les passions qu'il prête à ses personnages, presque toujours conventionnels, n'ont jamais cette aisance qui résulte d'une imitation simple et vraie de la nature. Enfin l'abaissement, le dénigrement de la pauvre espèce humaine, auquel le poëte s'est laissé entraîner par l'idée malencontreuse de donner une énergie et une importance excessives à la laideur, fatigue, attriste le spectateur, qui ne trouve pas une compensation suffisante dans des couplets isolés de beaux vers, où l'auteur, la plupart du temps, s'empresse de substituer ses idées propres à celles de ses personnages.

Cependant, malgré ces défauts, reconnus même par les partisans du système dramatique d'Hugo, le public n'est pas resté indifférent à ces essais, et les théâtres de Paris et des provinces les ont produits sur la scène pendant l'espace de quatorze ans, épreuve assez longue pour que les innovations théâtrales qui y ont été introduites eussent été décidément acceptées, si, comme on s'en était flatté, elles eussent répondu à un besoin intellectuel nouvellement développé dans le public.

Mais quelque fondées que puissent être certaines critiques dirigées contre la régularité et l'allure habituellement pompeuse de notre ancien théâtre, il faut croire que ces défauts, reprochés même à Corneille et à Racine, ne contrarient pas les Français au point de les rendre insensibles aux beautés de nos deux grands tragiques, puisqu'il a suffi qu'une pauvre petite fille, que cette Rachel si admirablement douée comme comédienne, devînt tout à coup véritable et digne interprète de ces deux poëtes, pour que leurs ouvrages reprissent leur éclat et tout le charme de la nouveauté. La question relative au théâtre était donc jugée, et Corneille ainsi que Racine n'étaient ni vieillis ni surpassés.

Tandis que ces laborieux, mais vains efforts étaient tentés pour rajeunir notre scène, M. de Lamartine, sans s'appuyer sur un système préconçu, obéissait simplement à l'heureux don qu'il a reçu d'exprimer en beaux vers ses passions, ses doutes, ses espérances. Il les analyse même avec une telle pénétration d'esprit, les exprime dans un style et avec un choix de pensées si élevés qu'il fait accepter jusqu'aux fables invraisemblables qu'il invente. Mais, avant tout, M. de Lamartine est un poëte lyrique. Il se scrute, il s'étudie, souvent même il s'admire; et les êtres qu'il met en scène ne sont que des miroirs où vont se réfléchir ses sentiments, ses idées favorites et jusqu'à sa personne.

Parmi les écrivains qui se sont fait connaître à l'aurore du romantisme (1819), il s'est toujours montré le plus indépendant, parce qu'il n'a pas cessé de suivre le cours de ses idées, d'obéir au naturel propre de son génie, à la spontanéité de ses impressions. Cette heureuse disposition, admirablement développée dans ses *Méditations*, l'a fait proclamer tout d'abord un grand poëte. Mais, outre les qualités qui lui ont valu ce titre, l'indépendance de l'esprit et du talent est une de celles qui ont garanti cet écrivain d'un des grands travers des auteurs ses contemporains, qui prétendirent opérer une révolution radicale dans notre littérature à force d'étude et d'art. Pour lui, il a toujours dédaigné de faire de l'art pour l'art, de chercher la couleur locale, et surtout de s'épuiser sur ces études archéologiques qui ont desséché le cerveau de tant d'écrivains et d'artistes de nos jours. C'est ainsi que, restant maître de sa pensée, et laissant le soin de lire le *Phédon* à ceux qui veulent absolument connaître les moindres circonstances de la mort de Socrate, poëte de son temps et pour son temps, de Lamartine s'est emparé de ce sujet avec l'idée de le traiter librement, comme il le dit lui-même, « en y faisant sentir une philosophie plus avancée dans les paroles du sage Athénien, et comme un avant-goût du christianisme. »

Il est peu de personnes qui n'aient eu l'occasion de connaître, ou au moins de rencontrer leurs contemporains célèbres. Cependant Étienne n'a même jamais aperçu madame de Staël, et MM. de Lamartine et Victor Hugo jouissaient depuis longtemps déjà de leur célébrité lorsqu'il les vit pour la première fois.

C'est vers 1839 qu'il eut l'occasion de se trouver avec l'auteur d'*Hernani*, à Bièvre, chez Bertin aîné. Victor Hugo était alors dans tout l'éclat de sa gloire, sa présence était un événement là où il était, et l'on écoutait avec une attention respectueuse toutes ses paroles. Comme de coutume, le dîner fut très-gai chez l'aimable directeur du *Journal des Débats*, et lorsqu'on quitta la table pour passer au salon, l'entrain des convives devint plus vif encore. Tous parlaient à la fois et très-haut, lorsque Victor Hugo, conservant sa gravité, annonça qu'il allait faire une expérience curieuse, ce qui commanda le silence. Prenant alors un fil à l'extrémité duquel il attacha un poids léger, le poëte appliqua l'autre bout de ce fil à son front. Puis, faisant un effort de volonté, dit-il, il mit le poids en mouvement et lui fit décrire un mouvement circulaire dans la forme d'un chapeau. L'étonnement alla jusqu'à l'admiration, et chacun des assistants, désirant éprouver la force de sa propre volonté, s'arma d'un fil aplomb, se courba vers son chapeau placé à terre, et fit effectivement tourner la petite boule, mais avec moins d'impétuosité que Victor Hugo. Un latiniste s'écria alors : « Virgile l'avait bien dit : *Mens agitat molem*, » et la réalité du phénomène fut reconnue.

Au premier moment, Étienne ne put s'empêcher de sourire à la vue de cette société de gens d'esprit devenus muets et sérieux, tous le front incliné vers leur chapeau. Mais en retournant à Fontenay-aux-Roses, pendant la route, le diable de phénomène lui trotta dans la cervelle et ne pouvant croire que tous les gens de mérite qu'il quittait, fussent la dupe d'une illusion, à peine rentré chez lui, il s'arma d'un fil aplomb et passa une partie de la nuit à lui imprimer un mouvement circulaire. Il faut qu'Étienne l'avoue : l'espoir de régulariser les effets de ce prétendu phénomène, et d'en trouver des applications, devint une idée fixe pour lui. Dominé par l'opinion émise par Victor Hugo que la volonté avait action directe sur la matière, pendant plusieurs mois, en concentrant les efforts de sa volonté sous prétexte d'en augmenter la puissance, il en arriva à se donner des maux de tête qui le décidèrent enfin à prendre l'avis des savants, ce qu'il aurait dû faire le lendemain du dîner de Bièvre. Le jeune M. Foucaut, rédacteur du *Journal des Débats*, et Magendie, qu'Étienne fréquentait, lui démontrèrent que ce mouvement, imprimé en apparence par la volonté, ne l'était effectivement que par l'agitation involontaire de la personne qui tient le fil ; vieille illusion donnée depuis plus de trois siècles, pour un phénomène, mais qu'il faut laisser dans la catégorie de ceux que produisent les prestidigitateurs.

Quant à M. de Lamartine, sans l'avoir vu, Étienne connaissait sa physionomie, par la gravure du portrait de F. Gérard, et il ne le vit pour la première fois qu'en 1848. Étienne en a conservé fidèlement la mémoire : c'était le jour où le peuple de Paris, parti en armes de l'hôtel de ville, s'élançait comme un torrent, vers l'arc de triomphe de l'Étoile. Étienne se trouvait à l'angle formé par le boulevard et la rue de la Paix, regardant, non sans anxiété, défiler cette immense et formidable armée populaire, lorsqu'il aperçut et reconnut tout à coup M. de Lamartine, marchant d'un pas assuré et avec une physionomie calme, puis s'arrêtant à l'angle du trottoir, dans l'intention sans doute de s'assurer du maintien de l'ordre parmi les cohortes qui se succédaient avec rapidité. Satisfait, à ce qu'il sembla à Étienne, de la tenue du peuple, le poëte, en s'éloignant, s'avança vers la rue de la Paix et disparut dans la foule.

A l'aspect de cette espèce de fête, véritable émeute muselée, du milieu de laquelle éclatait la joie des vainqueurs, tandis que les vaincus étaient plongés dans une mer d'incertitudes en pensant à l'avenir, Étienne, repassant dans son esprit les espérances si brillantes d'un temps déjà bien éloigné, les comparait à la réalité des mécomptes que le nombre des années a de jour en jour rendus plus amers. Là, à cet angle de la rue de la Paix et à la vue des saturnales politiques de 1848, involontairement sa pensée remonta avec tristesse, à l'époque de 1830, où l'on put encore espérer de voir régner l'ordre et la liberté, et enfin jusqu'à cette mémorable fédération de 1790, lorsque la France, mue par un sentiment sincère et unanime, crut, à l'aide de ses institutions nouvelles, entrer dans une ère de bonheur dont elle est si loin aujourd'hui.

XXVII

Dans ce livre de souvenirs, la précision des dates est évidemment moins importante que l'enchaînement des faits et des idées. Prenant donc pour champ, dans ce chapitre, la période de temps comprise entre 1830 et 1838, Étienne, dont le séjour à Fontenay-aux-Roses a été plus habituel pendant ces années, rappellera, sans s'astreindre rigoureusement à l'ordre chronologique, quelques douces amitiés qu'il a contractées dans ce pays, les opinions parfois étranges qu'il eut l'occasion d'y entendre professer, les solides entretiens scientifiques et littéraires dont il a cherché à tirer profit, puis la triple plaie du choléra, des émeutes et des douleurs de famille dont il s'efforça d'éloigner les images en imposant sans cesse à son esprit un travail nouveau.

A la moitié de la route bordée de noyers qui conduit de Fontenay-aux-Roses à Sceaux, on aperçoit sur la droite un groupe d'habitations situées entre un petit jardin et un vaste enclos où l'on cultive une pépinière. Devant le jardin donnant sur la route était alors un banc hospitalier où les passants pouvaient se reposer [1].

La sœur d'Étienne, madame Viollet-le-Duc, qui venait assez souvent chez son frère pour voir ses deux enfants, avait éprouvé, dès sa jeunesse, des maux d'entrailles qui durèrent jusqu'à sa mort. Supportant avec courage ses souffrances habituelles, elle aimait cependant à faire des promenades dans la campagne, et un certain jour qu'elle avait abusé de ce qui lui restait de forces, arrivée au banc placé à l'entrée de la pépinière, elle s'y assit pour reprendre haleine, avant de gravir la côte assez rapide qui conduit jusqu'à Fontenay.

De son habitation, la maîtresse de la pépinière avait l'œil sur ceux qui venaient prendre place sur le banc. Parfois même, dans les beaux jours et lorsqu'elle était de loisir, elle allait s'y asseoir, et, de là, elle échangeait des paroles amicales avec les cultivateurs ses voisins, distribuait ses aumônes à ses pauvres, et ne manquait guère d'offrir une place sur son banc aux promeneurs parisiens habitant le pays. C'est là que, forcée de se reposer, la sœur

---

[1] Ces dispositions sont changées aujourd'hui.

d'Étienne fut accueillie par madame Billiard, la pépiniériste, qui s'était empressée de venir l'assister. Madame Viollet-le-Duc, remise de sa fatigue, entra en conversation avec la personne qui l'avait si bien reçue, et ces deux dames ne tardèrent pas à reconnaître que des causes analogues altéraient la santé de chacune d'elles. Cette communauté de souffrances établit aussitôt des relations amicales entre ces deux dames qui, indépendamment d'une pureté d'âme qui les distinguait également, trouvèrent bientôt l'occasion si douce et si nécessaire aux personnes souffrantes, de se soulager de leurs maux en en parlant. A partir de ce moment, Étienne et sa sœur allèrent souvent visiter les habitants de la pépinière, et ils ne sortaient guère de ce lieu sans rentrer à la maison les mains chargées de fruits ou de fleurs.

Que d'existence dignes d'intérêt passent et s'éteignent dans les campagnes, mais qu'il serait cependant aussi curieux, et parfois plus utile de connaître que quelques-unes de celles qui jettent tant d'éclat et font tant de bruit dans les grandes villes! Billiard, le possesseur de la pépinière, qui, pendant le dernier tiers de sa vie, était devenu un horticulteur renommé pour son habileté, avait toujours exercé la profession de jardinier, et sa femme, la châtelaine du banc de la pépinière, allait vendre des fleurs à Paris. Tous deux de mœurs pures, laborieux, économes, travaillaient instinctivement à se préparer un avenir auquel il semblait qu'ils ne dussent pas prétendre. Tous leurs moments, les jours mêmes de repos, étaient mis à profit par eux. Le mari avait pour talent d'agrément celui de jouer du violon; et, tandis qu'il l'employait les dimanches et jours de fêtes à faire danser les gens du village, sa femme, la coupe à la main, se chargeait de faire la recette. La gaieté franche et originale du ménétrier, la grâce modeste de celle qui faisait la collecte, et la bonne renommée dont ils jouissaient tous deux, leur avait fait acquérir dans le pays une réputation solide d'honnêtes gens qui favorisa leurs entreprises. A peine eurent-ils fait quelques économies, que plusieurs personnes, propriétaires dans le pays, madame de Jussieu et M. Devins, entre autres, leur avancèrent des fonds avec lesquels ils firent l'achat des premières portions de terrain sur lequel ils établirent une pépinière. Par un travail opiniâtre et intelligent, ils purent rembourser les avances qui leur avaient été faites, et, parvenus à ce point, leur établissement ne cessa plus de s'accroître et de prospérer. Une fois propriétaires de l'enclos de la pépinière, l'idée d'une nouvelle spéculation leur vint, et ils bâtirent successivement différents corps de logis destinés à être loués aux Parisiens amateurs de la campagne. Ce fut alors que, pour favoriser le succès de cette nouvelle entreprise, on décora avec art le petit jardin donnant sur la route, et que, près d'une touffe d'arbustes portant des fleurs, on établit le banc hospitalier sur le bord de la route.

Vers 1829, lorsque Étienne et sa sœur commencèrent à fréquenter la pépinière, ce lieu était dans tout son éclat. Les propriétaires, après l'avoir affermé à un jeune horticulteur, se reposaient de leurs anciens travaux et n'avaient plus d'autre occupation sérieuse que de louer les différents corps de logis, espèce de petit hameau dont ils tiraient une bonne partie de leurs revenus. Quant à Billiard, n'ayant rien perdu de sa gaieté naturelle, il menait presque la vie d'un gentilhomme campagnard. Dans une portion de terrain qu'il s'était réservée, il cultivait des plantes et des fleurs curieuses, soignait avec passion ses mouches à miel; puis, en automne, devenait infatigable et ingénieux chasseur, soit au tiré, soit à la pipée.

Cependant sa femme, prudente et attentive ménagère, se chargeait, comme il arrive souvent, de l'administration des biens acquis, tandis que l'acquéreur jouissait alors paisiblement du fruit de ses longs travaux. Mais l'aisance et le loisir avaient fait développer chez madame Billiard des instincts, des qualités naturelles qui étaient restés endormis pendant les temps laborieux et difficiles de sa jeunesse. Une disposition remarquable à la sociabilité, un goût naturel pour tout ce qui est pur et élevé, donnait à cette personne, dont l'éducation avait été négligée, un charme indéfinissable. Sous ses habits de campagnarde, qu'elle n'a jamais quittés, et malgré quelques paroles mal sonnantes qui lui échappaient en s'entretenant avec les paysans, sa conversation, ses discours, lorsqu'elle obéissait à sa nature, étaient d'une simplicité et d'une pureté remarquables. Parlant peu, cependant elle se plaisait à entendre et à suivre les discussions les plus ardues et les plus élevées auxquelles se livraient parfois les personnes qui fréquentaient sa maison. Son salon, car elle en avait un, ouvert chaque jour à ses amis intimes, était plus particulièrement fréquenté le dimanche par les personnes des environs, habituées à venir se fournir à la pépinière des arbres, des plantes et des fleurs dont elles ornaient leur jardin. Il y avait en outre un fond constant à ces réunions : c'était le prince, la princesse de Monaco et leur jeune fils, régnant aujourd'hui, qui habitaient un des corps de logis attenant à la pépinière; M. Jean Reynaud, également locataire, que visitait souvent M. Pierre Leroux, lorsque ces deux hommes travaillaient avec ardeur à l'*Encyclopédie nouvelle*. Dans le jardin même de la pépinière, Drouineau, auteur de quelques romans qui eurent une vogue passagère, occupait un petit pavillon; Léon Guérin, prosateur ingénieux et habile, ainsi que madame Guinard, auteur de poésies touchantes, faisaient, avec leurs familles, partie de cette colonie, et il se passait peu de dimanches sans que la princesse de Wagram ne vînt donner des témoignages d'amitié à madame Billiard. C'était un spectacle touchant et curieux tout à la fois, de voir cette Récamier villageoise entourée de personnes qui lui étaient supérieures par l'éducation, restant modestement silencieuse au milieu de ce salon, parfois brillant, dont elle tenait le gouvernement avec tant de tact et de grâce.

Trois filles complétaient la famille Billiard et contribuaient, par la variété de leur caractère et de leur esprit, à donner du charme à cette maison. L'aînée, Joséphine, mariée, était déjà mère de deux enfants. Participant des qualités de sa mère, et son éducation ayant été surveillée de bonne heure par madame de Jussieu, qui n'avait pas cessé de prendre intérêt à cette famille, Joséphine avait conservé la simplicité des mœurs de la campagne en acquérant une solidité de principes et un développement d'intelligence qui ne s'y rencontrent que rarement. Pauline, la cadette, vive, spirituelle, mais tant soit peu fantasque, traitait alors avec rigueur ceux de ses prétendants qui n'étaient pas de son goût. Quant à Georgette, la dernière, ce n'était encore qu'une enfant spirituelle et gracieuse, qualités qui la distinguent encore. Tel était l'ensemble de la pépinière où Étienne eut l'occasion de se trouver avec plusieurs personnes de mérite, et fut constamment reçu avec la plus cordiale et la plus touchante amitié.

Vers ce temps, pendant l'une des fréquentes promenades qu'il faisait sous les ombrages de la Châtaigneraie, qui conduit au val de Loup, lieux si solitaires alors, mais souillés depuis par d'ignobles guinguettes et ceux qui les fréquentent, Étienne fit la rencontre de Henri de Latouche, qu'il n'avait pas vu depuis longtemps. Chacun d'eux, en apprenant qu'ils étaient voisins de campagne, se promirent de faire des courses ensemble, ce qui eut lieu en effet. Leur connaissance datait déjà d'assez loin. Pendant les derniers temps de la première Restauration, Henri de Latouche, ayant adopté avec ardeur les doctrines romantiques développées par madame de Staël, et désirant en faire l'application, eut l'idée, après avoir traduit en vers la ballade de *Lénore*, de Bürger, d'en donner une édition de luxe *illustrée*, comme on dit aujourd'hui. Il vint, à cette occasion, chez Étienne, qui s'occupait encore sérieusement de l'art de la peinture, pour lui demander six compositions dessinées d'après les scènes principales de la ballade. Dans l'impatience qu'éprouvait de Latouche de voir son livre paraître, il venait fréquemment chez Étienne pour s'assurer du progrès des dessins; et, pendant ces entrevues, la conversation roulait toujours sur la révolution que l'on se proposait de faire dans les lettres. Les six dessins furent terminés, et il ne s'agissait plus que de les confier à un graveur, lorsque Bonaparte, à peine débarqué à Cannes, et se dirigeant comme à vol d'oiseau vers Paris, fut cause que ce travail, une fois suspendu, Henri de Latouche ne s'en occupa plus. Le poëte et le peintre furent même quelque temps sans se voir, lorsqu'un matin, pendant la période des cent-jours, Henri de Latouche se présenta de nouveau chez Étienne. Il sortait de chez Carnot, nommé nouvellement ministre de l'intérieur par Bonaparte, fonction que l'ex-conventionnel avait acceptée sous la condition que la nouvelle constitution aurait pour base la souveraineté du peuple, l'élection communale et la réorganisation de la garde nationale d'après les principes de 1789. En attendant la réponse de l'empereur, Carnot s'empressait de distribuer les places dépendant de son ministère à des hommes nouveaux qui, sans avoir aucune confiance en Bonaparte, s'élançaient à tout hasard dans l'obscurité de l'avenir. « Je quitte Carnot, dit Henri de Latouche en

entrant chez Étienne. Dites-moi, voulez-vous être préfet?
Il ne tient qu'à vous d'être nommé. Je viens de l'être à
l'instant ; j'ai commandé mon habit et je viens d'acheter
les boutons d'uniforme que voilà. » Disant ainsi, il ouvrit
un petit paquet où se trouvait son emplette. A cette
étrange proposition, Étienne ne put répondre qu'en rete-
nant l'envie qu'il eut de rire. « Hélas, dit-il, vous savez
bien que je suis toujours resté étranger au maniement de
toute espèce d'affaires, et plus particulièrement de celles
qui se rattachent à la politique. Rappelez-vous donc que
les préoccupations habituelles de mon esprit n'ont jamais
eu d'autres objets que les arts et les lettres ; et que d'ailleurs je me suis fait une loi de ne briguer et de n'accepter
aucun emploi public. » La conversation, coupée net sur
ce point, fut reportée sur les événements du jour ; et de
Latouche, ardent républicain, aussi peu disposé à admetre
le gouvernement des Bourbons que celui de Bonaparte,
ne considérait l'interrègne des cent-jours que comme une
transition dont il fallait profiter pour établir un gouvernement tel que Carnot et les hommes de son parti le rêvaient.

Extrêmement spirituel, mais d'humeur taquine, Henri
de Latouche était dominé par deux passions : celle des
lettres, qu'il a cultivées non sans un éclat passager, et
une espèce de fièvre de républicanisme qui s'est infil-
trée dans ses écrits, même dans ses romans, qui, par cela
même, portaient trop souvent le cachet d'ouvrages de
circonstance.

Quant à son amour pour les lettres, il était franc et
très-vif. C'est à ce spirituel écrivain que l'on doit la première publication des œuvres d'André Chénier, dont,
jusqu'en 1819, on ne connaissait que quelques poésies
détachées, entre autres la délicieuse ode de la *Jeune cap-
tive*, qui avait été imprimée dans l'*Almanach des Muses*
dès l'année 1796.

Cette publication fera toujours associer le nom d'Henri de Latouche à celui du poëte. Toutefois, ce fut dans quelques feuillets lancés dans les petits journaux, où la critique prend des formes malicieuses, que l'esprit de de Latouche a surtout brillé. On ne citera qu'un exemple d'une de ses boutades, mais qui suffira pour faire ressortir l'originalité de ses taquineries et donner une idée des relations qui s'établissaient parfois entre les hommes du pouvoir et les journalistes de l'opposition, vers 1825 et 1826.

Henri de Latouche était alors rédacteur en chef du *Mercure du* XIX*e siècle*, dans lequel les actes du gouvernement et des hommes qui le servaient n'étaient rien moins que charitablement interprétés. Le vicomte de la Rochefoucauld, qui y servait particulièrement de quintaine aux plaisanteries de de Latouche, alla trouver un matin le rédacteur avec l'intention d'obtenir une trêve à tout prix. Persuadé que de Latouche, dont il ne connaissait pas la probité, ne résisterait pas à l'argument qu'il voulait employer, il fit au rédacteur du *Mercure* une offre honteuse qui, après quelques refus simulés, fut acceptée. Le lendemain de ce traité, on lut à la fin du numéro du *Mercure* ce qui suit :

« P. S. Nos abonnés sont avertis que nous avons con-
» tracté hier, à quatre heures du soir, l'engagement dont
» la teneur suit : « Je reconnais avoir reçu la somme de
» quinze cents francs pour compte du *Mercure*, afin que
» ledit journal n'attaque point, à partir de ce jour, pen-
» dant un an, ni l'administration de la maison du roi, ni
» la personne de M. le comte Sosthène de la Roche-
» foucauld. » Paris, ce 11 novembre 1825. Le rédacteur
» en chef. »

A cette reconnaissance succédait l'alinéa suivant :

« Nous tiendrons fidèlement les conditions de ce mar-

» ché. Maîtres de disposer de la somme reçue, nous avons
» pensé que nos lecteurs nous pardonneraient le sacrifice
» de quelques plaisanteries, bonnes ou mauvaises, en
» faveur de l'emploi que nous nous sommes empressés
» de faire de cette petite part du budget ministériel. »

Et enfin à cette note était jointe la pièce que l'on va lire :

« Je soussigné, reconnais avoir reçu de M. le rédacteur
» en chef du *Mercure du* XIXe *siècle* la somme de *quinze*
» *cents francs*, pour être versée chez MM. André et Cot-
» tier, trésoriers du comité grec, comme souscription en
» faveur des Grecs. »

Cette plaisanterie d'assez bon goût, et bien prise par M. Sosthène, qui habitait aussi le val de Loup, rapprocha de l'homme de cour l'écrivain dont les goûts aristocratiques, malgré son enveloppe républicaine, lui faisaient parler avec tant soit peu de vanité du gentilhomme devenu *son bon voisin.*

Dans sa retraite du val de Loup, Henri de Latouche vivait assez mystérieusement, n'ouvrant sa porte que quand cela lui convenait, et s'étant toujours abstenu de fréquenter la pépinière. Quant à cette petite colonie, l'énumération qui a été faite de ceux qui la composaient donne une idée du mélange d'opinions contraires que l'on y professait, sans qu'il soit jamais résulté de leur discordance aucune discussion pénible. Et cependant, aux habitants de la pépinière déjà connus, il faut encore ajouter deux familles protestantes, les Précensé et les Hollard, pour lesquelles le pasteur Frédéric Monod venait parfois prêcher le dimanche. Depuis le catholicisme pur, professé par la famille Billiard, jusqu'aux systèmes philosophiques les plus aventurés, que Jean Reynaud et Pierre Leroux s'efforçaient de répandre par leurs écrits, y compris le néochristianisme de Drouineau, toutes les nuances d'opinions religieuses ou données pour telles étaient représentées sur ce petit coin de terre et offraient une espèce de tableau synoptique indiquant l'état de confusion auquel ces idées ont été amenées depuis le commencement du xviii° siècle jusqu'à nos jours.

Quelques mots sur le passé jetteront du jour sur le présent. Sous Louis XIV, la foi ardente et sincère des uns, l'habitude, la mode même chez les autres, faisaient rapporter tout à Dieu et au prince, son ministre sur la terre. Au règne suivant, Dieu fut relégué dans les profondeurs incommensurables du ciel, et tout ce qu'il y avait de chaleur d'âme et d'élévation d'esprit chez les Français fut employé à l'amélioration temporelle de l'humanité. Bossuet avait été le type de son siècle, Voltaire le fut du sien. Or, les impulsions contraires données à ces deux époques, ayant été également puissantes, elles ont imprimé au xvii° siècle, comme au xviii°, un genre d'unités qui laisseront de grands souvenirs dans l'histoire.

L'excès des pratiques religieuses du grand roi avait poussé les esprits de l'impiété jusqu'à l'athéisme. Les successeurs de Locke, Condillac entre autres, répandirent les principes de la philosophie matérialiste, et les opinions émises par Jean-Jacques Rousseau et Condorcet sur la perfectibilité indéfinie chez les hommes et dans les choses, prédisposèrent les esprits au grand remaniement de la société qui eut lieu en 1789. L'unité d'opinions et d'espérances, momentanément produite par le mémorable événement, s'évanouit complétement pendant les années sanglantes de la Terreur, et depuis le Directoire jusqu'à nos jours, les esprits spéculatifs n'ont pas cessé d'être à la recherche d'une unité quelconque à laquelle pussent se rattacher les hommes et les choses. Aucune combinaison n'a, jusqu'à présent, résolu ce problème.

Les idées pratiques qui ont le plus approché de sa solution, sont le rétablissement du culte catholique par Bonaparte consul, et les écrits de Chateaubriand en faveur du christianisme. Mais cette unité religieuse n'est que partielle, elle ne peut s'appliquer à la politique ni aux différentes branches du gouvernement de l'État, puisque, d'après les habitudes et les lois en vigueur depuis 89, la loi religieuse est irrévocablement séparée de la loi civile. Là est la difficulté fondamentale qui, depuis soixante ans, engendre toutes les autres. Dès la fin du siècle dernier, de Bonald l'avait signalée; mais en 1829, Joseph de Maistre, avec sa logique inexorable et sa mâle éloquence, réveilla cette question, la fit remonter à son principe et conclut que tout équilibre étant rompu dans l'ordre religieux, politique et social, il n'était possible de sortir de ce chaos qu'en retournant au véritable centre d'unité, au catholicisme, et au catholicisme tel que Grégoire VII l'a conçu.

Ce mode de gouvernement ecclésiastique ne plut à personne, et son application d'ailleurs était impossible; mais la plupart des esprits tant soit peu graves et qui se plaisent à caresser les spéculations intellectuelles les plus chimériques, frappés de l'exposition nette que de Maistre a faite du chaos moral où l'on est plongé, se mirent à l'œuvre pour trouver de nouveaux fondements sur lesquels on pourrait établir une *unité* nouvelle.

Si l'idée de remonter jusqu'au catholicisme du moyen âge ne pouvait être admise, néanmoins, depuis que la Romiguière, Maine de Biran, Royer-Collard, M. Cousin et leurs disciples, avaient puissamment contribué à ramener les esprits du fond de l'incrédulité du XVIIIe siècle à un spiritualisme purement philosophique, il est vrai, les questions religieuses, loin d'être repoussées, avaient présenté au contraire un certain attrait à la jeunesse studieuse depuis la publication des ouvrages de Joseph de Maistre.

Que les efforts faits par les écrivains spiritualistes, depuis le Directoire jusqu'à la Restauration, aient préparé cette révolution dans les idées, cela est hors de doute; mais l'aveu franc que l'on s'est fait du défaut d'unité dans l'ordre religieux, politique et social, on le doit à la lecture des écrits de Joseph de Maistre.

N'est-il pas plus que probable que les idées de cet homme ont exercé une influence impérieuse sur l'esprit de l'abbé de Lamennais, lorsque, tout dévoué alors aux doctrines ultramontaines, cet éloquent écrivain composait son livre sur l'*Indifférence en matière de religion* et entraînait bientôt l'abbé Lacordaire et M. le comte de Montalembert, jeunes encore, à faire cause commune avec lui?

Les saint-simoniens, quoique s'appuyant sur des idées toutes contraires à celles que le christianisme répand pour régler la vie présente et aspirer à la vie future, n'ont-ils pas reçu la première étincelle de lumière de Joseph de Maistre? Tout, il est vrai, se bornait, pour les nouveaux sectaires, aux intérêts de ce monde; mais s'élevant avec force contre l'anarchie qui disjoint le monde moral et le monde physique, ils se trouvèrent entraînés à répandre des doctrines favorables à l'établissement d'un ordre hiérarchique dans la société taillé sur le patron du matériel d'une théocratie. Cette espèce d'unité à laquelle ils aspiraient avait pour objet de faire concourir chaque individu au bien général, dans la mesure de ses facultés, et de rendre tous les genres d'intérêts solidaires.

Cet ensemble d'idées résultant du principe de la perfectibilité indéfinie, on le retrouve quelque peu modifié dans les systèmes philosophiques exposés par MM. Pierre Leroux et Jean Reynaud, et l'ensemble de cette doctrine a reçu une forme dramatique dans le roman de George Sand, intitulé *Spiridion*, où se trouve l'essence de ce fameux *Évangile éternel* qui, au XIII° siècle, annonçait le *règne de l'esprit,* et berça l'imagination des hommes de ce temps de l'espoir d'un bonheur pur, constant et partagé par tous.

Saint-Simon venait de mourir, lorsqu'en 1825 ses disciples prirent la résolution de propager sa doctrine dans le journal *le Producteur*. Le public fit peu d'attention à ces premiers travaux, malgré le mérite de quelques-uns, et ce furent les prétentions que manifestèrent les saints-simoniens *d'affranchir la femme* et de *réhabiliter la chair* qui, éveillant la curiosité maligne du public, commença à donner de la popularité à leur doctrine. Elle fit rire les uns et donna à réfléchir à d'autres.

A toutes les causes d'agitation si sérieuses qui fermentaient dans les esprits quelques mois avant la révolution de 1830, se joignit le bruit, quoique confus encore, des idées émises par les saint-simoniens sur les bases du futur gouvernement de la société. Le pressentiment d'une grande catastrophe politique était si généralement répandu que, dans l'appréhension du trouble où la société pouvait être plongée tout à coup, on prêtait l'oreille aux idées les plus étranges, comme on a recours aux remèdes de bonnes femmes pour un malade abandonné des médecins.

Étienne se rendait assez souvent alors à la librairie de Sautelet et Paulin, fréquentée par les jeunes littérateurs libéraux [1]. Un jour, il y rencontra Olinde Rodrigue, tout préoccupé d'un livre dont il venait hâter la publication. Cet ouvrage avait pour objet l'exposition de la *Doctrine*

---

[1] Thiers, Mignet, A. Carrel, Henri Scheffer, A. Thierry, Al. Stapfer, etc.

de Saint-Simon[1]. Sur le désir qu'Étienne manifesta de se le procurer et de le lire, le cerveau de Rodrigue, très-ardent saint-simonien, s'alluma, et le nouvel apôtre déroula par anticipation quelques-unes des idées fondamentales de son maître, mais en priant instamment Étienne de prendre une connaissance attentive du livre qui allait paraître, dans l'espérance qu'il lui dirait sincèrement ce qu'il en penserait. Leur entretien s'étant prolongé assez tard, au moment où ils allaient se séparer, on apporta à la librairie l'ouvrage broché, dont Étienne acheta aussitôt un exemplaire. — Combien de temps vous faut-il pour lire ce volume? demanda Olinde Rodrigue avec vivacité. — Je l'aurai parcouru demain, dit Étienne. — Je ne vous permets pas de le parcourir, reprit plus vivement encore le passionné sectaire, il faut lire cet ouvrage avec attention; ce qu'il renferme importe à l'avenir de la société.... du monde! Au surplus, ajouta-t-il, je vous connais, vous êtes un lecteur consciencieux; et quelle que puisse être votre opinion sur notre doctrine, je tiens beaucoup à la connaître. Trois jours vous suffisent-ils? — Oui. — Eh bien! dans trois jours j'irai chez vous, et vous me direz sincèrement ce que vous pensez de nos opinions, de nos espérances.

Olinde Rodrigue avait l'imagination encore plus exaltée que ses cosectaires. Ceux-ci, malgré la singularité de leurs doctrines, étaient au fond, et comme l'a prouvé leur conduite lorsqu'ils sont rentrés dans la vie réelle, des hommes de calcul; honnêtes, mais d'une moralité plus réfléchie qu'instinctive, et cherchant à mettre en honneur chez les hommes le bon, le beau, le juste, mais comme le moyen le plus sûr, selon eux, d'obtenir ce qui

---

[1] Ce livre fut effectivement publié au commencement de 1830, chez le successeur de Sautelet et Paulin.

est favorable et utile à la vie de ce monde ; non qu'ils rejetassent entièrement les dogmes et la morale du christianisme, au contraire, mais prétendant les approprier à notre époque, en condamnant surtout l'idée dominante du moyen âge, qui faisait négliger entièrement la vie temporelle pour ne diriger les pensées et les actions des hommes que vers un seul but : la vie éternelle.

Exact au rendez-vous, Olinde Rodrigue était à peine entré chez Étienne, que, tout pénétré de l'excellence incontestable du livre de la *Doctrine de Saint-Simon*, il commença par en rappeler avec enthousiasme les points fondamentaux. — N'approuvez-vous pas, dit-il à Étienne, cette division lumineuse des époques de l'histoire de l'humanité ; les unes *organiques,* pendant lesquelles l'unité des croyances et la fermeté de la foi dans les institutions religieuses et politiques établissent un ordre régulier ; les autres essentiellement *critiques,* où tout ce qui avait été reconnu pour vrai, devenant un sujet de doute, est remis en question ? Voyez quelle lumière jaillit de cette division ! La première époque critique séparant le polythéisme du christianisme ; la seconde, le christianisme du catholicisme ; la troisième, le catholicisme de la réforme ; et enfin, la dernière, celle du matérialisme du xvIII° siècle, dans laquelle nous sommes encore plongés. N'est-ce pas, dites-moi, un motif plus que suffisant pour espérer qu'aux croyances épuisées du catholicisme, il doit nécessairement en succéder d'autres, comme le résultat de la succession de ces différentes époques l'indique si clairement ?

Le silence d'Étienne, loin d'éteindre la verve de Rodrigue, la rendit au contraire plus active. Et, après avoir fait quelques tours à pas précipités dans la chambre : — Nous voulons, reprit-il avec vivacité, nous voulons que l'humanité, cet être collectif qui a grandi de génération en génération, comme un homme grandit à part dans ses différents âges, abandonne des croyances et des pratiques religieuses indignes d'elle; nous voulons, enfin, qu'elle abandonne l'Église du moyen âge, pour lui ouvrir celle de l'AVENIR !... Vous riez de nos paroles ? dit le nouvel apôtre sans rien perdre de son feu; eh bien! écoutez celles de de Maistre : « Tenons-nous prêts, dit-il, pour un événement immense dans l'ordre divin, vers lequel nous marchons avec une vitesse accélérée qui frappe tous les hommes attentifs. » Et ajoutons comme lui : « *Il n'y a plus de religion sur la terre; le genre humain ne peut durer dans cet état!* » Olinde Rodrigue observa encore quelques instants de silence; puis, levant les yeux au ciel, il reprit bientôt : — Mais, plus heureux que de Maistre, nous n'attendons plus l'homme de génie qu'il prophétisait, et, selon lui, devait révéler prochainement au monde l'affinité de la religion et de la science ; SAINT-SIMON A PARU !!!

D'après l'état de surexcitation du cerveau de Rodrigue, il était facile de s'apercevoir que l'instant d'entamer une conversation calme n'était pas encore venu ; aussi Étienne jugea-t-il à propos de laisser la parole à l'ardent saint-simonien, dont l'attitude et les regards indiquaient qu'il n'avait pas tout dit. En effet, il se mit à traiter deux points capitaux de la doctrine nouvelle : *la réhabilitation de la chair* et l'*émancipation de la femme*. Sur le premier point, les saint-simoniens étaient tous d'accord; ils repoussaient avec horreur les austérités religieuses du catholicisme, qui, au moyen âge, rendaient la vie de l'homme plus triste, plus dure qu'elle ne l'est naturellement, dans l'idée de mériter, par ces sacrifices, la vie éternelle. Selon les saint-simoniens, au contraire, l'amélioration, le perfectionnement simultané de la vie physiques et morale devait résulter de l'abolition de tous les genres d'inégalités établis parmi les hommes par des lois plus ou moins injustes et barbares, et surtout d'une éducation morale et professionnelle donnée à tous, de manière que chacun fût employé selon son mérite, et qu'il n'y eût plus qu'un droit, celui de la *capacité* substitué à celui *du plus fort*.

Quant à l'émancipation de la femme, dont les saints-simoniens s'étaient effectivement occupés, Rodrigue l'appelait de tous ses vœux ; mais il la voulait complète, radicale, telle enfin que la seconde partie du genre humain fût investie de tous les droits qu'avait exclusivement exercés jusqu'ici la première. Selon lui, cette nouvelle combinaison sociale était la seule qui pût réaliser la grande idée de Saint-Simon, qui voulait faire succéder à l'état de concurrence, de guerre, d'antagonisme universel qui a pesé jusqu'à nos jours sur le monde, une association pacifique de toutes les intelligences qui travailleraient sans cesse au bonheur de tous. Toutes les questions agitées par les saint-simoniens se résumaient donc pour Rodrigue en une seule : celle de savoir le sort que l'on réservait aux femmes. Cette idée prit un tel développement dans son cerveau, qu'elle ne laissa plus de place à d'autres, ce qui, selon toute apparence, fut cause que le père Enfantin, le gardien des doctrines pures de Saint-Simon, déclara, vers 1832, Olinde Rodrigue dissident.

Après tant d'années, Étienne aurait de la peine à rapporter les formes variées de l'adoration respectueuse qu'O. Rodrigue exprima pour la femme ; il se souvient seulement qu'après une longue énumération des qualités morales du sexe féminin et des services qu'il était appelé à rendre dans l'avenir de la société, se rappelant tout à coup l'objet de sa visite chez Étienne, O. Rodrigue, quittant tout à coup le ton d'un inspiré pour celui d'un simple causeur, lui dit : — Eh bien ! que pensez-vous de notre livre? — A vous parler avec franchise, répondit Étienne, j'ai éprouvé un véritable mécompte après l'avoir lu. D'après les bruits qui ont circulé au sujet de la doctrine de Saint-Simon, je m'attendais à apprendre par votre livre quels sont les fondements sur lesquels repose votre prétendue religion nouvelle et l'Église que vous croyez avoir établie. C'était là, je l'avoue, ce qui excitait particulièrement ma curiosité ; mais, en bonne conscience, pouvait-elle être satisfaite par cette suite de questions, fort spirituellement posées, il est vrai, à la fin de votre volume, *sur les difficultés qui s'opposent aujourd'hui à l'adoption d'une nouvelle croyance religieuse?...* — Mais, reprit avec vivacité O. Rodrigue, la question religieuse n'est encore présentée que sous la forme vague qu'elle a dans presque tous les esprits de notre temps, et l'objet de notre second volume sera de résoudre ces doutes, d'exposer nettement nos dogmes et les statuts de notre Église. — Église?... Église?... répéta plusieurs fois Étienne, en hochant la tête, savez-vous qu'après la lecture de votre livre, vous me semblez être tous des gens bien savants et d'un esprit bien subtil pour jouer le rôle d'apôtres auprès de la multitude? Ainsi que votre père Enfantin, beaucoup d'entre vous sortent de l'École polytechnique, et presque tous se plaisent à faire des combinaisons financières et industrielles. Dans presque tous les chapitres de votre livre, les questions relatives à l'amélioration indéfinie du bien-être matériel, ont été l'objet de discussions remarquables. Je l'avoue, cependant, pour vous dire mon sentiment, que vos opinions destructives du droit de propriété et d'héritage me semblent tout aussi contraires à l'ordre social aujourd'hui qu'elles l'eussent été il y a trois siècles, lorsque Thomas Morus les consigna dans son *Utopie*. C'est, au fond, un encouragement donné au vol, en ce sens qu'à la suite d'un partage quelconque, le nouveau possesseur ne manquerait pas de revendiquer et de défendre son droit avec autant de passion et d'âpreté que l'ancien propriétaire. Mais en dehors de ces questions, poursuivit Étienne, que Rodrigue allait interrompre, et bien au-dessus d'elles, est celle de la religion que je m'attendais à trouver exposée dans votre livre; mais comme je vous l'ai dit, mon attente a été déçue. Tout en parlant avec respect de Jésus-Christ, vous le dépouillez de sa divinité; votre admiration pour la morale évangélique ne s'élève pas au-dessus d'une philosophie mieux combinée que celles qui l'ont précédée pour améliorer le sort de l'homme sur la terre; dans votre répulsion pour quelques idées fanatiques du moyen âge, vous englobez les dogmes mystérieux sur lesquels repose la morale chrétienne que vous préconisez; de manière qu'en fin de compte, allant à ce que vous regardez comme le plus pressé, vous mettez tout en œuvre pour nous faire un paradis terrestre... Mais l'autre? dit Étienne en montrant le ciel. — Ce sera le sujet de notre second volume, répondit O. Rodrigue. — Étienne sourit en témoignant par un signe qu'il l'attendrait. — Mais ce fut en vain, car si la seconde partie de la *Doctrine de Saint-Simon* existe, elle n'a jamais été publiée.

Les principes des saint-simoniens ne tendaient à rien moins qu'à détruire de fond en comble la société existante pour la replacer sur des bases absolument nouvelles. Ces idées ne furent pas sans influence sur quelques esprits; on peut même croire qu'elles ont été assez puissantes pour faire accepter alors l'abolition de l'hérédité de la pairie. Mais durant ce violent orage qui précéda et accompagna pendant trois années l'établissement du nouveau règne, le conflit des opinions contraires sur les matières religieuses vint compliquer encore les discussions politiques. Au bruit du canon des journées de juillet, l'abbé de Lamennais s'écriait : « Je l'avais dit, le signal de la liberté des peuples est en même temps celui de la renaissance du christianisme ! » Et, poursuivant son idée avec l'ardeur passionnée qui était propre à cet homme étrange, trois mois plus tard, ce prêtre, âgé de cinquante ans, fascinait par son éloquence sincère alors, il faut le croire, deux jeunes gens : Lacordaire, touchant à sa vingt-huitième année, et le comte de Montalembert, qui venait de terminer ses études classiques. Ces trois hommes, réunis par un espoir qui leur était commun, fondaient le journal l'*Avenir*, portant pour devise : *Dieu et Liberté,* ayant pour but d'allier l'*Évangile* et la *Démocratie*[1]. Dès leur début, ils tranchèrent la difficulté au vif, en déclarant d'une manière solennelle, que leur projet était de modifier, de réduire toutes les souverainetés, celle du *peuple* excepté, mais avec cette importante restriction, que le peuple administrerait et régnerait sous la tutelle religieuse du pontife romain, du chef de l'Église catholique.

C'était évidemment la contre-partie du système saint-simonien, mais les deux doctrines émanaient de la même source, l'opinion systématique de de Maistre, signalant un changement radical dans la société comme inévitable et très-prochain. Au delà de ce point de départ, les deux doctrines prenaient des cours absolument opposés. Celle de Saint-Simon poussait violemment les esprits vers un avenir vague et sans limite; les rédacteurs de l'*Avenir*, au contraire, se rapprochant des idées de de Maistre, prétendaient refouler le monde intellectuel de nos jours, jusque dans l'enceinte rigoureusement circonscrite d'une théocratie analogue à celle de Grégoire VII, prétendant

---

[1] Les principaux écrivains qui prirent part à la rédaction de ce journal sont : MM. l'abbé Bautain, l'abbé Lacordaire, l'abbé Gerbot et M. de Montalembert.

que, par ce moyen seulement, on pourrait faire jouir le peuple d'une liberté plus grande, plus pure, lorsqu'elle serait assurée et répartie sous les auspices d'un souverain pontife infaillible.

Ces deux doctrines si contraires, mais ayant pour but commun d'attaquer les fondements de l'ordre social existant, firent naître d'assez vives inquiétudes pour que les organes du gouvernement et une grande partie du haut clergé interposassent leur autorité dans ces affaires. Ce furent les auteurs du journal l'*Avenir* qui sollicitèrent d'abord la vigilance des autorités judiciaires et ecclésiastiques. Dans une suite d'articles publiés dans le journal, on ne demandait rien moins que la suppression du budget du clergé pour lui laisser le libre exercice de sa conscience, se fiant à la générosité des fidèles pour faire face à ses besoins temporels ; en outre, au nom de la Charte de 1830, on réclamait la liberté absolue dans l'enseignement. Ces factums, écrits avec un grand talent et une véhémence qui allait au delà de toutes les bornes, donnèrent lieu à plusieurs mandements des évêques et enfin aux réquisitoires du parquet. Dans un premier procès (décembre 1830), M. Lacordaire, se défendant lui-même, profita de cette occasion pour développer les doctrines de l'*Avenir* avec tant d'éloquence que l'auditoire choisi qui l'entendait, et les juges eux-mêmes, cédant plus encore à la puissance de la parole, qu'à celle des arguments, renvoyèrent les accusés absous.

Sortis triomphants de cette épreuve, dans leur zèle audacieux ils résolurent de mettre leurs principes en pratique, et bravant les lois, ils ouvrirent une école où un assez grand nombre de jeunes auditeurs entourèrent Lacordaire et de Montalembert, dont ils écoutèrent avec avidité les leçons. L'autorité s'émut de nouveau. Il y eut intervention du commissaire de police, fermeture de l'école, et enfin accusation lancée contre les délinquants dont la cause fut portée à la chambre des pairs [1]. Ils furent condamnés ; mais d'après le témoignage d'un auditeur qui suivit le procès, on sait que les accusés se donnèrent la satisfaction de prononcer chacun un discours contre Bossuet, contre les maximes gallicanes et la la tyrannie du gouvernement.

Personne n'ignore la persistance fatale que mit Lamennais à soutenir les doctrines émises dans l'*Avenir* en les exagérant toujours jusqu'à les rendre complétement incompatibles au christianisme. Poussé par son indomptable orgueil, cet ecclésiastique va à Rome, persuadé que le souverain pontife, séduit par l'idée de voir le monde soumis au chef de l'Église, souscrira à toutes les réformes audacieusement exigées dans les colonnes de l'*Avenir*. Mais désapprouvé par le Pape, il quitte Rome doublement blessé dans sa vanité de réformateur et dans les rêves de son ambition personnelle qui, dit-on, lui faisaient rejeter sa soutane noire pour se revêtir de la pourpre romaine. Rentré en France, il y est bientôt atteint par la lettre encyclique émanée du saint-siége [2] qui condamne les articles du journal de Lamennais « comme étant rédigés avec une méchanceté sans retenue, une science sans pudeur, une licence sans bornes. » Défenseur ardent de l'infaillibilité des souverains pontifes, tel que s'était présenté d'abord cet habile écrivain, on pouvait croire encore qu'il accepterait humblement le reproche terrible qui lui était adressé ; mais il n'en fut rien, et aux supplications réitérées que lui adressèrent Lacordaire, M. de Mon-

---

[1] M. le comte de Montalembert, appelé à la pairie par la mort de son père, réclama la juridiction de la chambre haute où il venait d'entrer, et y conduisit avec lui ses coaccusés.

[2] Le 15 août 1832.

talembert et tous ses anciens disciples pour qu'il se soumît, le prêtre rebelle ne leur répondit obstinément que par ce mot : Jamais !

Quant aux saint-simoniens qui, par quelques points de leur doctrine, n'avaient provoqué d'abord que l'hilarité du public, ils devinrent aussi l'objet de la surveillance de l'autorité. Ce qu'il y avait de positif, de grave dans leurs systèmes sur la propriété, sur l'établissement des banques et autres sujets importants, avait fixé l'attention de plus d'un esprit sérieux, en sorte que le chef de la secte, le père Enfantin, et ses disciples déjà nombreux, encouragés par cette espèce de succès, résolurent de se constituer en Église sous la forme apostolique et monastique. Or, ce fut dans une maison située sur la colline de Ménilmontant qu'ils consacrèrent l'origine de cette prétendue institution, au moment même où le canon et la fusillade se faisaient entendre à l'occasion de la terrible émeute qui éclata à la suite des obsèques du général Lamarque.

Le calme solennel qui régnait à Ménilmontant n'en fut cependant point troublé. Le père Enfantin s'avançait gravement au milieu des trois cercles concentriques formés par des jeunes gens portant la barbe. Dans un discours de Barrault, l'un des plus ardents saint-simoniens, la retraite où l'on se trouvait rassemblé, fut comparée à une nouvelle Bethléem ; on y prononça l'abolition de la domesticité, déclarant que la famille saint-simonienne s'était déjà exercée aux labeurs qui composent la journée du peuple ; que les réparations et l'assainissement de toutes les parties de la maison qu'ils occupaient étaient le résultat de ses œuvres, et qu'aux instants de repos on élevait les âmes par la lecture de la vie des saints et par le chant des cantiques. La cérémonie de la prise d'habit[1] eut

---

[1] Le vêtement uniforme se composait d'une tunique bleue ouverte en

lieu ensuite. L'autorité s'alarma encore en cette occasion, et les saint-simoniens furent appelés devant la cour d'assises pour infraction à l'article du Code pénal en vertu duquel les réunions de plus de vingt personnes sont interdites. On les accusa aussi d'outrage à la morale publique et aux bonnes mœurs; de plus, ils eurent à répondre devant le tribunal correctionnel à une accusation d'escroquerie. Les prévenus étaient : le père Enfantin, Michel Chevalier, Émile Barrault, Charles Duveyrier et Olinde Rodrigue, quoique ce dernier se fût déjà séparé du chef de la famille saint-simonienne. Ils se présentèrent à l'audience en costume [1], et quoiqu'ils fussent accueillis par des signes dérisoires, tous conservèrent le calme le plus parfait. Un assez grand nombre de saint-simoniens avaient été appelés comme témoins. Le premier qui se présenta, autorisé par la parole d'Enfantin, refusa de prêter le serment selon l'usage, et tous les autres témoins suivirent cet exemple. Plusieurs scènes étranges eurent lieu pendant le cours de cette audience, dont le père Enfantin profita pour traiter en inspiré quelques points de sa doctrine. A propos du refus qu'on lui avait fait d'admettre, comme il l'avait demandé, deux femmes pour l'assister pendant le procès, il prononça un discours à la fin duquel il dit : « Il est bon que ceux qui nous entendent ici sachent que dans une cause qui intéresse spécialement les femmes, on n'a pas voulu que deux femmes fussent les conseils de l'accusé. Ma parole, ajouta-t-il en terminant, est celle de l'*homme* précurseur de celle de la

---

cœur et maintenue par une ceinture en cuir; d'un gilet blanc, signe de la *fraternité*, et pour cette raison se laçant par derrière, afin d'entretenir chez les frères saint-simoniens l'habitude de s'entr'aider sans cesse; enfin, d'un pantalon rouge en hiver, blanc en été, et d'une toque bleue pour coiffure.

[1] 28 août 1832.

femme; Messie de son sexe qui doit le sauver de l'esclavage, l'esclavage qui est sa prostitution, comme le Christ a sauvé l'homme d'un autre esclavage. J'ai à préparer l'affranchissement des femmes par les femmes, comme saint Jean-Baptiste a affranchi les hommes par les hommes. »

Enfantin, Duveyrier et Michel Chevalier furent condamnés à un an de prison. Rodrigue et Barrault à 50 francs d'amende. En entendant ce jugement, aucun d'eux ne perdit le calme qu'ils avaient montré pendant le cours du procès.

Quant à l'accusation de captation portée en particulier contre Enfantin et O. Rodrigue, d'après la déclaration unanime des donataires, qui témoignèrent de la bonne foi et de la probité des deux accusés, le tribunal les renvoya absous.

Le jour de la prise d'habit à Ménilmontant, Enfantin avait dit à ses adeptes : « Le moment n'est pas éloigné où nous montrerons notre habit hors de cette enceinte, où nous prendrons part à la vie du monde. » Leur début en ce genre eut lieu à la cour d'assises. La jeunesse de la plupart des saint-simoniens, leurs traits nobles, la physionomie remarquablement intelligente de la plupart d'entre eux, la singularité de leur costume et le retentissement du procès dans le cours duquel Enfantin avait émis des idées si étranges, furent autant de circonstances qui préoccupèrent assez longtemps la population parisienne. Les convictions des saint-simoniens furent d'abord assez fermes, non-seulement pour qu'elles leur donnassent la force de braver le ridicule, mais ils eurent même l'idée d'accepter les plaisanteries dont ils étaient l'objet comme un des moyens d'augmenter la popularité de leur doctrine, tant ils étaient persuadés que le fond sérieux sur lequel elle reposait dût tôt ou tard être reconnu vrai.

Pendant près d'une année, le saint-simonisme fut ballotté entre les réflexions de quelques esprits curieux et les railleries de la multitude; tant qu'enfin, soit que l'autorité désirât mettre un terme à cette comédie qui pouvait devenir sérieuse, ou que la durée de *l'église saint-simonienne* eût fait son temps, le ridicule dont elle n'avait pas dédaigné l'appui fut enfin ce qui la ruina.

Les jeunes apôtres voulant mettre en pratique l'un des principe de leur père, qui leur prescrivait de se mêler à la vie mondaine pour y faire pénétrer la doctrine, manifestèrent l'intention d'assister à une représentation du grand Opéra. Le spirituel M. Véron, alors directeur de ce théâtre, toujours attentif à offrir quelque chose de nouveau et de piquant au public, ayant eu vent de l'intention des saint-simoniens, prévint leur désir et leur offrit une loge qu'ils acceptèrent. La composition du public fréquentant l'Opéra était alors assez homogène pour qu'il fût averti du jour où les saint-simoniens se rendraient au théâtre. L'assemblée fut, en effet, des plus nombreuses et très-brillante. Dix ou douze saint-simoniens occupaient l'une des grandes loges des premières, entre les colonnes, dont la balustrade peu élevée laissait presque entièrement à découvert les jeunes apôtres, portant tous la barbe, chose inusitée alors, et vêtus de leur costume uniforme. Habitués, depuis leurs procès, à braver la curiosité publique, ils se trouvèrent comparativement à l'aise au milieu d'un monde choisi qui se pique d'ailleurs de ne rien témoigner de ce qu'il éprouve. Étienne, qui assistait à cette représentation, put observer combien le public se tint en garde contre l'étonnement qu'aurait pu lui causer la présence de ces jeunes enthousiastes, dont la prétention de tout changer se manifestait jusque par l'étrangeté de leurs habits. On affecta de ne pas s'occuper d'eux, comme on évite, par politesse, de suivre du regard un étranger, et jusque dans le foyer du théâtre, où vinrent les saint-simoniens pendant les entr'actes, on les laissa circuler sans avoir l'air de faire attention à eux, quoique tout le monde s'entretînt à part de leurs prétentions ridicules.

Que cette exhibition de saint-simoniens ait été le résultat du hasard, ou bien d'une combinaison préparée pour mettre en évidence tout ce qu'il y avait d'étrange dans les pratiques extérieures des membres de l'Église de Ménilmontant, toujours est-il que la soirée à l'Opéra fut une épreuve qu'ils ne purent supporter. A compter de ce jour, ils furent obligés de renoncer à leur costume, qui, loin de prévenir en leur faveur, comme ils s'en étaient flattés, les rendit ridicules dans toutes les classes de la société. La doctrine survécut, mais la prétendue institution apostolique qui devait la répandre, ébranlée, dès son origine, par la scission de plusieurs membres importants de la secte, fut à peu de chose près ruinée par le dernier échec quelle reçut au théâtre[1].

On ne s'étonnera pas si, au milieu de ces souvenirs littéraires, on s'est tant soit peu étendu sur le caractère des opinions religieuses et philosophiques opposées les unes aux autres, depuis l'athéisme de 1793 jusqu'à ce qu'on est

---

[1] Voici une liste des principaux membres de la Société saint-simonienne : — Le père Enfantin, élève de l'École polytechnique ; — Michel Chevalier, de l'École polytechnique, aujourd'hui sénateur ; — d'Eichtal, frère du banquier ; — Holstein, syndic des agents de change de Lyon ; — Barrault, ancien professeur à Sorrèze ; — Bazard, instituteur de la *Charbonnerie* en France ; — Desloges, de l'École polytechnique ; — Auguste Chevalier, *idem* ; — Duveyrier ; — Olinde Rodrigue, agent de change, dont les enseignements furent écoutés pendant quelque temps par Augustin Thierry, le célèbre historien ; par Auguste Lecomte, le professeur d'économie politique. — Comme adhérents dans l'origine, puis comme dissidents à l'époque de

convenu d'appeler la *religiosité* de nos jours. La littérature sérieuse, la poésie, quelques romans mêmes, ont reçu la vie de ces opinions diverses. En remontant au delà d'un demi-siècle, et si l'on repasse dans son esprit les écrits sérieux les plus remarquables qui ont paru, on voit apparaître ceux des Bonald, des Chateaubriand, des Royer-Collard, de madame de Staël, et enfin le livre de de Maistre. Là, comme on l'a fait observer, le système étrange de ce dernier penseur en a fait surgir deux autres : celui de Lamennais, en vertu duquel cet ecclésiastique prétendait concilier la liberté des peuples avec la théocratie; puis l'idée qu'eut Saint-Simon de rétablir l'ordre et l'unité dans les nombreux rouages de l'organisation sociale, en assujettissant tous les hommes au travail, et en les employant et les rémunérant selon leur capacité. Ces deux systèmes, tout en perdant de leur rigueur primitive, ont cependant laissé quelques traces de leur impulsion dans des esprits d'une haute distinction. Ainsi, quoique Lacordaire et M. de Montalembert aient rompu avec Lamennais lorsque cet homme abandonna sa foi, on sent toujours dans la parole et les écrits des deux éloquents écrivains de *l'Avenir* qu'ils n'ont pas renoncé à leur devise, *Dieu et liberté !* Que si l'on reporte son attention sur les au-

---

la retraite de Ménilmontant, il faut compter : Pierre Leroux, Jean Reynaud, Charton, Jules Chevalier, — Carnot, ministre de l'intérieur en 1848; — Fournel, de l'École polytechnique; — Transon. — Viennent encore : Broet, financier, rédacteur au *Journal des Débats ;* — Xavier Raymond, ayant été employé dans la marine, et écrivant aussi dans les *Débats ;* — Guéroult, rédacteur aux *Débats*, aujourd'hui rédacteur en chef du journal la *Presse ;* — Ganel, rédacteur du *Globe.* — Deux peintres, P. Justus et Raymond Bonheur, puis un musicien-compositeur, Félicien David, s'étaient associés aux saint-simoniens. — On compte encore Pereire, puis Flachât, Caboche, Broc, Bergier, Brocé, Penekère, Cheruel, etc.

teurs, en assez grand nombre, qui, sans avoir épousé les doctrines saint-simoniennes, n'ont pas échappé complétement à leur influence, on rencontre les noms de Pierre Leroux, de Jean Reynaud, celui de George Sand, et d'autres romanciers plus ou moins célèbres.

Il n'était donc pas superflu d'esquisser l'histoire des systèmes religieux, philosophiques et parfois matérialistes qu'ont développé, approuvé ou combattu un groupe de penseurs et d'écrivains aussi remarquables que ceux dont on vient de lire les noms. Cela dit, nous retournerons vers les ombrages de Fontenay-aux-Roses, pour nous reposer au banc de la pépinière.

XXVIII

Au printemps de 1832, le roman de *Mademoiselle de Liron* étant imprimé, Étienne s'établit à Fontenay, où il se livra en paix à ses travaux. L'habitude de composer la nuit lui permettait de faire d'assez longues promenades le jour, et il parcourait la campagne à l'aventure, poussant parfois jusqu'à Meudon, où il a passé les plus douces années de son adolescence.

Le cours de ces journées calmes, précédées d'inquiétudes et de chagrins cuisants, fut bientôt interrompu de nouveau par des calamités publiques et de nouvelles douleurs de famille. La grande insurrection de Lyon avait jeté l'épouvante en France; le choléra éclatait pour la première fois à Paris, où Étienne courut aussitôt pour être au milieu de sa famille. Là il retrouva sa sœur, dont les forces, totalement épuisées, faisaient prévoir la fin. Du 13 mai jusqu'au 2 juin (1832), où elle rendit l'esprit, il ne la quitta plus.

Quelque triste que fût cette mort, ce n'était pas la seule cause des angoisses et des inquiétudes d'Étienne et de sa famille. Une émeute formidable, masquée sous le prétexte de rendre les honneurs funèbres au général Lamarque, mort le même jour, avait jeté l'épouvante dans les quartiers de Paris. Cette terreur régnait sourdement depuis que l'état du général avait commencé à inspirer des inquiétudes, et elle était portée à son comble lorsque Étienne eut à s'occuper des soins que réclamait l'enterrement de sa sœur. Morte le même jour que le général, il n'était pas impossible que les deux inhumations au cimetière du Père-Lachaise, eussent lieu en même temps, et dans la juste appréhension du sang qui allait être versé à Paris, comme le fait eut lieu les 5 et 6 du mois de juin, l'idée d'accompagner un convoi funèbre à travers toute la ville, tandis que le peuple était déjà en fermentation, donnait les plus vives inquiétudes à Étienne, chargé de conduire et de protéger ses deux neveux pendant cette douloureuse cérémonie. Enfin, dans cette triste attente, on en fut réduit à se trouver heureux de la remise des obsèques du général, que l'on célébra le 5 au lieu du 4, ce qui permit d'accomplir celles de madame Viollet-le-Duc sans trop de désordre.

Les impressions douloureuses, les inquiétudes d'esprit, la fatigue de corps qu'Étienne avait supportées depuis près d'un mois l'avaient rendu presque insensible. Il resta dans cet état après l'enterrement, durant la nuit et jusqu'à la moitié du jour suivant, où eurent lieu les obsèques du général Lamarque. Mais vers cinq heures du soir, le bruit de la générale se fit entendre dans tout Paris. On prit aussitôt les armes, et depuis ce moment jusqu'au lendemain vers sept heures du soir, on ne cessa d'être fusillants ou fusillés. Entraîné dans cette horrible bagarre avec ses concitoyens, et ne pouvant dégager son esprit des inquiétudes que faisaient naître les résultats d'un si fatal événement, Étienne eut à peine la faculté de se livrer à la douleur que lui causait la perte de sa sœur.

Des émotions de cette nature ne pouvaient se calmer promptement ; d'ailleurs, le soin des affaires qui suivent un décès en ravivait le souvenir. Étienne s'occupa particulièrement de ses neveux, profondément affligés de la mort de leur mère, soins qui le retinrent à Paris jusqu'au 8 d'août, époque à laquelle il se décida à rentrer à Fontenay-aux-Roses, où il reprit ses travaux avec une espèce de fureur [1].

L'étude n'éteint ni la douleur ni les regrets, mais elle en suspend l'action sur notre esprit, le seul remède que puisse accepter notre faible nature.

Étienne allait parfois chercher des distractions à la pépinière; il se trouvait là avec les filles de madame Billiard, jeunes encore, et de leurs amies. Le temps de la fenaison, celui des vendanges, les fêtes du village et de ceux des environs, offraient à cette jeunesse des occasions

---

[1] L'année 1832 est l'une de celles où, malgré la gravité des événements, Étienne a le plus travaillé. Outre ses recherches et études destinées à la composition de *Florence et ses vicissitudes* et de *l'Histoire de la Renaissance*, il publia dans le livre des *Cent un*, *les Barbus d'à présent et les Barbus de* 1800 ; au *Journal des Débats*, il donna vingt-six grands articles, tant *sur les arts* qu'à l'occasion des *embellissements de Paris, du beau et de l'utile*, d'un *Drame chinois*, traduit par Stanislas Julien, et d'une discussion en trois parties sur l'établissement le plus favorable de l'*Entrepôt* à Paris. Pendant les derniers mois de cette année, Étienne écrivit encore dix articles sur les représentations du Théâtre-Italien, dont la critique, qu'il exerce encore aujourd'hui, lui avait été confiée en 1832 par M. Armand Bertin.

de se livrer aux plaisirs de leur âge. Mais dans l'intérieur même de la pépinière habitait un personnage qui devenait souvent l'objet de leurs espiègleries. Le nom de Gustave Drouineau, l'un des habitants de la colonie Billiard, a déjà été cité. Cet homme, âgé de trente et quelques années alors, petit de taille, grêle de toute sa personne, jetant habituellement la tête en arrière pour regarder de haut en bas ceux qui lui parlaient, était au fond un bon garçon très-spirituel, mais gonflé d'une espèce de vanité tout exceptionnelle. Élève indocile de l'école de Saint-Simon, républicain imbu déjà de la doctrine du communisme, il avait pour prétention singulière de se donner pour fondateur et chef d'une secte particulière de *néochrétiens*. A ces idées s'en mêlaient quelques-unes provenant du magnétisme animal, en sorte que cet homme vivait habituellement dans les nuages. Étienne le voyait assez souvent à la pépinière, se plaisait même à sa conversation quand elle ne sortait pas des limites de la littérature. Mais dès que Drouineau se jetait dans son néochristianisme, ce n'était plus le même homme. Il prenait des airs de grand-prêtre, de prophète, et l'entretien se transformait en d'étranges monologues. Étienne a gardé le souvenir d'une de ses tirades à la fin de laquelle, après s'être efforcé de débrouiller sa prétendue doctrine religieuse, il s'arrêta tout à coup dans la grande allée de la pépinière et dit à Étienne : « Regardez, monsieur ! A ma droite est Jésus-» Christ, à ma gauche Mahomet, et moi je m'avance en » droite ligne, en les laissant là tous deux ; ce n'est pas » plus difficile que cela ! »

Tel était le côté censé sérieux de ses rêveries ; mais, comme les philosophes de l'antiquité, il avait sa doctrine interne dont il ne parlait qu'avec réserve, et sa doctrine externe pour attirer les profanes. C'est de cette dernière dont les jeunes femmes et les jeunes filles de la pépinière s'égayaient assez souvent aux dépens de celui qui la professait. Ce pauvre Drouineau, espèce de don Juan spiritualiste fort peu dangereux, s'était imaginé qu'ayant été doué d'une force extraordinaire d'attraction, il lui suffisait de lancer un regard ou d'écrire quelques lignes à une femme, pour qu'elle obéît à ses commandements. Plusieurs de ses correspondantes, feignant d'abonder en son sens, lui avaient adressé des remercîments qu'il s'empressait de montrer à qui voulait les lire, ce qui ne manqua pas de le confirmer dans la haute opinion qu'il avait de lui-même. Mais à la pépinière les choses se passaient simplement, en paroles malignes de la part de la jeunesse dont Drouineau était entouré. Toutes ces jeunes personnes le priaient de les frapper de son regard vainqueur, de leur imposer les mains, et aussitôt elles se jetaient à terre en riant comme des folles, ce qui n'empêchait pas le pauvre thaumaturge de s'applaudir de ses succès.

Étienne, dans le cours de sa vie, n'a eu que trop d'occasions d'observer à quel point la folie fait de progrès chez certains individus, avant que ceux qui les voient journellement se doutent même de l'existence de ce mal. Drouineau était arrivé à la pépinière avec des habitudes singulières, il est vrai, mais il était réglé dans ses mœurs, d'un commerce sûr, et ce fut en ce lieu qu'il composa ceux de ses ouvrages qui méritaient le mieux le succès qu'ils ont obtenus. On ne riait donc que de l'excès de son exaltation, mais sans en rien redouter de fâcheux. On se trompait; le cerveau du malheureux Drouineau, s'enflamma toujours davantage, au point qu'il fallut enfin le sequestrer du monde et le placer dans une maison de santé, où il succomba à son infirmité.

Depuis que les deux fils de madame Viollet-le-Duc étaient fixés à Paris, Étienne, leur oncle, n'avait pas cessé d'entretenir des relations amicales avec quelques jeunes professeurs du collége de Fontenay. Outre la société de M. Delâtre, dont la mémoire était encyclopédique, les entretiens qu'il avait avec M. Guigniaud, l'intelligent géographe, avec Lebas, le savant helléniste, et avec M. Rossignol, humaniste et poëte latin distingué, ramenaient son esprit dans un cercle de connaissances dont on ne s'écarte que trop souvent dès qu'on a quitté les bancs de l'école[1].

Depuis la présentation de Balzac à madame Récamier par la duchesse d'Abrantès, l'occasion ne s'était pas représentée pour Étienne de se trouver avec le spirituel écrivain devenu romancier célèbre, que lorsqu'il se rencontrèrent chez Éverat, qui imprimait simultanément les *Illusions perdues*, de Balzac, et *Mademoiselle de Liron*, d'Étienne. Pendant leurs rencontres assez fréquentes à l'imprimerie, ils échangèrent des confidences au sujet de la manière d'après laquelle chacun d'eux procédait en composant, et Étienne put suivre l'éclosion successive de l'ensemble des *Illusions perdues*. La première épreuve apportée par Balzac à l'imprimerie consistait en un énorme placard de papier blanc, en tête duquel se trouvaient une quarantaine de lignes imprimées. Le lendemain, ces quarante lignes revenaient avec un entourage de cent ou deux cents lignes manuscrites, où la matière indiquée dans les quarante premières était développée avec verve et une grande abondance d'idées, continuant ainsi jusqu'à la fin de l'ouvrage. Ce mode de composer par amplification, a-t-il toujours été suivi par Balzac? C'est ce qu'Étienne ne pourrait dire, mais il a vu naître, croître et s'achever ainsi les *Illusions perdues*, l'une des heureuses conceptions d'un des plus fins et des plus profonds observateurs de notre temps.

[1] M. Guigniaud, M. Lebas et M. Rossignol font partie aujourd'hui de l'Académie des inscriptions et belles-lettres.

Peu après, lorsque malgré les horreurs du choléra et les émeutes sans cesse menaçantes, on publiait des romans, on fréquentait les théâtres, Étienne, entraîné par ce courant, avait publié *Mademoiselle de Liron* et suivait habituellement l'Opéra italien dont Armand Bertin lui avait confié la critique. Ce fut à l'une des représentations si brillantes alors où se faisaient entendre Rubini, Lablache et Tamburini, où paraissaient brillantes de jeunesse et de beauté, Julia Grisi et sa sœur Juditta, qu'Étienne eut l'occasion de parler, pour cette seule fois, avec une femme devenue déjà célèbre par la richesse de son imagination et l'attrait irrésistible de son style. On représentait ce soir-là un des grands opéras de Rossini. La salle était comble, et dans le couloir qui mène à l'orchestre, plusieurs personnes se tenaient debout. En passant, Étienne rencontra et salua Buloz, le directeur de la *Revue des Deux-Mondes*. Plusieurs morceaux publiés alors par Étienne dans ce recueil avaient établi de bons rapports entre lui et le directeur de ce journal. Dans l'un des entr'actes, Buloz, s'approchant d'Étienne, lui dit : « Voulez-vous que je vous présente à George Sand? » En répondant affirmativement, Étienne promena aussitôt son regard autour de lui, et ne voyant que des habits d'hommes : « Georges Sand est donc en loge? demanda Étienne. — Point du tout, répondit Buloz, la voici! » En effet, vêtue et coiffée en homme, elle était mal assise sur un tabouret dont Étienne s'empressa de la faire lever pour lui offrir sa stalle. Leur entretien eut la durée de l'entr'acte. D'abord l'attention d'Étienne fut captivée par la beauté de la physionomie de cette femme célèbre, puis à ce sentiment d'admiration succéda une espèce d'embarras causé par la vue du costume masculin de cette belle personne. Toutes les idées d'Étienne furent brouillées en un instant par le choc de deux courants marchant en sens contraire. Parlait-il à un homme ou à une femme? Il ne pouvait s'en rendre compte, et sentait bien que les mots qui lui échappaient n'avaient pas la franchise ordinaire de sa parole. Dans l'esprit de Georges Sand, le résultat de cette disposition équivoque, dut prendre le caractère de la timidité, et comme il arrive ordinairement aux femmes de ne pas se laisser engager dans un entretien insignifiant, ce fut elle qui commença et soutint la conversation. Elle adressa des paroles gracieuses à Étienne à propos du roman de *Mademoiselle de Liron,* qui venait de paraître, et s'étendit ensuite assez longtemps sur le regret qu'elle éprouvait de n'être pas savante. Il était facile de lui faire sentir que les dons qu'elle a reçus d'observer avec profondeur et de peindre avec tant d'éclat étaient une compensation plus que suffisante à la qualité si souvent stérile qu'elle regrettait. En soutenant cette thèse, Étienne fit de son mieux, mais à chaque regard qu'il jetait tantôt sur cette belle et intelligente figure, puis sur l'habit qui démentait son sexe, ses idées s'embrouillaient de nouveau et il finissait par rester muet. A la suite de cet unique entretien avec George Sand, Étienne éprouva le regret de ne pas avoir exprimé tout le cas qu'il fait de son beau talent. Une circonstance particulière fut cause de cette retenue. Le roman de *Lélia* était dans sa nouveauté. Porté aux nues par les uns, moins goûté par les autres, Étienne était de ces derniers. Mais le talent de George Sand lui inspirait un respect trop sincère pour qu'il cédât à l'exigence d'une politesse vulgaire en louant ce qu'il ne pouvait approuver. Il ne parla donc pas de *Lélia.*

La vie d'Étienne étant concentrée en ses affections de famille, en quelques relations amicales, et soutenue par le travail, l'idée de faire de nouvelles connaissances avait peu d'attrait pour lui. Cette disposition fut cause qu'il négligea plus d'une fois l'occasion de cultiver celle de personnes de mérite dont l'accueil lui avait été favorable. C'est ainsi qu'il ne vit que rarement Balzac, qu'il ne parla qu'une seule fois à George Sand ainsi qu'à Alfred de Musset, l'un des poëtes distingués de ces derniers temps. Celui-ci, bien jeune encore, il n'avait guère que vingt-trois ans, s'était déjà fait un nom par des vers dont la bizarrerie de quelques-uns contrastait vivement avec l'inspiration passionnée, la raillerie délicate et l'élévation qui dominaient dans les autres. La jeunesse de ce poëte, ce que l'on racontait de sa vie orageuse et élégante, avaient éloigné de l'esprit d'Étienne, déjà sur le retour, toute idée de rapprochement probable entre lui et le jeune écrivain, dont le génie tenait tout à la fois de la grâce piquante de la Fontaine et de la mélancolie ardente de lord Byron. Un pur hasard les fit trouver ensemble. Invité par les enfants d'amis morts depuis longtemps, Étienne assista à un bal de famille où il n'était connu que du maître de la maison, qui, pour rendre la soirée agréable à son hôte, le mit en rapport avec Alfred de Musset, l'un des invités. D'après la lecture des ouvrages d'un écrivain, on se forme involontairement une image idéale de ses traits, de son caractère et de ses habitudes, ce qui était arrivé en effet à Étienne à l'égard d'Alfred de Musset. Mais, au lieu de rencontrer un élégant plein de lui-même, un *dandy* singeant les manières orgueilleuses de lord Byron, un enfant gâté par la louange, il se trouva en présence d'un jeune homme aux traits fins, purs, et dont la physionomie était empreinte d'un calme plein de noblesse. Ce fut de Musset qui engagea la conversation sur la critique et la manière dont on l'exerçait. A un léger froncement de sourcil du jeune poëte, Étienne supposa qu'en blâmant le ton dont quelques journalistes relèvent les fautes des auteurs, de Musset avait sur le cœur certaines critiques amères lancées contre lui. Mais le calme se rétablit bientôt sur sa physionomie, et il adressa à Étienne un éloge simple mais empreint de sincérité, en lui disant le cas particulier qu'il faisait de la ferme impartialité avec laquelle il s'acquittait de la tâche difficile qu'il avait à remplir au *Journal des Débats*. Dans les paroles d'Alfred de Musset, il y avait, au lieu de cette indifférence sarcastique qui règne dans ses premiers vers, un parfum d'amour pour le vrai et l'honnête qui toucha Étienne, et lui fit concevoir pour ce jeune homme une estime qui se serait facilement changée en amitié. Mais les occasions de se revoir ne se représentèrent pas, et les habitudes solitaires d'Étienne n'étaient pas propres à les faire renaître.

Vers ce temps, plusieurs jeunes écrivains de mérite furent associés aux travaux du *Journal des Débats*. M. Michel Chevalier, après le déclin de la société saint-simonienne, étant allé voyager en observateur aux États-Unis d'Amérique, adressa de ce pays à MM. Bertin une série de lettres que toutes les classes de lecteurs accueillirent avec le plus vif intérêt. M. Guéroult, voué aussi d'abord aux idées de Saint-Simon, fournit au journal une suite d'articles curieux sur la politique et les mœurs de l'Espagne. Après la séparation des saint-simoniens, M. Xavier Raymond, que de longs voyages avaient mis au courant des intérêts et du caractère propre aux peuples divers semés sur notre globe, vint déposer dans les colonnes du *Journal des Débats* le résultat des connaisances qu'il avait acquises. Enfin le spirituel M. Broët, car il est à remarquer que presque tous les hommes sortis de cette étrange école saint-simonienne se sont distingués, en rentrant dans la vie commune, par des talents francs et souvent supérieurs, M. Broët donc, jadis l'un des solitaires de Ménilmontant, fut chargé, au journal, de traiter les questions relatives aux finances.

La collaboration, dans un journal, établit toujours,

entre ceux qui y prennent part des relations douces et amicales; cependant, comme il arrive ordinairement dans ces réunions, chacun, poussé par le hasard ou obéissant à des préférences instinctives, fréquente les uns plus que les autres. C'est ainsi qu'Étienne, faute d'avoir connu intimement quelques-uns des écrivains attachés aux *Débats,* ne peut que signaler ici leurs noms et caractériser leurs talents; tels sont : — M. Alloury, légiste et philosophe, traitant les questions politiques, l'un de ceux qui, avec MM. de Sacy, Saint-Marc Girardin et quelques autres, ont plaidé avec le plus d'ardeur et de talent en faveur du gouvernement représentatif; — M. John Lemoinne, dévoué à la même cause, jeune diplomate aux formes élégantes, trouvant, dans son esprit original et fertile, des ressources toujours nouvelles pour égayer, par une ironie de bon goût, les discussions et les matières les plus graves. — Il faut encore inscrire le jeune savant, M. Foucault, auteur d'un appareil qui constate la rotation de notre globe, et dont les articles mettent les lecteurs au courant des découvertes scientifiques; M. H. Berlioz, musicien-compositeur, qui s'est efforcé de donner une direction nouvelle aux productions de son art, en associant un sujet déterminé à la symphonie instrumentale; en outre, écrivain spirituel et plein de verve lorsqu'il rend compte des nouveautés données sur les théâtres lyriques. D'un caractère plus grave, et auteur d'un dictionnaire instructif sur le plain-chant, M. d'Ortigues s'applique particulièrement à la critique de la musique religieuse et de chambre.

L'un des rédacteurs des *Débats* dont le caractère a le plus d'originalité, Saint-Ange, fils du poëte traducteur des *Métamorphoses d'Ovide,* fit, dans sa jeunesse, la campagne d'Espagne en 1810, en qualité de capitaine de la jeune garde. A la singularité naturelle de son esprit se joint la franchise un peu brusque dont on contracte l'habitude dans les camps. Au milieu des Bertin et des rédacteurs des *Débats* qui soutenaient et répandaient les doctrines libérales, Saint-Ange était resté convaincu de la supériorité du gouvernement militaire et absolu du premier Napoléon. Amaigri par les anciennes fatigues de la guerre et par des maladies récentes, cet homme, avec une physionomie qui n'exprime plus rien, déploie une sagacité d'esprit et une clarté singulière de langage lorsque l'occasion se présente pour lui de traiter de l'art et des opérations militaires. Ce talent, qui se développa d'abord par ses prévisions remarquables sur les résultats des expéditions en Grèce et en Algérie, s'est manifesté plus particulièrement encore pendant la guerre de Crimée.

Au groupe formé par MM. de Sacy, Saint-Marc Girardin, Alloury, John Lemoinne, Philarète Chasles, traitant alternativement de la politique et de la littérature, s'est joint, au commencement du règne de Louis-Philippe, M. Cuvillier-Fleury. Sorti brillant professeur et très-ardent libéral du collége Sainte-Barbe, il devint précepteur du jeune duc d'Aumale, puis secrétaire des commandements de ce prince, et fut admis au nombre des collaborateurs du *Journal des Débats*. Il y défendit avec beaucoup de chaleur la politique du nouveau roi; car la passion, sans aveugler cet écrivain, est certainement ce qui fait éclater sa verve avec le plus de bonheur. Dans sa critique littéraire, soit qu'il loue ou qu'il blâme, il s'empare du livre de l'auteur, son justiciable, et en arrache les entrailles, si l'on peut dire ainsi, pour les exposer palpitantes au lecteur. La disposition propre de l'esprit de chaque écrivain, est nécessairement développée par la lecture des auteurs fameux qu'il préfère. Aussi des différences d'école et de style apparaissent dans les productions des collaborateurs des *Débats*. Dans la prose simple, énergique et pénétrante de M. de Sacy, de même qu'en lisant les écrits variés, faciles et toujours instructifs de M. Saint-Marc Girardin, on retrouve quelque chose de la simplicité de l'école grecque. D'autre part, MM. Philarète Chasles et John Lemoinne, plus préoccupés de l'avenir que du passé, nourris d'ailleurs des idées et des écrits qu'ont produits les nations du nord, donnent à leurs pensées des formes inattendues, pittoresques, et empreintes parfois de ce caractère d'excentricité particulier aux écrivains *humoristes* de la Grande-Bretagne. Quant à M. Cuvillier-Fleury, il représente particulièrement l'école latine. Sa phrase correcte, incisive, toujours artistement travaillée, ne se dépouille jamais d'une certaine gravité, même quand le sujet lui permettrait de prendre une allure plus facile. Il est vraisemblable que cet écrivain, si bon humaniste, prise autant la prose de Cicéron que celle de Tacite. Cependant, on serait tenté de croire que la nature de son esprit le porte à préférer les savants artifices de langage dont l'auteur des *Annales* enveloppe ordinairement sa pensée.

La vieille et chaude amitié qu'Étienne portait à la famille Bertin, le vif intérêt que plus de dix années de collaboration lui avait fait prendre au succès de leur journal, le rendait attentif à tout ce qui pouvait concourir à en augmenter l'attrait et la popularité. Bien que chargé particulièrement de tout ce qui se rattache aux beaux-arts, y compris le Théâtre-Italien, Étienne faisait d'assez fréquentes excursions dans le domaine de la littérature. L'espèce de résurrection du roman d'*Antar*, qu'il provoqua en 1830, l'avait mis en relation avec plusieurs savants orientalistes qui, supposant avec juste raison que les traductions qu'ils publiaient exciteraient son attention, eurent la gracieuse obligeance de lui envoyer plusieurs de leurs travaux. C'est ainsi qu'à compter de 1831,

Étienne reçut de Chezy, puis de Burnouf le fils, des épisodes extraits et traduits des grands poëmes de l'Inde ; de Loiseleur de Longchamps, mort à la fleur de l'âge, les lois de Manou ; de Fresnel, devenu presque Arabe, des lettres sur les Arabes avant l'islamisme ; de M. Garcin de Tassy, la traduction des aventures de Kamrupt et des œuvres de Waly, le Pétrarque hindoustani ; puis les nombreux et intéressants travaux de notre savant sinologue M. Stanislas Julien et de son élève M. Bazin.

Quatre heures de solitude le jour et six à peu près pendant la nuit, laissaient bien du temps à Étienne, dont il consacrait régulièrement une partie à la lecture. Celle qu'il fit de ces productions si curieuses du monde oriental, lui suggéra l'idée d'en tirer des extraits, d'abord pour son propre compte, puis de les mettre en ordre dans l'intention de les présenter au public. A ce sujet, Étienne sonda les intentions du bon et aimable Armand Bertin, qui, considérant le journal comme un instrument dont il ne fallait laisser aucune corde inactive, consentit, en souriant, à l'essai proposé. Le premier morceau de ce genre qu'Étienne offrit à Armand fut l'analyse, accompagnée de citations, d'un drame chinois, *le Cercle de craie*, traduit par M. Stanislas Julien. La coïncidence du sujet avec la scène biblique du jugement de Salomon, et l'étrangeté des mœurs chinoises à travers lesquelles apparaît l'action de ce drame, piquèrent la curiosité du public, et depuis 1831 que fut publié cet extrait, jusqu'en 1840, Étienne, par de simples expositions, puisque son ignorance des langues orientales ne lui permettait aucune critique, tenta de donner au public une idée générale de la philosophie, des lois et des mœurs de l'Orient, d'après les travaux des traducteurs qui viennent d'être mentionnés. En faisant cet essai, il pensait que ce travail, poursuivi par des hommes versés dans la connais-

sance des langues de l'Inde et de l'Arabie, pourrait
devenir pour le journal l'occasion de cultiver une nouvelle branche de littérature étrangère, déjà utile à une
époque où la facilité de parcourir le monde rendait la
connaissance des divers idiomes chaque jour plus nécessaire. Le hasard voulut que le jour même où l'article sur
le *Cercle de craie* parut dans le journal (18 août 1831)
Étienne allât reporter à Bertin-Devaux des livres qui lui
avaient été prêtés. Dans les circonstances difficiles où se
trouvait alors le gouvernement de Louis-Philippe, Devaux, exclusivement occupé de la politique, ne se livrait
plus aussi volontiers aux entretiens littéraires. Cependant l'analyse du drame chinois, qu'il venait de lire et la
présence de celui qui l'avait faite, amenèrent la conversation sur ce sujet. Il faut savoir que l'esprit si actif, si
pénétrant de Bertin-Devaux était ramené à une paresse
invincible lorsqu'il fallait qu'il appliquât son esprit à des
travaux, à des combinaisons qui n'étaient pas purement
intellectuelles. L'emploi du temps, le genre d'attention
presque matérielle qu'exige l'étude des langues, ont
sans doute été cause qu'à l'exception du latin, qui lui fut
enseigné au collège, il n'a pu se résoudre à se familiariser
avec aucune langue étrangère à la sienne. Avec une intelligence si richement douée d'ailleurs, il faisait presque
parade de ce genre d'ignorance, et sous le régime constitutionnel, pendant lequel les noms des institutions et des
hommes politiques de l'Angleterre, étaient journellement
cités, il mettait tant soit peu d'affectation à les soumettre
à la prononciation française. Ainsi disposé à l'égard des
langues de l'Europe, on conçoit qu'il s'occupât peu de
celles de l'Orient; aussi s'étonnera-t-on moins de l'observation qu'il fit à Étienne à propos de la traduction du
Cercle de craie : « Eh quoi, lui dit-il, est-ce que vous
croyez sérieusement que l'on entend le chinois ? » Étienne,

rappelant les savants travaux des jésuites missionnaires à la Chine, ramena aussitôt Bertin-Devaux au sérieux de la question, et l'incrédule, donnant carrière à cette faculté d'intuition qui lui était particulière, après avoir rappelé avec lucidité ce qu'il avait appris de la Chine par la lecture des mémoires sur ce pays donnés par le père du Halde et ses prédécesseurs, s'étendit abondamment sur la conquête intellectuelle déjà si avancée de ces religieux, mais tout à coup compromise par l'excès de leur zèle et peut-être de leur ambition. « Selon vous, Étienne, ajouta-t-il, votre ami Stanislas Julien, à Paris et du fond de son cabinet, continuerait ce genre d'étude? — Pourquoi non? Ce savant, outre sa passion pour l'étude, a l'heureuse faculté d'apprendre les langues et d'en saisir le caractère et l'esprit avec une promptitude et une sûreté merveilleuses. Quant à sa qualité de sinologue, si justement appréciée en Angleterre et en Allemagne, elle est estimée supérieure à Macao même par les savants du pays. Oui, c'est à Paris, au collége de France, que les jeunes ecclésiastiques, futurs missionnaires, reçoivent de Stanislas Julien l'enseignement de la langue chinoise littéraire, dans le but d'arriver à Macao assez solidement instruits pour y acquérir l'usage de la langue parlée. — Ainsi, observa Bertin-Devaux en laissant échapper un dernier sourire d'incrédulité, on sait, on entend, on parle le chinois! — Il n'est plus possible d'en douter. Vous-même, lecteur infatigable de romans, vous avez dévoré celui des *Deux cousines*, traduit par Abel Rémusat; admettons qu'il s'y trouve quelques infidélités, croyez-vous qu'il soit possible d'offrir des tableaux de mœurs, d'inventer des intrigues et une variété de caractères si étranges et cependant si cohérents, sans avoir lu et compris le texte original où toutes ces choses, si singulières pour nous, sont cependant très-naturellement exposées? — Eh bien, soit, dit Bertin-Devaux après quelques instants de silence et de réflexion, on entend le chinois! Mais quel parti peut-on tirer aujourd'hui de cette connaissance? Les témérités de nos premiers missionnaires ont rendu la propagation du christianisme en Chine bien problématique ; et à parler franchement, je doute fort que ce genre de conquête pacifique puisse être tenté de nouveau aujourd'hui. Rappelez-vous les paroles du cardinal Zurla, que vous nous transmettiez dans vos lettres écrites d'Italie en 1823. En vous montrant la carte où le partage du nouveau monde entre les puissances européennes, fut approuvé par le souverain pontife, le spirituel cardinal ne vous disait-il pas « que ce qui s'accomplissait encore au xvie siècle par la *bénédiction* ne pouvait plus être obtenu de nos jours que par le *canon*? » Croyez-moi, Son Éminence voyait juste ; et si la connaissance des lois, des mœurs, des usages et des préjugés des Chinois, acquise par l'étude des livres, peut devenir, dans un temps éloigné, un moyen secondaire pour initier ce peuple à nos idées et à notre civilisation, espoir fort douteux, il faudra d'abord aller le visiter avec des bâtiments à trois-ponts et employer, comme le disait le cardinal Zurla, le contraire de la bénédiction pour le faire renoncer à son orgueilleux isolement..... Et enfin, ajouta Bertin-Devaux après un moment de silence, les avantages que l'on retirerait des communications commerciales avec la Chine ne pourraient-ils pas être contre-balancés par l'éveil de leur force et de leurs ressources, qu'ils emploieraient contre nous, si de leur contact avec les Européens il résultait chez eux de tels progrès dans les arts de la guerre et de la navigation, que leurs moyens de défense et d'attaque devinssent égaux aux nôtres?..... La population, en Chine, est immense..... Croyez-moi, il ne faut pas réveiller les barbares! »

Cet entretien fut le dernier de ce genre dont put profiter Étienne. Bertin-Devaux, sous le règne de Louis-Philippe, exerça une grande influence sur les décisions du parti libéral dans les deux chambres. Les ministres du roi, les hommes d'État éminents, se rendaient souvent le matin dans son cabinet, où l'on tenait préalablement conseil au sujet de la question importante du jour. Ces graves et incessantes préoccupations ne laissaient guère au spirituel causeur le loisir de s'étendre sur les généralités de l'histoire et de la littérature, et Étienne se bornait à faire à Bertin-Devaux des visites amicales.

XXIX

Vers ce temps, Étienne fit la connaissance à Fontenay d'un homme avec qui il contracta une solide amitié. Le solitaire se tenait les soirs à sa croisée, pour voir les paysans rentrant de leurs travaux, ses voisins de la promenade. Parmi ces derniers, il remarqua un homme de trente et quelques années dont l'expression grave, assez fière même, lorsqu'il était livré à lui-même, devenait gracieuse s'il s'adressait aux personnes qui l'environnaient. Pendant quelque temps les relations de l'*homme à la figure grave* et d'Étienne se bornèrent à un échange de politesses jusqu'à ce qu'une circonstance fortuite les rapprochât. Un jour Étienne trouva deux couverts préparés sur la table de l'auberge de Fontenay, où il prenait parfois ses repas, et bientôt le maître de la maison, qui l'avait suivi, lui demanda s'il lui convenait que M. le docteur

Bourgery, c'était l'homme au maintien fier, dînât près de lui. Le consentement était à peine donné que Bourgery entra, et les deux voisins, qui ne s'étaient encore renvoyés que des saluts de cérémonie, prirent place à la même table.

Jamais peut-être repas rigoureusement frugal n'a été assaisonné par une conversation plus animée. Les deux causeurs traitèrent un sujet qui les intéressait également : le séjour de Fontenay. Ils s'arrachaient la parole pour vanter les charmes de ce pays, gracieux désert à cette époque. Ils vantaient à l'envi les aspects variés de ses collines et de ses retraites si favorables à la réflexion et à l'étude. Bourgery surtout, qui avait fréquenté ces lieux pendant son enfance, énumérait, non sans regrets, les massifs de verdure, les arbres et jusqu'aux chardons détruits depuis ce temps. Il rappelait le nom d'anciens propriétaires remplacés par de nouveaux, et ne tarissait pas en décrivant les guirlandes de rosiers chargés de fleurs, formant alors une voûte sous laquelle on parcourait la grande rue du village. En ce temps, ajoutait-il bientôt, la Fosse-Bazin était bien plus touffue, et lorsque l'on remontait sous ses ombrages pour gagner la plaine, on sentait tout à coup le grand air, le chant de l'alouette se faisait entendre et l'œil était ébloui par l'éclat des champs émaillés de coquelicots et de bluets.

Ce rapprochement dû au hasard, et cette conversation presque puérile entre deux hommes faits[1] se parlant pour la première fois, furent l'origine d'une amitié dont les liens allèrent toujours en se resserrant. Bourgery avait lu quelques écrits d'Étienne, et Étienne ne tarda pas à être mis par son ami même au courant des travaux sérieux auxquels il consacrait tout son temps. Ce

---

[1] Bourgery avait trente-six ans, Étienne cinquante-trois.

savant d'un ordre élevé avait entrepris, en 1832, un ouvrage sur l'*Anatomie de l'homme*. Toutes les préparations d'après lesquelles il devait écrire ses descriptions étaient faites ou dirigées par lui et copiées en lithographie avec une rare habileté, par M. Jacob, son associé. Cette grande entreprise, difficile à mener à bonne fin sous le double rapport de la science et de la spéculation, laissait peu de relâche à un homme dont l'imagination, comme on a pu en juger, était très-active. Pendant ses séjours d'été à Fontenay, il allait à Paris le matin pour vaquer aux soins de son grand travail, et revenait le soir pour rédiger son texte ou prendre du repos, quand il en avait le loisir. Étienne, de son côté, travaillait avec une ardeur extrême à la composition de ses principaux ouvrages, et pendant les dix ou douze années de la liaison des deux amis de Fontenay, ils consacraient le temps de leurs promenades à des conversations variées, ordinairement solides et dont tous deux pouvaient profiter. En se retrouvant le soir, chacun d'eux faisait part à l'autre du résultat de son travail de la journée, ce qui donnait lieu à des discussions intéressantes. D'ailleurs, la mémoire remarquable de Bourgery rendait présent à son esprit tout ce qu'il avait recueilli dans ses nombreuses lectures, et les sciences accessoires qu'il avait étudiées comme anatomiste, donnaient à sa conversation quelque chose de grave, tempéré cependant par le charme naturel de son élocution. Parmi les sujets variés dont les deux amis se préoccupaient comme délassement, l'astronomie, qui éveillait vivement l'imagination de Bourgery pendant les belles soirées d'été, lui donnait l'occasion d'en parler avec éloquence. Puis passant des grandeurs incommensurables des régions célestes aux infiniments petits de notre monde, il se plaisait à comparer ces extrêmes qui se perdent dans l'infini.

Une source d'eau d'une maison voisine, très-riche en infusoires, fournissait des aliments toujours nouveaux à leur curiosité, et les deux amis consacraient les jours de repos à faire des observations microscopiques sur les plus petits êtres de la création. L'énumération des faits étranges qu'ils purent constater, les conjectures contradictoires auxquelles ces phénomènes donnèrent lieu, fourniraient la matière de volumes, mais de ces interminables conversations, il ne reste dans la mémoire d'Étienne que le souvenir de l'une d'elles, ce qui suffira pour donner une idée des libertés que les deux causeurs de Fontenay laissaient prendre le soir à leur esprit après les travaux sérieux de la journée.

En longeant les bois du Plessis-Piquet, du côté de la plaine qui mène à Meudon, on arrive, après une demi-heure de marche, au bord d'une réserve d'eau pluviale à laquelle on donne le nom fastueux d'*Étang des Moines*. Par une soirée chaude de juillet, Bourgery et Étienne, arrivés sous la plantation d'acacias qui borde cette flaque d'eau, s'y arrêtèrent pour prendre le frais. Leurs regards fixés sur l'étang variaient de direction, attirés tantôt par des escadrons de demoiselles voltigeant autour des plantes, tantôt par des salamandres venant périodiquement faire provision d'air à la surface de l'eau. Durant cette espèce d'extase, le soleil, dont les rayons dardaient avec force, égaya les grenouilles qui firent retentir l'air de leurs coassements. Cet hymne joyeux fit sourire les deux rêveurs qui, du même mouvement, quittèrent l'ombrage des acacias pour se diriger vers la pente douce de l'étang, d'où on pouvait observer de plus près les ébats de la gent marécageuse. Là, leur attention fut aussitôt attirée par une grande quantité de moules d'un pouce et plus de longueur, dont la forme, les mouvements et les allures étaient identiquement les mêmes que ceux des moules microscopiques qu'ils avaient observées quelques jours avant. Devant ce spectacle, Bourgery et Étienne, plongés dans un abîme de réflexions, ne disaient mot, mais il leur suffisait d'un sourire, d'un geste pour se communiquer leurs pensées, et cette conversation sans paroles n'en était que plus rapide et plus intime. « Les grenouilles ne disent plus rien, observa enfin Bourgery sans détourner les yeux de dessus les moules voyageuses. — Non, répondit machinalement Étienne, couché à plat ventre sur le bord de l'eau pour découvrir par quel moyen ces coquillages dirigent leur natation. » Ces paroles étaient à peine échangées, que de l'endroit de l'étang où les roseaux sont le plus abondants, le bruit que causèrent les grenouilles en plongeant toutes au fond de l'eau se fit entendre. — « Oh! oh! dit encore Bourgery sans quitter les moules des yeux, il y a sans doute une grande révolution parmi la nation aquatique!» Ces mots étaient à peine échappés de ses lèvres, que les observateurs aperçurent passer entre les roseaux un point brillant comme un diamant éclairé par le soleil. C'était la tête d'une belle couleuvre traversant l'étang à la nage et cherchant à saisir sa proie à la faveur de la crainte qu'elle inspirait. Cette apparition soudaine, l'élégance royale de la couleuvre glissant sur l'eau, et l'effroi qu'elle avait jeté dans son domaine, si calme quelques minutes avant, firent naître une foule de réflexions dans l'esprit des deux promeneurs. — « Mais, c'est un monde complet que cet étang, disait l'un : isolé des bois et de la plaine, ses habitants vivent dans des conditions particulières. L'eau qui les fait naître sert aussi de limite à leur existence, et ce petit monde, qui a commencé lorsque l'on a creusé cet étang, finirait si l'étendue d'eau qui le couvre venait à se dessécher. — Ainsi, disait l'autre, ce monde a eu un commencement et peut certainement avoir une fin ; de sorte qu'en jetant quelques plantes dans un vase rempli d'eau, nous pourrions provoquer la naissance d'un monde plus petit encore, mais non moins populeux et aussi hiérarchiquement constitué que celui de l'étang. Il faudrait donc en conclure qu'à l'aide des merveilles divines de la génération, il nous est permis de supposer que le monde que nous habitons n'est qu'un accident déterminé par la volonté passagère d'êtres supérieurs à nous, mais, comme nous, ministres aveugles de la Providence et exécutant ses décrets. »

Des nuées d'idées confuses, mais profondément sérieuses, traversaient l'esprit des deux amis, qui osaient penser que ces milliers d'années d'existence, constatées par les annales de notre monde, ne sont proportionnellement qu'une saison, un jour même pendant lequel naissent et meurent certains êtres. A ce moment, le front de Bourgery se rida comme lorsqu'il éprouvait de la difficulté à exprimer sa pensée. « Vous êtes gros de quelque idée, lui dit Étienne. Allons, laissez-la sortir toute chaude de votre cerveau. — Mon cher ami, dit alors le savant, savez-vous que cet étang, avec sa bourgeoisie marécageuse et sa couleuvre royale qui la tyrannise, que ce petit monde, en un mot, est un fait important qui soulève les questions les plus graves? Figurez-vous bien qu'il ne s'agit de rien moins, après l'avoir observé, que de savoir si la génération de toutes les créatures vivantes est spontanée, ou si elle a lieu par transmission et par ancêtres ; ou bien, enfin, si l'emploi de ces deux modes est le résultat de la volonté du Créateur pour peupler les mondes d'abord, puis ensuite propager les espèces. Permettez, continua-t-il, en réprimant une objection qu'Étienne se disposait à faire; comme vous le disiez, en mettant infuser une plante, il en naîtrait des insectes. Eh bien! on demande où sont, ou pouvaient être les germes de ces animaux? Ces germes ont-ils été créés d'avance, comme on le dit, attendant depuis le commencement du monde l'instant de leur fécondation, et faut-il croire, ainsi que l'expérience semble le prouver, que l'air charrie incessamment les germes de toutes les créatures jusqu'au moment où la volonté suprême les fait toucher à leurs analogues qui les fécondent? Toujours est-il qu'en partant de ces petits mondes, dont nous pouvons provoquer la naissance dans un vase, pour remonter jusqu'à celui dont nous faisons partie, tous ces mondes petits, moyens et grands, pourraient, en suivant les lois de l'analogie, commencer et finir de la même manière. Alors reviennent à notre mémoire ces vieilles traditions qui nous disent que des animaux sont nés du limon de la terre échauffée par le soleil; puis les découvertes des géologues démontrant l'existence de ces animaux prétendus fabuleux, dont les espèces ne sont qu'éteintes. Ce monde d'êtres gigantesques a-t-il cessé d'exister, comme périraient instantanément les habitants de l'étang des Moines, si le préfet du département jugeait à propos de le mettre à sec? Mais pardon, ajouta Bourgery à Étienne, je vous ai interrompu pour ne débiter que des folies. Que vouliez-vous dire? — D'autres folies qui me passaient par la tête, répondit Étienne. Au moment où vous parliez des deux modes de génération, spontanée et par ancêtres, je désirais savoir si vous aviez jamais pensé que ces deux sortes de générations pussent être applicables aux choses intellectuelles? — Comment? Expliquez-vous. — Ne serait-il pas possible, et n'est-il pas probable, reprit Étienne, que toutes les idées, par exemple, n'ont pas la même origine, qu'elles sont de deux sortes, les unes innées, préexistantes; les autres ne pouvant naître et se former que par l'union ou l'aversion de deux intelligences? Les vérités mathématiques, par exemple, lorsqu'on nous les transmet dans la jeunesse, ne semblent-elles pas réveiller d'anciens souvenirs plutôt que déterminer des idées nouvelles ? A ces idées, à ces lois immuables, les intelligences ne se soumettent-elles pas sans effort, sans contradiction, comme notre corps se conforme aux exigences de nos besoins? J'aurais donc quelque velléité d'établir une comparaison entre l'émission de ces idées reçues sans discussion et les êtres produits par la génération spontanée, tandis qu'à la génération transmise, je rapporterais l'éclosion des idées secondaires, celles qui ne peuvent naître que de l'union et du choc des intelligences... »

Comme ils en étaient là, le tonnerre commençait à gronder, et l'orage était près d'éclater. Les deux amis, qui, dans l'ardeur de la conversation, ne s'étaient pas aperçu du changement de l'atmosphère, mirent fin brusquement à leurs devis pour regagner en toute hâte Fontenay, où ils ne rentrèrent pas cependant sans que le ciel, en versant des torrents d'eau, ne leur eût fait expier les pensées bizarres qu'ils avaient émises.

Dans le commerce habituel de la vie, Bourgery était on ne peut plus convenable avec les personnes qui lui plaisaient. Un air simple, ouvert et très-intelligent prévenait en sa faveur, et sa conversation était toujours attachante. Dès qu'Étienne eut l'occasion de connaître ses bonnes et brillantes qualités, il le mit en rapport avec sa famille et ses amis, qui le prirent en amitié. Sans affecter les manières d'un élégant, cet homme était toujours mis avec le plus grand soin, et ce mérite accessoire, joint à la mansuétude de sa physionomie dans le monde, fut cause que bien des gens, Étienne lui-même, persuadés que le sort du savant était raisonnablement fixé, furent assez longtemps sans s'inquiéter de l'état de sa fortune. En réalité, sa position était fâcheuse. Cet homme remarquable n'avait d'autres ressources pour vivre et faire face à des charges assez lourdes, qu'une portion minime du produit mensuel des livraisons de l'*Anatomie de l'homme*, dont l'apparition régulière dépendait de l'exactitude de son travail. Ses ressources étaient donc fort restreintes ; mais la dignité avec laquelle il supportait et dissimulait sa pauvreté entretenait parmi ceux qu'il fréquentait l'idée fausse qu'il était au moins à l'aise.

La vie était donc lourde pour lui. Le présent était pénible, l'avenir incertain, et, dans le passé, il avait à se reprocher un coup de tête qui lui fit manquer sa carrière de médecin. Doué des dispositions les plus heureuses, il avait pris rang sur les bancs de l'École de médecine en 1814, où il obtint successivement, avec éclat, des prix jusqu'en 1818, et fut reçu interne à l'Hôtel-Dieu. Son avenir semblait assuré ; mais aux derniers concours qui devaient lui ouvrir définitivement la carrière, soit qu'il comptât trop sur sa facilité, ou que, comme il le prétendait, il eût été victime d'une injustice, il ne fut pas reçu docteur. N'écoutant alors que sa vanité blessée, au lieu de faire de nouveaux efforts pour reparaître en vainqueur au concours suivant, il jeta le manche après la cognée, et, dans son dépit, accepta une place de chimiste dans une manufacture, où il resta enterré pendant douze ans, jusqu'au commencement de 1830.

Cette faute grave, en l'éloignant du centre d'activité intellectuelle, tandis que ses condisciples parcouraient régulièrement les degrés qui conduisent à l'apogée de leur carrière, eut les conséquences les plus fâcheuses sur le reste de la vie de Bourgery. Ce fût en vain qu'en se fiant sur le mérite promptement reconnu de son livre, il se flatta de reprendre un rang et de rentrer dans des droits que son imprudence lui avait fait perdre. Quoique reçu enfin docteur et reconnu très-savant anatomiste par les hommes compétents, et bien qu'en plusieurs occasions il ait été chaudement appuyé par eux, il échoua dans toutes ses tentatives, soit pour obtenir un professorat, soit pour être admis à l'Académie des sciences ou remplir les fonctions d'inspecteur des écoles médicales.

Les qualités aimables de cet homme, son mérite comme savant, le succès déjà grand de son entreprise, et jusqu'à la faute qui l'avait jeté hors de la voie qui l'eût régulièrement conduit aux emplois et aux distinctions réservées aux hommes de sa profession, devinrent autant de motifs qui lui concilièrent la bienveillance et l'intérêt de personnes influentes par leur mérite personnel et le rang qu'elles occupaient dans le monde politique et scientifique. Pendant leur ministère à l'instruction publique, MM. Villemain et de Salvandy, quoique leur bonne volonté n'ait pu triompher des obstacles qui s'opposaient à ce que l'on créât une chaire nouvelle pour Bourgery, lui firent obtenir les faveurs dont ils pouvaient disposer : M. de Salvandy en le mettant sur la liste des savants dignes de recevoir la décoration de la Légion d'honneur, M. Villemain en disposant en sa faveur d'une pension devenue vacante.

Le baron Thénard, le célèbre chimiste, qui habitait aussi Fontenay-aux-Roses pendant la belle saison, s'étant trouvé plusieurs fois chez Étienne avec Bourgery, dont il connaissait les travaux, le prit en affection et ne cessa plus de ce moment de recommander l'habile anatomiste à ses confrères de l'Académie des sciences, et à le mettre en rapport avec les savants qui fréquentaient sa maison.

M. Désiré Nisard est aussi un de ceux qui ont aidé Bourgery de la manière la plus efficace. Parvenu au poste de secrétaire de l'instruction publique sous le ministère de Salvandy (1838), il contribua à favoriser le succès de l'*Anatomie de l'homme* en faisant augmenter le nombre des souscriptions ministérielles à ce livre, et par cela même en lui donnant une plus grande publicité. Ces dispositions bienveillantes à l'égard du savant prirent plus de vivacité encore pendant un séjour d'une semaine que M. Nisard et sa famille firent à Fontenay chez Étienne. Là Nisard eut l'occasion de connaître plus intimement le docteur Bourgery, et Étienne, qui était alors au courant des mécomptes et des découragements qui troublaient l'existence intérieure de cet homme, en fit confidentiellement part à Nisard, qui demanda avec empressement ce que l'on pourrait faire pour lui. Bourgery, pendant les conversadu soir, avait laissé entrevoir à Étienne quelque regret de ne pas avoir été décoré ainsi que la plupart de ses condisciples. Étienne qui ignorait la marche à suivre pour faire la demande en règle de cette distinction, prit conseil de Nisard à ce sujet. « Il faudra s'occuper de cette affaire, » fut sa réponse. Enhardi par cette ouverture, Étienne, à l'insu de Bourgery, écrivit à M. de Salvandy pour le prier de faire obtenir la croix à son ami, en récompense du zèle et du talent avec lesquels ce savant poursuivait ses importants travaux. Il fallait une occasion opportune pour que cette demande fût soumise au roi par le ministre, et ce ne fut que quelque temps après, qu'un soir, Bourgery revenant de Paris, s'arrêta tout essoufflé devant Étienne penché à sa fenêtre, et lui dit : « Savez-vous la nouvelle? — Qu'y a-t-il donc? — Vous êtes décoré ! — Et vous? demanda Étienne avec vivacité. — Et moi aussi, mon cher ami. C'est Nisard qui a arrangé tout cela sans nous en rien dire[1] ! »

Ce fut à cette époque que de Salvandy, vraisemblable-

---

[1] L'associé de Bourgery, Jacob, l'habile lithographe auteur des planches remarquables qui accompagnent le texte de l'*anatomie de l'homme*, reçut la décoration en même temps.

ment aussi d'après les conseils de M. Nisard, nomma Étienne membre du *Comité historique des arts*, où il se trouva tout à coup en relation avec des hommes distingués par leur esprit, leur savoir et leurs talents. Quelques-uns étaient pour lui d'anciennes connaissances ; MM. Mérimée, de Gasparin et Vitet entre autres, qui avaient été fidèles aux réunions du dimanche ; puis le neveu de madame Récamier, Charles le Normand, l'antiquaire, P. Delaroche, le peintre, MM. Lenoir et Lassus, architectes, et M. le comte Léon Delaborde. Au nombre de ceux qu'il ne connaissait alors que de réputation étaient MM. le duc de Luynes, le comte de Montalembert, le baron Taylor, Dusommerard, Auguste Leprévost et Bellaguet, deux historiens antiquaires ; puis Bottée de Toulmont et Vincent, s'occupant scientifiquement de la musique, et enfin M. Didron, secrétaire du comité.

Ce comité n'avait pour objet que de s'occuper incidemment des arts en général, comme l'indique son titre. Il était surtout institué pour faire le recensement des anciens monuments de la France, veiller à leur conservation, et répandre le genre d'instruction indispensable aux architectes qui seraient chargés de les restaurer.

Les monuments de tous genres auxquels leur ancienneté donne le caractère historique, se rattachant surtout à l'époque dite gothique, il en résulta naturellement que les membres du comité s'occupèrent presque exclusivement de ce mode de l'art. Leur ardeur à s'instruire pour transmettre leurs connaissances fut grande et très-souvent efficace. Le respect pour des monuments trop longtemps négligés se rétablit. Des documents composés au sein du comité et envoyés aux évêques, aux curés, dans les séminaires et aux architectes des provinces, arrêtèrent la destruction des anciens édifices, où leurs reconstructions fautives, jusqu'au moment où l'état des connaissances en l'art du moyen âge serait assez avancé pour que l'on se permît d'entreprendre de grandes restaurations. Cette voie suivie alors par le comité était excellente, et c'est au zèle éclairé de quelques hommes de cette réunion que la France doit la conservation d'un grand nombre d'édifices également intéressants sous le rapport de l'histoire et de l'art, ainsi que la restauration complète de la plupart des grandes églises gothiques.

Malheureusement la mode, chez nous, exerce son influence sur ce qu'il y a de plus sérieux, et tout ce qui se rattache au moyen âge était devenu alors un sujet d'admiration : œuvres de littérature et d'art, mœurs, usages, habillements, meubles, du moment qu'ils appartenaient à cette époque, étaient devenus pour la masse du public un sujet d'engouement aussi excessif que l'avait été vingt ans avant sa répulsion pour tout ce qui sentait du goût gothique. Rien n'est plus difficile que de résister à un entraînement devenu général, et l'on peut croire que, sous des prétextes plus ou moins spécieux, quelques membres du comité y ont tant soit peu cédé.

Au nombre des questions agitées dans le comité, il en est une qui se représenta fort souvent. Il s'agissait de décider si l'on devait se borner à sauver de l'oubli et de la destruction complète les ruines des monuments du moyen âge, et à restaurer ceux qui seraient suffisamment conservés, ou s'il ne conviendrait pas de substituer au style de tradition romaine, en usage depuis la Renaissance, celui de l'architecture gothique.

Ceux qui soutenaient la première proposition se fondaient sur ce fait : qu'une révolution radicale dans les arts n'était pas possible au XIXe siècle, surtout en adoptant un mode abandonné depuis plus de quatre siècles, et qui, par cela même, ne serait plus en harmonie avec les institutions, les mœurs et les goûts de nos temps modernes.

A ces arguments dictés par la raison et l'expérience, les membres du comité, d'avis contraire, comme s'ils eussent été de véritables Pères de l'Église, défendaient leur opinion en la mettant sous l'égide de considérations de l'ordre le plus élevé. « La France est catholique, disaient-ils, mais depuis la réformation et la Renaissance, la pureté de ce culte a été troublée, moralement par les doctrines nouvelles, extérieurement par les changements apportés à la forme des lieux saints qui ont pris une apparence païenne. N'est-il pas temps d'obvier à de si graves inconvénients en revenant au mode d'architecture qui a pris naissance et a duré pendant les quatre siècles où le catholicisme, ayant reçu tout son développement, a exercé le plus pleinement son empire? Pour nous, ajoutaient-ils, l'art de cette époque est essentiellement chrétien, parce qu'il est catholique. » Et partant de ce point, il en tiraient la conséquence que le comité devait s'appliquer à rétablir la liturgie du XIIIe siècle, les anciens vêtements des prêtres, la forme primitive de la crosse et de la mitre des évêques, ainsi que celle de tous les objets employés pour les cérémonies du culte. Cette question, remise fréquemment sur le tapis, ralentissait tellement le cours des travaux du comité, que l'on décida de la résoudre en la mettant aux voix. L'épreuve ne fut pas douteuse; les partisans de la restauration pure et simple des édifices et des monuments de tous genres du moyen âge furent les plus nombreux, ce qui n'empêcha pas qu'en réalité les vaincus, par l'effet de leur persistance, ne devinssent avec le temps les vainqueurs.

Parmi ceux qui plaidaient le plus chaudement en faveur de l'art gothique, cinq membres, bien que poussés par des motifs différents, concouraient cependant, avec une ardeur égale, à l'affermissement de la même idée. Le moins sérieux, mais l'un des plus tenaces, était Dusommerard. L'exubérance de sa santé et de sa corpulence ne diminuait en rien son excessive activité. Membre de la chambre des comptes, depuis nombre d'années il employait ses loisirs à chercher, à acquérir et à rassembler chez lui des curiosités de toute espèce, mais plus particulièrement celles du moyen âge se rattachant au christianisme. Sa collection devint si nombreuse qu'il loua l'ancien hôtel de Cluny pour l'y loger ainsi que sa famille, et là il admit, à certains jours, les amateurs éclairés et les curieux. La collection Dusommerard avait pris de l'importance dans le public; mais à l'époque des séances du comité historique des arts, son propriétaire était préoccupé de l'idée de lui en faire obtenir une bien plus grande encore. Il ne s'agissait de rien moins que de la faire acheter par l'État pour qu'il l'érigeât en musée public dans l'hôtel de Cluny, ce qui eut lieu en effet. Malgré son extérieur tant soit peu grave, Dusommerard était gai et aimable. Un trait qui caractérise tout à la fois ses habitudes sociales et sa passion pour les curiosités, est l'invitation qu'il fit aux membres du comité des arts d'assister à un repas où les ustensiles de table les plus modernes étaient du XVIe siècle.

Quant à l'architecte Lassus, qui, outre les habiles restaurations qu'il a faites depuis 1836 de Saint-Germain-l'Auxerrois et de la Sainte-Chapelle, a construit plusieurs nouvelles églises dans le style gothique; il était tout naturel qu'il soutînt avec chaleur l'idée de substituer systématiquement l'architecture du moyen âge à celle dérivée des Latins.

Il n'est pas aussi facile de se rendre compte des motifs qui ont fait prendre à M. Mérimée une part si active à la réhabilitation de l'art gothique. C'était sans doute un devoir pour lui de s'en occuper, lorsqu'il reçut l'importante commission d'inspecteur des monuments historiques de France. Mais entre l'étude impartiale des différents styles d'architecture à laquelle ses fonctions le forçaient de se livrer, et l'adoption particulière de l'un de ces modes, la différence est grande. Or, le soin avec lequel le spirituel auteur de *Colomba* a dirigé la publication de monuments du moyen âge qui ne présentent qu'un intérêt de pure curiosité, semblerait faire croire qu'il y attachait une véritable importance. Comme on l'a déjà dit, le catholicisme, à cette époque, était devenu une affaire de mode scientifique, et ceux qui penchaient sérieusement vers l'ultramontanisme ne voyaient pas sans satisfaction les archéologues insensiblement entraînés dans une voie qui aboutissait à la leur. Une curiosité de savant et la séduction exercée par le mérite réel de l'art gothique ont-elles déterminé M. Mérimée à poursuivre sérieusement ses études sur les monuments du moyen âge? Il faut le croire, car, en conscience, on ne peut le taxer d'ultramontanisme, et cependant, ainsi que tous les archéologues de nos jours, il a travaillé en sa faveur.

L'âme du comité, l'homme qui, sans parler beaucoup, avait le plus d'influence sur les décisions qu'on y prenait, était M. le comte de Montalembert. La sincérité de ses sentiments religieux est hors de discussion; mais il a souvent rencontré des contradicteurs au sujet des moyens qu'il a proposés pour ranimer la foi et rétablir l'autorité ecclésiastique. Quoique le projet qu'il avait formé avec Lamennais et le père Lacordaire, d'allier l'Évangile et la démocratie, de mettre les souverains sous la tutelle du pape et de supprimer le budget du clergé, contînt une série d'idées que l'âge et l'expérience avaient sans doute modifiées dans son esprit, il en restait cependant des traces assez profondes; et la persistance avec laquelle cet orateur entraînant a plaidé à la chambre des pairs en faveur de la liberté absolue de l'enseignement, était évidemment soutenue par la certitude intime qu'il avait que l'enseignement universitaire tomberait dans le mépris du moment qu'il entrerait en concurrence avec celui du clergé. Si, parvenu à un âge plus mûr, il avait abandonné l'idée de soumettre l'Europe chrétienne aux lois d'une théocratie, au moins voulait-il encore qu'en France le corps ecclésiastique eût plus d'unité, par conséquent plus de puissance. Son idée, quoique modifiée et adoucie, était donc au fond toujours la même ; et, ramené par une espèce d'instinct vers les institutions du moyen âge, il suivait avec sollicitude, encourageait avec ardeur les efforts tentés par le comité pour rétablir tout le matériel de cette époque. Pour M. le comte de Montalembert, l'art n'était qu'un moyen accessoire de propager ses idées, d'affermir son système. Médiocrement préoccupé du mérite relatif ou réel des productions des arts, il n'admettait que celles qui étaient en harmonie avec ses idées. C'est ainsi qu'il anathématisait comme païennes toutes les églises construites depuis la renaissance ; qu'à ses yeux Léonard de Vinci et Raphaël étaient des peintres profanes, et qu'à peine il admettait les tableaux de Pérugin pour décorer les églises. Quant aux progrès de l'art et de la musique depuis Palestrina, c'était une innovation diabolique qu'il fallait exclure des lieux saints pour rétablir les chants choraux dans toute leur âpreté. Même aux séances du comité, plus d'un membre sentait bien que l'exagération de ces idées romanesques en rendait la réalisation impossible ; mais M. le comte de Montalembert les exposait avec tant de conviction et de franchise, ses arguments prenaient une telle force de leur enchaînement, et sa parole si puissante exerçait une telle séduction, que le charme de la forme faisait passer sur le fond.

Non loin de M. le comte de Montalembert surveillant les travaux purement intellectuels, se tenait le secrétaire du comité, M. Didron, qui en dirigeait les affaires courantes avec passion, mais avec habileté. Privé, à très-peu de chose près, du sentiment des arts, il était possédé d'une fièvre d'archéologie qui lui faisait considérer avec respect et déclarer *beau* tout objet bâti, sculpté ou peint avant la Renaissance. Grâce à cette disposition, loin de s'attacher aux ouvrages d'art qui auraient pu le séduire par leur perfection, il acceptait, dans son impartialité rudement scientifique, toute espèce de monument, pourvu qu'il y découvrît une forme encore inconnue, les traces d'un usage oublié ou une inscription. Le savoir de cet homme dans le matériel de l'art gothique, quoique fort étendu, le cédait cependant à son activité prodigieuse. Outre le compte qu'il rendait des séances, il entretenait avec les ecclésiastiques, les antiquaires et les architectes des provinces, une correspondance à l'aide de laquelle il tenait le comité au courant des objets d'art du moyen âge sur l'importance et la conservation desquels il devait se prononcer. Cette propagande, en ce qui touche à la conservation et à la restauration des monuments, a produit les plus heureux effets, et c'est au zèle du comité des arts que l'on devra la conservation d'une foule d'édifices qui, s'ils eussent été négligés encore pendant quelques années, seraient tombés en ruine. Cependant comme toute révolution semble ne pouvoir s'accomplir sans être accompagnée d'excès, la persistance passionnée qu'a mise M. Didron à répandre dans la masse du public le goût et les principes des arts du moyen âge, a donné naissance à un monde de faux savants pour qui l'archéologie est devenue une marotte. Or, toutes connaissances, quelque pure que soit leur source, s'altèrent et se dénaturent incessamment à mesure qu'elles pénètrent des esprits plus vulgaires. Aussi, comparativement au petit nombre d'architectes habiles et sages restaurateurs des anciens monuments religieux, celui des *archéologues amateurs* auteurs de nouveaux édifices bizarres s'est-il accru dans des proportions énormes.

Le retour de certains esprits de notre temps vers les institutions du moyen âge sera sans doute un jour le sujet d'un véritable étonnement. En voyant les uns céder à des espérances plutôt politiques que religieuses, les autres obéissant à l'attrait de recherches purement scientifiques, mais tous réunissant leurs efforts pour redonner la vie intellectuelle et matérielle à un monde qui n'a plus de raison d'exister, on se demandera quel pouvait être le but réel que se proposaient ces utopistes et ces archéologues si passionnés.

De ces derniers, M. Didron s'est toujours montré le plus actif pour ressusciter les usages et les idées du moyen âge, et il aurait reçu une délégation venue de l'autre monde de la part d'Innocent IV pour concourir au rétablissement de la monarchie catholique du xiiie siècle, qu'il n'y aurait pas travaillé avec plus de ferveur. Cependant cet archéologue était un catholique très-modéré, comme tant d'autres de notre temps, et en deux ouvrages fort spirituels et pleins d'érudition qu'il a composés : l'*Histoire de Dieu* et l'*Histoire du Diable* d'après les monuments, si l'exactitude du savant a été pleinement reconnue, l'orthodoxie de l'écrivain a encouru quelques critiques.

Malgré le zèle parfois exagéré des archéologues, en somme, les séances du comité des arts auxquelles Étienne assistait régulièrement, outre l'augmentation qu'y reçurent ses connaissances en histoire, lui ont laissé les plus agréables souvenirs. Il y retrouva d'anciens amis : MM. Vitet, Mérimée, de Gasparin, Paul Delaroche; y contracta de douces liaisons avec Auguste Leprévost, savant spirituel et modeste, avec l'aimable Bottée de Toulmont, le musicien érudit; renouvela connaissance avec de Salvandy, qu'il n'avait pas revu depuis leur collaboration au *Journal des Débats*, et eut l'occasion, quoique ne partageant pas toujours les opinions de M. le comte de Montalembert, d'apprécier l'élévation du caractère et de l'esprit de cet homme remarquable.

Les séances du comité fournissaient d'amples sujets de conversation aux causeurs de Fontenay. Le soir des jours où elles avaient eu lieu, Bourgery s'en faisait conter la substance par Étienne, et de là s'élevaient des discussions nouvelles, car si l'anatomiste n'acceptait que les faits rigoureusement démontrés lorsqu'il s'agissait de science, chez lui, l'imagination prenait sa revanche à l'égard de tout autre sujet. La lecture de certains romans, la vue au clair de lune d'édifices gothiques en ruines dont les souvenirs dataient de sa jeunesse, avaient entretenu dans son esprit une disposition favorable aux mœurs chevaleresques et aux institutions du moyen âge; en sorte qu'il prenait intérêt aux travaux de ceux qui s'efforçaient de réveiller ces vieux souvenirs. Chaud partisan, ainsi que les hommes de son âge, du système libéral établi depuis la révolution de 1830, Bourgery était de ceux qui se flattaient que l'on peut concilier le christianisme et la liberté, tels qu'on les comprend de nos jours. Cette formule répondait à peu près à l'idée des saint-simoniens qui, comme on l'a vu, l'avaient prise, en la dénaturant, du système d'unité catholique présenté par Joseph de Maistre comme la panacée à opposer à tous les maux de la société moderne. De ces premières modifications s'en étaient engendrées de nouvelles, et sans revenir sur les extravagances de Drouineau, que Bourgery et Étienne étaient quelquefois forcés d'écouter par politesse, il leur arrivait aussi, en descendant à la pépinière, de se trouver avec M. Jean Reynaud ou de rencontrer M. Pierre Leroux lorsqu'ils parcouraient les hauteurs de Châtillon. Ces deux hommes, qui ont joué un rôle dans la révolution de 1848, étaient principalement occupés alors (1838) de la composition de l'*Encyclopédie nouvelle,* dont une trentaine de livraisons étaient déjà publiées. Leur conversation, naturellement grave, fertilisait toujours l'esprit de leurs interlocuteurs, soit que ceux-ci admissent leurs idées ou qu'ils ne les approuvassent pas.

Petit de taille et trapu, M. Pierre Leroux portait empreints sur sa physionomie l'habitude de la méditation, une conviction profonde de sa supériorité intellectuelle, avec une expression de fierté qui dégénérait facilement en mépris. Quand Étienne eut l'occasion de le rencontrer, il était tout plein de l'idée de combattre le système d'éclectisme exposé et soutenu par M. V. Cousin, et de donner, en s'appuyant sur ses propres connaissances, la vraie définition de la philosophie. Jusque dans la conversation, ses pensées prenaient la forme d'axiomes auxquels il n'y avait rien à opposer. « La doctrine du progrès, de la perfectibilité et de l'idéal l'avait inspiré, disait-il. Averti par les écrits des Turgot et des Condorcet, il avouait que sans appartenir à aucune école, la doctrine de Saint-Simon l'avait définitivement éclairé et conduit à la véritable philosophie. Or, voici le point capital où l'avaient amené ses méditations : n'acceptant Jésus, saint Paul et les Pères du christianisme que comme de grands législateurs, pour lui, la philosophie et la religion devenaient identiques, seulement les philosophes, en raison du déclin des croyances, se trouvaient entraînés à faire ou à défaire les religions, mais qu'ils ne devaient les défaire, quand cela arrive, que dans la vue, pressentie ou non par eux, mais providentielle, d'une religion nouvelle qui s'établirait plus tard. » Puis comme conséquence de ce principe, il ajoutait que « puisque la philosophie et la religion sont identiques, la philosophie moderne, qui a proclamé son indépendance de la révélation, doit, de toute nécessité, devenir religion. »

Aussi étranger à l'orthodoxie que son collaborateur de l'*Encyclopédie nouvelle*, M. Jean Reynaud, dont les idées étaient plus aventureuses encore, les exposait avec des formes plus douces, agréables même. Sa personne, d'ailleurs, prévenait en sa faveur; grand, bien pris dans sa taille, son expression habituelle était noble et indiquait la bienveillance. Quoique fermement retranché dans le même système philosophique que M. Pierre Leroux, il admettait les observations auxquelles ses idées donnait lieu, et en somme il était plus disposé à persuader ses contradicteurs qu'à leur imposer ses opinions. Le point de vue d'où M. Pierre Leroux envisageait la philosophie la lui faisait étudier particulièrement comme un moyen de hâter cette perfectibilité qui avait pour objet d'améliorer les institutions mondaines dans le but final de voir répartir le bonheur matériel d'une manière toujours plus égale. M. Jean Reynaud portait ses regards plus haut. Pour lui, notre vie terrestre n'était qu'une des mille et une stations où l'âme humaine s'abaisse ou s'élève, et en raison de sa bonne ou de sa mauvaise direction, est soumise à des épreuves nouvelles dans des mondes plus parfaits. Car, selon lui, les corps célestes sont peuplés d'êtres dont les conditions d'existence et l'état de leur âme reçoivent des améliorations successives, en sorte que prenant pour point de départ la perfectibilité matérielle telle que Condorcet l'a crue possible dans le cours de notre vie terrestre, M. Jean Reynaud déclare qu'elle doit être infinie par la faculté qu'a notre âme, en subissant les épreuves préparées pour la purifier, de se réunir à Dieu. Quant aux grandes époques qui ont précédé la nôtre, l'invasion des barbares, les institutions du moyen âge, les guerres de religion et les excès du pouvoir royal, conformément à la doctrine des saint-simoniens, il en parlait sans humeur, les énumérant et les étudiant comme les phases par lesquelles l'humanité avait dû passer nécessairement pour obéir à cette loi de perfectibilité qui commence ici-bas et doit devenir infinie là-haut.

Ces idées étranges, modifiées sans fin, selon la fantaisie de ceux qui les adoptaient, circulaient sous la dénomination vague de néochristianisme, et le mérite de quelques-uns de ceux qui les préconisaient leur donna une certaine consistance. Lamennais, rejeté du sein de l'Église, les avait adoptées en les marquant du sceau de son génie, et George Sand a, comme on l'a dit, composé un roman, *Spiridion*, dans l'intention de démontrer que cette révolution religieuse à laquelle on travaille de nos jours a été tentée il y a sept siècles, en plein moyen âge, par l'abbé Joachim de Flore, moine calabrais, inventeur de *l'Évangile éternel*, dont le dernier mot était « qu'au règne du *Père* pendant la loi mosaïque succéderait le règne du *Fils*, c'est-à-dire la religion chrétienne *qui ne durerait pas toujours*, pour être remplacée par la religion du *Saint-Esprit*, dans laquelle les hommes n'auraient plus besoin de sacrements et rendraient à l'Être suprême un culte purement spirituel. » On disait, lors de la publication de *Spiridion*, que le fond du sujet a été donné à George Sand par Pierre Leroux. Quel que soit celui des deux qui a été rechercher la vieille histoire de *l'Évangile éternel*, il a commis une inexactitude en faisant dire de la religion chrétienne aux joachimistes qu'*elle ne durerait pas toujours;* car, bien plus explicites, ces prophètes annonçaient positivement le commencement du règne de l'Esprit pour l'année 1260, celle même où leur doctrine fut condamnée par le concile d'Arles.

Voici sept siècles d'écoulés sans que l'espoir de voir

s'ouvrir cette ère de paix et de bonheur intellectuels se soit réalisé ; faudra-t-il parcourir encore la même période de temps pour jouir des bienfaits du néochristianisme ?

Bourgery et Étienne, selon leur usage, consacraient la plus grande partie du jour à la poursuite de leurs travaux, donnant le reste du temps à la conversation. Ces questions mi-parties philosophiques et religieuses devenaient assez souvent le sujet de leurs entretiens, mais au même titre que les hypothèses les plus hasardées qu'ils formaient en voyant les corps célestes roulant dans les cieux ; ou, après avoir observé, à l'aide d'un microscope, les mœurs et les passions d'un monde qui disparaît et semble n'avoir pas existé, dès que l'œil n'est plus armé d'instruments pour le voir. Cependant les habitudes de leur esprit, la nature sérieuse de leurs occupations, leur faisait rechercher des délassements plus réels auprès de personnes vivant dans un cercle d'idées vraies, simples, et par qui la vie réelle n'était pas mise entièrement de côté. Ce besoin, si impérieux pour les hommes d'étude, de vivre de temps en temps à l'aise, de penser sans effort, ils trouvaient à le satisfaire en descendant à la pépinière. Dans la soirée, le salon de madame Billiard, ou le banc hospitalier quand la journée avait été chaude, étaient occupés par des causeurs des deux sexes, d'âge et de tournure d'esprit différents. C'étaient les trois filles de la maison, madame Guinard, cultivant la poésie; puis Drouineau, dont la conversation, dans ses bons moments, était agréable; le père Billiard faisant ses remarques avec malice ; puis M. Léon Guérin, littérateur de mérite, et M. Jean Reynaud, qui, lui aussi, suspendait en ces occasions la tension habituelle de son esprit, et se montrait fort aimable. Comme dans tout cercle un peu nombreux, la conversation marchait à l'aventure ; mais c'était ce qui pouvait arriver de mieux pour entretenir la gaieté de la jeunesse et faire prendre un doux repos aux savants, dont l'esprit sortait de là frais et détendu comme le corps après un bain.

Des entretiens plus graves, mais qui avaient bien leur charme, variaient les récréations des deux amis. Dans la maison habitée par Bourgery demeurait aussi un homme qui, bien jeune encore, mais marié et père de deux enfants, se faisait remarquer par un air très-réfléchi pour son âge. Son temps était consacré à des occupations variées, mais qu'il poursuivait avec une tenacité remarquable. Au fond solide de ses études classiques, il ajoutait celles du droit, de la législation, de l'histoire, de la littérature et des différentes langues de l'Europe; et quoique père de famille très-attentif, on eût pu le prendre pour un de ces jeunes gens exclusivement amoureux des sciences et des lettres, en le voyant, pendant les allées et retours de Paris à Fontenay-aux-Roses, compulsant ses papiers ou lisant dans ses bouquins sur l'impériale de la voiture publique. Cet homme, qu'Étienne ne reconnut pas d'abord pour l'enfant qu'il avait vu plusieurs années avant chez sa mère, était M. Édouard Laboulaye, devenu un savant et un homme de goût. Mais il entrait dans leur destinée, après s'être perdu de vue pendant quelque temps, de se rencontrer à certaines époques; en effet, Étienne, qui ne quitta Fontenay qu'après Laboulaye, eut la satisfaction de retrouver son ancien voisin de campagne au *Journal des Débats* lorsqu'il en devint l'un des rédacteurs.

Après la retraite de Laboulaye du village chéri, Bourgery et Étienne regrettèrent vivement son absence et les conversations solides où ce jeune savant déployait avec grâce et modestie les résultats intéressants de ses études.

Mais tout n'est pas dit sur le séjour à Fontenay-aux-Roses; cependant il faut reprendre haleine en attendant le chapitre suivant.

XXX

Les liens qui attachaient Étienne à sa famille et à quelques anciens amis, sa passion pour l'étude et une récréation de son goût, le Théâtre-Italien dont il suivait l'hiver les représentations pour en entretenir les lecteurs du *Journal des Débats,* ne lui laissaient guère le temps de cultiver de simples connaissances. Quelques-unes cependant avaient toute son estime et lui étaient même sympathiques. Tels étaient les deux Burnouf, le père traducteur de Tacite, et son fils Eugène, le célèbre orientaliste, mort si prématurément. Tous demeurant à Châtillon, et la diligence de Fontenay-aux-Roses étant d'un usage commun pour les habitants des deux villages, il en résultait des conversations amicales entre les voyageurs auxquels il ne manquait, pour se lier plus intimement, que de demeurer plus près les uns des autres et de ne pas poursuivre leurs travaux avec tant de fureur. Dans cette même voiture se trouvaient souvent aussi un homme de beaucoup d'esprit qui avait pris Étienne en amitié, de Montigny, fils de Mirabeau; puis Feuillet, alors bibliothécaire de la bibliothèque de l'Institut, qui, malgré la goutte et les années, allait voir à Fontenay son vieil ami Taillefer, ancien inspecteur des études. Deux savants illustres, Gay-Lussac et Thénard, parcouraient aussi la même route, en sorte que ce canton sentait son Académie d'une lieue à la ronde.

Auguste Barbier, auteur d'un recueil de poésies, les

Iambes, est de ceux qu'Étienne n'a rencontré qu'à d'assez grands intervalles de temps, mais qu'il a souvent regretté de ne pas fréquenter plus intimement. A juger du caractère de cet homme par ses écrits, il serait tant soit peu morose, mais dans ses vers, de l'âpreté même de ses expressions s'échappe un parfum d'honnêteté qui fait aimer l'écrivain. C'est en 1830, après les terribles journées de juillet, que sa muse, s'échappant des barricades, les pieds meurtris, les vêtements ensanglantés et les oreilles encore remplies de vociférations populaires, lui dicta la *Curée*, satire qui restera comme monument historique et littéraire de cette époque.

Étienne avait eu plusieurs fois l'occasion de se trouver dans le salon de madame Récamier avec madame Tastu, qui l'engagea à se réunir à quelques amis qu'elle recevait à la fin de la matinée. Cette invitation était le résultat d'un entretien qu'ils avaient eu à l'occasion des poésies de Dante, et en particulier des sonnets d'amour mystique, sujet des recherches d'Étienne en ce moment, et dont s'occupait aussi le mari de madame Tastu, qui avait déterré des compositions de ce genre écrites en catalan. Étienne s'empressa de répondre à la politesse qui lui avait été faite; et en voyant madame Tastu chez elle, mise très-simplement, il fut frappé du rapport qu'il y a entre les traits de son visage et ceux de la reine Christine de Suède, dont Nanteuil nous a laissé un si beau portrait. C'est le même air de grandeur et d'intelligence, avec cette différence importante, qu'au lieu du caractère trop masculin de la souveraine, il règne sur la physionomie de la dame poëte, la même sérénité, le même charme qu'elle met dans ses vers et dans sa conversation. Étienne profita autant qu'il put des entretiens qu'il eut avec cette personne remarquable, mais outre les nombreux travaux qui le préoccupaient alors, il était parvenu à un âge où toutes les avenues de l'esprit et du cœur étant déjà occupées, on contracte difficilement de nouvelles connaissances; cependant la société de madame Tastu est une de celles qu'Étienne a le plus vivement regrettées.

Balzac est encore de ceux avec qui Etienne ne s'est trouvé qu'en de rares occasions. Comme on l'a vu, ils s'étaient rencontrés d'abord chez madame Récamier et se retrouvèrent à l'imprimerie d'Everat. Depuis, ils n'eurent qu'une courte entrevue près des boulevards et se virent pour la dernière fois chez Charpentier, le libraire. Pendant la période de temps des plus grands succès littéraires et des dehors d'opulence qui donnèrent un éclat momentané à l'existence de Balzac, Étienne, sans le fréquenter, l'apercevait au Théâtre-Italien, où il arrivait en équipage, se plaçait en première loge, tenant sa canne de trois mille francs comme un sceptre, et répondant avec la joie exubérante d'un enfant, aux salutations qu'on lui adressait de toutes part. On eût dit Aladin au milieu des richesses dues à la lampe merveilleuse. Ces existences factices n'ont pas été rares de nos jours, et Etienne, qui avait toujours eu un certain penchant pour Balzac, ne le voyait pas sans inquiétude s'abandonner follement à des illusions que lui aussi, comme quelques-uns de ses personnages, devait perdre bientôt. Un an ou deux s'écoulèrent encore, lorsqu'un jour l'habitant de Fontenay rencontra le célèbre romancier à l'angle du boulevard et de la rue Richelieu. Balzac avait la tête nue, était mal chaussé, mal vêtu, et sa figure ordinairement ouverte et joyeuse exprimait une vive inquiétude. — Qu'avez-vous? lui dit Étienne. — Oh! rien, répondit-il, j'attends quelqu'un à qui j'ai donné rendez-vous, et qui ne vient pas... Mais, ajouta-t-il en reprenant son calme accoutumé, je suis bien aise de vous rencontrer. Il y a un de mes livres que je veux que vous teniez de ma main, je ne l'ai pas écrit pour tout le monde, et vous êtes de ceux qui sont en état de l'apprécier... Je vous l'enverrai... Ah! j'aperçois mon homme, dit-il tout à coup en reprenant son air inquiet, et il disparut en tournant à l'angle du boulevard. Le soir même, Étienne recevait un volume qu'il conserve soigneusement. C'est celui qui contient *Louis Lambert* et *Séraphita*, en tête duquel sont quelques mots écrits par l'auteur. Le bruit se répandit bientôt que Balzac était poursuivi par ses créanciers.

Il s'écoula encore un certain laps de temps sans qu'Étienne entendît même parler de Balzac, lorsqu'il le rencontra chez le libraire Charpentier, le matin même du jour où devait avoir lieu la première représentation de *Quinola* au théâtre de l'Odéon. Quoique intérieurement très-préoccupé du résultat de la soirée, Balzac donna un tour vif à la conversation et finit par esquisser un tableau de la littérature du moment, tout en caractérisant les écrivains en renom d'une manière impartiale quoique avec une verve intarissable. Étienne et Charpentier ne se lassaient pas de l'écouter. Le libraire même ne se décida à s'absenter qu'après plusieurs avertissements de l'un de ses commis. Balzac et Étienne restés seuls, le spirituel romancier poursuivit encore quelque temps sa brillante revue littéraire, lorsque, s'arrêtant tout à coup : « Mais, mon cher Étienne, dit-il, je me laisse aller à vous débiter des futilités, tandis que j'ai une nouvelle importante à vous annoncer, et qui, j'en suis certain, vous fera grand plaisir. On représente ce soir *Quinola*, et je vais payer mes dettes. » Partant de ce texte, Balzac, qui dans sa vie comme dans ses romans, s'est plu à imaginer des accroissements de fortunes indéfinis, fit part à Étienne de la spéculation qui l'occupait en ce moment. Pour lui, le succès de *Quinola* était si certain, qu'il ne fut pas même mis en question; alors, ajoutant ce qui lui reviendrait des cent premières représentations au produit des milliers d'exemplaires de la pièce imprimée, il en fit monter le total à cent ou deux cent mille francs, car sur ce point, la mémoire d'Étienne est incertaine. Mais le chiffre, quel qu'il soit, adopté, le romancier, avec cette passion qui lui était particulière de justifier le résultat de ses spéculations par de nombreux calculs de détail, défalqua les droits du théâtre, les frais d'impression et les remises aux libraires dont les frais devaient être déduits du revenu définitif qui deviendrait égal à la somme qu'il devait.

Cette seconde partie de la conversation de Balzac n'avait pas eu pour Étienne le même charme que la première; cependant l'ardeur et la sincérité avec lesquelles l'auteur de *Quinola* parlait de l'acquittement de ses dettes, avait touché et presque convaincu son muet auditeur, qui le félicita enfin comme si ses espérances eussent été réalisées. Cependant Balzac, inattentif aux paroles d'Étienne, et comme absorbé dans ses réflexions, en sortit bientôt en s'écriant tout à coup : « Mais je me suis trompé à mon désavantage! » Et revenant aussitôt, article par article, sur une partie de ses calculs où il prétendait avoir commis des erreurs, il ajouta, après les avoir soumis à un nouvel examen, « que décidément, toutes ses dettes payées, il lui resterait 15,000 francs en poche. » Pour un observateur qui a si bien étudié les différents genres d'illusions que se font les hommes, Balzac est peut-être celui de tous qui s'est repu des plus étranges.

Dans son ermitage de Fontenay, Étienne, moins exposé aux distractions inévitables de Paris, outre les correspondances qu'il entretenait avec ses parents, ses amis, des hommes de lettres[1] et des artistes, poursuivait ses

---

[1] Étienne et Toppfer, l'auteur des *Nouvelles genevoises,* sans s'être

travaux relatifs à l'*Histoire de la Renaissance*, et en menait d'autres de front, la traduction de *la Vie nouvelle de Dante*, qui n'avait point encore été tentée en français, puis une nouvelle qu'il publia sous le titre de *la Première communion*. Quelques observations faites sur le livre de *Mademoiselle de Liron*, lorsqu'il parut, lui avaient fait concevoir l'idée de composer un roman qui ne blessât les susceptibilités de personne et pût convenir aux lecteurs des deux sexes et de tout âge. Son intention était très-louable sans doute; mais il ne la réalisa que très-imparfaitement, et sa nouvelle passa à peu près inaperçue. Dans le regret qu'il éprouva de n'avoir pas réussi, l'amour-propre d'auteur n'entra pour rien, et avant de renoncer complétement à l'espoir de trouver une combinaison romanesque qui, sans blesser la morale, présentât un intérêt vif et soutenu, il se livra à une étude dont les résultats fixèrent ses idées sur ce sujet et qui pourront servir d'avertissement à d'autres. Après avoir comparé le fond et la nature des faits sur lesquels les auteurs des deux nations qui ont le mieux réussi en ce genre, les Français et les Anglais, ont développé leurs compositions, il ne tarda pas à s'apercevoir que la différence essentielle qu'il y a entre les habitudes et les mœurs des deux peuples, en a déterminé une non moins grande dans les écrits qui en offrent la peinture. Chez nous, une jeune fille, eût-elle même atteint sa majorité, demeure sous la tutelle absolue de sa mère jusqu'au jour de son mariage, et le plus ordinairement, ce sont ses parents qui décident du choix de celui qu'elle doit épouser. Pour peu qu'il y ait d'aisance dans la famille, on veut que celle à laquelle on l'unira ait des avantages à peu près égaux,

---

jamais rencontrés, ont entretenu un commerce de lettres assez actif vers 1845.

ce qui donne si souvent aux mariages contractés en France, l'apparence d'une affaire, quand ce n'en est pas une en réalité. A moins que la jeune fille ne fasse quelque coup de tête, ordinairement très-fâcheux pour son avenir, la séve de sa jeunesse et l'ensemble de ses facultés restent presque entièrement comprimés par le pouvoir maternel, ce qui fait d'elle un personnage absolument muet dont les plus habiles romanciers ne peuvent tirer aucun parti. Il faut donc qu'ils aient recours à la femme mariée à qui la passion fait oublier ses devoirs. Tel est, en effet, le mobile essentiel du roman français, et le premier où l'on ait peint les mœurs réelles, *la Princesse de Clèves,* bien que toutes les convenances y soient sauvées avec une délicatesse extrême, a déjà pour fond l'amour malheureux d'une femme en puissance de mari.

En Angleterre l'éducation de la femme est tout autre que chez nous. A peine a-t-elle atteint l'âge de l'adolescence, qu'on l'accoutume à prendre la responsabilité d'elle-même, d'où naît, pour elle, un intérêt puissant à régler ses actions avec prudence. De cette liberté contenue par des devoirs naissent dans le cœur des jeunes Anglaises des sentiments, des passions même qui, malgré leur vivacité, restent pures. Ce sont au moins là les éléments que les romanciers anglais mettent généralement en œuvre dans leurs écrits, et d'où ils peuvent tirer les scènes les plus vives, les plus dramatiques, sans inquiéter le sens moral du lecteur, parce qu'on entrevoit toujours la possibilité d'un dénoûment honnête. Les meilleurs romans anglais, ceux de Walter Scott en particulier, sont taillés sur ce patron; mais ce patron pourra-t-il jamais servir de règle aux romanciers français? Cela est douteux.

Étienne, depuis son retour d'Italie, loin d'avoir abandonné le projet de tirer parti des études qu'il avait faites sur la ville de Florence, ne laissait guère s'écouler de semaine sans qu'il s'occupât de coordonner ses propres observations avec les documents historiques qu'il avait recueillis. Seulement, il était indécis sur la forme de l'ouvrage qu'il méditait. N'omettre aucun détail de l'histoire florentine et revenir sur tant de révolutions politiques toujours à peu près les mêmes, était une idée qui l'effrayait. Il se voyait engagé à écrire une de ces histoires volumineuses dont la chance de succès la plus probable est de devenir un livre à renseignements. Ce fantôme était devant ses yeux, lorsque M. D. Nisard, ayant conçu le projet de publier par livraisons une suite de notices sur *les Villes célèbres,* en fit part à Étienne, et convint avec lui qu'il se chargerait de celle sur Florence. Entre les deux extrêmes d'une histoire complète et d'une notice d'une centaine de pages, il fallait cependant trouver un terme moyen. Le succès des premières livraisons des *Villes célèbres* n'ayant pas répondu aux espérances de l'éditeur, on en arrêta la publication, ce qui rendit à Étienne la faculté de rapporter succinctement les grands événements qui, de 1215 à 1790, ont fait succéder à Florence les formes principales de gouvernement : la république, l'oligarchie, la monarchie et les commencements du régime constitutionnel. Ce travail achevé, Étienne, pour ne pas promettre plus qu'il n'avait l'intention de donner, publia, en 1837, ses deux volumes sous le titre de : *Florence et ses vicissitudes.*

Pendant qu'Étienne écrivait cette histoire, un personnage nouveau vint se joindre à la colonie de lettrés et de savants, établie à Fontenay et aux environs. Le secrétaire perpétuel de l'Académie française, l'éloquent et spirituel M. Villemain, se fixa à Châtillon avec sa famille. Les relations amicales entre lui et Étienne prirent, en raison du voisinage, une activité nouvelle. Cette amitié avait été cimentée d'ailleurs par le gracieux accueil que madame Villemain avait fait à Étienne lié avec son frère, Desmousseaux de Givré, pendant leur séjour à Rome. Tout alors, dans la maison de Châtillon, faisait présager un avenir heureux. M. Villemain avait un fils, et le temps qu'il pouvait dérober aux affaires, il le consacrait à être père de famille.

Outre les entretiens si instructifs et si agréables de M. Villemain, Étienne reçut de lui, en ce temps, d'excellents conseils sur la composition de son histoire de Florence. Plusieurs chapitres furent soumis à son examen, et la justesse de ses observations et de ses critiques ont puissamment contribué à rendre l'ensemble de l'ouvrage moins imparfait.

Un triste événement rendit bientôt pour M. Villemain le séjour de Châtillon intolérable. Il y vit mourir son fils, son premier-né, encore au berceau. Ce voisinage, qui avait été si doux pour Étienne, se termina par des scènes de douleur dont le souvenir ne s'est point effacé de son esprit et qui ont resserré les liens d'amitié qui l'attachaient à M. Villemain.

L'histoire de Florence n'était, à proprement parler, qu'un des chaînons du travail qu'Étienne poursuivait sur la Renaissance. De 1839 à 1843, il acheva les chapitres consacrés à Pétrarque, à Brunelesco, Roger Bacon, Arioste, Rabelais, Chaucer, Raimond Lulle, Rutebœuf, Léonard de Vinci et Palestrina. Mais dans un intervalle il réalisa le projet conçu depuis longtemps d'écrire l'*Histoire de dona Olympia*, la belle-sœur du pape Innocent X, sur laquelle il avait recueilli des renseignements curieux à Rome. Tous ses matériaux ayant été mis en ordre depuis longtemps, Étienne composa avec un véritable entrain cet ouvrage qui fut imprimé, puis mis en vente, on ne sait trop pourquoi, chez un éditeur de romans. Ce marchand, en ouvrant les deux volumes dont se composait *Dona Olympia*, dit à Étienne : « Quel est l'imprimeur maladroit qui a composé ce titre? cela tue un livre. Laissez-moi faire, revenez demain et vous en verrez un autre! Étienne ne manqua pas de se rendre chez le libraire qui, effectivement, avait fait substituer un titre nouveau très-élégant. « Voyez-vous, monsieur, dit le sagace éditeur en ouvrant les volumes, avec un titre comme celui-là, il n'y a pas de livres qui ne se vendent comme du pain! » Grâce à ce titre, et sans doute à ce que l'*Histoire de dona Olympia* fut annoncée pour un *roman*, la première édition en fut épuisée en moins d'un mois.

Ces travaux, dont la plus grande partie fut achevée la nuit, ne dérangèrent en rien les promenades et les conversations habituelles avec le fidèle Bourgery. Étienne avait présenté son ami à M. Villemain, qui l'avait favorablement accueilli. A Paris, pendant l'hiver, les deux habitants de Fontenay, fréquentaient la maison de deux dames, anciennes amies des sœurs d'Étienne, avec lesquelles il n'a pas cessé jusqu'à ce jour d'entretenir de douces relations. Ces deux dames, ces deux sœurs, exemple rare d'une amitié fraternelle formée dès l'enfance, entretenue par une cohabitation non interrompue et que le temps a toujours fortifiée, ont des caractères et une tournure d'esprit opposés. En admettant l'idée de l'harmonie des contraires, serait-ce en quoi elles diffèrent qui déterminerait leur union, et qui présenterait un phénomène analogue à celui que l'on observe dans le cours d'un fleuve, où les angles rentrant d'un rivage, correspondent amicalement aux angles saillants de celui qui lui fait face? Aussi, dès qu'Étienne les connut, les désigna-t-il sous l'emblème d'une boîte et de son couvercle, comme ne formant qu'un tout de deux parties liées ensemble.

C'est chez l'aînée de ces dames, dont le mari était préfet du département de la Nièvre, qu'Étienne et son neveu, Eugène Viollet-le-Duc, reçurent un accueil si amical à leur retour du midi de la France en 1831 [1]. Madame Zoé, devenue veuve, résolut, ainsi que madame Louise, sa sœur cadette, de revenir à Paris, et c'est quelque temps après leur retour qu'Étienne, ayant conduit chez elles Bourgery en qualité de médecin pour soigner leurs enfants, l'air franc et ouvert du docteur et l'agrément de sa conversation plurent à ces dames qui l'admirent dans leur société.

Pendant la belle saison (1844), les deux Nivernaises ayant le désir de passer quelque temps à la campagne pour améliorer leur santé et celle de leurs enfants, profitèrent de la vacance d'un appartement dans la maison de Fontenay-aux-Roses habitée par Étienne, pour s'y établir. Chacun, dans cette nouvelle colonie, tout en prenant ses arrangements particuliers pour satisfaire à ses occupations et à ses goûts, se trouva soumis cependant à une espèce de règle. Bourgery ne cessa pas d'aller chaque matin à Paris pour continuer ses travaux; Étienne consacra également la première partie de la journée à écrire, tandis que les deux mères surveillaient les études de leurs enfants. A l'exception de certains jours où l'on se rassemblait pour dîner ensemble, chacun prenait ses repas chez soi; les promenades avaient ordinairement lieu dans la soirée, et à la nuit, lorsque les enfants étaient couchés, on se livrait à la conversation dans le cabinet d'Étienne. Chose remarquable, la régularité de cette vie, dont la durée fut d'un mois, ne reçut aucune atteinte, bien qu'une circonstance fort triste, la maladie grave d'un jeune parent de madame Zoé, et des histoires de magnétisme parfois assez bouffonnes, aient alternativement jeté

---

[1] Voir chap. XXVI, page 428.

de la tristesse et de la bonne humeur dans l'esprit des quatre causeurs.

Mais puisque le mot magnétisme a été prononcé, et que l'action fausse ou vraie de ce phénomène a fait naître tour à tour, parmi les colons de Fontenay, l'étonnement et l'hilarité, il faut en dire quelques mots. Étienne avait eu l'occasion d'assister à la visite d'un médecin célèbre, le docteur Marjolin, qui, ayant épuisé toutes les ressources de son art pour calmer une affection nerveuse des plus intense, conseilla aux parents de la personne malade d'avoir recours au magnétisme, et désigna le docteur Chapelain comme le magnétiseur qui méritait toute confiance. Jusque-là ce genre de traitement et le phénomène même en vertu duquel on l'exerce, n'avaient pas préoccupé sérieusement Étienne; ils lui faisaient même éprouver une certaine répulsion qu'il n'a jamais pu surmonter. Cependant l'emploi de ce moyen curatif, prescrit par un des médecins les plus considérés de Paris, lui donna à réfléchir. L'intérêt qu'il prenait à la personne confiée aux soins du docteur Chapelain, et quelque peu de curiosité, le ramenèrent auprès du lit du malade, qu'il trouva un jour en proie aux convulsions les plus violentes. « Ne l'approchez pas, lui dit-on, tout attouchement augmente son accès! » Cependant les mouvements désordonnés allaient toujours croissant, à ce point qu'Étienne, voyant le malade en danger de se briser le crâne, n'obéissant alors qu'à son instinct, passa rapidement sa main entre la tête du patient et la muraille, pour amortir le coup. A l'instant les désordres cessèrent, et à l'état de repos succéda bientôt le sommeil, mais un sommeil artificiel, magnétique, car le malade parla et remercia Étienne à plusieurs reprises du calme qu'il avait rétabli dans tout son être.

Telle fut l'initiation imprévue d'Étienne aux mystères

du magnétisme animal, expérience qu'il n'était nullement tenté de renouveler. Mais le bruit de ce fait étrange se répandit parmi les personnes de sa connaissance, et il eut bientôt l'occasion de faire, lui a-t-on assuré, une véritable cure. Une des personnes de la société des deux dames nivernaises, un homme dans la force de l'âge, et de la constitution la plus robuste, peu crédule d'ailleurs, éprouvait parfois de si vives douleurs dans la région de l'estomac, qu'il pâlissait tout à coup et était près de perdre connaissance. Un soir, pendant une réunion, cet accident eut lieu. L'un des assistants, s'adressant en riant à Étienne, lui dit : « Eh bien ! grand magnétiseur ! pourquoi ne porteriez-vous pas secours à notre ami ? » Acceptant la plaisanterie et prenant un air solennel, Étienne posa une main sur le front du patient et l'autre sur son estomac. Le sommeil fut-il magnétique, ou n'y eut-il qu'un simple assoupissement ? Peu importe ; mais la douleur se calma si promptement qu'à la suite de cette expérience, le malade pria Étienne de la renouveler, en lui indiquant les époques à peu près périodiques où le mal se déclarait. Cette fois, le docteur improvisé se trouva sérieusement engagé. Deux vrais médecins avaient traité le malade, l'un pour une *névrose à l'estomac,* l'autre pour des *calculs biliaires*, mais tous deux sans succès. Ce fut donc encore en désespoir de cause que l'on eut recours au magnétisme. Intérieurement, Étienne ne se prêta qu'à regret à de nouvelles expériences de ce genre ; et, dans la prévision d'accidents, il pria son ami Bourgery de l'accompagner lorsqu'il magnétiserait le malade. Deux motifs puissants, l'amitié et la curiosité, avaient fait suivre au magnétiseur et à Bourgery toutes les phases de cette cure avec la plus grande exactitude ; et lorsque la guérison fut assurée, Étienne reçut ces mots tracés par celui qu'à son grand étonnement il avait guéri : « Mon cher

» *docteur*, je n'éprouve plus aucune douleur dans la ré-
» gion intéressée (l'estomac) ; il est donc probable que je
» touche au terme de mes maux. Il ne me reste plus qu'à
» accoutumer ma raison à des phénomènes que je ne puis
» nier, mais qui sont d'assez dure digestion, vous en
» conviendrez vous-même. J'ai besoin, pour me sou-
» mettre, de vous dire que l'incrédulité, après ce qui
» m'arrive, serait de l'ingratitude. Mai 1843. »

La personne guérie, assez haut placée dans le monde, désirant que l'on gardât le silence sur cette aventure, et Étienne, qui, de son côté, n'était nullement curieux de passer pour magnétiseur, il en résulta que le secret de cette affaire resta enseveli dans la mémoire de quelques personnes de la société des deux dames.

Mais il est temps de revenir aux événements, tour à tour graves et risibles, qui préoccupèrent si vivement la petite colonie de Fontenay-aux-Roses. Des promenades, proportionnées aux facultés ambulatoires des deux dames, avaient surtout pour objet de faire prendre de l'exercice à leurs enfants. Vers huit heures on rentrait, et les deux jeunes filles et le garçon installés pour la nuit, on se réunissait dans le cabinet d'Étienne. On commençait parfois des lectures, mais qui devenaient ordinairement le thème de conversations sans fin.

Bourgery, avec son imagination active et les connaissances variées qu'il possédait, était l'âme de ces soirées. L'attention intelligente avec laquelle les deux dames l'écoutaient, leurs observations fines, les contradictions spirituelles qu'elles opposaient au torrent des idées du causeur, étaient autant de digues qui en rendaient le cours plus impétueux, plus éclatant. Il intéressa vivement son petit auditoire, un jour qu'il raconta l'aventure de dona Ambrosia qui, en montrant son sein dévoré par un cancer, provoqua la conversion de Raymond Lulle, et ne le toucha pas moins en rappelant les soins tendres que Pétrarque prit d'un de ses vieux serviteurs. Dans ces entretiens, où chacun disait son mot, la métaphysique, la science, les lettres et les généralités philosophiques occupaient successivement les quatre causeurs, dont les avis différents donnaient d'autant plus d'activité à la conversation. De ces improvisations fugitives, que l'on peut comparer à des nuées légères qui fuient rapidement sur l'azur du ciel, il ne reste ordinairement dans la mémoire que l'impression plus ou moins agréable qu'elles ont fait naître; cependant Étienne a pu recueillir quelques paroles de Bourgery qui font connaître ses opinions en matière de philosophie transcendante. En lui, comme on l'a déjà vu, il y avait deux hommes : le savant, puis un être romanesque, enclin même à la superstition, et n'ayant point échappé à la doctrine de Saint-Simon, qui volait en quelque sorte dans l'air. Dans une des conversations du soir où la question de la perfectibilité indéfinie avait été mise sur le tapis, Étienne, plaisantant son ami, lui dit « qu'en sa qualité de grand maître de la chevalerie scientifique, il serait des premiers qui partiraient en ballon pour aller introduire la culture de la pomme de terre dans la lune. » Ce fut alors que, stigmatisant Étienne du nom de retardataire, à l'aide de ses connaissances si précises et si variées en histoire, en géographie, il fit des tableaux enchanteurs des progrès de la civilisation dans les contrées les plus barbares, répandant les bienfaits de l'instruction, le bien-être et la moralité; faisant remarquer en particulier le rôle de la France qui, loin de travailler exclusivement pour elle, ne reconnaît pour améliorations véritables que celles qui sont applicables à tous les peuples de la terre. « Oui, mon ami, disait-il, c'est par sa personnalité matérielle que l'homme, réunissant les efforts de tous en un seul, établit sa domination sur tous les êtres ; c'est elle qui lui permet d'appeler à son aide les agents de la nature pour vaincre les résistances de la matière elle-même, et de briser les forces des grands animaux, si supérieures aux siennes propres. C'est de cette personnalité spirituelle, transmissible dans la race, que résultent par le travail collectif des générations toutes les grandes manifestations de l'esprit, sciences, arts, littérature, philosophie, législation, morale, etc., éléments féconds de la civilisation, la grande application collective de tout le travail humain. C'est d'elle que naissent les nobles idées générales pour lesquelles se passionnent les masses, parce qu'elles sont l'expression des sentiments, des vœux et des besoins de tous. C'est par elle que, sans que les facultés de l'homme s'agrandissent, sans qu'il lui survienne aucune faculté nouvelle, l'esprit humain cependant s'accroît par l'héritage des générations, chacune d'elles reprenant l'œuvre commune au point où l'autre l'a laissée ; l'idée sociale éclose à l'écart dans le cerveau d'un seul est acquise à tous dans la succession des siècles. C'est enfin de la fusion de toutes les intelligences en une seule que ressort ce que l'on appelle l'*opinion*, si justement caractérisée par Pascal, la reine du monde, ce puissant esprit de tous fonctionnant comme une intelligence individuelle. »

La mobilité, l'un des attributs de notre imagination, était un trait remarquable du caractère de Bourgery. Dans la même journée apparaissaient plusieurs hommes en lui. Aux élans les plus hardis de la pensée succédaient des petits chagrins causés par les difficultés de la vie journalière. Le matin, c'était un savant n'admettant que ce qui était rigoureusement démontré, tandis que le soir les hypothèses les plus hasardées le conduisaient parfois jusqu'aux confins de la crédulité. Cette disposition, nuisible souvent à son propre bonheur, était ce qui rendait sa société si attachante, si précieuse pour ses amis. •

La santé des deux dames, celle de madame Louise en particulier, n'étant pas robuste, le bon docteur leur prodiguait ses soins. A une affection dans la région du cœur dont madame Louise souffrait alors, se joignit tout à coup la surdité presque complète d'une oreille. Les prescriptions de Bourgery ne répondant pas à son attente aussi promptement qu'il s'y attendait, il dit, tout à coup, dans une réunion du soir : « Mais je ne vois pas pourquoi je ne suivrais pas l'exemple de Marjolin? Nous avons là un maître magnétiseur, ajouta-t-il en provoquant Étienne par un sourire. Que ne guérit-il madame Louise? » Que n'accepte-t-on pas quand brille l'espérance de faire cesser une douleur? La malade consentit à se soumettre à ce traitement, en sorte qu'Étienne se trouva encore malgré lui engagé pour la troisième fois à pratiquer le magnétisme. Enfin il se décida à appliquer sa main sur le front de madame Louise. Mais des mouvements nerveux se manifestèrent aussitôt, et lorsque les attouchements se multiplièrent, l'agitation de la patiente prit le caractère de convulsions, déterminées sans doute par une de ces antipathies physiques dont les exemples sont assez nombreux, disent les magnétiseurs de profession. Pendant cette scène, Bourgery, debout, observait ce qui se passait avec toute la gravité d'un homme de sa profession, lorsque Étienne, le tirant de sa rêverie, lui dit : « Eh bien! paresseux de docteur, remuez-vous donc un peu, et essayez de magnétiser madame, vous voyez que j'y perds mon latin! — Est-ce que j'entends quelque chose à tout cela, répondit-il en s'efforçant de rire. — Croyez-vous, reprit vivement Étienne, que j'y comprenne quelque chose moi-même? Allons..... essayez..... Nous sommes entre nous, nous n'en dirons rien à vos confrères ni aux savants de l'Institut. » Obéissant à la plaisanterie, peut-être aussi à la curiosité, le docteur céda enfin au désir de madame Louise, sur la tempe de laquelle il posa deux doigts. En moins de dix minutes, il la plongea dans le sommeil magnétique, lui fit des questions sur ses maux auxquelles elle répondit, en sorte que le pauvre Bourgery se sentit pris comme au traquenard. Faisant contre fortune bon cœur, il continua de soigner la malade dont les douleurs furent apaisées et qui recouvra l'ouïe presque instantanément. Mais ce fut à compter de ce traitement que le docteur, par les alternatives de ses colères et de sa bonne humeur, donna souvent la comédie à ses amis. Tantôt il entrait dans des espèces de fureurs à l'idée d'avoir réussi en employant un moyen dans lequel il n'avait nulle confiance, et s'adressant aux deux dames et à Étienne : « Mais c'est *une chose* humiliante que votre magnétisme! s'écriait-il, *une chose* qui répugne à la raison et nous rend complice d'un tas de charlatans! *une chose* qui nous transforme nous-même en *une chose*, comme serait un tuyau de poêle qui échauffe et brûle sans en avoir la conscience! C'est ignoble!!! » Puis le jour suivant, s'il avait obtenu quelque amélioration dans l'état de sa malade : « Ma foi! disait-il alors, tant pis pour la médecine! la première chose est de guérir ou au moins de soulager ceux qui souffrent; et il endormait gaiement madame Louise, la réveillait à sa volonté et jouissait du calme qu'il lui avait procuré.

La gaieté qui avait ordinairement accompagné les expériences magnétiques fut interrompue par un événement qui donna de vives inquiétudes aux amis de Fontenay. Le neveu d'une de ces dames, Joseph, jeune homme de vingt ans, tomba malade à Paris. Madame Zoé et Bourgery allèrent aussitôt près de lui et le firent transporter à Fontenay. La fièvre typhoïde se déclara, ce qui fournit au docteur l'occasion de rentrer dans la voie de la médecine régulière. Au nombre des nobles qualités qui distinguaient Bourgery était celle de médecin compatissant, comme le savaient bien les pauvres de Fontenay, qu'il soignait gratuitement. D'ailleurs il s'attachait à ses malades, et joignait aux prescriptions que lui suggérait son art ces attentions délicates qui entretiennent l'espérance et le courage de ceux qui souffrent. Mais malgré tous les soins donnés à Joseph, le mal empira, et la fatigue qu'éprouvèrent les quatre amis à le soigner tour à tour rendit la présence d'une sœur de charité indispensable pour le garder pendant la nuit. L'arrivée de cette sainte fille rétablit le calme dans la petite colonie; le jour la sœur reposait, le soir, près d'aller veiller son malade, elle recevait les instructions de Bourgery en prévision des accidents qui pourraient avoir lieu, et les membres de la petite colonie, à qui le repos de corps et d'esprit était indispensable après des journées si laborieuses, revenaient au cabinet d'Étienne pour se délasser par la conversation.

Mais ces entretiens prirent un caractère plus grave, comme on en pourra juger par un des derniers qui précédèrent le retour à Paris des deux dames et du pauvre Joseph, qui ne tarda pas à succomber à son mal. L'étude de l'astronomie n'était pour Bourgery qu'une récréation qui le divertissait de ses travaux journaliers; cependant il aimait à s'en entretenir, et il lui suffisait de voir briller une étoile en rentrant de la promenade, pour qu'il s'étendît sur les merveilles de l'ensemble de l'univers. Mais assez ordinairement, lorsque précipité tout à coup de ces espaces incommensurables, il retombait sur la terre, des idées tristes s'emparaient de son âme et altéraient la fraîcheur habituelle de son imagination. Dans la prévision d'un événement qui ne s'est que trop promptement réalisé, il répétait souvent que sa destinée était de mourir jeune, qu'il ne demandait au ciel que le temps de mettre à fin son ouvrage; alors son imagination active s'attachait aux questions les plus mystérieuses : « Quel est le but de la création? quel sort est réservé à l'homme, après sa mort? disait-il pendant une des dernières réunions à Fontenay-aux-Roses. Nous tous, ici présents, que deviendrons-nous?... » Il se fit un silence assez prolongé, pendant lequel chacun des assistants entendait retentir en dedans de lui-même ces terribles questions. Mais Bourgery, reprenant gravement la parole : « Je vous jure, continua-t-il, que si je meurs avant vous tous, comme je m'y attends, j'emploierai tous les moyens qui seront laissés à ma disposition, pour vous transmettre souvenir de moi, et vous apprendre, sur ce que je serai, ce qui pourra vous être communiqué. » Ce serment, dicté par une âme sincère, eut quelque chose de solennel qui laissa une impression profonde dans l'esprit des trois assistants.

Là se terminent les jours sereins passés à Fontenay-aux-Roses. Bourgery, toujours plus préoccupé de son livre de l'*Anatomie de l'homme*, l'esprit bourrelé d'ailleurs par les mécomptes et les découragements que lui firent éprouver tant de promesses sans effet, devint taciturne et presque muet. Ses promenades rares avec Étienne n'étaient plus animées comme autrefois, et enfin il avait résolu, pour cause d'économie, de renoncer à son séjour à Fontenay et de s'établir à Paris pour pratiquer son art. En 1847, un rayon d'espoir vint cependant briller à ses yeux, et Étienne crut encore une fois que l'avenir de son ami allait décidément s'éclaircir. Un mariage qui présentait des avantages lui fut proposé et se conclut. Mais la révolution de 1848 ruina encore ces nouvelles espérances, et au mois de juin 1849, Bourgery, laissant son ouvrage inachevé, était emporté par le choléra.

Au moment où ce mariage se conclut, Étienne prit lui-même la résolution de quitter Fontenay-aux-Roses pour fixer son séjour d'été à Versailles. Il sentit le besoin d'échapper à tant de souvenirs qui se seraient infailliblement changés en regrets amers. Mais ce ne fut pas sans une profonde émotion, dont il reçoit encore les atteintes, qu'il s'éloigna de ce lieu où il avait reçu ses sœurs et présidé à l'éducation de ses neveux ; où il laissait ses bons amis de la pépinière, et qu'il abandonnait, ce lieu enfin où se forma entre Bourgery et Étienne cette douce amitié qui n'a fait que s'affermir et s'épurer pendant le cours de quatorze années.

XXXI

En quittant Fontenay-aux-Roses, Étienne se rapprocha des dames nivernaises retirées avec leurs familles à Versailles, et près desquelles, grâce à une amitié fortifiée par plus de trente ans de durée, il lui fut possible de trouver le repos. Avant d'en jouir, il fallut encore passer par de rudes épreuves. Son établissement à Versailles eut lieu en octobre 1847, et quatre mois étaient à peine écoulés que la déplorable révolution de février 1848 éclatait. Les années d'ailleurs, en s'accumulant sur sa tête, lui faisaient éprouver les chagrins qui résultent inévitablement d'une vieillesse prolongée. Dans l'espace d'assez peu de temps, il vit s'éteindre successivement ses deux sœurs,

Bertin aîné, son frère Bertin-Devaux, puis mesdames Bertin-Devaux, Récamier et de Mirbel. Marc Bourgery, l'ami de Fontenay, les suivit de près; et bientôt moururent mesdames Billiard, de la pépinière, un ami de jeunesse, le comte Auguste de Saint-Aignan, et enfin l'excellent et si regrettable Armand Bertin. L'étude et le travail garantirent Étienne du découragement; et malgré la contrariété assez vive qu'il éprouva lorsque l'édition déjà commencée de son ouvrage sur *la Renaissance* fut interrompue par les événements de 1848, il ne cessa pas de poursuivre ses travaux [1].

Mais les souvenirs que l'on s'est proposé de retracer s'épuisent, et le moment est venu de résumer ceux qui se rattachent à la littérature depuis le temps du Directoire, lorsque Étienne avait déjà pris part à la vie intellectuelle, jusqu'à présent. L'interruption de ses études à la fermeture des colléges en 1793, les circonstances purement fortuites qui en ont, tant bien que mal, favorisé la continuation, témoignent des difficultés qu'éprouvaient alors les adolescents désireux de s'instruire.

Déjà le poëte Ducis avait donné le signal d'une réforme dans l'art dramatique par les imitations qu'il fit des pièces de Shakspeare, et Népomucène Lemercier, auteur d'*Agamemnon*, de *Pinto* et de *la Panhypocrisiade*, travailla avec ardeur et non sans génie, à affranchir les différents genres de poésie des lois rigoureuses dictées par Boileau.

---

[1] Depuis sa retraite à Versailles, Étienne, outre sa collaboration courante au *Journal des Débats,* a revu et publié *David, son école et son temps:* il a donné un volume sur l'Exposition universelle de 1855, sous le titre *les Beaux-Arts dans les deux mondes,* puis a composé *les Deux prisonniers de Windsor* et le présent livre de ses souvenirs littéraires.

Jusque-là, les productions littéraires étaient encore imbues des doctrines voltairiennes et retenaient quelque chose de l'âpreté du langage révolutionnaire, tandis que le *Journal des Débats* s'élevait alors avec force contre la philosophie du xviiie siècle et se posait en défenseur du trône et de l'autel.

A l'influence exercée sur les esprits par le roman de *Werther* et par les poésies d'Ossian, succéda celle du *Génie du Christianisme*. La philosophie spiritualiste fut publiquement professée par Laromiguière et Royer-Collard, et bientôt après par MM. Cousin, Jouffroy et Damiron.

L'idée du *romantisme,* que l'ouvrage de madame de Staël sur l'Allemagne avait fait germer dès 1810, commença à poindre en 1815. Quelques années après, l'apparition en France des romans de Walter Scott et des poésies de lord Byron détermina la révolution littéraire dite romantique, et deux poëtes lyriques français inaugurent avec éclat cet événement, MM. de Lamartine et Victor Hugo.

Tout à coup un ouvrage de Joseph de Maistre, *le Pape,* jette dans les esprits, déjà si divisés, un nouvel élément de discorde, et pousse la littérature dans le foyer ardent des discussions de théologie mêlées à celles de la politique.

A la lecture successive de *l'Indifférence,* du journal *l'Avenir,* de l'abbé de Lamennais, les opinions se compliquent en se divisant de plus en plus, et la confusion des idées augmente avec celle des systèmes. Les saint-simoniens, malgré les sarcasmes du public et la rigueur des lois, développèrent leur doctrine, qui, ainsi que celles de de Maistre et de Lamennais, ne pouvait recevoir d'application qu'après la destruction préalable de toutes les institutions existantes.

Ces théories subversives ne furent cependant considérées encore par le grand nombre des esprits disposés eux-mêmes à modifier le gouvernement établi, que comme des mémoires à consulter en faveur de leur cause. Déjà la branche aînée des Bourbons était tombée dans le discrédit public; les hommes d'État, les écrivains qui l'avaient accueillie et défendue avec le plus de sincérité et d'ardeur, abandonnèrent sa cause, et quelques éclairs, précurseurs du grand orage de 1830, sillonnèrent les murs de la Sorbonne.

Pendant les deux règnes, entre les deux empires, la haute littérature prend une part importante à la marche du drame politique; son influence s'exerce sur le développement de l'éloquence parlementaire, sur les grands travaux historiques de Thierry, de MM. de Barante, Guizot, Mignet et Thiers; elle ne brille pas d'un moindre éclat sous la plume d'écrivains d'opinions souvent contraires, tels que Chateaubriand, madame de Staël, Courier, J. de Maistre, M. Villemain, Saint-Simon, de Lamennais, le père Lacordaire, M. le comte de Montalembert, George Sand, quelques saint-simoniens, et ceux des publicistes qui ont défendu le gouvernement constitutionnel avec tant de talent dans le *Journal des Débats*.

Vers le même temps où ces prosateurs, préoccupés d'améliorations politiques ou de réformes sociales et même religieuses, entrent dans l'ère littéraire qui date de la Restauration, commencent aussi les tentatives des poëtes romantiques. De ces derniers, les uns, les mieux inspirés et les plus habiles, Victor Hugo, de Lamartine, et Alfred de Musset, font prendre un essor nouveau à l'ode française.

Le plus grand nombre des adeptes romantiques a pour idée fixe de changer radicalement le système dramatique français. Ils opposent Shakspeare à Racine, n'admettent que le dialogue en prose et laissent entrevoir l'imitation de la réalité comme le but de l'art.

Le poëte Victor Hugo s'empare de cette question, et après avoir avancé que dans le drame on doit introduire à doses à peu près égales le grotesque, le laid et le beau, et qu'il convient d'écrire le drame en vers, en variant les modes depuis le plus vulgaire jusqu'au plus élevé, il met ce système en pratique. Les drames de Victor Hugo dépaysent pour quelque temps le goût littéraire propre aux Français, résultant du caractère de leur langue, lorsque tout à coup, l'interprétation intelligente, par Rachel, des ouvrages de Corneille et de Racine, suffit pour démontrer que ces poëtes ne sont, comme on l'a reconnu, ni vieillis, ni surpassés.

Des romanciers réellement écrivains, George Sand est celui qui profitant, abusant même de l'émancipation complète de la pensée, a conservé avec le plus de respect et de goût la véritable allure de la langue française. Les désolantes doctrines parsemées dans ses ouvrages nuiront-elles à la durée de sa prose si énergique, si élégante et si pure? Le temps en décidera.

A cela près de la correction, le style du profond observateur Balzac a quelques rapports avec celui de Rabelais. C'est seulement par le rapprochement de sa prose de celle des écrivains du XVIe siècle, qu'il se rattache à l'école romantique, car il est bien lui. Malgré l'immense succès des romans de Walter Scott, si souvent et si faiblement imités en France et en Italie, Balzac, sans autre préoccupation que l'étude des mœurs de son pays et de son temps, a produit cette suite de romans ingénieux dont se compose la *Comédie humaine*.

Le contre-coup de la révolution de 1830 se fait sentir jusque sur la littérature, le système romantique en est ébranlé. Ceux qui la veille encore en étaient les soutiens passionnés, se montrant tout à coup les plus ardents en faveur du triomphe du libéralisme, quittent brusquement leurs illusions poétiques, aspirent aux fonctions publiques, en obtiennent et font changer d'objet à l'exercice de leurs facultés. L'impulsion romantique, si violente d'abord, ne se fait plus sentir qu'obliquement, sur les pièces de théâtre et les romans d'un ordre inférieur, tandis que par un mouvement lent, mais progressif, la littérature grave, après s'être ressentie des violences du torrent romantique, tend à reprendre le niveau que son lit naturel, ou pour parler sans figure, que le caractère propre de notre langue ne lui permet pas de dépasser.

Nous sommes trop près des poëtes et des prosateurs célèbres qui vivent encore pour préjuger de la supériorité des uns à l'égard des autres. Quant aux premiers, la noble et grande part qui leur revient dans la lutte romantique, est le caractère d'élévation et de hardiesse qu'ils ont imprimé à la poésie lyrique. Moins heureux d'ailleurs, leurs tentatives d'innovations théâtrales sont restées à peine égales aux tentatives de Népomucène Lemercier, et très-inférieures à celles de Beaumarchais.

La commotion littéraire de 1816 a eu de salutaires effets; elle a tiré les écrivains de la torpeur où les avait plongés les quinze années du régime impérial. Le moule uniforme dans lequel presque tous les écrits, prose et vers, étaient coulés alors, fut brisé. Chacun prétendit s'en choisir un à sa guise, résultat qui eût présenté de véritables avantages, si la vanité des impuissants n'eût pas troublé les tentatives des esprits d'élite; mais, comme il arrive toujours, les réformateurs furent dépassés par les révolutionnaires, et tout s'accomplissant au hasard et dans le désordre, cette dernière renaissance littéraire n'eut en réalité qu'une aurore.

Son déclin, on l'a vu, date de 1830. Lecteurs et auteurs,

soupçonnant alors qu'ils étaient engagés dans une voie fausse, les plus sincères relurent ou allèrent entendre au théâtre les ouvrages d'écrivains qu'on leur avait fait rejeter avec mépris, et grâce à la facilité qu'ont les Français de passer d'un extrême à l'autre, les plus passionnés pour la réforme littéraire ne tardèrent pas, d'abord à renoncer à un changement radical en littérature, puis à se conformer peu à peu au goût de ce XVII° siècle qu'ils avaient anathématisé. Si bien qu'en l'espace de quarante ans, le goût, échappant aux doctrines classiques, a parcouru un cercle complet pour y revenir. En effet, au moment où l'on trace ces lignes, les meilleurs écrivains de ce temps, outre leurs recherches historiques sur le siècle de Louis XIV, étudient avec ardeur et se font un honneur de prendre pour modèle le style des grands auteurs de cette époque.

La littérature du XVI° siècle, en France, est l'expression résumée des opinions contraires émises et passionnément défendues en matière de religion, de politique, de sciences, de lettres et d'art. C'est la fournaise d'où les matières diverses mises en ébullition se sont échappées en nuées d'idées puissantes, mais contradictoires, qui, ne pouvant se soumettre à aucune espèce d'unité, ont fini par rendre une dictature inévitable. De là le rude gouvernement du cardinal de Richelieu, puis après la monarchie absolue de Louis XIV et la littérature disciplinée de son temps. Alors, les opinions religieuses, les combinaisons de gouvernement monarchique, et jusqu'aux exercices libéraux de l'intelligence, tout fut soumis aux lois d'une unité factice, mais indestructible tant que celui dont elle dépend vivra.

Pendant le règne qui suit, l'unité change de nature, comme le pouvoir réel passe en d'autres mains. Par son caractère personnel, le roi n'étant déjà plus qu'une ombre assise sur le trône, c'est l'opinion générale, dirigée par des écrivains éminents, qui règne de fait et exerce sa puissante influence sur la grande majorité des esprits, plus préoccupés alors des progrès futurs de l'humanité, considérée dans son ensemble, que des intérêts particuliers du pays. C'est, après le règne du grand roi, une reprise en sous-œuvre, du mouvement intellectuel de la renaissance, mais dirigée dans des vues plus nettes, plus soutenues par un concert plus unanime de volontés s'élançant vers le but proposé deux siècles avant : l'abolition complète de ce qui subsistait encore des institutions du moyen âge. Telle est, en effet, l'idée fondamentale qui constitue le genre d'unité propre au xviiie siècle et à sa littérature.

Vient alors le moment d'éprouver les théories par la pratique. Aux deux premières années de la révolution de 1789, passées au milieu d'un enthousiasme porté jusqu'au délire et gonflées des espérances d'une félicité sans bornes, succèdent bientôt les jours sanglants de la Terreur, suivis des désordres qui se prolongent jusque sous le Directoire. Cette longue suite d'excès fait accueillir avec joie la dictature sous forme de consulat. Cette haute fonction, transformée en pouvoir impérial, devient une monarchie beaucoup plus absolue que celle de Louis XIV, et donne de nouveau naissance à une unité également factice et viagère qui, cette fois, non-seulement place sur la tête du souverain le droit exclusif de décider de toutes les questions politiques, mais celui de réduire la pensée individuelle à n'apparaître qu'après avoir passé sous le laminoir officiel. La littérature sous Louis XIV n'était que disciplinée, mais ce nouveau régime a imprimé à celle de l'empire ce caractère insignifiant et parfois servile qu'on est en droit de lui reprocher. Or, tout excès, qu'il vienne des peuples ou du souverain, donne lieu à des résistances légitimes. En effet, la dictature consulaire du jeune vainqueur de l'Italie, arrêtant le cours des désordres révolutionnaires, fut franchement acceptée, mais on s'explique que plus tard, les tristes résultats pour la France de la haine des nations de l'Europe, se réunissant pour échapper au joug du premier Napoléon, aient amené la grande catastrophe de 1815, dont l'une des conséquences secondaires fut l'affranchissement de la pensée et le changement de système en littérature.

Depuis les malheurs de 1793, deux opinions contraires n'ont pas cessé de diviser même les esprits modérés. Tout en déplorant les crimes commis, les uns inviolablement attachés aux principes établis en 1789, sont restés convaincus des bons effets qu'on en doit attendre ; les autres dont la foi a été ébranlée par l'expérience des excès et des fréquentes révolutions qui se sont succédé, se reportent sans cesse vers le passé. Mais en dehors de ces deux cercles d'idées, parcourus en sens contraire par des esprits pratiques, se précipitent en tous sens, vers des points opposés, d'autres esprits ne tenant aucun compte du passé ni du présent, mais exclusivement préoccupés de bâtir des systèmes pour régler les choses de l'avenir. De là le succès des brillants sophismes de J. de Maistre, de la doctrine de Saint-Simon, du républicanisme sacerdotal de Lamennais, des divers systèmes philosophiques présentés sous le masque de néochristianisme, puis des phalanstériens, des icariens, etc. Depuis 1816, toutes les branches de la littérature sérieuse ont tiré leur importance et leur éclat de la manière plus ou moins heureuse dont ces opinions, ces systèmes ont été attaqués ou défendus ; et au fond, ces discours, ces écrits constatent les vicissitudes de la lutte qui s'est engagée entre la monarchie et la démocratie, deux puissances qui, depuis le xvie siècle, ont alternativement obtenu des avantages, mais résultant pour chacune d'elles des excès de sa rivale.

Avant de revenir sur le séjour de Versailles, où Étienne espère passer le dernier quartier de l'hiver de sa vie, il faut jeter un coup d'œil sur les nouveaux rédacteurs des *Débats* adjoints à ceux déjà connus. La suspension de la liberté de la presse en matière politique (1854), ayant rendu l'insertion d'articles littéraires et scientifiques plus fréquente, le nombre des écrivains fut successivement augmenté. A la mort d'Armand Bertin, M. Édouard Bertin, son frère aîné, devenu éditeur responsable du journal, et M. de Sacy, chargé d'en diriger la rédaction, s'empressèrent de s'entourer d'écrivains qui, par la variété de leurs connaissances et de leurs talents, pussent faire face aux nouvelles exigences du journal. Outre plusieurs membres des différentes académies, tels que MM. Villemain, Thiers, Cousin, Guizot, Charles de Rémusat, Vitet, Legouvé, Litré, Halévy et d'autres, qui, soit par des articles séparés, ou par des fragments de leurs ouvrages encore inédits, jettent de la variété et de l'éclat sur cette feuille, de jeunes écrivains, déjà connus par des essais brillants, ont été plus particulièrement attachés à la rédaction du journal. C'est dans ces conditions qu'ont été accueillis les gracieux articles d'un jeune poëte, M. Ratisbonne, auteur d'une remarquable traduction en vers des poëmes de Dante; les savantes dissertations de M. Daremberg sur les questions médicales, sur la bibliographie et les écrivains de l'antiquité; puis les études critiques du hardi penseur M. Taine, qui, la loupe d'une main et le scalpel de l'autre, recherche curieusement, dans l'organisation de chaque écrivain, le principe vital et le caractère propre de son talent.

Aussi curieux et non moins hardi dans ses investigations, un orientaliste, un écrivain pur et nerveux, M. Renan, armé d'une érudition solide, a été conduit à déterminer la grande division des langues de l'Orient, ainsi que les ramifications nombreuses de celles de l'Europe.

Professeur d'économie politique au collége de France, M. Baudrillart suit les progrès de cette science nouvelle et traite les questions qui s'y rattachent ; M. Jules Duval, de son côté, tient les lecteurs au courant de tout ce qui se rattache aux intérêts de nos colonies et des événements politiques si variables qui agitent les différentes contrées de l'Amérique.

Quant au spirituel M. Babinet, de l'Académie des sciences, expliquant, non sans amuser son lecteur, les secrets les plus curieux de l'astronomie et de la météorologie, il est parvenu à rendre ces sciences presque populaires.

M. Alloury, l'ancien défenseur des libertés en philosophie et en politique, et le jeune M. Prevost-Paradol, l'un des rédacteurs récemment associés aux travaux du *Journal des Débats,* donnent alternativement le résumé quotidien des actes du gouvernement et des événements politiques qui se sont passés en France et dans les pays étrangers. La prudence et la fermeté du premier de ces publicistes sont connues ; quant au second, soutenu également par de fortes études, il joint à sa verve juvénile une sagacité qui donne du poids à ses écrits, soit qu'il apprécie l'importance des événements de la politique journalière ou qu'il exerce sa critique sur les productions littéraires.

Mais entre les jeunes collaborateurs du journal de ces derniers temps, il en est un, Rigault, qui se distinguait d'abord par l'aménité de son caractère, puis par son beau talent d'écrivain et par le tour indulgent, gracieux même qu'il savait donner à ses critiques les plus graves. La pureté et l'élévation de l'âme de ce jeune homme, en imprimant un caractère particulier à ses écrits, lui avaient attiré l'amitié de ceux mêmes qui, sans le connaître personnellement, s'étaient identifiés avec lui par la lecture de ses ouvrages. Enlevé tout à coup à sa sa famille, à ses amis et aux lettres, jamais peut-être un écrivain n'a excité plus de sympathie pendant sa vie et des regrets plus vifs et plus sincères après sa mort.

Après cette énumération des écrivains de ce temps, continuateurs des travaux du *Journal des Débats*, fondé il y a plus de soixante ans, qu'il soit permis à Étienne de tracer encore quelques souvenirs qui lui sont personnels, mais dont la plupart se rapportent aux lettres. Dans sa nouvelle retraite de Versailles, lorsque le trouble causé dans les esprits par la commotion des événements de février et juin 1848 et de décembre 1852 fut quelque peu apaisé, Étienne, pour occuper utilement ses loisirs, mit en ordre tous les articles qu'il a écrits pour le *Journal des Débats*, depuis septembre 1822 jusqu'à présent. Un soir que chez les deux dames nivernaises, un de leurs amis demandait à Étienne pourquoi, à l'instar de quelques-uns de ses collaborateurs, il ne ferait pas réimprimer ses articles dans un format maniable ? « Vous ne vous doutez guère, répondit-il, des difficultés que présenterait la réalisation de votre souhait. Je rougirais de vous dire le nombre de volumes que cette collection formerait; et à cette masse de papier, d'un lourd débit pour le libraire, se joindrait, pour plus d'embarras encore, les matières sur les arts qui y sont contenues, sujet que le public lit en effet avec une assez vive curiosité au bas d'une feuille quotidienne, mais sur lequel il revient bien rarement, une fois que les expositions qui ont donné lieu à ces critiques, sont fermées. Je crois cependant que cette suite, non interrompue pendant quarante ans, d'appréciations faites avec sincérité sur les divers objets d'art produits pendant cette période de temps, pourrait fournir des renseignements utiles aux historiens futurs sur l'état des beaux-arts pendant une grande partie du XIXe siècle. Aussi, est-ce dans cette prévision que j'ai réuni la collection complète de mes articles, au nombre desquels se trouve une série de critiques musicales, où l'on peut suivre les vicissitudes du Théâtre-Italien, depuis 1832 jusqu'à nos jours. A la vérité, pour rendre ce recueil vraiment utile, ajouta Étienne, il me paraît indispensable qu'il soit accompagné d'une table. J'ai bien entrepris plusieurs fois cette rude besogne, mais pendant cette tâche ingrate, mon esprit se portait sur tout autre chose ; je faisais des omissions, j'embrouillais les dates et je finissais par tout laisser là. »

Après un sourire que l'idée des impatiences bien connues d'Étienne fit naître sur les lèvres de ces dames, elles échangèrent des regards d'intelligence, et toutes deux dirent à la fois : « Eh bien ! nous la ferons, votre table ! » Plus touché du dévouement amical des deux Nivernaises, que persuadé de leur aptitude au travail qu'elles se proposaient d'entreprendre, Étienne leur adressa de sincères remercîments, mais sans trop compter sur leur promesse. Mais il avait mal préjugé de la force de volonté et de l'habileté de ces dames, car l'hiver qui suivit fut employé par elles à composer la table qu'elles achevèrent au printemps suivant[1].

Depuis la révolution de 1848, le séjour de Versailles est beau, est animé. A la fin des longs jours d'été, on se retrouve, après les occupations de la journée, au bord de la grande terrasse du château, où, tout en prenant le frais,

---

[1] Dans cette table, d'ailleurs petit chef-d'œuvre de calligraphie, sont indiqués tous les articles selon les années, les mois et les jours où ils ont été insérés dans le journal, avec le titre de chacun d'eux et les noms des écrivains et des artistes qui y sont mentionnés.

en admirant de splendides couchers de soleil, on se livre
à la conversation. Souvent Étienne a passé là de douces et
intéressantes soirées, tantôt en s'entretenant des événements de la cour du grand roi avec MM. Dussieu et Soulié,
les savants éditeurs du Journal de Dangeau, tantôt écoutant M. Théophile Lavallée, ce fidèle historien de l'établissement de Saint-Cyr et de sa célèbre fondatrice;
d'autres fois causant avec M. de Chenevières, homme
d'esprit et de goût, ou remontant avec A. Bignan jusqu'aux poésies du vieil Homère, dont il a si consciencieusement étudié et traduit les ouvrages.

Dans cette ville, Étienne a même retrouvé d'anciens
amis : M. Saint-Marc Girardin, qui l'a habitée pendant
quelques années, et un camarade d'enfance, M. Nepveu,
l'architecte du roi Louis-Philippe, artiste habile, homme
d'honneur qui, malgré son grand âge, emploie dans sa
retraite toute l'activité de son intelligence à se tenir au courant des travaux de jeunes gens qui se lancent dans la carrière qu'il a si honorablement parcourue, et à prendre
connaissance de ce qui se produit de nouveau dans les
lettres. Dans le salon de M. Nepveu, sans que rien rappelle
l'apprêt d'un cercle littéraire, ceux des assistants qui ont le
goût des conversations solides y trouvent plus d'une occasion de le satisfaire. M. Saint-Marc Girardin, qui possède
à un si haut degré l'art de traiter avec clarté et agrément
les sujets les plus graves, s'y faisait souvent entendre, et
plusieurs professeurs, entre autres Jules Gueroult, le
frère de madame Nepveu, auteur d'un joli recueil de fables,
puis le grave Bouchitté et l'ardent M. Bersot, prenant
part à la rédaction des *Débats*, donnaient à la conversation
des tours variés comme ceux de leur esprit et de leurs
connaissances. A ces réunions se joignait parfois madame
la comtesse de Chabannes, Anglaise de nation qu'une disposition d'esprit assez rare chez les personnes de son sexe

porte tout à la fois à la recherche des curiosités historiques et à l'étude des vieux poëtes de son pays. A la suite d'un entretien sur ce dernier sujet, madame de Chabannes promit à Étienne de lui faire voir quelques éditions précieuses d'ouvrages anglais qu'elle possède. Parmi les livres qu'elle offrit à sa curiosité, se trouva le volume des poésies de Jacques Ier d'Écosse, *King's Quair*; dont il avait entendu parler sans le rencontrer jamais. Madame de Chabannes, en vantant le charme du petit poëme royal, en confia gracieusement le volume à Étienne qui, à peine rentré chez lui, se mit à déchiffrer les vers du roi Jacques, écrits en écossais du commencement du xve siècle. Poussé, comme s'il n'eût eu que vingt ans, par son insatiable curiosité, en moins de quinze jours le vieil Étienne, dans la crainte de ne pas retrouver ce volume, en copia plus des deux tiers, composa à grand'peine un glossaire et traduisit les passages les plus remarquables du poëme. C'est après ce coup de tête qu'Étienne pensa qu'il pourrait encore échapper quelque temps au froid de la vieillesse. Depuis quarante ans, il avait suivi, au moins selon la mesure de ses facultés intellectuelles, le plan de vie qu'il s'était tracé autrefois en lisant sur les bords de la Moselle le passage de la Bruyère. En effet, il avait trouvé des ressources suffisantes dans son caractère et son esprit pour vivre honorablement *sans charges et sans emplois;* il avait su *remplir le vide du temps sans ce que le vulgaire appelle des affaires,* les deux sujets de préoccupation qui vieillissent le plus promptement les hommes. Voulant donc mettre à profit ce qui restait de chaleur dans son esprit, il entreprit en janvier 1857 la composition des souvenirs que l'on vient de lire.

Si, pour réaliser ce projet, Étienne n'eût compté que sur sa mémoire, quelque fidèle qu'elle puisse être, elle eût infailliblement cédé à l'action du temps. Mais une habitude de presque toute sa vie, celle d'écrire le soir ce qu'il avait recueilli d'intéressant pendant la journée, lui fournissant les moyens de présenter les choses telles qu'on les envisageait lorsqu'elles se sont accomplies, de faire parler les hommes comme ils pensaient à telle ou telle époque donnée, l'a encouragé à tracer l'ensemble de ces souvenirs, dont une partie se compose en réalité des espèces de procès-verbaux qu'Étienne a dressés.

Parmi les difficultés que présentait ce travail, celle de donner une apparence d'unité à l'agglomération de tant de circonstances et de personnages indépendants les uns des autres, n'était pas la moindre ; aussi Étienne, pour s'assurer du degré de clarté et de liaison qu'il avait pu mettre à son récit, eut souvent recours à la complaisance de ses amis par des lectures privées. Dans le cas de ces épreuves, les souffre-douleurs habituels étaient les dames nivernaises, qui supportaient les fautes, les répétitions, les obscurités inséparables d'un premier jet avec une patience égale à leur amitié. Le sujet du livre excitait d'ailleurs leur curiosité ; elles n'étaient pas demeurées indifférentes à la commotion littéraire de 1820, le plus grand nombre de ceux qui y ont pris part ne leur était pas inconnu, et de tous les hommes qui figurent dans ces souvenirs, il en est un, Marc Bourgery, auquel elles prenaient le plus vif intérêt. Le soir où se fit la lecture du chapitre où il est question de cet ami si regretté et des douces relations qui s'étaient établies entre lui et la colonie de Fontenay-aux-Roses, cette portion du récit devint le sujet d'une de ces longues conversations où les souvenirs d'une amitié douce et pure sont évoqués. On revint sur le mérite rare de ce savant dont la carrière fut hérissée de tant d'obstacles ; on rappela toutes les circonstances où il donna tant de preuves de sa bonté et du désintéressement avec lequel il pratiquait son art envers les pauvres de Fontenay. Mais les souvenirs devinrent intarissables lorsque l'on rappela les occasions où Bourgery, se dépouillant en quelque sorte de la robe de docteur, lâchait la bride à son imagination et parlait avec verve et un charme d'élocution indicible, sur le premier sujet que faisait naître un mot de la conversation. Il n'était pas jusqu'à ses conjectures en dehors des choses réelles, jusqu'à ces velléités de mysticisme qui n'eussent laissé des traces profondes dans l'esprit de ses amis, et ne jetassent un nuage mystérieux sur sa destinée.

Cette lecture et la conversation qu'elle fit naître eurent lieu au mois de juin, le jour du neuvième anniversaire de sa mort. Lorsque Étienne en vint au passage où cet homme prédit en quelque sorte sa fin, et fait aux deux dames et à Étienne la promesse solennelle d'user de tous les moyens dont il pourrait disposer là où il sera après cette vie, pour leur donner signe de son souvenir, il y eut un moment de silence. Pendant les neuf années écoulées, aucun des trois intéressés à l'accomplissement de la promesse du défunt, n'avait communiqué aux autres les espérances et les mécomptes secrets auxquels l'attente d'un signe quelconque avait donné lieu. Tous trois, persuadés que si leur ami ne leur répondait pas, ils étaient cependant entendus de lui, se soumirent à cette loi mystérieuse.

En se retirant, Étienne, ému, agité même, fit une course assez longue pendant laquelle toutes les réflexions émises, tous les sentiments exprimés dans la conversation, mirent son esprit dans un tel état de veille, que, rentré chez lui, il passa la nuit à écrire ce qui suit :

A MARC BOURGERY, LA OU IL EST.

Il y a longtemps déjà que nous sommes séparés ; où êtes-vous? Sous quelle forme et dans quelles conditions votre intelligence agit-elle, maintenant que votre cœur ne peut plus rien faire, puisqu'il n'existe plus ? Depuis que vous avez cessé de vivre, je sens moi-même que les affections et les intérêts qui, vous vous en souvenez peut-être, me préoccupaient si vivement, parce qu'ils se rapportaient particulièrement à vous, ont perdu de leur importance. Une portion de mon cœur, comme le cerveau et les membres des gens frappés d'hémiplégie, demeure inanimée et presque morte. Mon cœur ne bat plus qu'à contre-mesure, cherchant, mais en vain, à rétablir dans ses pulsations une régularité que votre séparation a détruite.

Ce soir, en rentrant chez moi, l'azur du ciel était dans toute sa pureté, et les étoiles brillaient au firmament; spectacle admirable qui nous a si souvent ravis tous deux et que je ne revois plus sans penser à vous. Ces étoiles ne m'offrent en réalité qu'un signe qui retrace à mon esprit ce que je vous entendais dire de si intéressant sur l'astronomie, lorsque pendant les longues soirées du mois de juin, nous prenions le frais sur le banc voisin de ce vieux prunier que nous affectionnions. Pendant que vous parliez, je regardais ordinairement l'étoile du soir.

En apercevant cet astre aujourd'hui, il m'a semblé vous voir et vous entendre. Cette belle étoile, en m'orientant, m'a remis dans la position où nous étions à Fontenay-aux-Roses, lorsque assis sur notre banc favori, je traçais machinalement des cercles sur le sable, et que je mettais toute mon attention à vous suivre dans les immenses excursions que faisait votre intelligence à travers les espaces infinis où roulent peut-être tant de mondes qui nous sont inconnus. Ah! Marc! ce sont ces nourrissantes conversations qui me manquent. C'est leur interruption subite qui, en frappant mon intelligence de stérilité, fait aussi boiter mon cœur, comme je vous le disais. J'ai beau admirer l'étoile du soir, vous n'êtes plus près de moi quand je détourne mon regard. Je ne puis plus me dire en contemplant cet astre admirable, ce que je disais à Fontenay : « Je te reverrai demain et lui aussi. »

Serait-ce, par hasard, cette étoile où vous séjournez maintenant?... Mais ma curiosité et mes inquiétudes vous font sourire. De là où vous êtes, vous prenez sans doute en pitié les chagrins d'ici-bas. Votre nature, en changeant, s'est probablement perfectionnée. Environnée comme elle doit l'être aujourd'hui d'une lumière plus limpide, votre intelligence épurée juge de nos tribulations les plus accablantes comme nous sourions ici-bas des pleurs d'un enfant mutin. Là-haut, vous ne sentez, vous n'aimez plus que par l'intelligence; vous n'avez plus de cœur ni de sang qui l'agite; vos sentiments ne troublent plus vos jugements; et admis à pénétrer une partie des grands secrets du Créateur, c'est l'ordre, l'harmonie générale de la création que vous admirez; c'est l'accomplissement des volontés de l'Éternel qui vous occupe, c'est sa gloire seulement qui vous intéresse et à laquelle vous consacrez toute la puissance de votre nouvel amour.

Vous devez vous souvenir, si toutefois des circonstances terrestres aussi futiles peuvent vous occuper encore, de la promesse solennelle que vous nous avez faite lorsque vous viviez de la même vie que nous, de nous donner un témoignage de votre souvenir quand vous seriez dans un autre monde. Mais nous attendons toujours un signe de vous! Cependant, je me figure que les âmes qui voient intérieurement la splendeur divine ne peuvent ignorer rien de ce qui est en dehors, puisque tout va s'y réfléchir en Dieu; mais il est probable que ces âmes, unies intimement à la justice divine, ne se mêlent des événements humains que dans la mesure qui convient à cette justice même.

Si du vaste concert de toutes les parties de la création au sein desquelles vous êtes, je suis pour vous moins que le grain de sable perdu dans les profondeurs de l'Océan, pardonnez cependant à cet atome invisible, à qui la faculté de penser, tout imparfaite qu'elle soit, a été donnée, de tenter encore un effort pour s'élever, par l'intention au moins, jusqu'à cette hauteur intellectuelle où je pense que vous êtes déjà parvenu. Non, il n'y a pas impossibilité absolue à ce que ma pensée parvienne jusqu'à la vôtre; aussi continuerai-je à vous entretenir de ce qui me regarde, car, si vous vous occupez parfois de nous, vous ne devez pas ignorer que la disparition de votre personne de dessus la terre a fait prendre à ma vie une direction inattendue. Insouciant à l'égard des avantages que la plupart des hommes recherchent avec tant de passion, ma vie a été partagée entre le culte d'affections vives, mais durables, et l'étude. Qui mieux que vous, mon cher Marc, a pu reconnaître combien cette double disposition m'est propre, puisque c'est pendant les années de notre liaison amicale que l'une et l'autre de ces facultés ont été employées avec le plus d'ardeur et de constance? Reportez votre souvenir sur les années où notre attachement était dans toute sa force, où nous poursuivions, vous vos grands travaux scientifiques, moi mes études littéraires avec une ardeur portée jusqu'à l'enthousiasme ; rappelez-vous ces jours où, à votre retour de Paris, nous nous interrogions avec une curiosité inquiète, sur le résultat de nos travaux de la journée; puis nos longues et fertiles conversations pendant ces douces fins de journées que nous étions certains de voir se reproduire chaque lendemain. Seriez-vous maintenant tout à fait étranger au souvenir que nous conservions du séjour des Nivernaises et de leur familles à Fontenay-aux-Roses? Malgré la grandeur et l'éclat de tout ce qui vous environne, vous reportez sans doute quelquefois votre pensée sur cette activité de cœur et d'esprit qui s'empara de nous tous, lorsque le neveu de ces dames, le pauvre Joseph, fut atteint du mal qui l'a emporté. Cette harmonie de volontés, cette chaleur d'âme avec laquelle chacun de nous concourait à assister, à soigner le malade, sont, ainsi que les témoignages constants d'amitié des bons habitants de la pépinière, de ces choses dont le souvenir ne peut troubler le calme des âmes de ceux qui ne sont plus.

Oui, Marc, vous avez été tout à la fois témoin et cause des élans les plus énergiques de mon cœur et de mon intelligence; aussi devez-vous savoir que je n'ai jamais plus pleinement vécu que durant le cours de notre sainte amitié.

Après douze ans et plus d'intimité, les inquiétudes, les chagrins qui faisaient saigner votre cœur, altérèrent le cours de nos entretiens. Un éclair de bonheur qui semblait devoir renouveler votre vie brilla à nos yeux, mais bientôt la mort vous a enlevé du milieu de nous.

Vous ne l'ignorez pas, vous étiez mort pour moi avant que vous eussiez cessé de vivre. Mais cette séparation, cette mort anticipée, je l'acceptai avec résignation, même avec bonheur, puisqu'il semblait qu'elle dût faire le vôtre. Mais ce fut pour moi le signal d'une de ces révolutions qui bouleversent deux ou trois fois la vie des hommes.

Deux fois déjà, j'avais refait la mienne profondément troublée, et lorsque nous nous rencontrâmes à Fontenay-aux-Roses, quoique ayant dépassé la cinquantaine, retrempé par les voyages, puis par la solitude et le travail, je sentis tout à coup renaître en moi une adolescence, une virilité intellectuelles, qui m'ont donné la force d'achever les nombreux travaux que vous m'avez vu entreprendre.

Aujourd'hui, Marc, il faudrait que je refisse encore ma

vie. Si l'accomplissement de cette tâche pénible ne dépendait que de mon courage, je n'hésiterais pas à l'entreprendre. Mais quelque vivace que je sois encore, je me sens mourir, non en moi, mais par les autres.

En réalité, l'homme ne vit que par le passé et dans l'avenir, berçant son esprit entre les souvenirs et l'espérance. A mesure qu'il avance dans sa carrière, le passé s'allonge indéfiniment, tandis que le champ de l'espoir se restreint de plus en plus. Aussi, nous autres, anciens sur la terre, portons-nous plus volontiers nos regards derrière nous que devant. Mais quand on est au déclin de la vie, de quelque côté que l'on se tourne, on se trouve isolé, et aussi valides que puissent être encore notre corps et notre intelligence, on cesse véritablement de vivre par le défaut que nous font les autres. Que deviennent, en effet, tant de souvenirs, ceux mêmes que nous avons conservé avec le plus d'amour, du moment que nous ne sommes plus entourés de témoins des événements qui en furent la source? Ils se changent en regrets. Tel est le sort de ce que notre mémoire a conservé du temps de notre jeunesse et de notre virilité. Le témoignage des autres manque à nos souvenirs, et peu à peu nous arrivons à douter de leur réalité. C'est ce trouble de la mémoire, causé par la mort ou l'éloignement de ceux avec lesquels on a vécu, qui arrête la vie et prépare une espèce de mort morale dans l'âme du vieillard survivant, quelque libre que soit encore l'exercice de toutes ses facultés. Quant à ce qui lui reste de l'autre partie de la vie, l'avenir, cet espace est si restreint que l'on n'a pas le droit de le blâmer si, après avoir vu le brouillard épais qui obscurcit la première partie de sa vie, il mesure avec netteté le terme prochain de son existence terrestre et renonce à tout effort pour rentrer dans l'activité d'une vie nouvelle.

Mais, voulût-il et pût-il encore tenter cette périlleuse

entreprise, trouvera-t-il, au milieu des générations nouvelles, cet appui, ces encouragements, cette sympathie qui entretiennent chez nous la vie intellectuelle? Il ne doit pas y compter. Non que cette indifférence prenne sa source dans de mauvais sentiments. Mais parce qu'il y a une loi qui veut que chaque génération exerce à son tour l'activité et la puissance qui lui sont propres. Les résultats de cette loi salutaire à l'ensemble de la société, mais si souvent cruelle à l'égard des individus, se manifestent surtout chez les enfants adultes. La plupart quittent la maison paternelle sans trop de regrets : les garçons, impatients de s'ouvrir une carrière; les filles, pour faire un établissement et suivre un mari. Loi salutaire et cruelle tout à la fois, je le répète, puisqu'en raison des dispositions naturellement opposées des parents et des enfants, l'amour paternel, dans l'opinion des hommes, ne compte que pour un devoir indispensable, tandis que la piété filiale est érigée en vertu.

Vous voyez, Marc, quelle est ma situation ici-bas depuis que vous n'y êtes plus. Tous les témoins de ma vie antérieure au temps où je vous ai connu sont morts; aucune des personnes que je connais encore n'a même entendu parler de mon père et de ma mère; le souvenir de mes sœurs est presque effacé; et le vôtre, ainsi que celui de ce pauvre Fontenay-aux-Roses, ne vit déjà plus que dans la mémoire de quelques personnes. En sorte que le brouillard de l'oubli s'épaissit de jour en jour.

Oui, Marc, depuis notre séparation, depuis qu'il a fallu renoncer au commerce de cette vie fraternelle, qui s'était établie en votre intelligence et la mienne; depuis enfin que j'ai été obligé de vivre sur mon propre fonds, sans recevoir vos idées, sans vous communiquer les miennes, je deviens inactif et crois ressentir quelque chose du froid de la mort. Mais, poussé par les années au milieu d'un

océan d'indifférence, de quel droit m'en plaindrais-je?...
Je me tais donc au milieu de ce qui m'environne, car ici-
bas la plainte est encore un moyen déguisé d'exprimer ce
qui reste d'espérance, et celle que je nourris est hors de
ce monde.

Mais, à vous, Marc, qui êtes entièrement dégagé des
liens et des intérêts terrestres; à vous qui, malgré les
promesses que vous nous avez faites sur la terre, ne nous
avez pas répondu, sans doute parce que vous n'en avez
pas le droit; à vous, dont l'esprit correspond, je le crois,
avec le nôtre, je confie mes dernières pensées.

FIN

www.ingramcontent.com/pod-product-compliance
Lightning Source LLC
Chambersburg PA
CBHW070836230426
43667CB00011B/1821